COLLECTION
DES MÉMOIRES

RELATIFS

A L'HISTOIRE DE FRANCE.

MÉMOIRES DE MADAME DE MOTTEVILLE, TOME IV.

DE L'IMPRIMERIE DE A. BELIN.

COLLECTION
DES MÉMOIRES

RELATIFS

A L'HISTOIRE DE FRANCE,

DEPUIS L'AVÉNEMENT DE HENRI IV JUSQU'A LA PAIX DE PARIS
CONCLUE EN 1763;

AVEC DES NOTICES SUR CHAQUE AUTEUR,
ET DES OBSERVATIONS SUR CHAQUE OUVRAGE,

Par M. PETITOT.

———

TOME XXXIX.

PARIS,

FOUCAULT, LIBRAIRE, RUE DE SORBONNE, N°. 9.

1824.

MÉMOIRES
DE
M.ᴹᴱ DE MOTTEVILLE.

QUATRIÈME PARTIE.

La Reine ayant appris que les princes étoient arrivés, et qu'ils étoient environnés des grosses murailles du donjon du bois de Vincennes, fit ouvrir les portes du Palais-Royal, afin d'y laisser entrer tout le monde. Cette nouvelle ayant été divulguée, la foule fut grande chez la Reine. Les frondeurs avoient si bien frondé, qu'ils avoient mis leurs ennemis hors de combat ; et ils se hâtèrent de venir jouir de leur victoire dans un lieu où, peu auparavant, ils étoient haïs et traités d'ennemis. Les curieux ne manquèrent pas d'y venir aussi, pour savoir les causes et les particularités de ce grand événement. Ceux même qui plaignoient les princes y accoururent de même, les uns pour faire bonne mine et pour ne se point rendre suspects, les autres pour apprendre quelles en seroient les suites, et pour former déjà des projets pour l'avenir.

J'étois au coin de mon feu quand j'appris cette nouvelle; et le marquis de Villequier, capitaine des gardes du corps, qui depuis a été duc et maréchal de France, étoit avec moi. Il fut surpris du malheur du prince de Condé. Il étoit assez de ses amis, et se disoit son serviteur; mais comme les moindres intérêts des hommes les touchent beaucoup plus sensiblement que les grandes infortunes qui arrivent à ceux qu'ils aiment, au lieu de sentir la disgrâce de ce grand prince par l'amitié qu'il avoit pour lui, il s'écria et me dit : « Cette exécution m'appartenoit : je devois « l'arrêter. Je suis perdu, car on n'a pas eu de con- « fiance en moi. » Je lui répondis qu'il devoit s'affliger de cette défiance à laquelle n'ayant pas donné lieu, il devoit se consoler de n'avoir pas mis un ami en prison. Il en demeura d'accord avec moi par la honte qu'il eut de son emportement, et s'en alla chez la Reine plein de douleur et de furie. Il en fit de grandes plaintes au ministre, et peut-être qu'il les redoubla soigneusement, afin d'effacer par sa sensibilité une tache qu'il craignoit d'avoir sur le front, d'être partisan du prince de Condé, qui n'auroit pas été fort agréable en la personne d'un capitaine des gardes du corps; mais elle n'y étoit pas en effet, car il étoit incapable de manquer à son devoir. Aussitôt que Villequier m'eut quittée, je m'en allai chez la Reine en qualité de curieuse, ne prenant part à cette aventure qu'autant qu'elle étoit utile à son service. En entrant dans sa chambre, je fus surprise de voir tant de visages nouveaux. Tous les frondeurs, les ennemis de notre ministre, la remplissoient entièrement. Ils tenoient chacun leurs épées à la main, mais dans leur fourreau, jurant qu'ils étoient bons serviteurs du Roi, et qu'ils alloient être les défenseurs de la Reine et la force de l'Etat. Je trouvai leur orgueil ridicule, et leurs fanfaronnades un peu trop fortes; et comme il y avoit

d'honnêtes gens dans cette cabale qui étoient de mes
amis, je leur dis ma pensée, et je les fis demeurer
d'accord que j'avois raison de me moquer d'eux. Ensuite de cela, je me mis à parler avec quelques gens
sages et modérés. Ils trouvèrent que la prison de
M. le prince étoit sans doute une action vigoureuse et
hardie qui vraisemblablement devoit faire du bien à
la France, et devoit même calmer les passions trop
violentes de cet illustre prisonnier; mais comme les
corps infirmes, et dont les mauvaises humeurs se sont
trop ébranlées, ne peuvent souffrir les médecines
sans une trop grande émotion, ils jugèrent ce même
jour que la cour étant agitée de toutes les factions
qui depuis long-temps altéroient son repos, il étoit à
craindre qu'elle ne pût profiter de ce remède. Par
cette action, le cardinal Mazarin montra clairement
qu'il n'étoit pas si foible qu'il ne fît des actions de
grande force quand il lui plaisoit; et un[1] de ceux qui
avoient traité cette affaire avec lui me dit alors que
quand il lui avoit proposé d'arrêter M. le prince, il
n'avoit pas hésité un moment à s'y résoudre. Il est
certain néanmoins qu'il avoit montré tant de crainte
de lui déplaire, et avoit vécu avec lui avec tant de
soumission, qu'il l'avoit lui-même par cette voie convié d'en abuser. M. le prince, de son naturel, n'étoit
pas si redoutable dans le cabinet qu'à la guerre; et
pour peu qu'il eût rencontré de fermeté dans l'ame
du ministre, ceux qui le connoissoient à fond disoient qu'il auroit été doux et traitable, et que ses
derniers emportemens ne procédoient que du mé-

---

[1] Laigues fut le premier qui proposa au ministre d'arrêter M. le
prince; et ce fut lui qui m'en parla.

pris où il s'imaginoit que le cardinal étoit tombé, et des flatteries de ses courtisans qui, en lui parlant du ministre, l'appeloient toujours son esclave.

Il y eut ce même jour des personnes qui avoient été dans les intérêts de M. le prince qui me dirent, parlant des causes de sa prison, que, de l'aveu du ministre, il avoit promis pendant la guerre le Pont-de-l'Arche au duc de Longueville, afin de l'attirer par cet espoir au parti du Roi ; et qu'à la paix cette promesse avoit été confirmée entre eux. Ils y ajoutoient qu'il y avoit eu avant la guerre une négociation secrète entre le cardinal Mazarin et le duc de Longueville, par où le ministre avoit fait espérer à ce prince le Havre-de-Grâce, moyennant qu'il fît en sorte avec le prince de Condé, son beau-frère, que mademoiselle d'Alais (1), fille du duc d'Angoulême, sa cousine germaine, épousât son neveu Mancini ; que le cardinal, pour lui pouvoir donner des qualités qui le pussent rendre digne mari d'une princesse qui portoit le nom de Valois, comme petite-fille d'un bâtard de Charles IX et nièce de madame la princesse, avoit proposé de lui donner la souveraineté de Charleville et l'amirauté ; mais que le prince de Condé, ne voulant point manquer de parole au duc de Joyeuse, frère du duc de Guise, à qui il avoit promis mademoiselle d'Alais, rompit ce traité, et ne voulut point en entendre parler, d'autant plus volontiers qu'il souhaitoit cette souveraineté pour lui-même.

M. le prince, dans la suite des temps, se servit de ces mêmes choses pour dire qu'il n'étoit pas criminel

(1) *Mademoiselle d'Alais*: Marie-Françoise, fille de Louis de Valois, petit-fils de Charles IX.

d'avoir voulu que le Havre fût entre les mains du duc de Richelieu son ami, puisque le ministre l'avoit fait espérer au duc de Longueville son beau-frère, par la seule considération de la grandeur de sa maison; et quand M. le prince se fâcha du mariage du duc de Mercœur, le cardinal disoit de même qu'il avoit premièrement recherché de s'allier avec lui par le mariage de son neveu avec sa parente, et qu'il l'avoit refusé.

Les serviteurs et les amis des princes, les voyant arrêtés, se sauvèrent dans les places où ils commandoient avec le plus de diligence qu'il leur fut possible. Le duc de Bouillon et le vicomte de Turenne furent les premiers à prendre la fuite. On les manqua seulement de quelques momens, eux et le prince de Marsillac. Selon la résolution de la Reine, ils devoient avoir la même destinée; mais ils furent avertis de bonne heure. Le vicomte de Turenne se retira à Stenay, qui appartenoit au prince de Condé; et le président Pérault, intendant de sa maison et de ses affaires, fut mené ensuite au bois de Vincennes.

Le soir de ce jour si célèbre, la Reine, se montrant à toute la cour, parla du prince de Condé avec une grande modération. Elle dit à tous qu'elle étoit fâchée d'avoir été forcée, pour le repos de l'Etat, de le faire arrêter, vu son mérite, sa naissance et ses services; mais que les intérêts du Roi l'avoient emporté par dessus ces considérations. Elle reçut froidement madame de Montbazon, qui vint lui faire ses complimens avec l'emportement qu'on a d'ordinaire pour ce qui plaît. La Reine lui dit qu'elle n'étoit pas capable de sentir de la joie d'une chose de cette nature; qu'elle l'avoit crue nécessaire, mais qu'elle ne la trouvoit nullement délectable ; et qu'elle se seroit estimée heureuse si M. le prince eût bien voulu ne l'y pas obliger. Cette réponse me parut procéder d'une ame vraiment royale : l'équité m'obligea d'en avoir de la joie. Je m'approchai de cette princesse ; et après l'avoir louée tout bas de cette humanité, je pris la liberté de lui baiser la main, comme pour l'en remercier. En mon particulier, je n'avois nul attachement à cet illustre prisonnier. J'avoue néanmoins que la destinée d'un si grand homme me fit pitié, et j'eus dépit de voir ses ennemis triompher de son malheur. A l'égard de la Reine, ils étoient mille fois plus coupables que lui, et n'avoient eu de leur côté que du bonheur et de favorables conjectures qui les avoient sauvés. Enfin cette journée finit par un entretien d'une heure que Laigues (1) eut avec la Reine. Elle étoit dans son lit quand il lui parla, et ce fut lui qui, à minuit, lui ferma son rideau. Ce grand amateur de choses nouvelles étoit hardi à les proposer, ferme à les soutenir, et fort habile à les persuader ; mais tout ce que la Reine fut obligée de faire en faveur de ces nouveaux et mauvais serviteurs ne l'empêcha pas de parler de M. le prince avec l'estime qu'elle lui devoit ; et sa sagesse fut cause que cette cabale fut obligée de mettre les premiers jours des bornes à leur joie. Leur modération ne dura guère. Quelque temps après, sans que la Reine y contribuât en son particulier, la prison des princes devint le sujet de la joie et de la gaieté des courtisans ; et chacun, croyant se rendre

---

(1) *Laigues* : Geoffroy, marquis de Laigues, d'une ancienne famille du Dauphiné. Il avoit été capitaine des gardes de Gaston.

agréable par cette voie, tâchoit d'en témoigner de la satisfaction.

La nuit suivante, le duc de Beaufort, par l'avis du duc d'Orléans, fut à cheval dans les rues pour se montrer au peuple, et pour rassurer quelques petites gens qui disoient qu'on les trompoit, et que sans doute c'étoit leur bon prince qu'on avoit mis en prison. Les feux de joie furent grands dans Paris pour la prison du prince de Condé; car le peuple le haïssoit, à cause de l'opposition qu'il avoit toujours eue contre leur protecteur le duc de Beaufort. Ce favori du peuple, se voyant alors en état de pouvoir profiter des faveurs de la cour, se voulut raccommoder avec le ministre. Il lui envoya faire un compliment, et voulut même, pour lui montrer plus de soumission, envoyer prendre ordre de lui pour la marche dangereuse qu'il fit cette nuit dans les rues.

Le lendemain, avant que la Reine fût éveillée, son grand cabinet et son appartement tout entier étoient si pleins de monde, qu'à peine y pouvoit-on passer. Aussitôt qu'elle le fut, le duc d'Orléans la vint voir. Ils furent quelque temps à parler ensemble, elle étant encore dans son lit ; et il fut aisé aux spectateurs de deviner le sujet de leur conversation. J'avois ouï dire, le soir auparavant, que l'abbé de La Rivière étoit mal dans ses affaires, et qu'il n'avoit point su le secret de cette aventure. Je m'approchai de lui, pour savoir ce qui en étoit. Il me répondit qu'il étoit vrai qu'il n'avoit eu nulle connoissance de cet emprisonnement. « Comment, lui dis-je, vous êtes donc perdu ? — N'en « doutez pas, me dit-il; mon maître ne me parle plus, « et le pied me glisse, et je ne laisse pas d'être tran-

« quille. » Il me quitta pour suivre le duc d'Orléans chez le cardinal Mazarin, qui conservoit avec lui toutes les apparences d'une grande amitié. Aussitôt que la Reine fut levée, elle reçut les complimens de toutes les personnes de qualité, qui l'assurèrent de leur fidélité; et quelques parens des prisonniers furent du nombre.

La Reine envoya ordre en Catalogne, à don Joseph Marguerit et à de Marca, intendant de justice en ce pays, pour arrêter Marsin [1], qui commandoit l'armée. Il étoit créature du prince de Condé, et avoit eu cet emploi par lui : ce qui fut ponctuellement exécuté. Le parlement et les autres cours souveraines furent mandées. La Reine leur fit part des raisons qui l'avoient obligée de s'assurer de la personne de M. le prince, du prince de Conti et du duc de Longueville; et leur en ayant dit les causes, toutes ces compagnies en parurent satisfaites.

Madame la princesse envoya supplier la Reine de lui permettre de demeurer encore un jour chez elle, et un dans les grandes Carmélites : ce qu'elle lui accorda volontiers. Pendant ces deux jours, tout ce qu'il y avoit de personnes de qualité à Paris la furent visiter, pour lui témoigner la part qu'ils prenoient à sa douleur. Cette princesse étoit en son particulier dans une grande considération. Elle lui venoit en partie par elle-même. Ses enfans ne lui faisoient guère de part de leurs desseins ni de leur autorité; mais celle qu'ils avoient augmentoit la sienne.

Le commandeur de Jars fut la voir avec les autres. Il étoit de la cabale de Châteauneuf, contraire à la maison de Condé; mais madame la princesse le croyant

---

[1] *Marsin :* Jean-Gaspard-Ferdinand.

homme d'honneur l'embrassa, et pleura amèrement avec lui. Elle lui dit ensuite : « Commandeur, vous « avez toujours été de mes amis ; vous voyez l'état où « je suis : vous puis-je faire une prière ? — Oui, ma- « dame, lui dit-il ; et pourvu que cela soit en mon « pouvoir, il n'y a rien qu'un homme de bien puisse « faire que je ne le fasse avec joie pour votre service. « Mon pauvre fils le prince de Conti, lui dit cette prin- « cesse affligée, est infirme, délicat et incommodé : « il souffrira beaucoup de n'avoir point son valet de « chambre qui est propre à le servir. Je vous prie, faites « en sorte avec la Reine qu'elle commande qu'on le lui « envoie ; et avec cela je serai en quelque façon sou- « lagée. » Le commandeur de Jars, ayant un vrai cœur de gentilhomme, partit d'auprès d'elle à dessein de lui rendre ce petit service, et dans le même moment il alla faire cette supplication à la Reine. Il lui conta les mêmes choses que lui avoit dites madame la prin- cesse ; ce qui fut reçu de la Reine avec bonté : si bien que le même jour le valet de chambre fut envoyé au bois de Vincennes pour le soulagement du prince de Conti, que madame sa mère aimoit alors avec de grandes tendresses.

Le duc de Beaufort et le coadjuteur n'avoient point encore vu le Roi et la Reine, à cause qu'ils étoient accusés d'un crime, et qu'il falloit suivre l'ordre de leur justification. Ils allèrent ce jour 21 du mois au Palais, pour y être lavés de toutes leurs taches. Il est aisé de juger qu'ils en revinrent revêtus de la robe d'innocence, et qu'ils y allèrent sans nulle inquiétude d'être condamnés, quoi que pût dire alors le nouveau prisonnier Martineau

Le lendemain, les frondeurs, remplis de gloire apparente ou véritable, et satisfaits de leur destinée, allèrent au Palais-Royal saluer Leurs Majestés ; et le duc d'Orléans les présenta. Ils furent reçus selon le temps, c'est-à-dire comme des personnes à qui toutes choses arrivoient plutôt selon leurs souhaits que selon leurs services. L'abbé de La Rivière ne leur ressembloit pas : sa faveur étoit mourante, et son courage la soutenoit encore pour quelques jours seulement. Il ne se trouva point à cette présentation ; mais il arriva chez la Reine peu de temps après. Je lui demandai en quel état étoient ses affaires. Il me dit en riant qu'il étoit foible, et qu'il vivoit de régime. Il disoit vrai ; mais, malgré son régime, sa maladie ne laissoit pas d'empirer : le ministre commençoit de montrer le peu de volonté qu'il avoit de lui tenir sa parole, et par conséquent sa faveur étoit menacée d'une prompte fin. La Reine, en ma présence, ne laissa pas de lui demander aussi comment il étoit avec Monsieur. Et lui, comme si c'eût été un jeu, lui répondit en raillant que son maître ne le regardoit plus, et que n'ayant plus de nourriture il falloit périr d'inanition.

Cet abbé, voyant qu'il étoit perdu, jugea qu'il falloit finir de bonne grâce. Il voulut encore parler au duc d'Orléans, pour tâcher de se justifier à lui ; mais ce prince évita son entretien, et ne voulut jamais l'écouter. Quand il connut clairement que son malheur n'avoit point de remède, et que son maître n'avoit plus d'oreilles pour lui, il lui fit demander, par son ami le marquis de Termes [1], la permission d'aller

---

[1] *Le marquis de Termes* : César-Auguste de Pardaillan.

passer quinze jours à sa maison du Petit-Bourg. Cette grâce lui fut accordée avec facilité, et même avec apparence de quelque prolongation. Il donna ce même soir à souper à beaucoup de ses amis, et montra tant de gaieté que plusieurs crurent qu'il étoit raccommodé. Le lendemain, il partit à six heures du matin, sans montrer ni trouble ni chagrin. Il perdit en même temps la faveur, le chapeau, et l'espérance qu'il avoit eue qu'au défaut du chapeau il pourroit être archevêque de Reims ; mais, en résignant à un autre l'espérance d'être cardinal, il sembla aussi perdre son ambition, et en vouloir laisser les inquiétudes à son successeur. Il fut trahi, dans la maison du duc d'Orléans, de ceux qu'il avoit obligés et qui lui devoient leur fortune, et suivi seulement de quelques uns qui ne lui devoient rien : ce qui arrive quasi toujours à ceux qui se sont vus en état d'obliger. Il rendit à ces derniers ce qu'il avoit reçu des autres : ils en furent mal payés. Les grands biens qui lui restèrent auroient pu néanmoins lui donner beaucoup de facilité pour en user mieux ; mais il étoit homme, et ressembloit fort aux hommes ordinaires.

Quelque temps après, le duc d'Orléans lui envoya commander d'aller en une de ses abbayes, puis ensuite à Aurillac dans le fond de l'Auvergne, avec commandement de rendre les sceaux de l'ordre, qu'il avoit achetés du garde des sceaux de Châteauneuf trois cent mille livres. Il ne fit pas toujours bonne mine à son malheur : il souffrit avec peu de patience et beaucoup de chagrin tous ces maux ; mais ayant de l'esprit, il parut d'abord avoir du courage et de la fermeté à soutenir sa disgrâce, dont il reçut les plus grands coups d'une manière estimable. Il joua fort bien le premier acte de la comédie; le reste ne mérite aucune louange. Nulle vertu ne subsiste, si elle n'est fondée sur la piété.

Bouteville [le 23 janvier], avec quelques autres, sous prétexte de l'affaire qui étoit arrivée autrefois au jardin de Renard, firent appeler le duc de Beaufort pour se battre, qui n'en voulut rien faire : non pas manque de cœur, car certainement il étoit brave, il avoit quelque chose de grand dans l'ame ; mais il ne voulut pas s'embarrasser dans ces querelles particulières qui lui avoient donné des affaires. Il crut qu'il valoit mieux vivre pour jouir des fruits des pénibles intrigues où il s'étoit trouvé. Les princes ont souvent affecté d'éviter les combats avec les particuliers, et celui-là suivit volontiers cette maxime. Sur la fin du mois, on eut nouvelle que le vicomte de Turenne avoit déjà pris la qualité de lieutenant général de l'armée du Roi pour la liberté des princes. La Reine ayant depuis congédié les troupes que les princes commandoient, beaucoup de celles-là furent trouver le vicomte de Turenne à Stenay, et se rallièrent, à ce qui fut dit à la Reine, environ jusqu'au nombre de trois mille hommes. On résolut aussitôt d'envoyer le duc de Vendôme avec une armée en Champagne, pour s'opposer à cet ennemi, avec les provisions du gouvernement de Bourgogne, qui étoit au prince de Condé.

La Reine, de son côté, se résolut d'aller en Normandie, pour s'assurer de cette province, de toutes les places qui y sont, qu'elle ne jugea pas devoir laisser sous la domination de madame de Longueville. Le parlement de Rouen et beaucoup de personnes de qualité eussent eu assez de disposition pour faire du bruit en faveur de cette princesse frondeuse; mais le marquis de Beuvron, ancien ami du duc de Longueville, quoique peut-être malgré lui, se résolut de faire son devoir; et lui ayant montré clairement qu'il ne la pouvoit servir, lui fit connoître qu'elle n'en devoit pas attendre grand secours. Madame de Longueville, se voyant mal reçue, résolut de s'en aller à Dieppe, à dessein de chercher en ce lieu quelque soulagement. Beaucoup de gentilshommes du pays la furent visiter; ils lui menèrent quelques soldats, et d'autres lui offrirent et lui prêtèrent de l'argent. Le prince de Marsillac l'avoit déjà quittée pour aller en Touraine, à son gouvernement, travailler à former un parti en ce pays, où il étoit puissant par ses amis et par son crédit. Il ne resta auprès d'elle de personnes importantes et de qualité que Saint-Ibal, Traci et Bavière, avec un certain Saint-André, fort habile pour les fortifications. Il y eut aussi quelques provinciaux de conséquence qui ne l'abandonnèrent pas. Elle eut dessein de se tenir dans cette place tant qu'il lui seroit possible; et si le Roi l'en chassoit, de se mettre dans un vaisseau, et d'aller chercher dans les pays étrangers; à l'exemple de madame de Chevreuse, le refuge que les malheureux y trouvent toujours.

Montigny, gouverneur de Dieppe, et homme de bien, en recevant madame de Longueville ne laissa pas d'envoyer assurer la Reine de sa fidélité. Le marquis de Beuvron en avoit fait autant. En cela il étoit louable. Tous deux avoient de grandes obligations au duc de Longueville; et, dans une pareille conduite, ils eurent peut-être des sentimens différens. Madame de Longueville avoit tenté d'aller au Havre; mais le duc de Richelieu ne put la recevoir, à cause qu'il n'en étoit pas tout-à-fait le maître : les principaux officiers étoient tous à madame d'Aiguillon, qui devoit haïr un neveu rebelle et ingrat; si bien que madame de Longueville, qui avoit fait avoir ce gouvernement à son amie dans le dessein d'en profiter pour elle-même, eut le déplaisir de voir que ce mariage en partie étoit cause de ses maux, et qu'elle n'en pût pas même recevoir le moindre soulagement dans sa disgrâce.

La Reine, suivant sa résolution, partit de Paris le premier février, et arriva à Rouen le 3 du mois. Avant que de partir, elle envoya arrêter la duchesse de Bouillon, qui fut si habile qu'à la vue même de celui qui l'arrêta elle fit sauver ses enfans mâles, et les envoya en lieu de sûreté. Cette dame a été illustre par l'amour qu'elle a eu pour son mari, par celui que son mari a eu pour elle, par sa beauté, et par la part que la fortune lui a donnée aux événemens de la cour. Elle accoucha le même jour qu'elle fut arrêtée, mais sans nulle incommodité à l'égard de sa personne. Elle reçut, par l'ordre de la Reine, tous les secours qui en cet état lui étoient nécessaires. Dans toutes les occasions d'une sévérité forcée, telle que les rois sont obligés d'en avoir, la Reine ne manquoit quasi jamais de donner aux malheureux tous les adoucissemens que la raison d'Etat lui pouvoit permettre.

Le cardinal demeura quelques jours à Paris pour donner ordre à toutes ses affaires.

Madame de Soyon, devenue dame d'atour de Madame par l'éloignement de l'abbé de La Rivière, se lia entièrement au ministre. Ceux de cette cabale qui régnoit alors auprès du duc d'Orléans, dont étoient Razé et Belloy, enseigne de ses gardes, firent venir Goulas, secrétaire des commandemens du duc d'Orléans, que l'abbé de La Rivière tenoit injustement éloigné de son maître. Il étoit son ennemi, et par cette raison il croyoit devoir lui nuire; mais cette conduite n'étoit ni louable ni légitime, quoiqu'elle soit souvent usitée et profitable. Tous ensemble promirent au ministre une entière fidélité, et en tirèrent alors de petites commodités et de grandes promesses pour l'avenir. L'intention du cardinal étoit de se servir de ces petits favoris qu'il pouvoit payer de peu de choses, et empêcher par eux que le duc d'Orléans ne se livrât aux frondeurs. Toutes ses précautions ne lui servirent de rien : il connut bien vite qu'ils alloient à l'usurpation de la faveur, et déjà il commençoit de méditer les moyens de les humilier et de les perdre à leur tour. Ils vouloient être de tous les conseils : ils ne le quittoient plus, et prétendoient ordonner de la conduite de l'Etat. Le cardinal Mazarin n'étoit pas libéral de son pouvoir ni de ses honorables emplois : il les aimoit trop pour en faire part à d'autres. Il faisoit lui-même toutes les dépêches des affaires étrangères; lui seul exerçoit presque toutes les grandes charges de la cour. Il est à croire que des compagnons si nouvellement de ses amis lui étoient suspects; mais il falloit faire bonne mine : il n'étoit pas temps de montrer encore ce qu'il avoit dans le cœur. Il fut donc forcé de laisser madame de Chevreuse auprès du duc d'Orléans, avec peu de sûreté sur la conduite de ce prince, et d'abandonner à toute la Fronde le parlement, la cabale des princes, et Paris tout entier. Pour gage de leur fidélité frondeuse, il fit suivre au voyage le marquis de Noirmoutiers, grand frondeur, afin d'avoir par lui commerce avec les autres; et s'en alla ensuite rejoindre la Reine, pour travailler à chasser de Dieppe la duchesse de Longueville.

Le comte d'Harcourt, qui avoit eu les provisions du gouvernement de Normandie, commandoit l'armée du Roi, qui étoit foible. Sa personne royale ne fut pas suivie à son ordinaire : il n'avoit que quarante gardes, trente chevau-légers et trente gendarmes. Il avoit peu d'argent et peu de troupes ; mais l'autorité de la puissance légitime égale souvent la force des plus gros bataillons. Le Roi et la Reine furent reçus à Rouen avec de grandes marques de joie, telles que le méritoit un jeune Roi dont la beauté et l'innocence devoient plaire à ces peuples. Ils ne l'avoient jamais vu, non plus que la Reine, qui, ayant voyagé par toute la France, n'avoit point encore été dans cette grande et importante ville. Le 7 du mois, Chamboi, qui commandoit dans le Pont-de-l'Arche, et qui avoit ordre de madame de Longueville de rendre la place à la première sommation du Roi, la remit aussitôt, moyennant deux mille pistoles qu'il demanda pour les frais de la garnison.

La Reine, en arrivant à Rouen, ôta le marquis de Beuvron du vieux Palais; car, encore qu'il eût presque chassé de Rouen madame de Longueville, on ne voulut pas néanmoins se fier à un homme dont la conduite étoit incertaine, et qui n'agissoit par aucun motif que par celui de la crainte, et par l'inclination qu'il avoit d'être toujours pour celui dont les affaires alloient le mieux. Elle y mit en sa place un capitaine du régiment des Gardes, nommé Fourille, pour y commander seulement par commission.

La Reine manda au duc de Richelieu de la venir trouver. L'abbé de Richelieu vint à la cour assurer Leurs Majestés des bonnes intentions de son frère, et de madame de Richelieu sa belle-sœur. Cette dame vouloit faire confirmer son mariage par le Roi et la Reine. Elle y travailla par ses négociations avec le ministre, qui à la fin se laissa persuader par elle. Il lui fit dire que si elle et son mari demeuroient fidèlement attachés à leur devoir, la Reine lui donneroit le tabouret, et qu'elle seroit traitée comme duchesse de Richelieu : ce qui s'exécuta quelques jours après.

La Croisette, qui commandoit dans Caen, avec cinquante mille livres de rente que le duc de Longueville son maître lui avoit données, envoya aussitôt assurer Leurs Majestés de sa fidélité, et reçut dans la ville et le château un exempt pour y commander en sa place.

Mademoiselle de Longueville quitta madame sa belle-mère, et avec la permission de la Reine elle s'en alla à Coulommiers, pour y passer les premiers mois de la prison du duc de Longueville son père. Elle avoit beaucoup d'esprit et de mérite. Sa vertu et la tranquillité de sa vie la mirent à couvert des orages de la cour ; et quoique cette princesse ait porté le nom de frondeuse, la Reine, qui savoit le peu de liaison qui étoit entre elle et madame sa belle-mère, trouva qu'il étoit juste de la laisser en repos jouir de ses plus grands plaisirs, qui étoient renfermés dans les livres et dans l'aise d'une innocente paresse. Par toutes ces raisons, sa retraite fut estimée de tous, et lui fut à elle fort commode. Le désir de savoir et la solitude conviennent à la tristesse, quand l'on est assez sage pour sentir tout ce que l'on doit sentir. La Reine envoya commander à madame de Longueville de quitter Dieppe et d'aller aussi à Coulommiers ; mais cette princesse avoit le cœur trop ulcéré contre ses ennemis, pour obéir à des ordres qu'elle disoit venir de leur part sous le nom de la Reine. Elle se sentoit capable des plus grandes entreprises, et elle jugea qu'il valoit mieux se réserver à quelque chose de plus utile à son parti qu'au repos de cette maison, où elle crut ne pouvoir rencontrer une sûreté entière. En recevant l'ordre de la Reine, elle fit semblant d'être malade, et promit d'y obéir aussitôt qu'elle seroit en santé. Le Plessis-Bellière (1) fut commandé pour aller à Dieppe avec quelques troupes; et comme elle vit qu'elles s'approchoient, elle fit son possible pour gagner le gouverneur de cette place, lui voulant persuader de tenir bon contre les forces royales. M. de Montigny, qui, à ce que l'on a cru, vouloit être fidèle au Roi, lui représenta la difficulté de l'entreprise, et lui fit voir qu'il ne pouvoit pas lui seul, sans argent et sans troupes, faire ce qu'elle souhaitoit. La conclusion fut de lui conseiller de fuir par mer, et de s'en aller en Flandre attendre quelque meilleure saison. Madame de Longueville, qui savoit que le plus grand service qu'elle eût pu rendre aux princes étoit de leur conserver la Normandie, ne se rendit point à ce dernier coup. Elle voulut essayer si elle pourroit engager dans son parti les bourgeois, les officiers et le

(1) *Le Plessis-Bellière* : Jacques de Rougé.

menu peuple de la ville. Elle leur parla vigoureusement, elle usa de prières douces et humbles, et n'oublia rien à leur dire de tout ce qui pouvoit les animer à prendre sa défense. Elle se servit de la haine publique du Mazarin, et leur représenta qu'il leur seroit glorieux s'ils vouloient mander au Roi qu'ils lui ouvriroient les portes, pourvu qu'il ne voulût point l'amener avec lui. Eux, qui aimoient leur repos et qui n'avoient nulle inquiétude du gouvernement du Mazarin, à qui ils aimoient autant obéir qu'à un autre, répondirent fort naturellement qu'ils étoient serviteurs du Roi, et qu'il n'étoit pas juste de lui ôter la liberté de se servir de qui bon lui sembleroit. Ils déclarèrent à cette princesse que leur résolution étoit d'envoyer vers Leurs Majestés les assurer de leur fidélité, et mandèrent au Roi qu'il seroit toujours le maître de leur ville quand il lui plairoit d'y venir. Madame de Longueville, se trouvant sans ressource, vit toutes ses espérances évanouies ; mais son grand cœur ne l'ayant pas abandonnée, elle pensa tout de bon à se sauver. Elle fit alors une confession générale qui parut avoir toutes les marques d'une véritable contrition ; et quoiqu'elle conservât le dessein de faire la guerre, elle n'en eut point assez de scrupule, parce qu'elle crut alors, en flattant sa passion, que la défense étoit permise.

Quand cette princesse se vit pressée par Le Plessis-Bellière, qui la menaçoit d'assiéger le château où elle étoit, elle sortit par une petite porte de derrière qui n'étoit pas gardée. Elle fut suivie de ses femmes, de celles qui eurent le courage de ne la pas quitter, et de quelques gentilshommes. Elle alla deux lieues à pied pour gagner un petit port, où elle ne trouva que deux barques de pêcheurs. Elle voulut s'embarquer en ce lieu contre l'avis des mariniers, et son dessein étoit de gagner un grand vaisseau qu'elle faisoit tenir à la rade exprès pour se sauver quand elle seroit forcée de le faire. Le vent se trouva alors si grand, et la marée si forte, que le marinier qui l'avoit prise entre ses bras pour la porter dans la chaloupe, ne pouvant résister à l'un et à l'autre, la laissa tomber dans la mer. Elle pensa se noyer; mais enfin elle fut reprise et tirée de ce péril, plus touchée de ses malheurs qu'elle n'étoit abattue de cet accident. Ayant repris ses forces et ranimé son courage, elle voulut tenter de nouveau de se remettre dans le péril. Le vent, qui s'augmentoit à tous momens, l'en empêcha, et la fit résoudre de prendre des chevaux et de se mettre en croupe : ce que firent aussi les femmes et les filles de sa suite. Elle marcha dans cet état le reste de la nuit, et arriva chez un gentilhomme du pays de Caux, qui la reçut et la cacha avec beaucoup d'affection et de bonté. De là elle envoya un des siens pour faire venir le navire qui l'attendoit, côtoyer le lieu où elle étoit; mais on découvrit que le patron avoit été gagné par les deniers du ministre, et qu'elle eût été arrêtée si elle s'en fût servie quand elle l'avoit voulu faire. Ensuite de cette aventure elle demeura environ quinze jours, se cachant de lieu en autre, selon les avis qu'elle avoit; et enfin elle envoya au Havre, où elle gagna le capitaine d'un vaisseau anglais. Elle y fut reçue sous le nom d'un gentilhomme qui s'étoit battu en duel; et cet homme ayant été bien payé, ne s'en informa pas davantage, et la vint trouver à quelque petit port particulier. Ce vaisseau la passa en Hollande, où elle fut visitée du prince d'Orange, de la princesse royale sa femme, et de la princesse sa belle-mère; puis elle s'en alla à Stenay. Quand elle y fut, elle écrivit au Roi une lettre en forme de manifeste, qui fut estimée. Elle étoit pleine d'artificieuses plaintes; et sans doute qu'elle l'avoit composée elle-même, ayant toujours écrit aussi bien que personne du monde.

Pendant que le Roi est heureux en Normandie, il ne l'est pas moins en Champagne. Le chevalier de La Rochefoucauld (1) étoit dans Damvilliers, et y commandoit pour le prince de Conti. Les officiers qui étoient sous lui le lièrent, et le mirent en cet état au pouvoir du Roi avec cette place, que le prince de Conti avoit obtenue par le traité de la paix de Paris. Clermont de même fut repris sur ceux du parti des princes. Le maréchal de La Ferté y contribua beaucoup par les intelligences qu'il avoit dans la place.

La Reine croyant, au rapport de Du Plessis-Bellière qui étoit entré dans Dieppe, que madame de Longueville étoit embarquée, puisqu'il ne l'avoit pu trouver, se résolut de venir à Paris. Elle partit de Rouen le 22 de février, après avoir vu madame de Richelieu et lui avoir donné le tabouret. Elle passa par Gaillon pour voir cette belle demeure de nos archevêques, où elle reçut un courrier du comte d'Harcourt, qui alors l'assura de l'embarquement de madame de Longueville.

La Reine, à son retour, reçut toute la cabale frondeuse avec des témoignages de bonne volonté qui

---

(1) *Le chevalier de La Rochefoucauld* : Hilaire-Charles, frère du prince de Marsillac.

leur furent agréables; mais comme ils en voulurent des marques effectives, ils lui demandèrent le retour de Châteauneuf, avec les sceaux pour lui. Ils alloient tous bien droit à se soutenir les uns et les autres, particulièrement cet homme qu'ils regardoient comme leur chef, et à qui ils vouloient donner la place du ministre.

Le cardinal, qui connoissoit où tendoient leurs désirs, écouta leurs propositions avec peine. Il y résista quelque temps ; mais n'ayant nul sujet de douter de la fermeté de la Reine, il crut qu'il étoit de sa prudence de contenter cette cabale, et de donner quelque autorité à Châteauneuf, afin de leur faire voir à tous qu'il étoit en état de ne rien craindre. Ce ministre voulut leur montrer que leurs souhaits demeureroient sans effet, et ne serviroient qu'à les détromper de la créance qu'ils avoient que leur ami approchant de la Reine, elle le considéreroit à son préjudice. Ces intrigues qu'il avoit faites contre le service du Roi avoient déplu à cette princesse, comme mère et comme régente ; et, comme équitable, elle ne pouvoit plus l'estimer. Le cardinal étant donc pressé par ces faux amis et par sa raison, se résolut de les obliger de bonne grâce. Il espéra que le garde des sceaux de Châteauneuf, comme habile courtisan, venant à connoître qu'il ne pouvoit avoir la première place, se contenteroit de la seconde, et que peut-être il se serviroit de lui pour modérer l'ardeur impétueuse de la Fronde. Le coadjuteur avoit lui seul une si grande cabale, une ame si hardie, un cœur si rempli de passions et un génie si puissant pour se faire aimer de ceux qui le connoissoient, qu'il étoit assez difficile au ministre de l'empêcher d'entrer dans le cœur du duc d'Orléans, et par conséquent impossible de leur refuser à tous ce qu'ils vouloient déterminément. Ayant déjà mis ce prince de leur côté, ils avoient sujet de croire que leurs volontés devoient être des lois immuables ; mais les habiles dissimulations de celui dont ils croyoient devenir les maîtres surmontèrent à la fin la force des plus forts.

Le retour de ce second ministre étant résolu des deux côtés, le premier jour de mars, sur les sept heures du soir, La Vrillière alla de la part du Roi et de la Reine demander les sceaux au chancelier Seguier. Il les rendit, et lui dit qu'il croyoit avoir bien servi le Roi, et s'être dignement acquitté de cette charge depuis dix-sept ans qu'il en étoit possesseur ; qu'il savoit bien que la raison d'État, plutôt que son démérite, obligeoit la Reine à cela : c'est pourquoi il la supplioit de croire qu'il les rendoit sans regret, espérant qu'elle lui feroit toujours la grâce de le traiter comme très-fidèle serviteur du Roi et d'elle. Le chancelier, qui savoit l'état des choses, et qui sentoit que son ambition étoit bornée dans la cassette des sceaux, ne douta nullement de la peine que le ministre recevoit de ce changement. C'est pourquoi il les rendit sans témoigner beaucoup de regret, et fit ce que les hommes s'efforcent de faire en de pareilles occasions, qui est de recevoir avec fermeté les rudes coups du malheur et de l'infortune.

Je vis rapporter les sceaux dans l'oratoire de la Reine, comme elle prioit Dieu. Ils y demeurèrent jusqu'au lendemain, qu'on les porta à Montrouge au garde des sceaux de Châteauneuf. On les lui avoit ôtés autrefois pour les donner au chancelier Seguier, qui les perdoit alors de la même manière que l'autre les avoit perdus à son tour. Ces événemens sont des jeux de la fortune conduite par la volonté du souverain roi des rois, qui dispose de la destinée de ses créatures comme il lui plaît; et la cour est remplie de ces divers changemens.

Ce nouveau et ancien garde des sceaux reçut cette nouvelle grâce à soixante-et-dix ans passés, plein de santé, de courage et d'ambition. Il formoit encore de grands desseins pour l'avenir, sans penser que cet avenir avoit un espace trop court pour y placer tant de projets et de grandes chimères.

Le lendemain, mercredi des Cendres, il vint saluer le Roi et remercier la Reine. Il est à croire qu'il avoit commencé ses complimens par le ministre; et l'on m'assura qu'il l'avoit fait fortement, et qu'il lui avoit dit qu'il vouloit être son véritable ami. Le Palais-Royal fut en ce jour rempli de beaucoup de monde. Cet homme, qui étoit tant visité à Montrouge lorsqu'il étoit sans pouvoir, devint aisément l'idole de tous les courtisans. On crut qu'il alloit chasser le ministre, ou tout au moins avoir part au ministère. Quand il arriva, il fut suivi d'un chacun; tous le vouloient voir. Il sembla que le cardinal Mazarin étoit déjà déchu de sa grandeur, qu'il n'étoit plus le ministre de la Reine, qu'elle étoit changée, et que toute l'autorité étoit remise entre les mains de ce nouveau venu.

Le lendemain il entra au conseil, et reprit son ancienne place avec la même presse. On croyoit peut-être devoir rendre ses hommages à un homme qui avoit su par son habileté triompher du ministre, en le forçant de le mettre dans une place d'où vraisemblablement il paroissoit devoir bientôt monter à la première. La Reine trouva mauvais qu'on donnât à ce retour tant de marques de joie publique, et me fit l'honneur de me dire alors qu'elle ne savoit pas pourquoi on faisoit tant de bruit de cet homme, et qu'on se trompoit d'espérer qu'il fût jamais plus que ce qu'il étoit. Comme en effet elle considéroit son ministre, et qu'elle trouvoit qu'il étoit de son devoir et de sa gloire de le soutenir, cet applaudissement fut cause qu'elle se fortifia contre les amateurs de la nouveauté. Elle forma le dessein d'empêcher que le garde des sceaux de Châteauneuf, son ancien serviteur, qui avoit été disgracié par cette seule raison, ne parvînt au dessein qu'il avoit de lui dérober sa confiance lorsqu'elle ne vouloit pas la lui donner.

Le cardinal, qui avoit de grands désirs de se soutenir dans la place qu'il avoit, fit bonne mine à son rival, et ne montra point le craindre. Il lui offrit sa maison, il voulut qu'il y logeât quelque temps, et le traita si amiablement qu'il l'obligea à se louer de lui, et à publier hautement qu'il lui étoit redevable, et qu'il étoit son serviteur et son ami. La Reine, pour gratifier la Fronde de toutes manières, confirma au fils de Broussel le gouvernement de la Bastille, qu'il avoit usurpé pendant la guerre. Elle fit venir en plein cercle cet homme qui lui avoit donné de si mauvaises heures, et le traita bien. Toutes ces choses se firent par le conseil du cardinal, et selon sa politique ordinaire, qui étoit de gagner le temps et de dissimuler.

Ensuite de l'établissement du garde des sceaux de Châteauneuf, la Reine se résolut d'aller en Bourgogne pour affermir entièrement l'autorité du Roi par la prise de Bellegarde, qui tenoit pour le prince de Condé. Elle partit le 5 de mars, suivie seulement de ses dames, de la princesse de Carignan, et de la princesse Louise sa fille.

Le cardinal demeura un jour après la Reine, pour se recommander aux charitables soins de madame de Chevreuse, de Laigues, du coadjuteur, et des principaux chefs de cette troupe. Les choses étoient si troublées, l'orage paroissoit si près d'éclater, et les prophéties étoient si funestes, que ce jour beaucoup de gens, de part et d'autre, crurent que le cardinal seroit assassiné, et plusieurs avis lui en furent donnés. Il partit enfin, et laissa dans Paris le duc d'Orléans, le garde des sceaux, et toute la secte frondeuse. Le Tellier et Servien, employés par la Reine dans le secret des affaires, y demeurèrent aussi pour servir le Roi, et pour être les champions fidèles du ministre contre ses mauvais amis. Les politiques remarquèrent qu'en partant de Paris ce ministre, plein de finesse, avoit témoigné beaucoup de bonne volonté aux serviteurs des princes, et que, voulant peut-être donner de la crainte à la cabale d'Orléans, il avoit affecté de bien traiter ceux du parti contraire, pour leur montrer que s'ils en usoient mal avec lui, il pourroit se défendre de leur oppression par M. le prince. Dans ce même temps, parlant du prince de Condé, il dit publiquement de lui une chose fort remarquable : Qu'il auroit été le plus grand homme du monde, et le plus heureux, s'il avoit pu croire que la Reine étoit capable de faire ce qu'elle avoit fait.

La Reine en partant donna à Comminges le gouvernement de Saumur, vacant par la mort du duc de Brezé, père de madame la princesse, femme du prince de Condé. Il alla peu de temps après pour en prendre possession ; mais on lui en refusa l'entrée. Le prince de Marsillac, devenu depuis peu de jours duc de La Rochefoucauld, et qui avoit des intelligences dans cette ville, fut cause de ce refus. Sous prétexte des funérailles du duc son père, il assembla deux mille gentilshommes pour aller secourir cette ville quasi rebelle ; mais Comminges, plus heureux que lui, ayant offert de l'argent de la part du Roi à celui qui y commandoit, fit son traité, et en prit possession avant que ce seigneur y pût arriver.

Aussitôt après le départ de la Reine, la duchesse de Bouillon, arrêtée dans sa maison à Paris par l'ordre du Roi, trouva le moyen de tromper ses gardes, et de se sauver finement de sa chambre. Mademoiselle de Bouillon sa fille, qu'elle avoit avec elle, la vint voir ; et faisant semblant de l'avoir trouvée endormie, elle parut vouloir retourner à sa chambre, et pria la sentinelle qui étoit dans l'antichambre de la duchesse de Bouillon sa mère de lui éclairer. La sentinelle prit la lumière, et marchant devant la petite demoiselle de Bouillon, donna lieu à madame de Bouillon, suivant sa fille et marchant après elle toute courbée, de gagner l'escalier, de descendre dans la cave, où la petite mademoiselle de Bouillon et ses femmes l'ayant été trouver, elles se sauvèrent par le soupirail de la cave, à l'aide de quelques-uns des siens qui les tirèrent avec des cordes. Elle se cacha ensuite dans quelque maison particulière ; et comme elle étoit prête de se sauver de Paris, mademoiselle de

Bouillon eut la petite vérole. Cette généreuse mère ne la voulant point quitter, elle fut enfin trouvée chez Bartet, agent du roi de Pologne, et menée à la Bastille avec mademoiselle de Bouillon, sœur et très-bonne sœur du duc de Bouillon son mari. Ces deux personnes avoient de l'ambition, et même on disoit qu'elles en avoient trop, et que cette passion dans l'ame de mademoiselle de Bouillon et de sa belle-sœur étoit cause des malheurs de son mari et des siens : si bien que c'étoit avec raison que la Reine les craignoit. Elles y demeurèrent jusqu'à la paix de Bordeaux, et en sortirent ensuite avec l'estime universelle de tout le monde qui connoissoit leur mérite.

Les partisans du prince de Condé ne dormoient pas : ils travailloient à émouvoir le parlement en leur faveur; et, suivant les exemples passés, ils tâchoient d'émouvoir le public par son intérêt. On s'assembla le 29 au parlement pour établir une chambre de justice à la maison de ville, et pour faire payer les rentiers. Quelques particuliers, pour obtenir de la cour ce qu'ils souhaitoient, fomentoient ces rémuemens. Longueil, pour faire son frère surintendant, s'occupoit toujours à brouiller toutes choses, et les serviteurs des princes se servoient de lui pour parvenir à leurs fins; mais les frondeurs, faisant mine d'être pour la Reine, fuyoient en effet le changement à l'égard des princes; et par leur propre intérêt ils apaisoient ce petit bruit avec facilité.

Le fils du président Le Coigneux, en l'une des chambres des enquêtes, eut la hardiesse de proposer le premier de faire le procès aux princes, afin qu'ils fussent traités selon la déclaration donnée à Saint-

Germain à la paix de Paris, où le Roi promettoit, au bout d'un certain temps fort bref, qu'il ne retiendroit point de prisonniers sans leur faire leur procès, ou les absoudre s'ils étoient innocens. Il demanda qu'ils fussent traités selon cette promesse ; mais le parti des princes étant encore foible, Le Coigneux fut sifflé de toute la compagnie, et sa proposition fut sans effet.

La princesse palatine travailloit de son côté en faveur des prisonniers. Elle avoit déjà trouvé moyen de faire tenir de ses lettres, et chez elle s'assembloient souvent ceux qui travailloient à leur liberté. Cette princesse, semblable à beaucoup d'autres dames, ne haïssoit pas les conquêtes de ses yeux, qui étoient en effet fort beaux ; mais outre cet avantage trop dangereux à notre sexe, elle avoit ce qui valoit mieux, je veux dire de l'esprit, de l'adresse, de la capacité pour conduire une intrigue, et une grande facilité à trouver un expédient pour parvenir à ce qu'elle entreprenoit. Aussitôt qu'elle se fut résolue à servir les princes, elle s'appliqua avec soin aux moyens de réussir dans son dessein. Comme il lui parut nécessaire d'attirer les frondeurs à leur parti, elle se servit de madame de Rhodes, qui étoit son amie, pour proposer à madame de Chevreuse le mariage du prince de Conti avec sa fille mademoiselle de Chevreuse, et chercha, pour gagner les autres chefs, quelque autre intérêt considérable, capable de les toucher chacun en particulier ; et cela n'étoit pas difficile à trouver, car tous en avoient de grands et de petits. Le duc de Nemours, qui étoit ami du prince de Condé et mal satisfait du ministre, étoit un de ceux qui agissoit le plus puissamment par ses amis à la liberté des prisonniers. Le président Viole étoit un violent solliciteur, et Longueil y faisoit des merveilles, en ce qu'il ne se lassoit jamais de l'intrigue. Tous approuvèrent les pensées de la princesse palatine, particulièrement celle qu'elle avoit eue sur le mariage du prince de Conti et de mademoiselle de Chevreuse. Madame de Longueville, qui en fut avertie par elle, lui manda aussi de Stenay qu'elle l'estimoit bonne, et qu'on y travaillât. Enfin cette princesse, n'oubliant rien pour parvenir à la conclusion de son œuvre, ne perdoit pas un moment sans y avancer quelques pas. Mais ces grandes choses ne se font pas aisément : le temps seul les conduit doucement à leur fin, qui, le plus souvent, n'est pas celle que les hommes y veulent chercher. Dieu, qui les change et les perfectionne, leur donne celle qu'il lui plaît qu'elles aient.

Pendant que toutes ces intrigues se préméditoient à Paris, la Reine étoit en Bourgogne, où elle avoit été reçue avec beaucoup de marques d'affection. L'armée du Roi ne put si tôt qu'elle le souhaitoit entreprendre le siége de Bellegarde, à cause des grosses eaux : il fallut attendre quelque temps. Le 4 d'avril, on commença la circonvallation de cette place ; et le ministre, qui la fut visiter en personne, en approcha de si près qu'il y pensa être tué, un de ses gentilshommes ayant été blessé proche de lui.

Le 12 du même mois (avril), la Reine, avertie qu'on travailloit à soulever le parlement en faveur des princes, envoya commander à madame la princesse la mère d'aller à Montrond, attendu qu'elle avoit des intelligences avec les ennemis de l'État. En même temps on commanda à un lieutenant des gardes du corps d'arrêter madame la princesse sa belle-fille, et de la garder à Chantilly. Cette princesse en ayant eu avis, et conseillée par ceux qui croyoient sa personne nécessaire à leurs desseins, mit une de ses filles dans son lit, et se sauva malgré les gardes, elle et le duc d'Enghien son fils, et s'en alla à Montrond avant que les gens du Roi y fussent arrivés. On crut que la Reine avoit commandé à madame la princesse la mère d'aller en ce lieu, afin que l'escorte du Roi qui la conduiroit se pût saisir de cette maison, qui est forte et capable de quelque résistance; mais elle, au lieu d'y aller, se sauva de nuit de Chantilly, et demeura cachée quelque temps sans que la Reine pût savoir où elle étoit. Pendant qu'elle se cache, madame la princesse sa belle-fille fut menée à Montrond par ceux de son parti, qui se saisirent de cette place, à dessein de s'en servir pour leur sûreté. Déjà le duc de La Rochefoucauld et les principaux amis des princes, qui voyoient bien que Montrond n'étoit pas capable de tenir contre des forces considérables, travailloient à gagner les Bordelais, fomentant leurs mécontentemens contre la cour, et leur haine contre le duc d'Epernon. On leur faisoit voir aussi les obligations qu'ils avoient d'entrer dans les intérêts de M. le prince, puisqu'une des principales causes de sa prison étoit (à ce qu'ils disoient) le secours et la protection qu'il leur avoit toujours donnée dans le conseil du Roi; mais ils eurent d'abord de la peine à leur faire naître le désir de se mettre dans son parti, et il fallut que les créatures des princes y employassent avec soin toute leur habileté et leur affection.

En Bourgogne, le siége de Bellegarde continuoit, et beaucoup de vœux se faisoient, tant par les frondeurs que par les créatures des princes, afin qu'il ne se pût pas finir si tôt: tous espérant que le mauvais état des affaires leur seroit avantageux, quoique ce fût par des fins bien différentes. Le Roi, quoique jeune, alla dans le camp se montrer à son armée. Les soldats furent ravis de le voir, et souffrirent sans murmurer qu'on les payât de cette monnoie seule. Le désordre de ses affaires en mettoit un fort grand dans ses finances, et les troupes, par cette raison, étoient mal payées.

Celui qui commandoit dans la place fit tirer à la vue du Roi; mais ayant reconnu sa faute, il en envoya faire des excuses. La présence de ce jeune monarque, animant ceux qui combattoient pour lui, leur redonna des forces, et les révoltés qui commandoient dans Bellegarde en furent affoiblis. Au bout de quelques jours ils demandèrent à capituler, et promirent de se rendre aussitôt qu'ils auroient envoyé à Stenay. Pendant la trève qui leur fut accordée, ceux du camp et de la ville se visitèrent; et comme ils étoient tous Français, parens et amis les uns des autres, ils se firent de grandes caresses, avec un sensible regret d'avoir à se tuer comme s'ils eussent été ennemis. Voilà le malheur de la guerre civile.

Le 27 d'avril, jour de la mercuriale, auquel les chambres s'assemblent, madame la princesse la mère, qui, depuis qu'elle étoit disparue de Chantilly, avoit été cachée dans Paris, parut au parlement à cinq heures du matin, accompagnée du marquis de Saint-Simon et de la duchesse de Châtillon, pour y demander justice sur la détention des princes ses enfans, et de son gendre le duc de Longueville. Elle présenta sa requête à tous les conseillers de la grand'-chambre. Beaucoup la refusèrent ; mais un nommé Des Landes-Payen la reçut avec dessein de la rapporter à sa compagnie. Elle demandoit, par cette requête, sûreté pour sa personne ; elle représentoit la nouvelle persécution qu'on lui avoit faite pour la faire sortir de Chantilly, où elle vivoit sans penser à autre chose qu'à prier Dieu ; et demandoit au parlement qu'il lui plût de prendre connoissance de la détention des princes ; et que, selon la déclaration faite à Saint-Germain en faveur des prisonniers d'État, on fît leur procès s'ils avoient failli contre le service du Roi ; ou sinon qu'ils pussent jouir des priviléges que le Roi avoit accordés à tous ses sujets.

Après que Des Landes-Payen l'eut rapportée, le premier président fut député de la compagnie vers le duc d'Orléans pour lui demander, de la part du parlement, sûreté pour cette princesse. Le duc d'Orléans dit qu'il falloit qu'elle obéît au Roi, pour déterminer ce qu'il avoit à lui dire de plus précis. Pendant cette députation, madame la princesse alloit de chambre en chambre, demandant justice et grâce tout ensemble. Elle jetoit des larmes qui marquoient la foiblesse de notre sexe, et disoit des paroles qui faisoient voir la force de sa douleur et la grandeur de sa disgrâce. La réponse que le duc d'Orléans avoit faite au premier président n'étant pas définitive, on ordonna que s'agissant de la sûreté de madame la princesse, en attendant que le duc d'Orléans répondroit, le parlement la prendroit en sa protection, et qu'elle seroit priée de demeurer dans l'enceinte du Palais, dans telle maison qu'il lui plairoit de choisir.

Cette première journée ayant si bien réussi à madame la princesse, ses amis en eurent de la joie, et ses ennemis de l'inquiétude. On crut que les frondeurs voulurent se servir de cette occasion pour faire chasser le ministre; et qu'ayant ce dessein, ils firent sous main conseiller à madame la princesse de se déclarer ouvertement partie du cardinal Mazarin. Mais leur finesse ayant été aperçue de ceux du parti des princes, ils eurent peur que si on entamoit tout de nouveau le cardinal, et qu'il vînt à être chassé, les frondeurs ne missent le garde des sceaux à sa place. Leur crainte les obligea de lui conseiller de se plaindre seulement de lui dans sa requête, mais de n'en pas faire davantage. Ils eurent peur qu'elle n'empirât ses affaires, et qu'elle ne travaillât pour ses ennemis plutôt que pour elle. En l'état où étoit la cour, ils n'étoient pas hors d'espérance de voir le ministre se brouiller avec les frondeurs; et déjà on voyoit visiblement que l'ancienne haine qui avoit été entre eux produisoit du moins de grands dégoûts de chaque côté : ce qui rendoit leur nouvelle union plus susceptible de guerre que de paix.

Le lendemain, le parlement députa tout de nouveau le premier président vers le duc d'Orléans, pour lui parler des intérêts de madame la princesse; mais ce prince le gourmanda, et le traita de partisan des princes. Les frondeurs, qui ne vouloient pas que le parlement leur échappât et se mît du côté des prisonniers, servirent fidèlement le Roi en cette occasion, et employèrent toutes leurs forces et tout leur crédit pour faire que la requête de madame la princesse fût sans effet. Le duc d'Orléans, qui avoit aussi un grand intérêt à empêcher que M. le prince sortît de prison, maintint l'autorité du Roi, et dit qu'il falloit que madame la princesse lui obéît, et qu'elle s'en allât de Paris, puisqu'elle y étoit contre les ordres du Roi. Ils réussirent tous dans leur dessein; car le parlement n'eut pas la hardiesse de se déclarer contre une cabale dont le duc d'Orléans étoit le chef, et qui, étant soutenue de l'autorité royale, offusquoit celle du premier président: d'autant plus que Longueil, qui étoit passionné pour le service des princes, et qui auroit pu soutenir cette affaire, n'osa montrer publiquement ses sentimens, de peur d'offenser le ministre; et ne vouloit pas non plus affoiblir la bonne disposition où le duc d'Orléans paroissoit être, pour faire plaisir à son frère, dans les prétentions qu'il avoit à la cour.

Le 29, le duc d'Orléans alla au parlement, où la réponse définitive touchant la requête de madame la princesse se devoit faire. Il étoit question de savoir si on lui accorderoit la sûreté qu'elle demandoit pour sa personne. Cet engagement, qu'elle souhaitoit que le parlement voulût prendre avec elle, étoit d'une dangereuse conséquence. Il ne faut pas s'étonner si elle y trouva de l'opposition. Le duc d'Orléans étant arrivé, après avoir pris séance, fit une récapitulation de tout ce qui s'étoit passé depuis la détention des princes: il présenta la douceur que la Reine avoit eue pour madame la princesse, la laissant à Chantilly sans gardes; et dit que ce qui avoit obligé la Reine à lui ordonner de quitter ce lieu étoient les intelligences que cette princesse avoit avec ceux de Bellegarde; et que, pour empêcher cette communication, il avoit fallu l'envoyer plus loin. Il dit encore que madame la princesse n'ayant point obéi, il croyoit qu'il y alloit du service du Roi de souffrir sa résistance, et qu'en son particulier il la serviroit, s'il pouvoit, auprès de la Reine; mais qu'il falloit qu'elle montrât d'acquiescer aux ordres du Roi. Quand il étoit entré au Palais, madame la princesse l'avoit prié de lui être favorable, et de se souvenir que ses enfans avoient l'honneur de porter son nom. Il lui avoit répondu qu'il falloit faire ce que le Roi lui avoit commandé, et qu'après son obéissance il la serviroit en tout ce qui lui seroit possible. Le premier président, nonobstant la harangue du duc d'Orléans, insista toujours pour demander que quelque grâce fût accordée à madame la princesse, et qu'elle pût demeurer en état de travailler auprès de la Reine à la liberté des princes ses enfans, assurant qu'elle n'avoit point de mauvaises intentions contre le service du Roi. Enfin le duc d'Orléans, conseillé par les créatures du cardinal qui étoient demeurées auprès de lui, accorda à madame la princesse trois jours de sûreté après le retour de la cour, pour pouvoir implorer la miséricorde de la Reine, qui devoit revenir bientôt, moyennant qu'elle quittât Paris, et qu'elle s'en allât à quelque maison voisine attendre ses ordres. Le premier président fut content de cette grâce : il prit la parole du duc d'Orléans, et ne voulut point qu'on délibérât davantage sur cette affaire, de peur que les frondeurs ne fissent perdre cet avantage à madame la princesse. Il étoit serviteur du prince de Condé; mais en même temps il étoit persuadé que la réunion de la famille royale étoit avantageuse à l'Etat, et qu'il étoit glorieux à lui et à sa compagnie d'être les arbitres entre le Roi et les princes. Il voulut aussi, en travaillant à cette paix par les suffrages de sa compagnie, empêcher qu'elle ne perdît les avantages de la dernière déclaration du Roi, en délibérant sur la requête de madame la princesse; car alors, selon l'avis des frondeurs, elle auroit été sans doute rebutée. En d'autres temps, ces mêmes frondeurs avoient crié pour augmenter le pouvoir du parlement en faveur du public, afin de diminuer, à ce qu'ils disoient, la puissance tyrannique des favoris; mais ils changèrent de conduite, parce qu'ils avoient changé d'intérêt, et que leur passion les obligeoit à parler d'une autre manière. Ainsi la chose se passa moins avantageusement pour madame la princesse que ses amis ne l'auroient souhaité; et comme on ne délibéra point sur sa requête, cette affaire demeura quelque temps ensevelie. Elle quitta Paris, et s'en alla à Chilly pour y attendre le retour de la Reine, et passer les trois jours qui lui furent accordés par le duc d'Orléans.

La Reine, revenant de Bourgogne, parut mal satisfaite de madame la princesse et de ceux qui l'avoient visitée pendant son séjour : ce que peu de personnes avoient manqué de faire, même les domestiques du Roi. Elle fit quelques plaintes contre le marquis de Saint-Simon, frère aîné du duc, qui avoit l'honneur d'être son allié; mais comme, dans l'état où étoit madame la princesse, la générosité vouloit qu'on assistât une personne de cette qualité qui étoit affligée, et qui en effet étoit à plaindre, le mécontentement de la Reine n'éclata contre personne. Elle comprit sans doute, par sa propre bonté, que ceux qui avoient l'honneur d'appartenir à cette princesse firent bien de la servir, en lui rendant des respects innocens aux dépens de leur fortune : si bien qu'il fut difficile de s'apercevoir, quand elle vit ces mêmes personnes dont elle avoit fait des plaintes, si elle leur en avoit voulu du mal.

La Reine, aussitôt après son retour, envoya le maréchal de L'Hôpital à madame la princesse lui ordonner de partir ; mais elle s'excusa sur quelques incommodités qui pouvoient l'en empêcher. Le 6, l'affaire étant entrée en négociation et traitée par le président de Nesmond, elle consentit de partir, et de s'en aller, au lieu de Montrond, à Valery, maison qui appartient au prince de Condé : remettant à une autre fois la poursuite de sa requête, à cause du crédit des frondeurs. Le prince de Condé, qui avoit appuyé la déclaration du 2 octobre 1648, donnée à Saint-Germain, si favorable aux prisonniers d'Etat, ne put jouir des priviléges qu'elle lui donnoit, parce que ceux même qui l'avoient arrachée du Roi par leur brigue et leur rebellion n'étoient pas dignes de faire une bonne œuvre qui, selon l'équité et les lois du royaume, pût être légitimement ordonnée en faveur de ce bien public dont ils avoient paru si zélés.

Pour récompenser les frondeurs de l'opposition qu'ils avoient faite à madame la princesse, la Reine à son retour leur fit assez bonne mine, et le cardinal leur cacha tout ce qui lui avoit déplu de leur conduite. Le duc de Vendôme reçut alors de la Reine l'amirauté, et on en donna la survivance au duc de Beaufort, apparemment raccommodé avec le ministre. Ce présent déplut au duc de Mercœur son frère aîné, qui avoit eu cette même prétention, et qui croyoit, ayant dessein d'épouser la nièce du cardinal Mazarin, avoir un grand mérite envers lui. Il écrivit de Catalogne où il étoit, au duc de Beaufort, qu'il se vouloit battre contre lui : et ces deux frères en furent long-temps mal ensemble; mais le temps, qui change toutes choses, mit fin à cette colère.

La cour étant à Paris, on déclara madame de Longueville, le duc de Bouillon, le vicomte de Turenne et le duc de La Rochefoucauld criminels de lèse-majesté. On envoya cette déclaration à tous les parlemens de France.

Madame de Longueville et le maréchal de Turenne, étant à Stenay, avoient fait leur traité avec les Espagnols, et prétendoient qu'il leur étoit avantageux, à cause qu'ils avoient sauvé Stenay, dont ils demeuroient les maîtres, ayant de plus attaché à la paix générale la liberté des princes : comme aussi eux, de leur côté, avoient promis aux Espagnols qu'ils ne s'accorderoient point avec le Roi, que premièrement on ne leur eût rendu toutes les places que le Roi tenoit sur eux. Le duc de La Rochefoucauld, ayant assemblé grand nombre de noblesse, se déclara ouvertement contre le Roi. Il voulut pour son premier exploit, ainsi que je l'ai déjà dit, se saisir de Saumur ; mais ayant manqué son entreprise, et sachant que le maréchal de La Meilleraye, gouverneur de Bretagne, marchoit déjà contre lui avec quelques troupes, il résolut d'envoyer quatre cents gentilshommes à Montrond, et de s'en aller trouver le duc de Bouillon qui avoit de grandes intelligences dans Bordeaux. Ces deux révoltés résolurent ensemble de fomenter autant qu'il leur seroit possible la rebellion de ces peuples, afin de s'en servir pour soutenir la guerre contre le Roi. Ils y envoyèrent Langlade, secrétaire du duc de Bouillon, afin de travailler par lui à ce grand ouvrage. Langlade, ayant l'esprit vif et plein de lumières, parloit à la mode de ceux qui sont propres pour tromper les dupes. Avec ces qualités et la nécessité qui le pressoit de rendre ce service à son maître, qui sans ce refuge se voyoit perdu et leur parti détruit, il travailla si bien et avec tant de dextérité, qu'il aida à persuader ceux de Bordeaux d'entrer dans les intérêts des princes. Ce ne fut pas sans beaucoup de peine, parce qu'il y avoit dans cette ville, à ce qu'il m'a dit lui-même, des gens assez sages pour connoître le danger de cet engagement. En même temps les ducs de Bouillon et de La Rochefoucauld, sachant le commencement de cette négociation, envoyèrent Chavagnac enlever de Montrond madame la princesse, femme du prince de Condé, et le petit duc d'Enghien son fils, parce qu'ils jugèrent que le Roi venant les attaquer où ils étoient, ils n'auroient pas pu s'y défendre long-temps. Ils furent au devant d'elle avec trois cents gentilshommes que leur amena le marquis de Sillery, beau-frère du duc de La Rochefoucauld. Ils les menèrent dans la vicomté de Turenne, où ils demeurèrent quelques jours pour aviser à ce qu'ils avoient à faire. Ils y firent quelques exploits de guerre de peu de conséquence, mais toujours de grande réputation; outre que les rebelles, pour en acquérir et soutenir un parti, doivent faire du bruit. Tout ce qui se faisoit alors contre le Roi étoit toujours fort célébré. Ils furent pareillement traités à leur tour par les troupes du Roi, que commandoient le chevalier de La Valette et le duc d'Epernon.

Les conducteurs de madame la princesse et du duc d'Enghien se résolurent enfin d'aller à Bordeaux tenter cette aventure. A leur vue, la ville leur ferma les portes : le parlement et les bourgeois refusèrent de les recevoir, elle et le duc d'Enghien son fils. Il y avoit dans Bordeaux beaucoup de créatures de M. le prince, qui disoient ne demander pour madame la princesse que la sûreté, afin qu'elle pût être à couvert des violences du cardinal. Ils continuoient de dire que les Bordelais ne pouvoient refuser ce secours à la femme et au fils d'un prince qui n'étoit en prison que parce qu'il avoit soutenu leurs intérêts dans le conseil du Roi. Avec cette humble modération, ils avoient échauffé les esprits et ils avoient gagné plusieurs personnes ; mais beaucoup d'autres s'opposoient à leurs sollicitations, et préféroient avec raison leur repos et leur devoir à la guerre et au crime de lèse-majesté. Toutes ces contrariétés firent une si grande rumeur dans la ville, qu'enfin il fut résolu dans le parlement que madame la princesse et le duc d'Enghien seroient reçus dans Bordeaux avec leurs domestiques seulement (1), et dénièrent d'abord aux ducs de Bouillon et de La Rochefoucauld la même grâce. Madame la princesse alla au parlement, et leur demanda à genoux la sûreté qu'elle désiroit pour elle et le duc d'Enghien ; et cette compagnie, après une longue délibération, la lui accorda. Les chefs de leur parti, que le parlement n'avoit pas voulu rece-

(1) Le 15 juin, madame la princesse est reçue à Bordeaux.

voir, ne s'étonnèrent pas : ils se logèrent à un faubourg de la ville, et y reçurent plusieurs visites de ceux qui leur étoient affectionnés et qui négocioient pour eux. Lenet (1), serviteur du prince de Condé, étoit entré avec madame la princesse : il travailla fortement pour elle, sut persuader les plus entêtés du bien public qu'il étoit juste d'assister M. le prince. Comme il étoit éloquent et hardi, il trouva le moyen d'augmenter le nombre des infidèles sujets du Roi, en affoiblissant la raison des plus sages. Ces favorables dispositions firent résoudre les ducs de Bouillon et de La Rochefoucauld à se hasarder à la honte d'un refus. Ils demandèrent qu'on leur permît au moins de pouvoir visiter une fois madame la princesse, sous prétexte qu'ils avoient à l'entretenir de ses affaires : et, après en avoir obtenu la permission, ils y furent un soir fort tard; et comme ils y virent que le peuple souffroit leur présence patiemment, ils y demeurèrent. Chacun d'eux présenta une requête au parlement; ils implorèrent sa protection pour six semaines, promettant, pendant ce temps-là, de se justifier auprès du Roi.

Ils avoient amené quelques troupes, qui demeurèrent aux environs de Bordeaux assez incommodées. Ils n'osèrent d'abord parler de guerre : c'étoit une proposition trop délicate, et il falloit laisser engager les Bordelais dans leur parti, par les grandes choses qui nécessairement devoient arriver. Ils jugèrent seulement qu'il falloit s'y préparer, et ils s'y appliquèrent comme d'habiles gens le devoient faire, et qui

(1) *Lenet :* Pierre, procureur général près le parlement de Bourgogne. Ses Mémoires font partie de cette série.

étoient résolus de se bien défendre. Il leur falloit de l'argent, car les particuliers ne peuvent pas d'eux-mêmes faire subsister un parti contre leur roi. Le duc de Bouillon envoya en Espagne un gentilhomme à lui, nommé de Bas, qui avoit de l'esprit, afin d'obliger le roi Catholique de payer leurs troupes, et se servir de leur rebellion pour diminuer les forces du Roi à leur avantage commun. Le roi d'Espagne reçut de Bas avec joie : il goûta cette proposition. Le ministre d'Espagne le traita bien, et de Marolles aussi, gentilhomme attaché à M. le prince, qui fit ce voyage dans le même dessein. On leur promit tout ce qu'ils demandoient, de l'argent, des vaisseaux et des troupes. L'espoir de ce secours confirma les Bordelais dans le dessein de protéger les princes, et les fit résoudre de se venger du duc d'Epernon (1), en faisant la guerre contre le Roi. Ils se déclarèrent ensuite, et reçurent le duc d'Enghien pour généralissime, et les ducs de Bouillon et de La Rochefoucauld pour généraux ; et pour lieutenans généraux, les marquis de Sauvebeuf et de Lusignan.

Ce grand parti commençant à prendre des forces, les généraux jugèrent à propos de renvoyer en Espagne une seconde ambassade plus considérable que la première, afin de hâter le secours qu'ils espéroient. Le marquis de Sillery y fut, qui traita avec eux avec tant de succès qu'il fit envoyer à Bordeaux don Joseph Ozorio, de la part du roi d'Espagne, visiter madame la princesse et le jeune duc d'Enghien. Il apporta toutes les consolations nécessaires pour

---

(1) Les Bordelais n'aimoient pas leur gouverneur, le duc d'Epernon : ils s'en plaignoient depuis long-temps.

guérir leurs inquiétudes. Le roi d'Espagne trouva qu'il lui étoit avantageux d'embarrasser le Roi dans la Guienne et ailleurs, favorisant à Stenay madame de Longueville, et à Bordeaux madame la princesse et le duc d'Enghien. Le duc de La Rochefoucauld, fortement occupé des intérêts de madame de Longueville, envoya Gourville (1) l'avertir de ces favorables succès; et bien instruite par lui de leurs desseins, elle n'oublia rien pour faire voir à la Reine et à toute l'Europe que si son cœur, suivant le tempérament de son ame un peu trop passionnée, avoit donné quelques marques de foiblesse, ce même cœur avoit toute la force et toute l'élévation qu'un illustre sang étoit capable de lui inspirer. Si la source de ses actions n'étoit pas tout-à-fait nette, on ne peut pas nier qu'il n'y eût toujours de la grandeur; et s'il y a eu quelque chose de criminel, on peut dire que ce n'étoit que des crimes de lèse-majesté, qui étoient honorables en ces temps-là. Le duc de La Rochefoucauld, qu'elle voyoit l'épée à la main pour la cause de son mari et de ses frères, lui donnoit lieu d'attribuer les considérations qu'elle avoit pour lui à l'utilité qu'ils en tiroient, et de faire valoir ses services, pour réparation de tous les maux qu'ils souffroient pour avoir suivi ses conseils. Pendant que son ambition se repaissoit des applaudissemens des peuples qui entroient dans son parti, et se contentoit des louanges que les étrangers donnoient à sa beauté, à son esprit, à son courage et à toutes les autres belles qualités qui lui avoient attiré jusques

---

(1) *Gourville :* Jean Herauld. Il fut valet de chambre, puis secrétaire du duc de La Rochefoucauld, et fit depuis une grande fortune. Ses Mémoires font partie de cette série.

alors l'admiration de toute la France, Gourville fut pris dans son voyage par les troupes du Roi; mais comme sous une apparence simple et grossière il cachoit beaucoup d'esprit, d'habileté et de la finesse, il sut si bien se déguiser, que madame de Longueville, avec la rançon ordinaire, l'envoya dégager avant que la cour sût qu'il fût prisonnier. Il étoit né pour les grandes choses : avide d'emplois, touché du plaisir de plaire et de bien faire. Il avoit beaucoup de cœur et de génie pour l'intrigue : il savoit marcher facilement par les chemins raboteux et tortus, comme par les plus droits. Il persuadoit presque toujours ce qu'il vouloit qu'on crût, et trouvoit à peu près les moyens de parvenir à tout ce qu'il entreprenoit. Il étoit alors confident et domestique du duc de La Rochefoucauld, qui paroissoit sensiblement attaché à madame de Longueville, quoique ceux qui prétendoient en juger plus finement et le mieux savoir fussent persuadés qu'il ne considéroit que la grandeur de celle qu'il paroissoit aimer, et qu'il avoit plus d'ambition que de tendresse.

Pendant que plusieurs choses se passent dans les provinces et ailleurs, le surintendant d'Emery meurt à Paris sans avoir reçu aucun avantage de son retour, que celui qu'il auroit pu acquérir par la connoissance de la fragilité des félicités de ce monde; mais comme il n'avoit pas désiré le Ciel, il quitta la terre avec regret, et, selon les apparences, avec peu de préparation pour l'établissement de son bonheur éternel. Avant qu'il mourût, le marquis de Seneterre lui persuada de conseiller au ministre d'établir en sa place le président de Maisons, le faisant son successeur dans la surintendance. Le cardinal l'allant voir, il lui en parla, et lui dit qu'il voyoit qu'il n'y avoit point d'homme en France plus capable que celui-là pour bien servir le Roi; et ces paroles firent beaucoup d'impression sur l'esprit du ministre. Ce qui parut procéder d'une reconnoissance désintéressée de la vérité ne procédoit que du désir que Seneterre eut d'avoir un surintendant qui lui eût de l'obligation, et pour obliger une personne qui l'avoit prié de servir ce président.

Le lendemain de la mort de cet homme, le président de Maisons fut nommé surintendant des finances. Il parvint enfin à cette charge par les bons offices de ses amis, et par la crainte que le ministre conservoit dans son ame des intrigues de Longueil, frère du président, et conseiller au parlement. La marquise de Sablé étoit mon amie : elle m'avoit engagée dans les intérêts de ce nouveau surintendant. Je puis dire que j'eus quelque part au choix qui se fit de sa personne; mais je n'en eus aucune aux avantages qu'il en reçut, n'ayant fait que me prêter vingt mille francs en rente, que je lui ai depuis remboursés. Il y demeura peu; et il est vrai que ce temps-là ayant été fâcheux à passer, tout ce qu'il put profiter dans sa charge, il le garda pour lui : ce qui fit dire qu'il s'en étoit bien acquitté. Il en acheta secrètement aussi quelques amis dont il crut alors avoir besoin. Les différentes cabales de la cour, qui alors étoit remplie de beaucoup de factions, lui firent peur, et lui firent oublier ceux qui l'avoient servi et dont il étoit assuré. Aussitôt que ce président fut le maître des finances, le comte d'Avaux, qui jusque-là avoit paru occuper cette place, la quitta, parce qu'il ne voulut pas être son second. Les Suisses se révoltèrent bientôt après, faute de paiement; et comme les coffres du Roi étoient vides, il fallut, de peur qu'ils ne s'en retournassent en leurs cantons, que la Reine mît le reste de ses pierreries en gage pour les satisfaire.

Le duc de Saint-Simon, gouverneur de Blaye, fut alors convié par madame de Longueville de se lier à leur parti. Comme cette place où il commandoit étoit de grande conséquence, et qu'elle est proche de Bordeaux, le parti qu'il pouvoit prendre devoit être d'une grande considération, ou pour le service du Roi ou pour fortifier ses ennemis. Il balança quelque temps entre l'attachement qu'il avoit pour le prince de Condé joint à la haine qu'il avoit contre le cardinal Mazarin, et ce qu'il devoit au Roi, dont le père (1) l'avoit fait duc avec de grands établissemens qu'il lui avoit donnés. Son esprit eût de la peine à se déterminer à faire du mal au prince de Condé; mais le devoir l'emportant sur tout le reste, il demeura ferme dans le service du Roi, et fit ce qu'un homme d'honneur se doit à soi-même. Il m'a dit depuis qu'il refusa huit cent mille francs que le roi d'Espagne lui fit offrir, et qu'il les refusa avec satisfaction, voyant qu'il faisoit ce qu'il étoit obligé de faire. Dans ce même temps, les ennemis parurent sur la frontière avec une puissante armée que commandoit l'archiduc, auquel le vicomte de Turenne s'étoit joint.

La Reine, voulant aller défendre les provinces et les frontières des insultes de ceux qui les vouloient attaquer, partit pour Compiègne le 2 juin, avec intention de s'opposer à cette grande armée qui venoit

(1) Le feu roi Louis XIII.

braver la sienne, alors fort petite. Elle pouvoit craindre de voir presque de ses yeux les victoires de ses ennemis; mais si elle manquoit de soldats, elle ne manquoit pas de courage. Pendant que nos troupes s'assemblent, l'armée de l'archiduc assiégea le Catelet. Le cardinal alla lui-même à l'armée, et la mit bientôt en état de se pouvoir faire craindre. A Paris, où les désirs étoient sans règle, où les ennemis du ministre avoient de mauvaises intentions, et où tous les esprits étoient gâtés, on se réjouissoit du mauvais état des affaires. On crioit gaiement contre le cardinal, et cette joie s'augmenta par la nouvelle qui arriva alors des choses que j'ai déjà dites qui s'étoient passées à Bordeaux en faveur de madame la princesse. Ceux même, comme bons Français, qui voyoient avec regret prospérer le parti opposé à celui du Roi n'en étoient pas toujours fâchés, parce que chacun, par le désordre général, espéroit trouver des momens heureux par où il pourroit rencontrer son bonheur particulier, de même que beaucoup d'autres l'avoient déjà trouvé. Ils eurent sujet d'être contens. Le Catelet, n'étant pas bien fortifié, fut pris par les ennemis. Vandi, qui commandoit dans cette place, s'y défendit vaillamment, et il y tua deux hommes de sa main qui lui vinrent proposer de se rendre. Cette action, par les maximes terribles de la guerre, reçut de grandes louanges des hommes : je ne sais si elle fut approuvée des anges. Mais enfin, malgré sa résistance, il fut pris par ceux de sa garnison ; ils le lièrent, et ensuite de cette révolte ils firent leur composition, et se donnèrent aux ennemis.

L'archiduc, qui vouloit profiter de nos désordres,

aussitôt après assiégea Guise. Le comte de Fuensaldague, avec vingt mille hommes, par les ordres de ce prince, vint se camper aux environs de cette place. Le vicomte de Turenne étoit avec lui, et toutes ses troupes. Bridieu étoit gouverneur de Guise, qui résolut de se défendre de la manière qu'il étoit attaqué. Il y avoit dans la place le régiment de Guise, celui de Persan, trois cents Suisses, et quelques Polonais; mais il y avoit peu de munitions de guerre. Le cardinal, sachant qu'elle n'étoit pas en bon état, fit savoir à ceux qui étoient dedans qu'il vouloit les secourir, et par cette espérance leur augmenta le désir d'y acquérir de la gloire par une généreuse résistance. Le maréchal Du Plessis, gouverneur de Monsieur, frère du Roi, commandoit notre armée; mais le désordre de nos affaires étoit cause qu'elle manquoit d'argent, et par conséquent elle n'étoit pas en état de rien faire.

Le ministre fit plusieurs voyages sur la frontière; et sachant que Bordeaux, par les choses qui s'y passoient, demandoit la présence du Roi, il s'appliqua au secours de Guise. Il porta de l'argent, des habits et des souliers pour les soldats, et n'oublia rien pour se défendre de ses ennemis particuliers, en s'opposant à ceux de l'Etat. Il savoit que si les affaires du Roi alloient mal, les siennes empireroient entièrement, et que, soit le parti des princes ou celui des frondeurs, tous deux profiteroient à son dommage des coups que la France recevroit de l'Espagne. Il réussit dans son dessein. Les ennemis, après avoir donné l'assaut et s'être rendus les maîtres de la ville, furent contraints de lever le siége. Ils ne pouvoient y recevoir des vivres, parce que la garnison de La Capelle les empêchoit de passer, et que Bridieu et ses gens se défendirent vaillamment dans le château. Les ennemis crurent que l'armée du Roi, qui faisoit bonne mine, les incommoderoit, et furent assez sages pour la vouloir éviter. Elle étoit environ de quatorze mille hommes. Le général étoit un homme de grande réputation; il avoit pour lieutenans généraux le marquis d'Hocquincourt, La Ferté-Seneterre et Villequier. Il y eut quelques petits différends entre eux et le maréchal Du Plessis qui les commandoit, mais le ministre y mit la paix; et dans peu nous verrons ce général faire des actions dignes de la gloire qu'il avoit acquise en beaucoup d'autres occasions.

Les frondeurs cependant, qui voyoient que les affaires de M. le prince alloient bien, et qui craignoient que le ministre, pour se sauver de leur mauvaise volonté et des maux que la faction des prisonniers lui pouvoit faire, se résoudroit peut-être à leur redonner la liberté, eurent peur qu'un fâcheux retour du malheur ne les remît dans le même état dont ils étoient sortis. Cette peur les convia de travailler puissamment à changer les sentimens du duc d'Orléans à l'égard du cardinal, en lui disant continuellement qu'ayant eu part à la prison du prince de Condé, il ne falloit pas qu'il devînt heureux malgré lui; qu'il n'étoit pas juste de laisser le ministre le maître de sa liberté; et lui conseillèrent de demander à la Reine qu'elle mît les princes dans la Bastille, au lieu qu'ils étoient dans le bois de Vincennes, parce que dans ce lieu, dont le fils de Broussel étoit gouverneur, ils ne seroient plus sous l'autorité du Roi, et qu'ainsi le ministre ne seroit plus en pouvoir d'en disposer à son avantage et sans sa participation. Ces propositions eurent le pouvoir de le persuader, et de lui faire naître dans l'ame le désir de suivre leurs avis, qui lui parurent tout-à-fait selon ses intérêts. Il gronda, il fut inquiet et de mauvaise humeur; mais la Reine faisoit ce qu'elle pouvoit pour calmer ces orages. Ce prince fut à Compiègne la voir; et comme elle avoit eu de tout temps de l'ascendant sur son esprit, elle employa toute la force de ses raisons et ses agréables manières à lui prouver qu'il ne devoit point se laisser aller aux pernicieux conseils de ceux qui vouloient les brouiller. Elle l'assura tout de nouveau qu'on ne mettroit jamais les princes en liberté sans son consentement; et, lui parlant du dessein qu'elle avoit d'aller en Guienne pour exterminer le parti des princes, elle lui dit que, demeurant le maître dans Paris et dans toute cette partie de la France au-deçà de la Loire, il n'auroit pas de sujet de craindre qu'on pût penser à rien innover sur une chose si importante sans qu'elle lui en fît part. Elle sut enfin si bien ménager son esprit, qu'elle amortit pour quelque temps les fâcheuses agitations de son ame, et le fit résoudre à ne plus parler de ce changement.

La Reine ne laissa pas de juger qu'il y avoit lieu de craindre que l'esprit du prince, qui commençoit à se dévoyer du bon chemin, ne se gâtât davantage. Cette inquiétude l'obligea de mander au cardinal, qui étoit sur la frontière, de se rendre promptement auprès d'elle, lui faisant savoir le dessein qu'elle avoit de revenir à Paris remédier à ces brouilleries.

Elle commanda même à celui qu'elle lui envoya de l'éveiller à quelque heure qu'il arrivât, et de le faire partir aussitôt pour la venir trouver. Le ministre, ayant suivi les ordres de la Reine, revint aussitôt; et toute la cour arriva à Paris le 29 juin. Sa présence dissipa pour quelques jours les factions des frondeurs; et le duc d'Orléans, dont l'esprit étoit facile à se tourner vers la douceur, embrassa cordialement le cardinal Mazarin, et parut fort content de lui. Mais ce calme ressembloit à celui de la mer, qui change selon les vents, et d'un instant à un autre.

Les frondeurs virent avec regret que les ennemis venoient de lever le siége de Guise. Ils avoient vu la Normandie et la Champagne s'humilier à la vue du Roi; et quoiqu'ils eussent de la haine pour la prospérité des princes, ils ne vouloient point que Bordeaux fût châtié. Ils désiroient, à leur ordinaire, préférablement à toutes choses l'affoiblissement de la royauté, que les affaires du Roi allassent mal, et que le ministre fût toujours embarrassé. Ils n'approuvoient pas le dessein que la Reine avoit fait d'aller en Guienne, et soutenoient toujours dans le parlement ceux que le parlement de Bordeaux leur envoyoit pour se plaindre du duc d'Epernon. Le ministre, voyant la maligne variété de leurs pensées, offrit au duc d'Orléans d'aller en Guienne vaincre les rebelles avec les forces nécessaires à ce dessein. Le duc d'Orléans ne voulut point entendre à cette proposition; car, outre qu'il aimoit à demeurer à Paris, les frondeurs ses amis, qui s'y plaisoient encore davantage, travailloient incessamment à lui donner leurs propres sentimens. Il refusa d'aller en Guienne, et résolut néanmoins, comme il parut depuis, de ne pas laisser accabler les Bordelais.

La Reine, conseillée par elle-même et par son ministre, jugea qu'il falloit mener le Roi à Bordeaux, et qu'il étoit nécessaire, selon l'état des choses, d'affoiblir un parti afin de pouvoir perdre l'autre. Cette résolution prise, la cour, peu de jours après son retour, partit pour ce grand voyage. Ce ne fût pas sans inquiétude que la Reine exécuta ce dessein, vu la mauvaise volonté des frondeurs, avec une armée ennemie sur la frontière, puissante, et commandée par des gens qui désiroient lui faire beaucoup de mal.

Le ministre avoit de la confiance en la valeur et la conduite du maréchal Du Plessis; mais il savoit qu'il ne lui laissoit guère d'argent, qu'il avoit beaucoup d'ennemis sur les bras, et qu'il avoit sujet de craindre de tous côtés de fâcheuses aventures. Il fallut aller néanmoins à ce qui pressoit le plus, et laisser le reste à la conduite de Dieu.

Dans le temps que la cour fut à Paris, le prince de Condé, sachant les dégoûts du ministre à l'égard des frondeurs, lui manda par de Bar, celui qui le gardoit, que s'il vouloit le mettre en liberté, il deviendroit son ami plus fortement que jamais; qu'il trouveroit toujours plus de sûreté en lui que dans ceux dont il avoit voulu se servir; qu'il étoit capable d'oublier sa prison, et qu'il le sauroit maintenir avec plus de vigueur et de fermeté qu'il n'en trouveroit en ceux qu'il avoit choisis pour ses amis. Mais le cardinal, se ressouvenant de la hauteur de M. le prince, n'osa se confier en ces belles paroles, et jugea plus à propos de tenir cet ennemi en prison que d'en augmenter le nombre par lui, qui en valoit plus de mille. Comme il l'avoit abattu, lui qui étoit le puissant de tous, il espéroit qu'enfin il pourroit vaincre les autres par sa patience et par son habileté. Avant que de partir, il reçut encore le déplaisir de se voir contraint malgré lui de mettre un prévôt des marchands de la main des frondeurs, un nommé Le Fèvre : ce qui, dans l'état des choses, n'étoit pas une affaire de petite conséquence. Il étoit aisé de voir que par cette conduite ils vouloient demeurer les maîtres dans Paris, non-seulement par la puissance du duc d'Orléans, mais encore par la leur propre. Il sembloit aussi que le duc de Beaufort, après avoir attrapé la survivance de l'amirauté, vouloit tout de nouveau et malicieusement se remettre aux bonnes grâces du peuple, en publiant, comme il affectoit de le faire, qu'il étoit mal satisfait du ministre.

Toutes ces perfidies frondeuses n'empêchèrent point la Reine de partir pour aller en Guienne. Elle courut où la nécessité l'appeloit; et n'ayant tardé à Paris que quatre ou cinq jours, elle en partit le 4 de juillet pour aller par Fontainebleau, où elle se reposa quelques jours. On laissa donc à Paris le duc d'Orléans, le garde des sceaux de Châteauneuf et toute la Fronde; et de toutes les personnes fidèles à la cour, le seul Le Tellier, secrétaire d'Etat, y demeura pour s'appliquer tout entier au service du Roi et aux intérêts particuliers du ministre : ce dont il s'acquitta fidèlement, et avec cette habile et singulière prudence qui lui étoit naturelle.

Les ducs de Bouillon et de La Rochefoucauld, connoissant que le dessein que la Reine avoit fait d'aller en Guienne leur donneroit beaucoup de peine, engagèrent de plus en plus le parlement de Bordeaux dans leur révolte, et par conséquent dans les intérêts des princes. Pour embrouiller davantage les affaires, ils firent résoudre cette compagnie d'envoyer une célèbre députation au parlement de Paris; elle arriva aussitôt après que la Reine en fut partie.

Ces députés se présentèrent au parlement le 6 de juillet. Ils furent reçus les chambres assemblées, et traités favorablement. Celui qui portoit la parole fit un long discours : il demanda la protection de cette compagnie sur les infractions que le duc d'Epernon avoit faites à la paix, qu'ils avoient obtenue du Roi par leur recommandation ; il exagéra infiniment les violences de ce duc ; il justifia sa compagnie sur ce qu'elle avoit fait en faveur de madame la princesse, et protesta de leur fidélité au Roi ; il conjura le parlement de ne les pas abandonner, et lui fit connoître de quelle conséquence étoit pour leur compagnie, pour eux et pour tous les Français, l'observation des priviléges de la déclaration du Roi du 20 octobre, donnée à Saint-Germain en faveur des prisonniers d'Etat; et pour cet effet il supplia très-humblement le parlement de se vouloir joindre avec eux, pour ensemble demander au Roi et à la Reine la liberté des princes, que tous les gens de bien devoient souhaiter. Le duc d'Orléans qui étoit présent, et qui ne vouloit pas laisser aller cette affaire si avant, dit tout haut qu'il ne falloit point écouter ni répondre à ces députés, puisqu'ils venoient d'un parlement rebelle qui publiquement avoit traité avec l'Espagne.

Le député répondit hardiment à ce prince qu'il

n'étoit pas vrai que le parlement de Bordeaux eût traité avec les ennemis; qu'il étoit fidèle au Roi, exempt de ce reproche, et nullement capable de manquer à la fidélité qu'il lui devoit; que quand même cela seroit, ils n'auroient suivi que l'exemple des plus qualifiés de France, qui dans leurs besoins en avoient fait autant: voulant peut-être parler du même duc d'Orléans et de quelques particuliers de ce même parlement, à qui sa harangue s'adressoit. L'avocat général, parlant de la prison du prince de Condé, conclut que cette affaire étoit le secret de l'Etat, et qu'il n'appartenoit point aux sujets de disposer ni ordonner de ces choses.

On délibéra là-dessus. Plusieurs du parlement paroissoient affectionnés aux princes, et leur chaleur étoit visiblement augmentée en leur faveur. Quelqu'un exagéra fort éloquemment qu'il étoit honteux à la compagnie d'avoir besoin des remontrances du parlement de Bordeaux, pour penser à la liberté d'un prince que Paris, plus que nulle autre ville, devoit honorer. Il dit qu'ils avoient tous ressenti les effets de sa valeur, ayant assuré leur repos et leurs vies par ses veilles, et par les belles actions qu'il avoit faites. Un autre dit qu'il en falloit venir à la source de tous ces maux, et qu'il falloit chasser le cardinal, et s'en tenir à l'arrêt prononcé contre lui dans leur compagnie. Sur cet avis, plusieurs crièrent que cela étoit bien dit. Ce bruit fut apaisé par l'heure qui sonna et qui fit finir l'assemblée, et le résultat fut mis au lendemain.

Le 7 juillet, on acheva la délibération commencée. Soixante-et-dix allèrent à faire des remontrances à la Reine pour la liberté des princes, et quelques autres à faire sortir seulement le prince de Conti, à cause de la foiblesse de sa santé. Le premier président, malgré l'affection qu'il avoit pour ce parti, fut d'avis qu'il étoit bon de demander la liberté de tous; mais qu'il falloit attendre que les choses fussent en état que, par leur sortie, la paix demeurât fermement établie en France; et dit qu'il n'y avoit pas d'apparence de demander cette grâce à la Reine, lorsqu'une guerre civile allumée pour eux étoit prête de mettre la France à feu et à sang. Cet avis fut suivi de plusieurs: mais enfin celui de Broussel prévalut sur les autres, qui fut de députer vers la Reine, pour lui faire de très-humbles remontrances sur les plaintes et la requête du parlement de Bordeaux, sans expliquer comment, et particulariser le point principal des princes; laissant par cette voie une certaine liberté aux députés de traiter doucement avec la cour, et de s'accommoder aux volontés du ministre : ce qu'il fit exprès pour favoriser les frondeurs, qui, sur le chapitre de la prison des princes, étoient de même sentiment que le cardinal. Les partisans de Broussel ajoutèrent à son avis de faire choisir ceux de la compagnie qui devoient être les plus agréables à la Reine. On nomma le président de Bailleul pour chef de la députation, homme de bien, et fort obligé à cette princesse par les bienfaits qu'il en avoit reçus; et par conséquent il ne pouvoit lui dire que des choses proportionnées à son devoir.

Le duc d'Orléans, pour empêcher que le parlement ne s'engageât trop fortement à favoriser la sortie des princes, sous prétexte de contenter le parlement de Bordeaux, promit en pleine assemblée de faire rappeler le duc d'Epernon, et assura la compagnie qu'il ne retourneroit plus dans son gouvernement. Il donna cette parole sans l'aveu de la cour, et le ministre en fut fâché, parce qu'il favorisoit le duc d'Epernon : non qu'il approuvât sa hautaine et superbe manière d'agir, qui a toujours été blâmée de ceux qui le connoissoient, mais parce qu'il destinoit une de ses nièces, mademoiselle de Martinozzi, au duc de Candale. Les défauts du père étoient excusés par les belles qualités du fils, qui, outre son mérite, avoit encore de grands établissemens qui plaisoient à celui qui en vouloit faire un neveu.

Le cardinal, sachant ce que le duc d'Orléans avoit promis aux Bordelais contre le duc d'Epernon, sut aussi que ce prince avoit dit tout haut, parlant de lui, qu'il le chasseroit s'il ne faisoit venir ce duc. Le ministre oubliant sagement cette dure menace, afin d'ôter au duc d'Orléans le prétexte de se plaindre de lui, et à la Guienne celui de se révolter contre le Roi, manda au duc d'Epernon de venir à la cour; et comme il y résistoit, il lui envoya Roquelaure lui dire que c'étoit tout de bon qu'il désiroit qu'il se rendît auprès du Roi; mais il lui fit savoir ses volontés avec tous les adoucissemens nécessaires à guérir ce cœur si hautain, et ils n'en furent pas plus mal ensemble.

Pendant que toutes ces choses se passoient, le Roi continuoit son voyage, et approchoit de Bordeaux le plus qu'il lui étoit possible. Les sages de cette ville voulurent conseiller les autres d'obéir au Roi. Il y en eut qui parlèrent fortement dans les assemblées publiques contre la rebellion, et selon ce qu'ils devoient au Roi. Beaucoup de ceux de ce parlement, qui vouloient éviter les maux de la guerre, firent leur possible pour persuader leur compagnie de se détacher des intérêts du prince de Condé, et de chasser de leur ville, tout au moins, les ducs de Bouillon et de La Rochefoucauld. Madame la princesse, conseillée par ces deux généraux, les seules colonnes qui soutenoient son parti, s'en alla au parlement; et, favorisée du peuple qui choisit toujours ce qui lui est le plus contraire, sut si fortement renouveler par la pitié les sentimens d'affection qu'ils avoient pour M. le prince, que ce même jour il fut résolu que l'union des princes et du parlement subsisteroit, et qu'on se prépareroit à soutenir la guerre : déclarant néanmoins, comme font des révoltés ordinairement, qu'ils étoient bons serviteurs du Roi. Ils ne députèrent point vers Leurs Majestés, mais ils envoyèrent un nommé Voisin à Paris, avec des lettres pour Guyonnet leur député ordinaire, pour avertir le parlement de leur arrêté, et pour le prier de leur donner sa protection. Ils assurèrent madame la princesse, le jeune duc d'Enghien son fils, et leurs serviteurs et amis, qu'ils pouvoient vivre en repos sous l'autorité royale et celle de leur compagnie.

La Reine envoya de Poitiers un exprès à Bordeaux avec des lettres du Roi pour le parlement, et d'autres du secrétaire d'Etat à l'ordinaire, pour les avertir de la venue du Roi et de la Reine, afin qu'ils députassent vers Leurs Majestés selon la coutume et leur devoir.

On résolut dans ce parlement de ne point député, mais de faire de très-humbles remontrances par écrit : et pour faire connoître qu'ils ne vouloient point abandonner les intérêts de madame la princesse, ils dirent qu'ils ouvriroient leurs portes au Roi comme bons et fidèles sujets de Sa Majesté ; mais qu'ils ne vouloient point de Mazarin, qui étoit leur ennemi capital ; qu'il avoit toujours protégé les injustices du duc d'Epernon contre eux, et que cela étant, ils ne pouvoient pas avoir de confiance en lui. Après avoir fait de telles déclarations, afin qu'ils pussent dire qu'ils n'étoient pas rebelles au Roi, ils trouvèrent à propos de renvoyer de leur ville cet Espagnol nommé don Osorio, pour le cacher du moins aux yeux de leur véritable maître.

Le ministre ne s'étonna pas de cette hardiesse ; mais, connoissant combien il étoit difficile d'entreprendre le châtiment d'une province soutenue par le roi d'Espagne et par tant d'habiles gens, il voulut, selon sa coutume, mettre l'affaire en négociation. Il fit écrire par un nommé La Vie à un conseiller de ce parlement nommé Mirat, et lui fit donner un rendez-vous pour conférer ensemble des propositions qui se pouvoient faire au parlement. Le cardinal leur fit espérer que, moyennant leur obéissance, il redonneroit la liberté aux princes. On écouta, on répondit ; mais comme le parlement, et les ducs de Bouillon et de La Rochefoucauld à qui on en fit part, ne trouvèrent pas de sûreté dans ces douces paroles, elles n'eurent d'autre effet que celui d'un amusement inutile.

La cour étant arrivée à Libourne, le parlement alors, ne pouvant éviter de rendre à Leurs Majestés les marques de leur respect, leur envoya une députation de plusieurs conseillers et d'un président. Ce président dit de belles paroles au Roi et à la Reine ;

qui ne signifioient rien ; et de même la réponse fut douce, et capable de les convier à quelque repentir.

Le comte Du Dognon (1), lieutenant du Roi dans le gouvernement de La Rochelle, de l'île de Ré, d'Oleron et de Brouage, depuis la mort du duc de Brézé son maître, étoit demeuré dans ce poste de sa propre autorité. Le Roi lui envoya commander de le venir trouver : il s'excusa sur ses incommodités, et n'alla point à la cour. Le ministre vit alors clairement qu'il y avoit beaucoup à craindre de ce côté-là ; mais comme il connut que c'étoit un mal sans remède, il fit semblant de le tenir pour excusé. Il jugea que le désir de la duché, ou d'un bâton de maréchal de France, étoit la cause de sa désobéissance, et qu'avec l'un de ces avantages il seroit content : il fit négocier avec lui, et ce rebelle fit espérer au ministre qu'il ne seroit pas si cruel à lui-même que de refuser les grâces qu'on lui offroit.

Les Espagnols, voulant réparer leurs pertes passées par l'état présent de nos affaires, assiégèrent et prirent en Italie Porto-Longone et Piombino, qui nous avoient coûté beaucoup d'argent et de peines. Ils gagnèrent alors en tous lieux. Ils assiégèrent La Capelle, qu'ils prirent fort aisément, parce que le maréchal Du Plessis, depuis le départ de la cour, n'avoit reçu aucun secours ; et son armée, n'ayant point été payée, ne pouvoit lui servir que pour secourir les places les plus importantes. Après avoir vu malgré lui la perte de La Capelle, qui avoit été accompagnée de la présence de l'archiduc, il se retira vers Reims, afin de conserver la Champagne. Le vicomte de Turenne, assisté

---

(1) *Le comte Du Dognon :* Louis Foucault.

des forces du roi d'Espagne, alla assiéger Rethel, et en deux jours il se rendit le maître de cette place.

Guyonnet, député de Bordeaux, après avoir reçu les ordres de sa compagnie, qui lui avoient été envoyés, comme je l'ai déjà dit, par Voisin, demanda audience au parlement. Le duc d'Orléans la retarda quelques jours; mais enfin les chambres s'étant assemblées, elle lui fut accordée le 6 d'août. Le duc d'Orléans, pour arrêter le bruit qui se faisoit en sa faveur, proposa lui-même au parlement la révocation certaine du duc d'Epernon qu'il avoit déjà promise, l'établissement d'un autre gouverneur à sa place, sûreté pour madame la princesse et pour le duc d'Enghien, amnistie générale pour ceux de Bordeaux, et abolition pour tous ceux du parti des princes qui la demanderoient, et rentreroient dans leur devoir; et voulut que le registre du parlement en fût chargé.

Il y eut grande contestation entre les serviteurs du duc d'Orléans et ceux des princes, savoir si on accepteroit les propositions du duc d'Orléans, qui paroissoient justes aux gens de bien, qui plaisoient aux frondeurs, et qui d'ailleurs étoient dures à ceux du parti des princes. Elles présageoient la paix de Bordeaux, et la durée tranquille de leur prison. C'étoit ce qui, de toutes les manières, leur devoit être le plus contraire. Il fut enfin résolu qu'on en délibéreroit, et les gens du Roi prirent leurs conclusions, qui alloient à les recevoir. Ils y ajoutèrent seulement de supplier le Roi d'employer les remèdes extraordinaires pour apaiser les troubles de l'Etat, qui sembloient devoir augmenter tous les jours; et la délibération fut remise au 8.

Ce jour-là, plusieurs avis furent ouverts : Broussel, le coadjuteur, et beaucoup d'autres du parti des frondeurs furent d'avis d'accepter les propositions du duc d'Orléans. Des Landes-Payen ouvrit l'avis pour la liberté des princes, et y mêla quelques paroles contre le cardinal. Le président Viole s'étendit fort au long, et conclut ouvertement qu'il falloit éloigner le ministre ; et, s'expliquant plus particulièrement, il dit qu'il ne le croyoit pas malintentionné, puisque les grands biens qu'il avoit reçus de la France l'obligeoient assez à la servir de toutes ses forces ; mais qu'il le falloit éloigner, ou comme ignorant, ou comme malheureux. Coclé, homme de bien et sans faction, en ouvrit un autre, qui alloit à faire des remontrances au Roi pour mettre les princes en liberté lorsque le bon état de la France le permettroit, et que ceux qui avoient pris les armes pour eux les auroient quittées. Il ajouta que M. le duc d'Orléans seroit supplié d'en être le médiateur. D'autres conseillers en proposèrent de fort ridicules ; mais il n'est pas juste, pour l'honneur de cette grande compagnie, de les faire savoir. Comme les serviteurs des princes étoient instruits par l'exemple des frondeurs, ils firent crier ce jour-là autour du Palais : « Point de Mazarin ! » Ils avoient intention en lui faisant peur de l'obliger à s'accommoder avec eux, et de leur ouvrir les portes de leur prison.

Lorsque le duc d'Orléans voulut sortir du Palais, il fut incommodé de la presse des crieurs, et l'on cria fortement aussi contre le duc de Beaufort, l'appelant Mazarin : ce qui fit apercevoir à la Fronde que, de la même manière qu'elle avoit frondé le ministre, les princes la fronderoient à leur tour, et qu'il falloit qu'ils se préparassent à se bien défendre. Ces favorables dispositions pour les princes rendoient les esprits de leurs ennemis plus susceptibles de se lier à eux. Elles furent cause que les soins de la princesse palatine commençoient à produire de grands effets. Elle traitoit avec tous, et particulièrement avec madame de Chevreuse : elle étoit celle qui laissoit le plus voir qu'elle étoit assez disposée à écouter les propositions qu'on lui faisoit, et que l'alliance du sang de Bourbon ne lui déplaisoit pas ; mais tous ces desseins n'étoient pas encore dans leur perfection. Le coadjuteur y résistoit plus opiniâtrement que les autres, et le duc d'Orléans en étoit encore entièrement éloigné.

Le 9, le président de Thoré, fils du feu surintendant d'Emery, à qui étoit demeurée la voix, recommença la délibération. Comme il n'étoit pas tout-à-fait sage, son avis fut à demi contre le cardinal, et à demi pour les princes. Il y en eut beaucoup qui furent d'avis d'ajouter quelque chose aux propositions de M. le duc d'Orléans. En voici les principaux articles : Que les ducs de Bouillon et de La Rochefoucauld, et ceux même qui avoient été forcés de recourir à des remèdes étrangers, fussent nommément compris dans l'amnistie ; que le vicomte de Turenne pût revenir ; que l'on fît surseoir le rasement de Verteuil, maison du duc de La Rochefoucauld ; que, dans la révocation du duc d'Epernon, on expliqueroit aussi l'exclusion du duc de Candale son fils, et du chevalier de La Valette son frère bâtard ; que l'on fît surseoir tous les actes d'hostilité ; que cependant le parlement continueroit d'être assemblé jusques à l'entière exécution de la paix de Bordeaux ; que le duc d'Orléans promettoit sûreté qu'on ne rétabliroit point le château Trompette, et qu'on expliqueroit le mot de soumission que dévoient rendre ceux de Bordeaux au Roi, afin qu'ils ne fussent point obligés de voir malgré eux le cardinal.

D'autres furent d'avis de faire instance pour la liberté des princes, et, à cause des maux qui en pouvoient arriver, de députer trois de messieurs du parlement pour aller traiter avec eux dans le bois de Vincennes, et prendre sûreté desdits princes pour ce qui regarderoit la paix du royaume. Plusieurs autres furent ouvertement d'avis de faire des remontrances à la Reine contre le cardinal Mazarin, disant qu'il étoit la cause de tous ces maux, et que la réconciliation de la maison royale ne se pouvoit faire qu'après qu'il ne seroit plus à la cour. Ils firent ensuite contre lui toutes sortes d'imprécations, avec des paroles qui marquoient leur mépris et leur haine.

Le duc d'Orléans les interrompit par plusieurs fois, disant qu'il ne s'agissoit pour lors que de la paix de Bordeaux, et que ceux de ce parlement ne parloient positivement dans leurs lettres ni des princes ni du cardinal; qu'ils demandoient seulement pour principal article d'être délivrés du duc d'Epernon, et que si on faisoit tant de propositions nouvelles, qu'il retireroit sa parole, et ne se mêleroit plus de cette affaire.

Tous ces avis différens revinrent à deux principaux, qui furent long-temps balancés: celui d'accepter les propositions du duc d'Orléans, et celui de la liberté des princes quand les rebelles auroient mis bas les armes. De celui-ci il y en eut soixante-dix; car la plus grande partie de ceux qui avoient été contre le cardinal, dont il y en avoit eu environ quarante, revinrent à cet avis, hormis treize ; et du premier, il y en eut cent douze : qui fit que l'on accepta purement et simplement les propositions du duc d'Orléans, sans les expliquer ni les entendre autrement ; et on ajouta même de signifier au parlement de Bordeaux que le parlement de Paris les trouvoit justes et tout-à-fait équitables, et qu'ils s'en devoient contenter. Comme on avoit envoyé au Roi des députés, pour lui rendre raison de ce qui avoit été fait au parlement en faveur des Bordelais aussitôt après le départ de Sa Majesté, il fut arrêté aussi qu'on enverroit lesdites propositions à leurs députés, afin de les faire agréer au Roi.

Le duc d'Orléans dit aussi qu'il écriroit au Roi pour faire surseoir tous actes d'hostilité. On voulut faire aussitôt entrer les députés du parlement de Bordeaux pour leur signifier l'arrêt ; mais comme ils avoient pressenti que ceux qui leur étoient affectionnés n'avoient pas pu faire aller les choses dans l'extrémité du désordre, Guyonnet seul s'y trouva, qui n'étoit pas celui qui avoit été envoyé porter la lettre ; et il fut dit que le duc d'Orléans leur enverroit ses ordres. Ce prince, en s'en allant, trouva encore des crieurs contre le Mazarin ; mais cela se passa plus modérément que le jour précédent. Il attira même le respect de cette populace par la grande quantité de personnes de qualité qui ce jour-là voulurent l'accompagner.

Tandis que toutes ces choses se passent à Paris, le Roi, qui étoit à Libourne avec une assez belle armée, témoigna vouloir assiéger la ville de Bordeaux. La présence du souverain déplaît toujours aux sujets rebelles. Des canons, de bons soldats et de bons capitaines sont des objets fâcheux à des criminels qui sentent leur faute, et qui connoissent qu'ils méritent de grands châtimens. Les Bordelais en furent étonnés; et sans l'espoir qu'ils avoient au secours du parlement de Paris, qu'ils voyoient être aussi malintentionné qu'eux, ils auroient eu de plus grandes frayeurs. Enfin, pressés par leur devoir et par leur crainte, ils envoyèrent d'autres députés au Roi et à la Reine. Ils furent plus humbles que les premiers, et firent à Leurs Majestés une harangue plus soumise, et qui paroissoit implorer leur miséricorde. La Reine même, à son retour, me fit l'honneur de me le dire. Ce ne fut pas sans remarquer la peur qu'on lui avoit voulu faire de ces peuples pour l'empêcher d'y aller; et cette princesse y ajouta qu'elle avoit toujours reconnu que la présence du Roi avoit de grands charmes pour changer les cœurs qui lui sont soumis par l'ordre de Dieu et leur naissance.

Ce fut en ce même mois, la veille de la fête de Notre-Dame d'août, que ma sœur me quitta pour entrer dans le couvent des filles de Sainte-Marie de Saint-Antoine, où elle a pris l'habit en 1650. Sa vertu étoit estimée de tous. Elle étoit aimable, bien faite, intérieurement toute sainte; et l'excès de sa sagesse, joint à la beauté de son esprit, lui avoit fait donner le nom de Socratine. Malgré les charmes de la cour, elle préféroit souvent les maisons des pauvres au cabinet de la Reine; et l'amitié qu'elle avoit pour mon frère et pour moi, quoique grande, le céda à l'amour qu'elle eut pour Dieu. Je veux mettre ici la lettre qu'elle m'écrivit en me quittant, et qu'elle laissa sur sa table; elle ne convient point à mon sujet, mais j'espère du moins qu'elle édifiera ceux qui préfèrent le Ciel à la terre, et qu'on me pardonnera si je m'honore d'être la sœur d'une si digne religieuse.

Lettre de la mère Madeleine-Eugénie Bertaut.

« C'est à genoux, ma très-chère sœur, que je vous demande pardon de vous avoir quittée, et que je vous conjure de vouloir imiter notre bon père Abraham, qui, à la voix de Dieu qui lui demandoit son fils bien aimé, prit lui-même le couteau pour le lui sacrifier, et avec lui tout son amour et toutes ses tendresses. Comme alors Dieu voulut bien se contenter de l'obéissance du père et du fils, peut-être aussi se contentera-t-il de la nôtre, et nous fera la grâce un jour de nous réunir ensemble, en lui et pour lui, plus étroitement encore que nous ne l'avons été. Mais cependant mettons-nous en état l'une et l'autre d'accomplir sa sainte volonté sans aucune réserve, car autrement notre sacrifice ne lui seroit pas agréable. Après cela, attendons de sa bonté et de sa miséricorde ce qu'il ordonnera pour notre bien et sa plus grande gloire. J'aurois plus tôt exécuté mon dessein, si j'avois pu plus tôt m'arracher d'auprès de vous; et je ne crois pas que je l'eusse jamais pu faire si Dieu ne m'eût donné pour cela une force extraordinaire, et ne m'y eût nécessitée en me mettant en état de ne pouvoir demeurer auprès de vous sans souffrir des maux étranges, principalement depuis que l'affaire de mademoiselle de Bui arriva, qui vous fit deviner la mienne; car en cette occasion vous me témoignâtes tant de bonté et de tendresse, et ce fut pour la mienne une si rude épreuve, que vous me pensâtes faire mourir. Je vous conjure, si vous voulez que je vive, de vous consoler de notre séparation présente, et d'acquiescer aux volontés de notre père et souverain maître. Je vous promets que je vous tiendrai la parole que je vous ai donnée, et que de plus je ne m'engagerai à rien sans votre permission. Ne me venez point voir si tôt; car je vous avoue que je n'ai point encore de force à votre épreuve; et si je ne vous avois fui, je n'aurois pas vaincu en ce combat où il falloit que Dieu restât le maître. »

La Reine répondit par écrit à la députation des Bordelais. On leur fit savoir que le Roi étoit assez bon pour leur pardonner, et leur donner l'amnistie dont ils avoient besoin pour effacer le crime de leur rebellion; mais qu'il vouloit savoir, avant que de traiter avec eux d'aucune chose, s'ils vouloient recevoir le Roi comme leur maître, avec la dignité et la sûreté requises à sa personne, ou maintenir contre lui les ducs de Bouillon et de La Rochefoucauld, déclarés criminels de lèse-majesté par tous les parlemens. Ils dirent qu'ils n'avoient point le pouvoir de répondre à ces articles, mais qu'ils en feroient leur rapport à leur compagnie, et en rendroient réponse avant le 5 du même mois. Le ministre, pour continuer de montrer aux Bordelais et à ceux qui les soutenoient leur devoir, envoya quelques troupes commandées par le maréchal de La Meilleraye assiéger un petit fort nommé Voies, qui fut pris aussitôt; et, pour épouvanter ceux de Bordeaux, il fit pendre celui qui y commandoit : leur montrant par cette rigueur qu'ils devoient tout craindre, et qu'il est dangereux de manquer de fidélité à son roi.

Le duc de Bouillon, maître de Bordeaux et de la populace, ayant su cette exécution, les anima tous à la vengeance; et, sans tarder un moment, il envoya querir un capitaine du régiment de Navailles qui avoit été pris prisonnier dans quelque autre occasion. On trouva ce gentilhomme qui jouoit avec des dames, exempt de toute crainte. Il le fit prendre, et dans la même heure le fit mourir, le faisant pendre par représailles, et ensuite attacher son corps sur la muraille de la ville. Cette action fut louée de ceux qui ont pour maxime qu'il ne faut point être tyran à demi, et que les grands hommes ne sauroient soutenir de hautes entreprises s'ils ne sont capables des grands crimes comme des grandes vertus, les unes étant quelquefois nécessaires pour soutenir les autres. Mais ceux qui en jugèrent sur la loi de l'Evangile, selon que le nom de chrétien les y obligeoit, en eurent horreur; et la Reine m'a fait l'honneur de me dire depuis qu'elle en fut touchée d'une douleur sensible. Je sais de Langlade, qui étoit alors auprès de ce duc, que lui-même en souffrit de la peine; il connut le mal qu'il faisoit, mais il se laissa conduire à la raison politique qui le força de suivre les cruelles coutumes de la guerre. Ses amis ont dit de lui qu'il étoit bon de son naturel, et que ce qui l'avoit rendu capable de cette barbare action ne l'empêchoit pas d'avoir dans son tempérament de la douceur et de la cordialité. Il fut fort malheureux d'avoir cru qu'un crime pouvoit trouver une excuse : il n'y en a point contre la loi de Dieu et l'équité naturelle.

Par l'ordre de la Reine, on continua la guerre avec chaleur. Le maréchal de La Meilleraye attaqua l'île Saint-Georges, où ceux de la ville avoient des troupes dont ils faisoient leur capital. Après quelques volées de canon, ils se rendirent à composition. Les soldats, au nombre de trois cents, prirent parti dans les troupes du Roi. Soixante-et-dix officiers qui s'y trouvèrent jurèrent de ne plus servir contre le Roi, et furent traités humainement, pour faire honte à l'inhumanité du duc de Bouillon.

Le duc de Candale fut envoyé à Loches, où étoit alors le duc d'Epernon son père, qui n'étoit point venu à la cour malgré les ordres qu'il en avoit reçus. Le dessein du ministre étoit de le faire consentir que l'on donnât le gouvernement de Guienne à Monsieur, frère unique du Roi, afin d'ôter aux rebelles tout prétexte de se plaindre. Ces peuples avoient une juste aversion pour leur ennemi le duc d'Epernon, qu'ils appeloient leur tyran; car, selon ce qui se disoit, il en avoit les actions. Dans toute sa vie il a paru qu'il étoit dur et trop hautain. Il étoit soupçonné d'avoir empoisonné sa première femme la duchesse de La Valette, sœur bâtarde du feu Roi, sur des jalousies peut-être mal fondées. J'ai ouï dire à la reine d'Angleterre qui l'avoit vue à sa cour, et à la Reine aussi, qu'il avoit fort aimé madame de La Valette avant que de l'épouser; mais que cette passion, au lieu de produire en lui les effets de l'amitié, l'avoit porté à lui donner alors un soufflet sur quelque petit dépit qu'elle lui avoit fait; que le feu Roi, le connoissant de cette humeur, voulut rompre le mariage, et que cette jeune princesse, qui aimoit déjà le duc d'Epernon, lui pardonna, et ne laissa pas de le prendre pour son mari. Elle eut sujet de s'en repentir; car comme je viens de dire, selon l'opinion des médisans, qui est d'ordinaire la plus vraie, il lui en coûta la vie. Il avoit épousé ensuite une nièce du cardinal de Richelieu (1), qui, dans les commencemens de leur mariage, avoit vécu avec lui avec beaucoup de vertu. Elle l'avoit suivi en Angleterre dans ses disgrâces, contre la volonté de son oncle. Malgré cette conduite, il l'avoit si maltraitée, qu'elle auroit été un objet de compassion à toute la cour, si dans la suite de sa vie elle n'avoit fait voir quelque diminution à ses premiers sentimens. Enfin ce duc, qui n'étoit point prince, quoiqu'il eût envie de l'être, n'avoit rien de bon que la magnificence. Il vivoit en grand seigneur; mais cette seule bonne qualité pouvant avoir pour fondement sa vanité et son orgueil, on ne devoit pas l'en estimer davantage.

Les députés de Bordeaux ne revinrent point trouver le Roi, comme ils l'avoient promis. Le duc de Bouillon les empêcha de tenir leur parole. Son dessein étoit de faire pousser leur révolte le plus loin qu'il lui seroit possible, tant pour tâcher d'obtenir la liberté des princes que pour en tirer de plus grands avantages en son particulier. Ce qui depuis peu s'étoit passé au parlement de Paris, et les propositions du duc d'Orléans, les embarrassoient. On ne faisoit point de mention du prince de Condé, et

---

(1) *Une nièce du cardinal de Richelieu*: Marie de Cambout. Elle n'étoit que cousine du cardinal, étant petite-fille d'une de ses tantes.

pour lui et le duc de La Rochefoucauld, ils n'avoient tout au plus que le pardon et la sûreté; mais ils se défendirent si habilement, que leur conduite, par leur résistance, fut estimée dans les deux partis; et les princes eurent sujet de se louer de leurs services et de leur fidélité. Comme je ne suivis point la Reine en ce voyage, et que je n'aime à écrire que ce que je sais parfaitement, peut-être que j'ignore beaucoup de particularités qui sont pour l'ordinaire inséparables des grands événemens. Je puis dire néanmoins avec vérité que les choses dont mes yeux ne sont point les témoins, je n'en parle que sur le récit des acteurs, et sur ce que la Reine même m'a fait l'honneur de m'en dire.

Environ dans ces mêmes jours que la Reine étoit occupée à vaincre les Bordelais, la duchesse d'Orléans accoucha à Paris d'un fils dont la naissance donna une grande joie au duc d'Orléans. Le peuple fit voir celle qu'il en reçut par les feux de joie qui se firent dans les rues, et par des marques d'une alégresse publique et très-sensible; mais cet enfant ne vécut guère, et sa naissance fut suivie d'une prompte mort.

L'armée espagnole étoit alors sur notre frontière, puissante, et pleine de belles espérances qu'elle devoit concevoir de sa force et de notre foiblesse. Elle s'avança vers Reims; mais cette ville fut conservée par la présence du maréchal Du Plessis, qui prit toutes les précautions nécessaires pour empêcher ses progrès. L'archiduc occupa Neufchâtel, Pontaverre et Bazoches, où il voulut demeurer quelques jours. Le marquis d'Hocquincourt, qui eut la hardiesse d'attaquer quelques troupes des ennemis, fut battu et poussé jusque dans Soissons, et peu s'en fallut qu'il ne fût pris prisonnier. Quelques autres troupes de l'armée du vicomte de Turenne, commandées par Bouteville, vinrent hardiment jusqu'à dix lieues de Paris pour nous faire la guerre, et beaucoup plus pour nous faire peur.

Bouteville réussit dans son dessein. Les paysans et toute la noblesse de Picardie, qui vint se sauver dans Paris, y causa une étrange rumeur. Ce lieu étoit plein de tant de factions, que les grands et les petits avoient plus de joie que de douleur de voir l'archiduc proche de nous; et chacun étoit plus attentif à faire servir ce désordre à ses desseins, qu'à s'opposer à l'ennemi. Le duc d'Orléans, qui vit que le vicomte de Turenne avec ses troupes pouvoit venir jusqu'au bois de Vincennes enlever M. le prince, reprit de nouvelles inquiétudes; et les frondeurs se servirent de cette occasion pour lui conseiller de le faire amener à la Bastille, de sa seule autorité. Il en parla à Le Tellier, secrétaire d'Etat, qui s'y opposa vigoureusement; et après beaucoup de consultations et de mauvaises heures sur l'inquiétude que cette affaire donna aux uns et aux autres, il fut conclu qu'on les ôteroit du bois de Vincennes, et qu'on les meneroit à Marcoussis sous bonne garde, au-delà de la rivière de Seine et de la Marne, attendant que la Reine en ordonnât à sa volonté.

Madame, dans ces occurrences, conseilla Monsieur de mettre le prince de Condé en liberté, et de marier son fils le jeune duc d'Enghien à une de ses filles. Il n'approuva point alors cette proposition, quoiqu'elle fût raisonnable à son égard. Il n'étoit pas d'humeur à se résoudre si facilement, et il falloit qu'il attendît quelque temps, et que les conseils de ses conducteurs le forçassent d'y penser. Les frondeurs ne lui parloient encore que de se rendre le maître des prisonniers, afin d'en disposer à sa fantaisie; et cependant ils donnoient de douces espérances à ceux de leur parti, et assuroient leurs amis que si une fois le duc d'Orléans les avoit en son pouvoir, il les feroit sortir aussitôt; mais eux n'osoient se confier en leurs promesses, et auroient mieux aimé traiter avec le ministre. Le coadjuteur surtout leur étoit odieux, parce qu'il avoit fait connoître dans tous les temps qu'il n'aimoit pas M. le prince, et qu'il étoit incapable de demeurer dans un état de modération et de sagesse.

Parmi ce trouble universel, il arriva un trompette de l'archiduc qui paroissoit envoyé par lui au duc d'Orléans, et qui disoit s'adresser à tous les bons Français. Ce prince allemand lui témoignoit désirer la paix, et offroit d'y travailler avec lui, en lui faisant espérer ce bonheur à des conditions raisonnables. Cette nouvelle donna de l'émotion et de la joie aux Parisiens; ils crurent que c'étoit tout de bon que les étrangers étoient devenus leurs amis, et n'en aperçurent point la tromperie. Le duc d'Orléans, aussi trompé que les autres, et enivré de la gloire qu'il crut recevoir en donnant la paix à la France, répondit à l'archiduc en des termes de grande civilité, et lui dépêcha un gentilhomme pour l'assurer qu'il étoit prêt d'en conférer avec lui. Il envoya aussitôt à la cour, pour instruire la Reine et le ministre des offres de l'archiduc, et demanda le pouvoir de la traiter avec ce prince. Le ministre connut de quelle importance étoit cette affaire, et d'où venoit cette intrigue. Il crut que madame de Longueville et le vicomte de Turenne avoient fait faire ce pas à l'archiduc, pour le charger de plus en plus de la haine publique, et pour émouvoir Paris contre lui. Il ne fut pas content sans doute du duc d'Orléans de ce qu'il avoit écouté ces propositions ; mais pour ne lui pas donner sujet de se plaindre, et aux Parisiens de crier, il lui envoya les pouvoirs nécessaires pour cela. Le comte d'Avaux s'en mêla : il fut avec le nonce à Soissons pour s'aboucher avec les députés d'Espagne ; mais ils ne s'y trouvèrent point.

Il vint ensuite à Paris un certain Gabriel de Toledo, qui fut long-temps logé à Issy. Il faisoit espérer, de la part de l'archiduc, de grandes choses. Le peuple, par ces foibles apparences, aimoit déjà ce prince d'Autriche, et dans les rues on lui donnoit de continuelles bénédictions. Le vicomte de Turenne fit écrire au peuple de Paris, ou bien les créatures du prince écrivirent pour lui tout ce qu'ils désiroient. Ces placards furent affichés dans les carrefours de la ville, où le Mazarin étoit injurié, et l'archiduc loué comme celui qui, pouvant tout détruire, vouloit néanmoins rétablir le repos et la paix dans l'Etat. Enfin toutes ces illusions s'évanouirent, et ce qui en resta fut la honte que devoient avoir ceux qui les avoient reçues comme des vérités.

La Reine cependant étoit occupée aux soins que lui donnoit le siége de Bordeaux. Les propositions de paix que le duc d'Orléans avoit arrêtées dans le parlement n'avoient pas été tout-à-fait agréables au ministre ; mais il jugea qu'il s'en pouvoit servir pour obliger les Bordelais à ne pas demander du Roi plus que ce qu'elles leur accorderoient. Il voyoit bien que le parlement avoit en cette occasion trop entrepris sur l'autorité du Roi, et que le duc d'Orléans, malgré ses bonnes intentions, lui avoit laissé prendre trop d'avantage. Il reçut néanmoins tout ce qui venoit de sa part avec respect, et fit paroître vouloir suivre ses sentimens; mais il se résolut, en faisant attaquer Bordeaux, de se mettre en état de ne prendre conseil que de lui-même.

Le maréchal de La Meilleraye pressa la ville; il donna le commandement de l'attaque du faubourg Saint-Severin aux marquis de Roquelaure et de Saint-Mesgrin. Ces deux braves gens s'engagèrent si avant, que le maréchal de La Meilleraye ayant jugé à propos de changer ses ordres, ils ne purent pas lui obéir. Le combat fut rude des deux côtés. Ceux qui y commandoient y firent des merveilles. De Choupes, Riberpré et Genlis y furent blessés. Du côté des assiégés, les deux généraux (les ducs de Bouillon et de La Rochefoucauld) se trouvèrent partout à la défense de leurs gens. Les royalistes attaquèrent toujours vaillamment, et les rebelles se défendirent de même. Le comte de Palluau fut repoussé en une demi-lune qu'il voulut emporter, et par trois fois le duc de La Rochefoucauld la lui fit quitter, assisté des gardes du prince de Condé et des siens; et s'il n'avoit point combattu contre le Roi, il auroit mérité beaucoup de louanges de sa valeur.

Pendant que le ministre faisoit la guerre, il pensoit selon sa coutume à la paix. Il consentit que le duc de Candale fît venir Gourville à Bourg. Plusieurs grandes matières furent traitées en cette conférence. Gourville, homme hardi sur les propositions, et qui, selon ce qu'il lui convenoit de dire et ce que la nécessité le forçoit de faire, se servoit également du oui comme du non, ouvrit au ministre, à ce qu'il m'a dit depuis, et sans dessein de le tromper, toutes les voies possibles pour l'accommodement. Il offrit le mariage du prince de Conti avec mademoiselle de Martinozzi, sa nièce : il lui offrit aussi que s'il vouloit mettre le prince en liberté, les ducs de Bouillon et de La Rochefoucauld se mettroient volontairement en prison, pour leur répondre en leurs propres personnes de la fidélité et sincérité de M. le prince. Il chercha les moyens de pouvoir le satisfaire en toutes choses, et n'oublia rien à lui dire de ce qui auroit dû lui plaire. Le cardinal refusa tous ces accommodemens, parce qu'il n'osoit se confier au prince de Condé, dont il avoit été si maltraité ; parce qu'il ne crut pas devoir manquer au duc d'Orléans, à qui il avoit promis de ne rien changer sur cet article sans sa participation. Il en fallut donc venir aux propositions de ce prince, telles qu'elles étoient. Les ducs de Bouillon et de La Rochefoucauld, qui avoient amusé le peuple de Bordeaux par l'espérance d'un grand secours d'Espagne et d'une armée navale, ne pouvoient plus le tromper. Ils furent forcés de consentir à l'accommodement, et à suivre les sentimens de ceux qui étoient effrayés des armées du Roi.

Le duc d'Orléans envoya tout de nouveau Du Coudray-Montpensier au cardinal, avec deux conseillers du parlement de Paris, pour le convier de donner la paix à cette ville rebelle ; et n'oublia rien pour la faire conclure, selon les assurances qu'il en avoit déjà données.

Toutes les négociations de part et d'autre ayant eu leur effet, la paix fut accordée aux Bordelais, selon la déclaration donnée au parlement de Paris. L'amnistie générale fut donnée à tous. Il fut permis à madame la princesse de se retirer dans l'une de ses maisons avec le duc d'Enghien son fils, en Anjou, ou bien à Montrond, le nombre de la garnison ayant été limité par le Roi. Les ducs de Bouillon et de La Rochefoucauld eurent sûreté d'aller en leurs maisons, et jouissances de leurs biens, avec toutes les douceurs qui accompagnent d'ordinaire une paix; et la déclaration du Roi en fut donnée le premier octobre.

Le 4 du même mois, madame la princesse partit de Bordeaux avec le duc d'Enghien son fils, les ducs de Bouillon et de La Rochefoucauld, et grand nombre de gens à son service. Elle avoit dessein d'aller à Coutras. Le maréchal de La Meilleraye l'ayant rencontrée dans sa petite galère, fit approcher son bateau pour la saluer et lui faire la révérence. Elle lui dit qu'elle s'en alloit passer à Bourg, avec intention de tenter les moyens de voir la Reine pour se jeter à ses pieds; qu'elle croyoit ne se pouvoir mieux adresser qu'à lui pour en obtenir la permission, et qu'elle le prioit de retourner à Bourg. Il accepta cette commission, et alla le dire à la Reine en présence de tout le monde. D'abord elle en parut surprise, et lui répondit qu'elle ne pouvoit pas la recevoir, et qu'elle n'avoit point de maison pour la loger. Le maréchal de La Meilleraye, plein de bonne volonté, lui dit que madame la princesse étoit résolue de passer la nuit dans sa galère, plutôt que de ne la point voir; mais que si elle l'avoit agréable, sa femme la logeroit chez elle pour cette nuit. La Reine ne pouvant plus s'excuser y consentit, et un moment après on vit paroître sur la rivière cette princesse avec toute sa suite. La Reine envoya à sa descente, pour l'assurer qu'elle seroit la bien venue; et madame de La Meilleraye y alla aussi pour l'accompagner chez elle. Dans ce même temps, le ministre étoit allé à un rendez-vous qu'il avoit donné au duc de Bouillon. La Reine lui dépêcha un courrier pour le faire revenir, et à son retour il trouva le duc de Bouillon chez lui. Ils furent long-temps ensemble, et ensuite il fut chez la Reine, où un moment après se rendit madame la princesse. Elle fut reçue de la Reine en particulier, et le ministre seul fut témoin des larmes qu'elle répandoit. Elle se jeta à genoux devant la Reine, tenant le duc d'Enghien son fils de la main, et lui fit son compliment avec quelques sanglots; et un de mes amis qui m'écrivit ce détail me manda que la douleur l'avoit embellie. Cette princesse n'avoit pas été jusqu'alors fort considérée dans sa famille. Sa naissance, quoique très-noble, étoit fort au-dessous de celle de M. le prince, et la solidité de son esprit ne réparoit pas ce défaut. Madame de Longueville, dont le mérite éclatoit en tous lieux, ne l'estimoit pas; et le mépris que madame la princesse sa belle-mère avoit pour sa race et pour elle, joint à toutes ces choses, n'avoit pas peu contribué à son anéantissement. Elle avoit néanmoins des qualités assez louables. Elle parloit spirituellement quand il lui plaisoit de parler; et, dans cette guerre, elle avoit paru fort zélée à s'acquitter de ses devoirs. Elle n'étoit pas laide : elle avoit les yeux beaux, le teint beau, et la taille jolie. Sans se faire toujours admirer de ceux qui la conduisoient, et de ceux qui étoient auprès d'elle, elle a du moins cet avantage d'avoir eu l'honneur de partager les malheurs de M. le prince : ce qui répare en quelque manière le malheur qu'elle a eu de n'avoir pu personnellement mériter, par de plus éminentes vertus, une réputation plus éclatante et mieux établie.

Après qu'elle eut salué la Reine, les ducs de Bouillon et de La Rochefoucauld allèrent souper chez le ministre, où il est à croire qu'ils ne parlèrent pas de bagatelles. Ils s'en allèrent ensuite chez eux, lassés sans doute de leur mauvaise fortune ; car c'est toujours une chose fâcheuse que de faire la guerre contre son roi et son maître. Quoique cette paix ne fût pas conclue tout à l'avantage du Roi, ni faite avec cette hauteur nécessaire au rétablissement de l'autorité royale, il sembloit néanmoins qu'elle étoit commode au ministre, et fort utile au service du Roi. Par cette même raison, les ennemis de l'Etat, les frondeurs peut-être, et surtout ceux qui étoient du parti des princes, en étoient au désespoir. Le Roi et la Reine entrèrent dans Bordeaux, et n'y furent pas reçus avec la joie publique qui accompagne pour l'ordinaire les visites de cette nature. La ville donna au Roi et à la Reine une collation fort mauvaise, et un feu d'artifice de peu de beauté. Mademoiselle, qui avoit suivi la Reine en ce voyage quasi malgré elle, eut un bal ; et tout ce qui s'y passa de plus mémorable, c'est que la Reine s'y enrhuma de chaud. Ce fut elle-même qui à son retour me conta toutes ces particularités, et qui me fit l'honneur de me dire que les mauvaises dispositions des esprits, plutôt que le climat, avoient été cause de son mal. Les chagrins qu'elle avoit reçus en ce lieu avoient été extrêmes. La corruption de la révolte avoit imprimé dans les cœurs des grands et des petits de cette province un dégoût de leur véritable devoir, qui força cette princesse d'en avoir beaucoup pour eux.

Le cardinal Mazarin y fut mal reçu : on ne lui fit point les complimens dus en de telles occasions à sa qualité de premier ministre; et la Reine le sentit comme un outrage fait à sa personne. Elle ne tarda que dix jours dans Bordeaux, et cette ville ne méritoit pas d'en être honorée plus long-temps. Sa présence étoit nécessaire à Paris. Elle partit malade de ce rhume, qui, au lieu de diminuer, étoit beaucoup augmenté. En arrivant à Poitiers, elle tomba malade tout de bon d'une petite fièvre continue; et, au bout de deux jours, son courage, qui ne l'abandonnoit jamais dans les grandes occasions, la fit partir diligemment pour avancer son chemin vers Paris. En arrivant à Amboise, elle fut contrainte d'y rester douze jours, parce que sa fièvre et sa maladie augmentèrent beaucoup, et la forcèrent de se faire saigner plusieurs fois. Madame de Brienne, qui eut l'honneur de la suivre seule en l'absence de ses dames, me conta à son retour que pendant ce voyage la Reine endura de grandes incommodités. Sa maladie ne l'empêchoit pas de se mettre en carrosse depuis le matin jusqu'au soir, de la même manière que si elle eût été en parfaite santé. Elle étoit triste, tant parce qu'elle souffroit de sa fièvre, que parce qu'elle n'étoit pas satisfaite de l'état de ses affaires. Avec tous ces maux, elle ne se plaignoit point : elle voyoit avec patience dans son carrosse les jeux du Roi et de Monsieur, que la jeunesse et l'enfance convioient à se divertir, sans paroître être incommodée, quoique en effet elle le fût beaucoup. Un jour que sa première chambre manqua d'arriver, cette grande princesse, avec un accès de fièvre fort violent et la lassitude du voyage, fut contrainte d'attendre quatre heures que son lit fût arrivé dans une méchante hôtellerie, où, pour tout meuble, on ne trouva qu'une grande chaise de bois. La Reine s'y mit, et y demeura sans se plaindre ni murmurer contre ses officiers, disant à madame de Brienne qui lui tenoit la tête : « Nous sommes toujours trop à notre aise, « nous autres : il est juste que nous souffrions quel- « quefois. » Etant arrivée à Fontainebleau, elle convia le duc d'Orléans de la venir voir; mais les frondeurs voulurent l'en détourner par de mauvaises raisons. Ils souhaitoient de le mettre en mauvaise humeur contre le ministre sur ce que l'on avoit mandé à ce prince les longues conférences que les ducs de Bouillon et de La Rochefoucauld avoient eues avec lui. Ce prétexte donna un sujet apparent aux frondeurs de le décrier auprès de ce prince, et de lui faire voir encore davantage combien il lui étoit important de ne pas laisser les princes sous la puissance du ministre. La fidélité qui l'avoit obligé de fermer les oreilles aux propositions qu'on lui avoit faites à Bordeaux ne lui servit de rien; et ses ennemis, soit qu'il fît bien ou qu'il fît mal, de toutes les manières travailloient incessamment à le détruire. Le Tellier me dit alors que dans le temps que les prisonniers avoient été transportés à Marcoussis, le duc d'Orléans, voyant combien ses intérêts l'obligeoient à se conserver la part qu'il devoit avoir à leur liberté ou à leur prison, lui avoit dit : « Je sais bien ce que je pourrois faire là-« dessus, mais je sais bien aussi qu'après ce premier « pas il m'en faudroit faire d'autres; et cela, je ne « le veux pas. » Voulant dire qu'il eût fallu s'embarquer, après cette action, à faire la guerre à la Reine pour se faire régent.

Le duc d'Orléans alla à Fontainebleau, après avoir montré publiquement se plaindre du cardinal, et avoir témoigné peu de désir de voir la Reine. Le Roi, accompagné du ministre, fut au devant de lui. D'abord ce prince ne parut point mal satisfait : il embrassa le cardinal; et après quelques petites plaintes, qui furent adoucies par les justifications du ministre et le bon traitement de la Reine, tout parut raccommodé. Il fut parlé entre eux de l'affaire qui pressoit le plus, et du lieu où les princes seroient transportés. La Reine me fit l'honneur de me dire, aussitôt après son retour à Paris, qu'elle avoit parlé au duc d'Orléans du dessein qu'elle avoit eu de les faire conduire au Havre, et qu'il n'avoit point paru s'y opposer ; mais qu'il avoit seulement répondu (voilà les mêmes mots) : *Mezo si, mezo no*, moitié oui, moitié non. Sur cela, les ordres furent donnés en diligence au comte d'Harcourt avec un bon nombre de troupes pour les y mener; et la Reine fut en cette rencontre obéie ponctuellement.

Madame de Chevreuse, étant à Fontainebleau, protesta au cardinal des bonnes intentions du coadjuteur, et l'assura qu'il vouloit être tout-à-fait de ses amis, pourvu qu'il le fît cardinal. Elle lui donna beaucoup d'avis contre ceux qui traitoient les affaires des princes, et parut avoir alors beaucoup de désir de s'unir aux intérêts de la Reine. Le garde des sceaux de Châteauneuf, qui pendant tout le voyage avoit fait la figure d'un bon serviteur du Roi, parut aussi vouloir se lier entièrement au ministre; et même on a cru qu'il lui fit conseiller d'arrêter le duc de Beaufort et le coadjuteur, disant, malgré l'extrême liaison qu'il avoit eue avec eux, que ces deux hommes seroient toujours pernicieux au repos de l'Etat; mais le cardinal n'osa se confier en lui. Il avoit eu d'étranges relations des frondeurs par les créatures des princes, qui l'en vouloient détacher. Son cœur étoit ulcéré contre eux, et son mécontentement fut cause que madame de Chevreuse ne put porter au coadjuteur que de lointaines espérances du chapeau qu'il désiroit. Le dépit qu'il en eut augmenta sa haine contre le cardinal Mazarin, et fit que le cardinal en eut encore davantage pour lui. Toutes ces choses eurent aussi cet effet que le garde des sceaux de Châteauneuf, que le ministre regardoit toujours comme son ennemi, s'éloigna d'autant plus de l'amitié du ministre que les bons momens qu'il avoit eus pour lui ne lui avoient servi de rien.

Le coadjuteur en ce même temps, pour ne rien oublier, et peut-être par un équitable repentir du passé, fit encore offrir au cardinal que s'il avoit peur de lui il s'en iroit à Rome, et qu'étant satisfait, il ne se mêleroit plus de rien; mais toutes ces belles et louables apparences ne purent convier le ministre à lui faire du bien, et son malheur voulut aussi qu'il n'osât lui faire du mal, en écoutant les propositions du garde des sceaux de Châteauneuf, qui en cette rencontre parurent sincères. S'il y eut alors en eux quelques favorables momens pour lui, il fut malheureux de ne les pas connoître, et fort excusable : en ayant été jusque là toujours fort maltraité, il ne les put regarder comme des gens qui pouvoient devenir ses amis. Si le cardinal eût pu espérer alors quelque véritable amitié du prince de Condé, et quelque docilité dans sa conduite, il auroit préféré de se raccommoder avec lui à toutes les autres choses, tant il étoit las des frondeurs. Peu avant son retour, il avoit été pendu en effigie dans tous les carrefours de la ville de Paris, avec des vers infâmes ; et il avoit fallu que le lieutenant criminel eût enlevé ces potences publiquement. Le cardinal avoit attribué cette hardiesse à ses bons amis les frondeurs ; mais, dans le vrai, on crut avec quelque fondement que ceux du parti des princes y avoient eu plus de part que les autres.

La Reine retint le duc d'Orléans auprès d'elle à Fontainebleau tant qu'il lui fut possible, et le laissa partir assez content, un jour seulement avant qu'elle revînt à Paris, qui fut le 15 de novembre. Elle nous parut fort changée de sa maladie. Elle étoit foible et triste. A son arrivée, toute la cour la reçut au Palais-Royal, et toute la Fronde s'y trouva tant en gros qu'en détail.

Le duc de Beaufort, qui, à ce qu'on m'assura, eut quelque peur d'être arrêté, vint lui rendre ses devoirs. Elle le reçut froidement. Il en usa de même avec le ministre, afin de se rétablir en honneur avec le peuple de Paris, qui avoit crié contre lui *au Mazarin!* Le coadjuteur vint aussi faire la révérence à Leurs Majestés, et la Reine lui fit de grands reproches de sa conduite.

Environ dans ce même temps arriva la nouvelle de la mort du prince d'Orange (1), qui avoit l'honneur d'être gendre de la reine d'Angleterre. Sa perte redoubla les chagrins de cette reine affligée. Elle le pleura en ma présence, et me témoigna en être fort touchée. Il étoit jeune et déjà grand capitaine, ayant donné à toute l'Europe des marques de sa valeur, de sa capacité et de sa bonne conduite. De là je fus chez la Reine, que je trouvai, à ce qu'elle me fit l'honneur de me dire, plus malade et plus abattue qu'à l'ordinaire. La mort de ce prince, qu'elle regretta aussi, lui avoit rempli l'esprit du souvenir de ses propres chagrins; et des malheurs de la reine d'Angleterre passant à ceux qui la regardoient, je conclus avec elle que notre siècle nous avoit plus fourni de sujets de méditer sur la misère humaine, que d'occasions dangereuses de nous perdre par la joie et le divertissement.

La Reine, deux jours après son retour, prit médecine, pour tâcher de finir sa maladie. Ce remède l'ayant beaucoup émue, la nuit suivante elle se trouva plus mal : la fièvre lui reprit violemment, qui lui dura continue avec redoublemens. Jusques à l'onzième de sa maladie, son mal fut dangereux; il fut cause que beaucoup de personnes eurent de la crainte et de la joie, selon les diverses passions et les divers intérêts de chacun.

Les princes arrivèrent au Havre le 25 du mois de novembre, jour de Sainte-Catherine. Ils étoient partis le 15, et marchoient à petites journées, à cause des troupes qui les conduisoient. Ils espérèrent toujours

---

(1) *Du prince d'Orange :* Guillaume II.

qu'on les sauveroit, et M. le prince tenta de se sauver lui-même dans une hôtellerie; mais de Bar les veilloit de si près, que la chose lui fut impossible. Il se plaignoit de ses soins et de sa sévérité, et avoit une grande haine pour lui. Ce fut pour ce prince une sensible douleur de se voir entre les mains et sous la domination de la duchesse d'Aiguillon son ennemie, et une grande mortification au duc de Longueville de traverser en cet état les terres de son gouvernement. La duchesse d'Aiguillon, de son côté, n'en fut pas fâchée; et quand ils y furent, elle dit alors à la marquise de Sablé son amie, en roulant les yeux au Ciel, et paroissant touchée de leur infortune, que, depuis que ces pauvres princes étoient au Havre, elle avoit oublié toute la haine qu'elle devoit avoir pour eux; qu'il lui sembloit depuis cela qu'ils étoient devenus ses enfans; et qu'en vérité, aussitôt que la paix générale seroit faite, elle avoit résolu dans son ame de les bien servir. La marquise, attachée aux intérêts des princes, lui répondit qu'elle les remettoit à bien loin, et que des sentimens aussi charitables et aussi chrétiens que les siens devoient avoir une plus prompte exécution. Cette dame, dont l'esprit pénétrant savoit sonder les plis et replis du cœur humain, se moqua avec moi de cette bonté affectée, bien contraire, à ce qu'elle croyoit, aux véritables sentimens de madame d'Aiguillon. Peut-être qu'elle se trompoit: cette dame paroissoit avoir de la piété.

La réputation de M. le prince imprimoit dans tous les hommes une si particulière vénération pour sa personne, que la chambre où il avoit été à Vincennes fut visitée avec curiosité et avec respect de plusieurs personnes. Mademoiselle de Scudéry, dont les beaux ouvrages ont été célèbres en notre siècle, y alla comme les autres ; et voyant des œillets dans des pots que M. le prince avoit pris plaisir de cultiver et d'arroser, pour les tenir sur une terrasse où il alloit quelquefois se divertir, elle fit ces vers qu'elle laissa écrits sur les murailles de la chambre ou de cette terrasse où avoient été ces fleurs :

> En voyant ces œillets qu'un illustre guerrier
> Arrosa de sa main qui gagnoit des batailles,
> Souviens-toi qu'Apollon a bâti des murailles ;
> Et ne t'étonne plus de voir Mars jardinier.

La Reine, après le quatorzième jour de sa maladie, se porta un peu mieux ; et cet amendement donna le moyen au cardinal de penser à rétablir les affaires du Roi, qui étoient en mauvais état sur la frontière. Sans perdre de temps, il partit de Paris le premier décembre pour aller à l'armée. Son dessein étoit de retirer Rethel des mains des ennemis qui venoient de le prendre, et qui paroissoient vouloir le fortifier pour y prendre leur quartier d'hiver. Toutes les troupes qui étoient à Bordeaux ayant rejoint notre armée en Champagne, elle se trouva de près de vingt mille hommes. Le ministre, malgré la saison qui étoit avancée, voulut entreprendre quelque chose qui pût réparer le déshonneur de la campagne et celui du maréchal Du Plessis, qui avoit été dans l'impuissance de montrer aux ennemis ce qu'il savoit faire. Les pertes que l'on faisoit alors en Catalogne, dont les Espagnols prenoient les meilleures places, faisoient aussi un mauvais effet contre le cardinal, et donnoient matière de crier à ces sortes de gens qui en font profession, et qui croient que toute la vertu romaine est passée en eux, pourvu qu'ils aient mal parlé de celui qui gouverne.

Beaucoup de raisonnemens se firent sur le départ du ministre. Il y en eut qui crurent qu'il n'étoit pas fâché de s'éloigner de la Reine pendant sa maladie, parce que, s'il l'eût perdue, il eût été heureux de se trouver hors de Paris, où sa vie en tel cas n'auroit pas été en grande sûreté ; mais cette princesse n'étoit plus en péril quand il la quitta, et le dessein de ce voyage étoit fait avant même qu'il arrivât de Guienne. On l'avertit, en partant, que les frondeurs travailloient puissamment à corrompre tout-à-fait les bonnes intentions du duc d'Orléans, et que ce prince avoit fait de grandes plaintes contre lui de ce qu'il avoit osé envoyer les princes au Havre, sans un plein consentement de sa part. Il voyoit que, depuis son retour de Fontainebleau, il paroissoit refroidi avec la Reine, et qu'ils étoient embarrassés quand ils étoient ensemble, et particulièrement quand lui-même y étoit. On l'avertit aussi que le parlement feroit du bruit en faveur des princes, et que l'intrigue de leurs serviteurs augmentoit à leur avantage. Toutes ces choses ne l'étonnèrent point ; il crut qu'il falloit travailler à ce qui paroissoit le plus important et de plus grande réputation pour lui, et laisser au temps à démêler le reste.

La Reine me fit l'honneur de me dire, quelques jours après qu'il fut parti, qu'en la quittant il lui avoit dit qu'il la laissoit sans crainte, quoique beaucoup de gens l'eussent averti qu'il devoit appréhender qu'en son absence on ne lui rendît de mauvais offices auprès d'elle ; et qu'elle lui avoit répondu qu'elle étoit bien aise que cette occasion se présentât, pour lui témoigner la sûreté qu'il devoit avoir en sa bonne volonté.

Selon ce qu'on avoit prédit au cardinal, aussitôt qu'il fut parti le parlement s'assembla ; et madame la princesse, femme du prince de Condé (car madame la princesse sa mère étoit alors fort malade), présenta une requête par laquelle elle se plaignoit du cardinal Mazarin, qui avoit envoyé M. le prince son mari dans un lieu dont ses plus grands ennemis étoient les maîtres, et dont ils pourroient, quand il leur plairoit, l'envoyer dans les pays étrangers ; que cela étant, elle supplioit la cour d'avoir égard à sa requête, et d'ordonner que les princes, selon les lois de l'Etat, et notamment selon la déclaration dernière du mois d'octobre, fussent amenés au Louvre, et gardés par un gentilhomme, officier de la maison du Roi.

Cette requête fut présentée par Des Landes-Payen, conseiller au parlement, fort zélé pour les princes. Elle fut reçue de la compagnie avec applaudissement, et donnée aux gens du Roi pour y donner leurs conclusions, qui furent que la requête seroit présentée à la Reine, et qu'elle seroit suppliée d'y avoir égard.

Ce même jour arriva la nouvelle de la mort de madame la princesse la mère, qui fut regrettée d'une infinité de personnes ; et l'on ne manqua pas de dire que le chagrin et la douleur lui avoient ôté la vie. Cette princesse étoit dans un âge qui pouvoit encore lui faire espérer une longue suite d'années. Elle paroissoit saine ; elle avoit encore de la beauté, et l'on peut croire en effet que l'amertume de sa disgrâce contribua beaucoup à sa fin. Elle étoit, comme je crois l'avoir déjà dit lorsque j'ai parlé d'elle, un peu trop fière, haïssant trop ses ennemis, et ne pouvant leur pardonner. Dieu voulut sans doute l'humilier avant sa mort, pour la prévenir de ses grâces, et la faire mourir plus chrétiennement. Sans ce secours, selon son tempérament, elle auroit senti avec de grandes impatiences la peine de se voir exilée, ses enfans en prison, et ses ennemis triompher d'elle; mais Dieu changea ses sentimens en de très-vertueuses dispositions. Elle parut accepter volontiers toutes ces peines, afin de participer par cette croix à celle de Notre Seigneur. Elle fit une confession générale à l'archevêque de Sens (1), qui étoit de ses amis, et qui par des motifs moins solides s'étoit accoutumé, pendant son bonheur, de la visiter souvent. C'étoit un homme qui, dans ce temps-là, étoit plein d'esprit du monde. Il avoit beaucoup de lumières et de hauteur dans l'ame. Sa réputation étoit nette du côté des femmes. Il soutenoit dignement la grandeur et la puissance de l'Eglise; et, dans les assemblées du clergé, il a su plusieurs fois porter ses intérêts avec gloire; mais il n'étoit pas égal dans sa conduite: il aimoit trop la cour et l'intrigue, et peut-être que sa vanité plutôt que sa vertu le faisoit souvent agir vertueusement. En cette occasion, son caractère lui attira le respect de cette princesse; et les sentimens de

---

(1) *A l'archevêque de Sens:* Louis-Henri de Pardaillan de Gondrin, coadjuteur de Sens à vingt-quatre ans, et archevêque à vingt-six. Il fut par la suite l'un des médiateurs de l'arrangement conclu avec les jansénistes, et connu sous le nom de pacification de Clément IX.

sa piété, à ce qu'il m'a dit depuis, lui en donnèrent à lui-même. Madame la princesse ordonna à l'abbé de Roquette d'aller trouver la Reine de sa part, pour l'assurer qu'elle mouroit sa très-humble servante, quoiqu'elle mourût des déplaisirs qu'elle avoit eus de la persécution faite à elle et à ses enfans. Elle lui manda qu'elle la conjuroit par le sang de Jésus-Christ de faire quelque réflexion sur sa mort, et de se souvenir que personne n'étoit exempt des coups de la fortune. Enfin cette princesse finit sa vie dans les maux, et les souffrit avec patience. Il est à croire que Dieu l'en a récompensée, et lui a fait miséricorde.

La Reine étoit alors malade. La destinée de madame la princesse lui fit pitié : elle reçut son compliment avec ce respect qu'une chrétienne devoit avoir pour une personne qui, en mourant, lui parloit au nom de leur maître à toutes deux; mais elle étoit si occupée de ses propres misères, et si abattue de sa maladie, qu'elle ne pensoit qu'à se plaindre elle-même. J'avois l'honneur d'être seule auprès d'elle à la ruelle de son lit, quand cet abbé lui vint faire ce triste compliment. Elle y répondit peu de chose; mais, selon le chagrin que je vis dans ses yeux, je suis persuadée qu'elle pensa beaucoup, et que ses réflexions furent grandes.

Madame et Mademoiselle ne furent pas fort affligées de cette mort; mais elle fit cesser leur haine. Madame étoit conseillée par le duc de Lorraine son frère, que madame de Longueville avoit gagné par les intelligences qu'elle avoit eues avec les Espagnols; et Madame ne voyant plus madame la princesse, dont la hauteur lui faisoit de la peine, elle se trouva toute disposée d'entrer plus fortement dans les intérêts du prince de Condé. Elle redoubla ses conseils envers le duc d'Orléans son mari, et Mademoiselle fut de ce même sentiment; mais alors leur crédit à toutes deux étoit médiocre à l'égard du prince.

Je ne veux pas finir de parler de la mort de madame la princesse, sans remarquer une chose que madame de Brienne me dit alors de cette princesse, qui est digne de mémoire. Quand cette dame fut de retour du voyage de Bordeaux, où, comme je l'ai dit, elle avoit suivi la Reine et servi fidèlement, elle s'en alla voir madame la princesse, de qui elle avoit l'honneur d'être parente, et qui l'avoit toujours particulièrement aimée. Elle la trouva déjà fort malade; et quand elle fut dans les agonies de la mort, elle se tourna de son côté, et lui dit, en lui tendant la main : « Ma « chère amie, mandez à cette pauvre misérable qui « est à Stenay (voulant parler de madame de Lon- « gueville sa fille) l'état où vous me voyez, et qu'elle « apprenne à mourir. » Ces belles paroles ont eu leur effet : madame de Longueville, peu après, détrompée par ses propres infortunes de la fausseté des grandeurs de la terre, a fait voir à toute l'Europe, par la sévérité d'une rude pénitence, qu'elle a voulu préférer une vie austère, et une bonne mort, à une vie délicieuse et mondaine. C'est une grande occupation que d'apprendre à mourir : c'est notre plus importante affaire; *car les choses visibles sont pour un temps, mais les invisibles sont éternelles* (1).

Madame la princesse avoit été fortement occupée de l'amour d'elle-même et des créatures. Je lui ai ouï

(1) Saint Paul.

dire un jour qu'elle railloit avec la Reine sur ses aventures passées, parlant du cardinal Pamphile, devenu pape, qu'elle avoit regret de ce que le cardinal Bentivoglio son ancien ami, qui vivoit encore lors de cette élection, n'avoit point été élu en sa place, afin, lui dit-elle, de se pouvoir vanter d'avoir eu des amans de toutes conditions, des papes, des rois, des cardinaux, des princes, des ducs, des maréchaux de France, et même des gentilshommes. Quand elle devint veuve, comme elle n'avoit pas eu beaucoup d'amitié pour M. le prince son mari, on admira son bonheur, ses richesses et sa puissance; mais depuis ce moment elle fut accablée de mille maux, et ce fut le temps de ses plus grands déplaisirs. Ses enfans, qui étoient le sensible de son cœur, lui causèrent de grands chagrins, et ensuite leur disgrâce la fit mourir. Les choses de ce monde sont presque toutes de cette nature. Nous y vivons dans une éternelle tromperie: nous désirons pour l'ordinaire ce que nous n'avons point; et quand ces biens nous arrivent, c'est quasi toujours pour notre malheur, ou bien dans un temps qu'il les faut quitter malgré nous.

Madame la princesse n'étant plus, il falloit que madame la princesse sa belle-fille fût celle sous le nom de qui on travaillât à la liberté des princes. Le jour pris pour délibérer sur la requête qu'elle avoit déjà présentée, les chambres s'assemblèrent. Le premier président, pour ne pas paroître porter les intérêts des princes avec trop de chaleur, fit difficulté sur cette requête, à cause que madame la princesse n'étoit pas autorisée; mais tout à propos on heurta à la porte de la grand'chambre, et il se trouva que c'étoit un gentilhomme de la part des princes, qui apportoit une lettre signée des trois prisonniers, qui paroissoit écrite dans leur marche, et qui apparemment étoit contrefaite. Le premier président dit qu'il étoit difficile qu'ils (parlant des princes) pussent écrire, et, comme se moquant de tous, dit : « Pas « impossible pourtant, mais difficile ; » et, pour tourmenter le coadjuteur et le duc de Beaufort, il ajouta en leur présence : « Ce n'est pas que nous n'ayons vu « pendant la guerre des lettres de la part de l'ar- « chiduc venir tout à propos comme celle-là, écrites « sans doute dans la rue Saint-Denis. » Sur ces petits démêlés, il se fit un grand bruit dans la grand'chambre que le premier président blâma infiniment, disant qu'il n'y avoit plus d'ordre dans le parlement, que tous vouloient parler tout à la fois; et pour faire remarquer en passant leur autorité, leur dit qu'ils avoient tort de parler avec tant de désordre, vu que, par la grâce de Dieu, ils étoient en pouvoir de dire leurs avis sur les plus grandes affaires de l'Etat. Enfin on délibéra si on donneroit séance au gentilhomme; mais on reçut encore une autre requête de la part de mademoiselle de Longueville, qui demandoit pour le duc de Longueville son père la même grâce que madame la princesse pour M. le prince son mari, et le prince de Conti son beau-frère. Le temps ayant été consommé à toutes ces procédures, et à faire des questions au gentilhomme, il fut arrêté par les gens du Roi que, vu l'incertitude de savoir s'il étoit de la part des princes ou non, il n'entreroit point ; vu aussi qu'il dit qu'il n'étoit pas envoyé par eux, mais qu'un garde, gagné par les princes, lui avoit apporté cette lettre pour la présenter à la cour. La délibération sur la requête et sur la lettre fut donc remise au lendemain 9 de décembre.

La Reine, quoique malade, tint conseil ce même jour [le 8 décembre] dans la ruelle de son lit, où assistèrent le garde des sceaux, le maréchal de Villeroy, Servien et Le Tellier. Il y fut résolu qu'elle enverroit querir les gens du Roi : ce qu'elle fit ; et quand ils furent arrivés, elle leur demanda ce que c'étoit qu'une lettre qui leur avoit été présentée, et s'informa de tout ce qui s'étoit passé dans leur compagnie.

Le lendemain 9 décembre, comme les chambres s'assembloient, elle envoya une lettre de cachet, par laquelle elle mandoit les gens du Roi. Elle leur dit de demander au parlement, de sa part, quelque temps pour penser à ses affaires ; qu'elle ne trouvoit point mauvais qu'ils délibérassent sur cette requête de madame la princesse ; mais que comme le Roi son fils y avoit un assez grand intérêt, qu'elle demandoit huit jours pour voir de quelle manière elle devoit agir en cette rencontre, sa maladie l'empêchant entièrement de s'appliquer à de telles affaires. Cette députation de gens du Roi vers la Reine occupa le jour tout entier.

Le samedi 10 décembre, les gens du Roi firent leur rapport aux chambres assemblées sur ce que la Reine leur demandoit. On délibéra, et le parlement, par une libéralité admirable, donna à la Reine quatre jours, au lieu de huit qu'elle avoit désirés ; et la traitant en cela plus durement que la moindre personne de son royaume.

La Reine commença dès lors à se mieux porter, et Vautier, médecin du Roi, soutint contre les autres qu'elle avoit jeté un abcès qu'elle avoit dans le mésentère : ce qui étonna toute la cour, vu le péril où elle avoit été. Malgré cet amendement, la fièvre ne la quitta pas encore tout-à-fait.

Le 14, on voulut délibérer au parlement sur les affaires présentes. Le temps se passa en disputes entre les frondeurs et les partisans des princes, et à crier contre le cardinal Mazarin. Ils vomirent contre lui mille injures : quasi tous le traitèrent de perturbateur du repos public, et conclurent enfin qu'il falloit supplier le duc d'Orléans de se trouver à leurs délibérations. Ainsi la chose fut remise à une autre fois.

Quoique le cardinal eût trop négligé d'acquérir des créatures dans cette compagnie, et que la Reine ne prît nul soin d'en avoir par elle-même, elle en avoit néanmoins quelque petit nombre qui servoient le Roi, afin seulement d'éluder les grands coups et de gagner du temps. La différence des intérêts et des cabales étoit grande : elle causoit beaucoup de confusion, et ces disputes faisoient que leurs délibérations n'alloient pas souvent à la conclusion des affaires qu'ils entreprenoient. Chaque parti n'avoit pas assez de pouvoir pour faire réussir ce qu'il vouloit ; mais ils n'en avoient que trop tous, en général et en particulier, pour brouiller et pour mettre le désordre dans l'Etat et dans la cour. Les princes en profitèrent : car les frondeurs étant tout-à-fait dégoûtés du cardinal, et trouvant qu'ils étoient trop foibles pour surmonter ce parti qui chaque jour augmentoit de forces, ils résolurent de se réunir ensemble, pour voir s'ils n'y trouveroient pas mieux leur compte.

Le 15 décembre, messieurs du parlement députèrent vers le duc d'Orléans pour le prier d'assister à leurs délibérations, et cependant résolurent de demeurer incessamment assemblés. Le duc d'Orléans, qui sur le chapitre du prince de Condé étoit presque encore du même sentiment que la Reine, pour empêcher que la requête de madame la princesse ne fût trop favorablement reçue, leur déclara hautement qu'il ne pouvoit pas se résoudre d'y aller, s'il n'y étoit reçu d'une autre manière qu'il ne l'avoit été les jours précédens; que chaque particulier y étoit le maître, et que le désordre étoit tel que lui-même n'y étoit pas écouté; que tout ce qu'ils faisoient alors ne feroit point sortir les princes; qu'il ne conseilloit pas à la Reine de le faire; qu'elle les avoit fait conduire au Havre par de bonnes raisons, et que c'étoit lui-même qui lui avoit conseillé de le faire. Il le disoit ainsi pour faire finir la rumeur du parlement qui se faisoit en faveur des princes; et, néanmoins, il avoit souvent dit sur ce chapitre qu'il se plaignoit de la Reine de ce qu'elle les avoit envoyés en ce lieu sans lui en avoir parlé positivement.

Ce même jour arriva la nouvelle d'une défaite des ennemis par milord Digby, Anglais qui commandoit alors dans nos troupes; et j'en vis apporter à la Reine une enseigne: ce qu'elle estima beaucoup davantage que le plus beau diamant du monde. Elle en reçut aussitôt après une autre infiniment plus considérable. Un courrier arriva de la part du ministre, qui lui apprit la prise de Rethel, qui avoit été emportée par l'armée du Roi en deux ou trois jours, sans y faire de circonvallation. Le cardinal pouvoit partager avec le maréchal Du Plessis une grande portion de la gloire qui en étoit due à ce général, par les soins qu'il avoit pris de mettre l'armée en état de faire de telles conquêtes. Voilà cet homme, condamné par un arrêt du parlement et pendu en effigie, qui, malgré la haine publique, subsiste dans la grandeur. Il ajoute à sa qualité de ministre celle de conquérant à la tête de vingt mille hommes, et prend des places, sans paroître se soucier de toutes les injures de ses ennemis. Se voyant haï des grands du royaume et des peuples, il tâchoit de se conserver l'amitié des soldats. Sa maxime étoit d'aller à l'armée le plus souvent qu'il pouvoit, et d'y porter toujours de l'argent; et il prenoit soin de régaler les soldats sur toutes leurs petites nécessités. Cette année, il leur avoit porté des justaucorps pour les garantir du froid, qui étoit déjà grand. Il tenoit trois ou quatre tables où il recevoit les officiers, afin de les acquérir à lui par cette bonne chère : se montrant d'ailleurs plus doux et plus traitable que quand il étoit dans le cabinet de la Reine, où, pour l'ordinaire, il étoit inaccessible à tous. La Reine reçut cette nouvelle avec beaucoup de joie : elle l'accompagna de la modération qui doit paroître dans les occasions de cette nature, et souhaita que, dans ce même instant que Rethel pris, on pût aller au maréchal de Turenne, le battre et le défaire : ce qui fut une espèce de prophétie; car à l'heure même qu'elle faisoit ce souhait, l'armée du Roi étoit aux mains avec celle des ennemis, où commandoit le maréchal de Turenne.

Ce général rebelle, et don Estevan de Gamarre,

incontinent après la prise de Rethel, avec près de
huit mille chevaux et plus de quatre mille hommes de
pied, n'étant pas encore avertis de la victoire des
nôtres, continuèrent leur marche vers cette ville qu'ils
avoient intention de secourir, et ils l'avoient promis
aux assiégés. Lorsque les nouvelles de leur approche
furent sues dans l'armée du Roi, le conseil de guerre
s'assembla, et le ministre y fit résoudre de donner
bataille.

Le général et les autres officiers de guerre ayant
approuvé cette résolution, la plus grande partie de
l'armée, qui se trouvoit au meilleur état de combattre,
fut commandée pour cet effet. Sept mille fantassins et
cinq mille chevaux marchèrent avec toute la diligence
possible pour aller au devant de l'armée espagnole.
Les nôtres, n'ayant pour toute artillerie que deux
pièces de campagne, n'eurent pas plus tôt fait quatre
lieues qu'ils eurent avis par leurs coureurs que le maréchal de Turenne paroissoit au-delà d'une ravine qui
pouvoit être à trois quarts de lieue d'eux, et que, sur
l'avis qu'il avoit eu de notre marche, il avoit fait faire
halte aux Espagnols, pour délibérer s'ils feroient leur
retraite ou s'ils viendroient affronter notre armée. Il
passa à poursuivre leur marche : si bien qu'après avoir
fait deux ou trois mille pas le long d'une ravine qui
empêchoit que ces deux armées ne se vissent, elles
descendirent presque en même temps dans une plaine
où le combat se donna, tel qu'on le peut imaginer
entre deux armées toutes deux commandées par de
bons chefs, munis de vaillans officiers et de bons soldats, accoutumés à se bien battre. Le maréchal Du
Plessis, qui fut vu des premiers et en tous lieux

l'épée à la main, commandant ses troupes et combattant les ennemis, emporta la victoire sur le maréchal de Turenne, qui, pour n'être pas si heureux que lui, n'en eut pas moins de réputation.

La Reine fut ravie de voir que ses souhaits avoient été accomplis. Il lui sembla que Dieu, par cette défaite, vouloit confondre la malice de ses persécuteurs, honorant, par un si favorable succès, celui qu'ils avoient tort de mépriser, et qu'ils haïssoient tant sans savoir pourquoi. A cette nouvelle, je m'approchai de la Reine qui étoit au lit, pour lui témoigner la part que je prenois à son contentement. Je la trouvai toute pénétrée de reconnoissance envers le Ciel; et, après avoir adoré la Providence divine, en me donnant sa main dans la mienne, elle me fit l'honneur de me dire: « Prions Dieu, et ne nous amusons point à autre « chose qu'à le remercier de toutes ses bontés : « c'est lui qui m'assiste. » Le plaisir que le maréchal Du Plessis reçut de sa victoire fut balancé par la perte de son fils le comte Du Plessis, l'aîné de sa maison, et honnête homme. Il en avoit déjà perdu un autre en pareille occasion, en gagnant une autre bataille devant Crémone; et cette seconde perte lui ayant renouvelé la douleur de la première, il en fut doublement affligé. Ce même maréchal m'a néanmoins avoué depuis, en me parlant de la mort de ses deux fils, que la joie de gagner une bataille est si sensible, qu'elle enlève l'ame d'un homme au-dessus de tout ce qui la peut toucher dans le monde : me faisant entendre que ce qui regarde notre honneur et notre gloire nous paroît plus propre et nous est plus cher que nos enfans, que nous ne saurions aimer que comme d'autres nous-mêmes; au lieu que nous nous aimons bien moins nous-mêmes que notre honneur, pour lequel nous nous sacrifions tous les jours.

Pendant que le ministre s'occupoit à gagner des batailles contre les ennemis de l'Etat, les siens particuliers, malgré ses heureux succès, combattoient contre lui avec toutes leurs forces, et, sans qu'il le sût, lui préparoient de grands maux. La princesse palatine acheva dans ce temps-là de gagner entièrement madame de Chevreuse, en lui promettant, de la part des princes, le mariage du prince de Conti avec mademoiselle de Chevreuse. Ce n'étoit pas un avantage fort extraordinaire à une princesse de la maison de Lorraine, qui étoit belle et riche, que d'épouser un prince du sang assez mal composé de sa personne; mais les grands desseins qui furent imaginés sur cette liaison firent que l'affaire étant tournée par le beau côté qu'on pouvoit lui donner, devint à madame de Chevreuse une chose d'une grande conséquence. Elle entra dans cette pensée par l'état de la cour, par le peu de sûreté qu'il y avoit en l'humeur du duc d'Orléans, par la grandeur du prince de Condé, et par la considération où se mettoit le parlement, qui commençoit de lui être affectionné. Elle crut enfin qu'elle pouvoit beaucoup espérer de cette alliance, et que M. le prince, à la tête de ses amis et de ceux qu'elle lui donneroit, pourroit tout ce qu'il lui prendroit envie de prétendre.

Le coadjuteur, plus difficile que les autres, ne se laissoit point gagner par ceux que la princesse palatine envoyoit traiter avec lui; mais le jugeant entièrement nécessaire à ses desseins, elle alla le trouver elle-même, et sut si bien le persuader, à ce qu'elle m'a dit depuis, tant par ses intérêts que par ceux de mademoiselle de Chevreuse qu'il aimoit tendrement, qu'elle l'engagea dans ce parti. Elle lui promit que le prince de Condé le serviroit dans sa prétention du chapeau, et lui dit de plus qu'à son défaut elle le feroit nommer par la reine de Pologne sa sœur, qui avoit un chapeau à donner : et madame de Chevreuse, déjà liée à ce projet, aida beaucoup à l'engager dans cette ligue. Le coadjuteur, s'étant enfin promis aux intérêts des princes, travailla aussitôt à la liaison du duc d'Orléans et des prisonniers. On avoit souvent de leurs nouvelles par certaines gens qu'ils avoient achetés; et toutes ces propositions reçurent leur perfection par leur consentement et leur confirmation.

Le cardinal fut averti sur la frontière de ce qui se passoit au parlement en faveur des princes; mais il ne sut point ce qui se traitoit secrètement entre les princes, les frondeurs et la princesse palatine. Ces émotions publiques, quoique d'elles-mêmes assez fortes, ne furent pas capables de l'étonner. Il y eut de ses amis qui lui conseillèrent, voyant tant de rumeur dans Paris contre lui, de ne point revenir; mais ignorant les liaisons qui venoient de se faire, il ne s'arrêta pas à leur conseil, et résolut son retour à Paris. Il s'amusa quelques jours seulement dans Amiens, pour savoir le succès de cette délibération et des assemblées du parlement.

Le même jour 17, que la nouvelle du gain de la bataille étoit arrivée, on délibéra au parlement sur la requête de madame la princesse, présentée par Des Landes-Payen. Beaucoup opinèrent de faire des remontrances à la Reine, disant qu'elle seroit très-humblement suppliée de mettre les princes en liberté, et d'éloigner le cardinal Mazarin des affaires, comme incapable, et perturbateur du repos public; mais l'heure venant à sonner avant que tous les conseillers eussent opiné, ni que le premier président eût recueilli les voix de la compagnie, l'assemblée fut rompue et remise à une autre fois. Dans cette journée, un nommé Menardeau, des amis du cardinal et serviteur du Roi, dit que les princes du sang étoient comme les enfans de la maison royale; que le père pouvoit corriger ses enfans, sans qu'on pût y trouver à redire; que le parlement anticipoit sur les droits de l'autorité royale; qu'il n'avoit point de juridiction sur les actions des rois; qu'il n'avoit que le droit d'exception, c'est-à-dire qu'entre plusieurs choses que les rois demandoient au parlement, il avoit droit d'en excepter quelques-unes qui seroient à la foule du peuple. Mais ce bonhomme fut sifflé et moqué de toute la compagnie, comme s'il eût dit des extravagances.

Le parlement, au sortir de cette délibération, fut invité par le Roi de se trouver à Notre-Dame au *Te Deum* qui se chanta ce jour-là, pour rendre grâces à Dieu du gain de la bataille. Le cardinal envoya orner l'église des dépouilles des ennemis; et cette gloire augmenta plutôt la rage de ceux qui vouloient le désordre qu'elle ne la diminua. Il y a des maladies où les meilleurs remèdes se tournent en poison à ceux qui les prennent, à cause que les humeurs sont mal disposées. La Reine, qui voyoit le duc d'Orléans autoriser tout ce qui se faisoit contre elle, lui en faisoit beaucoup de plaintes; mais lui, sans déclarer entièrement ses sentimens, qui étoient encore incertains dans son ame, lui répondit toujours qu'il avoit employé les frondeurs à servir le Roi pendant son voyage de Bordeaux, et qu'il ne pouvoit pas les abandonner, leur ayant même promis de les raccommoder avec elle: ce qui, à ce qu'il lui disoit, ne lui devoit pas être tout-à-fait impossible.

Le 29 du mois, cette célèbre délibération en faveur des princes s'acheva entièrement. Je ne répéterai point les avis de chaque parti : tant de redites m'importunent moi-même. La conclusion fut que remontrances seroient faites à la Reine sur la prison des princes, et qu'elle seroit très-humblement suppliée de les mettre en liberté, n'étant point accusés d'aucun crime; et les gens du Roi furent chargés de demander audience à la Reine pour être écoutés. Ils le firent, et elle les remit à quelques jours après qu'elle se porteroit mieux. On ne nomma point le ministre dans cet arrêté, les amis des princes l'ayant ainsi désiré, à cause que le cardinal, voyant le bonheur se tourner de leur côté, par cette fine et trompeuse politique qu'il observoit dans toutes les occasions où il se trouvoit embarrassé, leur avoit envoyé donner de grandes espérances de les contenter, et leur avoit témoigné vouloir revenir à Paris avec le dessein de s'accommoder avec eux.

Le 31 de décembre, nous le vîmes arriver, fort bien reçu de la Reine et du peuple, qui s'assembla dans les rues pour le voir passer. Le duc d'Orléans n'étoit point chez la Reine; mais le lendemain il alla à l'hôtel de Chevreuse, d'où il envoya querir le garde des sceaux de Châteauneuf et Le Tellier, et leur dit qu'il n'alloit point au Palais-Royal, parce que de tous côtés on l'avoit averti qu'on le vouloit arrêter. Ces deux hommes revenant dire à la Reine les soupçons de ce prince, elle les renvoya lui donner parole de sûreté, et lui dire que la chose étoit très-fausse. Le duc d'Orléans, ayant repris courage, vint alors chez la Reine, et le cardinal alla au devant de lui jusque dans l'anti-chambre. Ce prince, en l'embrassant, lui dit quelques paroles assez civiles et obligeantes; mais il n'alla point chez lui.

[1651] Le 3 janvier de la nouvelle année, le duc d'Orléans alla au Palais-Royal et y demeura fort peu, sans entrer avec le ministre en nulle matière de conséquence.

Le 4 janvier, le duc d'Orléans alla voir le cardinal. Ce prince, ce jour-là, étoit un peu mieux disposé, par les diligences que le ministre faisoit faire sous main pour le regagner. Ils demeurèrent assez long-temps ensemble en conversation secrète, et on s'imagina que toutes ces divisions alloient se raccommoder. Dans le vrai, ce ne furent que reproches de part et d'autre, et de grandes justifications du côté du ministre, que le duc d'Orléans reçut assez gravement. Il étoit si grand par lui-même; et alors si considérable, qu'on peut presque dire qu'il étoit aussi absolu en France que s'il en eût été le roi. Dieu lui avoit donné de l'esprit et de la raison : et toutes ces choses ensemble pouvoient l'établir dans une félicité stable et permanente, autant qu'un homme la peut avoir. Mais, agissant toujours par les sentimens d'autrui sans se conseiller soi-même, il assujettissoit ses intérêts, ses pensées et ses jugemens aux passions de ceux dont il vouloit croire les conseils. Il avoit été le solliciteur du chapeau de l'abbé de La Rivière, et jusqu'à l'extrémité il avoit à peu près suivi toutes les volontés de ce favori. Il faisoit alors la même chose pour le coadjuteur, qui, voulant être cardinal, gâtoit l'esprit de ce prince ; et, par la persécution que le ministre en souffroit, il prétendoit le forcer à le satisfaire. Le duc d'Orléans, se laissant conduire si facilement, se privoit de tous les avantages qu'il auroit pu légitimement prétendre pour lui-même ; et on ne sauroit assez s'étonner de son aveuglement. Il n'avoit que des filles. L'aînée, qu'il avoit eue de mademoiselle de Montpensier sa première femme, avoit beaucoup d'années plus que le Roi, et la Reine craignoit un peu son humeur trop sensible à tout ce qui pouvoit lui déplaire : mais il en avoit d'autres de son second mariage, et la plus grande de ces princesses étoit belle et fort peu éloignée de l'âge du Roi. Cette alliance pouvoit convenir à tous : du moins elle étoit sortable, et le duc d'Orléans devoit employer tous ses soins à la faire réussir. La Reine naturellement n'y auroit pas eu d'inclination : elle souhaitoit l'Infante d'Espagne, sa nièce ; mais comme elle auroit dû espérer que ce prince, devenant beau-père du Roi, n'auroit pu avoir d'autres intérêts que les siens, et auroit dû en ce cas se séparer de toutes les factions qui troubloient l'Etat, elle y auroit consenti volontiers : car la raison avoit beaucoup de pouvoir sur elle. Le ministre auroit aussi sans doute fait quelque difficulté à s'engager sitôt à une chose de cette conséquence, dont le temps le devoit rendre le maître ; et par elle il pouvoit espérer de se voir en état d'en tirer de grands avantages pour le royaume et pour lui ; mais les conjonctures passées et présentes étoient si favorables au duc d'Orléans, que s'il avoit voulu en profiter, il auroit réduit le ministre à le servir sur ce grand article, s'il lui eût donné une entière sûreté de son affection : ce qu'il ne pouvoit faire alors qu'en se séparant de ceux qui lui étoient contraires. Il auroit sans peine, par une conduite fondée sur la justice, obtenu tout ce que de légitimes souhaits peuvent donner à un fils de France : mais il ne pensoit point à sa propre grandeur, et ceux qui l'approchoient n'avoient garde de l'en faire souvenir. Ils vouloient que leur faveur servît à leur faire donner par lui les dignités qu'ils souhaitoient. Ils les reçurent de la fortune, par le malheur qu'il eut de les croire toujours ; et pour lui, il ne rencontra dans toute la conduite de sa vie que le repentir inutile de l'avoir mal employée, sans pourtant qu'on lui puisse reprocher d'avoir eu jusque là de mauvaises intentions contre les intérêts du Roi.

Une dame (1), qui a été dans la confidence du cardinal, m'a depuis dit que, peu de jours après que le duc d'Orléans se fut déclaré contre le ministre et en faveur des princes, elle avoit eu ordre de lui d'aller offrir à Mademoiselle le Roi pour mari, pourvu qu'elle empêchât le duc d'Orléans son père de se joindre au prince de Condé ; que cette princesse lui répondit, en se moquant d'elle, qu'ils vouloient tenir la parole donnée à M. le prince. Elle, qui fut étonnée de ces paroles si légèrement prononcées, lui dit : « Made-

(1) Mademoiselle de Neuillant, fille d'honneur de la Reine, qui depuis a été duchesse de Navailles.

« moiselle, faites-vous reine ; et, après que vous le
« serez, vous ferez sortir les princes. » Ce conseil
étoit bon ; mais il ne fut pas suivi, non-seulement par
les difficultés qu'elle auroit pu y rencontrer du côté
du duc d'Orléans, qui, selon que je viens de le dire,
ne pensoit nullement à se faire du bien à lui-même,
mais parce que Mademoiselle, avec beaucoup d'esprit,
de lumières, de capacité, et pleine de désirs pour la
couronne fermée, n'a jamais su dire un oui qui pût
lui être avantageux. Ses propres sentimens et souhaits
ont toujours été surmontés en elle par des fantaisies
passagères ; et ce qu'elle a le plus voulu, elle ne l'a
jamais accepté quand elle a pu l'avoir.

Le 5 janvier, le duc d'Orléans, qui n'avoit point
encore de résolution formée, retourna chez le cardinal, où il demeura quatre heures enfermé avec lui. Il
lui dit qu'il vouloit oublier pour toujours ce qui avoit
pu lui déplaire, et que son dessein étoit de vivre
comme par le passé. Le ministre, animé de quelque
espérance de le pouvoir tout de nouveau engager
dans ses intérêts, le pressa fortement de lui abandonner le coadjuteur et le duc de Beaufort ; mais il ne
put gagner sur lui d'y consentir : ils avoient pris de
trop fortes racines dans cette ame pour en pouvoir
être chassés si promptement. Il auroit fallu, pour
réussir à lui faire faire ce grand coup, qu'il eût été
touché de quelque désir particulier : et il n'en avoit
point. Le ministre alors fut contraint de se tenir pour
content de ces bonnes apparences. Ce moment fut
celui qui décida de la destinée de ce prince et du ministre ; car, depuis ce jour, il arriva beaucoup de
choses qui les séparèrent entièrement. Il faut donc

conclure, en cet endroit, que c'est un grand malheur à un homme de cette naissance de ne se pas conduire, du moins quelquefois, par ses propres lumières, quand il est capable d'en avoir, et qu'il ne lui manque que l'application nécessaire à tout homme de bon sens pour penser à ce qu'il fait, pourquoi il le fait, et à ce qui convient à sa gloire. Mais pour agir en tout avec droiture, envers soi-même et envers les autres, il faut se posséder, et savoir tirer le bien du mal. Ce fut le marquis de Seneterre qui me conta le détail de cette conversation, qui, pour n'avoir pas été poussée avant, ne put produire de solides effets. Il me fit remarquer ce que le duc d'Orléans, avec ces avantages, auroit pu faire ; car, en prenant de véritables liaisons avec le ministre, la souveraine puissance lui auroit donné des moyens de contenir l'ambition de ceux qu'il ne vouloit pas abandonner, en les privant seulement, selon la raison, d'une confiance dont il voyoit qu'ils faisoient un mauvais usage. Le soir, chez la Reine, en me serrant la main, il me dit : « Nous allons voir, madame, d'étranges révolu« tions. » Le cardinal, néanmoins, convia le duc d'Orléans à souper chez lui avec le Roi, pour y passer la veille des Rois. Ce prince y demeura, et ce repas se passa avec assez de liberté et de licence. Le duc d'Orléans lui-même, dans la chaleur du vin, donna lieu, sur quelque parole qu'il dit, à pouvoir faire une raillerie contre les frondeurs. Le chevalier de Guise [1], radouci par le cardinal, la voulut continuer ; et, s'animant tout de bon, commença à chanter des chan-

---

[1] *Le chevalier de Guise :* Roger de Lorraine. Il mourut deux ans après, âgé de vingt-neuf ans.

sons qu'on avoit faites contre le duc de Beaufort, et dit tout haut qu'il falloit jeter le coadjuteur par les fenêtres; et il l'auroit fait volontiers, le croyant ennemi de M. le prince, de qui il étoit aimé. Ce prince ajouta qu'en buvant à la santé de la Reine, qui étoit malade de chagrin, il falloit ce remède pour la guérir tout-à-fait. Le Roi étoit encore trop jeune pour soutenir le bruit de ces chansons libertines. Par l'avis du cardinal, il se leva de table, et y laissa le duc d'Orléans et les autres, qui s'emportèrent à de grandes gaietés. Le ministre n'y voulut pas non plus demeurer, ni entrer dans les railleries qui se faisoient contre ses ennemis; mais ce qui se passoit ne lui déplaisoit pas, et par sagesse il se retira avec le Roi dans un cabinet à part.

La Reine nous conta le lendemain, et avec plaisir, le discours du chevalier de Guise, qui fut renommé et traité d'illustre. L'état des choses étoit tel que cette action, produite par le hasard et par l'enthousiasme de la gaieté, devint considérable; et on en loua ce prince comme de la plus héroïque action du monde.

Ce qui donna de la joie à la Reine fut ce qui ensuite augmenta ses chagrins. Les frondeurs, voyant cette déclaration publique qui se faisoit contre eux, crurent qu'il falloit se presser de perdre le ministre; et le duc d'Orléans n'ayant point abandonné les frondeurs, ces belles et douteuses démonstrations en faveur du cardinal finirent aisément. Il y avoit un écrit entre la Reine et Monsieur, où ils se promettoient réciproquement de ne point donner la liberté au prince de Condé, sans le consentement commun de l'un et de l'autre. Cette promesse ne rassuroit pas le duc d'Orléans. Il voyoit qu'il désobligeoit assez le ministre pour le convier de se raccommoder avec les prisonniers ; il savoit même qu'il commençoit à les favoriser ; et ses conseillers, pour l'animer à haïr davantage le cardinal, l'assurèrent qu'il avoit le dessein de leur ouvrir les portes du Havre.

Le duc d'Orléans s'étant éloigné du ministre par fantaisie et par les dégoûts qui s'étoient glissés dans son ame contre lui, pressé par les frondeurs qui s'étoient liés secrètement au prince de Condé, et par la crainte de perdre le mérite de l'obliger, se laissa enfin conduire à ce que les ennemis du cardinal voulurent, et s'engagea peu à peu à travailler lui-même à la liberté de ce prince, qu'il respecta davantage quand il vit que le parlement commençoit d'entrer fortement dans ses intérêts. Laigues, qui pour sauver le coadjuteur avoit le premier proposé de mettre le prince de Condé en prison, fut celui qui frappa les plus grands coups pour l'en faire sortir, disant tout ce qu'il put au duc d'Orléans contre le cardinal pour l'en détacher entièrement. Il parut que le principal motif qu'il eut en détruisant son propre ouvrage fut le refus que fit le cardinal à madame de Chevreuse du chapeau du coadjuteur, quand, à son retour de Bordeaux, elle lui avoit demandé de l'en gratifier. Les petites choses, pour l'ordinaire, en produisent de grandes : elles nous font voir que tout ce qui arrive de plus remarquable dans le monde est souvent digne de mépris.

Le ministre, aussitôt après son retour, présenta à la Reine quelques-uns de ceux qui avoient contribué par leur valeur au gain de la bataille de Rethel. J'étois auprès de la Reine quand elle les reçut. Elle leur témoigna que leurs bons services lui avoient plu ; et, se tournant vers moi, me fit l'honneur de me dire : « Ah! « mon Dieu, que j'aime ces braves gens qui ont si « bien servi le Roi! » Les principaux en furent peu à peu récompensés. Villequier, le marquis d'Hocquincourt, La Ferté-Seneterre et La Ferté-Imbault eurent chacun le bâton de maréchal de France. Villequier prit le nom de sa maison d'Aumont, Hocquincourt garda le sien, et La Ferté-Seneterre aussi; mais La Ferté-Imbault prit celui d'Etampes. Le marquis de Grancé, gouverneur de Gravelines, qui ne fut point maréchal de France, à cause, je pense, que le duc d'Orléans s'y opposa, s'en alla à son gouvernement, mécontent et plaintif; mais il se raccommoda facilement avec le ministre, et ensuite il reçut la même grâce. Manicamp, qui avoit bien fait de sa personne en cette occasion, eut le gouvernement de La Fère, qu'on lui ôta quelques années après à cause de ses extrêmes violences.

Sur la fin de l'année précédente étoient morts le comte d'Avaux et le président de Mesmes son frère, deux hommes d'un mérite et d'une capacité extraordinaires, que l'on ne pouvoit assez regretter. L'un étoit habile dans les négociations, et fut employé dans les plus belles ambassades. L'autre étoit un magistrat qui administroit la justice avec une grande intégrité.

Le duc de La Rochefoucauld voyant les bonnes intentions du parlement, et n'ayant jamais eu d'estime ni d'amitié pour les frondeurs, voulut persuader au ministre de mettre les princes en liberté, et de s'acquérir lui seul le mérite de leur avoir fait ce bien. Il étoit alors venu se cacher chez la princesse palatine, où, sans que le duc de Beaufort, madame de Chevreuse ni le coadjuteur le sussent, on lui communiquoit toutes les propositions qui se faisoient sur cette négociation. Quand il vit toutes leurs affaires se disposer à une heureuse fin, il souhaita que ce fût le cardinal Mazarin qui pût y mettre la conclusion. La voie des frondeurs ne lui plaisoit point, et celle de la cour lui auroit été fort agréable. Les grands seigneurs trouvent toujours leur avantage à s'attacher au Roi et à leurs ministres ; c'est de cette seule ressource d'où leur peuvent venir les grâces et les bienfaits. Il s'imaginoit avec raison que remettant la paix et l'union entre M. le prince et M. le cardinal, il en pourroit recevoir une haute récompense ; et il voyoit avec plaisir qu'en cette occasion ses intérêts et son devoir se rencontreroient ensemble. Il fit donc savoir au ministre qu'il désiroit de le voir, et lui demanda sûreté pour sa personne par un écrit de sa main : ce qu'il obtint facilement ; et le ministre lui garda une fidélité tout entière. Bartet, créature du cardinal, qui ne l'étoit qu'autant qu'il lui convenoit paroître tel, et qui étoit mêlé dans plusieurs intrigues, tant par la princesse palatine que par d'autres, mena souvent le duc de La Rochefoucauld chez le cardinal pour traiter avec lui. Il entroit dans son appartement du Palais-Royal par un petit escalier dérobé ; et le ministre seul, avec une bougie à la main, leur venoit ouvrir la porte. J'ai ouï dire au duc de La Rochefoucauld que le cardinal venant seul leur ouvrir la porte, il auroit pu facilement le tuer, et qu'il avoit souvent admiré sa confiance et le hasard où il se mettoit, se livrant au meilleur ami qu'eût alors M. le prince et madame de Longueville.

Le ministre de même l'auroit pu faire arrêter; mais la fidélité ayant été égale des deux côtés, le duc de La Rochefoucauld n'oublia rien pour convier le ministre à se tourner du côté du prince de Condé. Il lui dit souvent, sans lui découvrir le fond du mystère, qu'il verroit bientôt éclater de grandes persécutions contre lui. Il fit ce qu'il put pour lui faire voir qu'il avoit quelque chose à craindre; mais le ministre, qui ne savoit rien de la liaison des princes avec les frondeurs, qui avoit peur de l'audace du prince de Condé, de l'intrigue de madame de Longueville et de l'ambition du même duc de La Rochefoucauld, n'y voulut point entendre, et ne voulut jamais lui en donner aucune parole positive. Toutes ces conférences n'ayant eu aucun effet, le duc de La Rochefoucauld se résolut de laisser conclure les traités, de consentir que la princesse palatine achevât son ouvrage avec le duc de Nemours, qui servit le prince de Condé de tout son possible.

La princesse palatine, de son côté, en fit autant qu'en avoit fait le duc de La Rochefoucauld. Elle conseilla à M. le prince de s'accommoder avec la cour plutôt qu'avec les frondeurs. Après avoir apprêté toutes ses batteries, elle fit dire aussi au cardinal, par Bartet, qu'il étoit perdu s'il ne se résolvoit pas de mettre les princes en liberté : l'assurant que s'il ne le faisoit promptement, il verroit dans peu de jours toute la cour et toutes les cabales liées contre lui, et que toute assistance lui manqueroit. Ces menaces et ces prophéties si certifiées l'étonnèrent un peu, et lui firent douter de ce qu'il feroit; mais il ne put se résoudre d'ouvrir les portes à son ennemi. Il temporisa, pour éviter d'être pris pour dupe : il voulut travailler à découvrir la source de ces maux, et voir par quel moyen il pourroit dénouer toutes ces intrigues. Pour commencer à prendre ses précautions, il envoya prier la princesse palatine de différer quelque temps à lui faire tout le mal dont elle le menaçoit, afin de lui laisser penser à ce qu'il avoit à faire. Elle lui en donna, à ce qu'elle m'a dit, autant qu'elle le put, sans rien négliger de ses autres négociations; mais enfin voyant que le ministre se moquoit d'elle, et qu'elle ne pouvoit plus retarder l'accomplissement des choses qu'elle avoit commencées avec un si heureux succès, elle signa quatre traités particuliers avec ceux qu'elle avoit engagés dans les intérêts des princes. Le premier étoit avec le duc d'Orléans, où le mariage du jeune duc d'Enghien et d'une des filles de ce prince fut arrêté : lui qui ne vouloit point avoir de grands intérêts, s'avisa d'en avoir un, qu'il lui étoit raisonnable de désirer, mais qui ne devoit point l'obliger à rien d'extraordinaire. Il fut conseillé d'y penser par ceux qui avoient du pouvoir auprès de lui, qui crurent que cette liaison rendroit l'amitié de ces deux princes plus forte et plus sûre. Comme cette alliance fut facilement promise, elle fut rompue de même, et M. le prince ne l'estima guère. Le second avec madame de Chevreuse, pour le mariage du prince de Conti avec mademoiselle de Chevreuse, qui n'eut pas un meilleur succès. Un autre avec le coadjuteur pour le chapeau, qu'il n'eut point par cette voie. Et le quatrième avec le garde des sceaux de Châteauneuf, pour le faire premier ministre. Ce dernier fut signé en secret, à cause de la place qu'il occupoit : il ne voulut jamais être nommé en rien. Ensuite de tant de choses, tout éclata contre le ministre, et il ne vit que trop que les menaces qu'on lui avoit faites avoient la vérité pour fondement.

Le 7, le parlement envoya ses députés au duc d'Orléans, pour le supplier d'être le médiateur, envers la Reine, de la liberté de M. le prince. Il leur répondit qu'il le feroit volontiers, et qu'il se chargeoit de savoir sur cela sa volonté. Il parut alors, par cette conduite, que ce prince vouloit commencer à se déclarer en faveur des princes. La Reine en fut étonnée; mais elle crut que ce n'étoit pas tout de bon, parce que ce prince ne voulut pas encore s'en expliquer nettement; et le ministre de même y fut trompé.

Le 18, la Reine reçut les députés du clergé, qui lui firent une très-humble supplication sur le même sujet, et particulièrement en faveur du prince de Conti, qu'ils prétendoient être de leur corps. Le 20, cette princesse, encore malade, reçut dans son lit cette célèbre députation du parlement, qui avoit déjà fait du bruit par le consentement que le duc d'Orléans avoit paru y donner, et qui en effet fut suivie de grands et fâcheux événemens. Il y eut ce jour-là beaucoup de presse dans la chambre de la Reine, et autour de son lit : chacun vouloit entendre la harangue qui alloit être faite.

Ceux de cette compagnie qui étoient affectionnés aux princes disoient hautement qu'ils vouloient commencer par la prière et les remontrances; mais que s'ils n'obtenoient pas par cette voie ce qu'ils demandoient à la Reine, ils se serviroient de celle que la force leur pouvoit permettre. Le premier président Molé, sans parler des heureux succès de la régence, ni de la dernière bataille gagnée, cita les mauvais avec une liberté démesurée, et les exagéra comme plus grands qu'ils n'étoient en effet, au détriment de la majesté royale et de la conduite du ministre. Il demanda à la Reine la liberté des princes plutôt en maître qu'en suppliant, montrant en cela qu'il étoit fort instruit de leurs intérêts, et des négociations qui avoient été faites en leur faveur. La Reine en eut dépit; et le ministre, malgré sa dissimulation ordinaire, en parut altéré. Le duc d'Orléans, après avoir écouté ce discours, le désapprouva; et Mademoiselle, qui ne savoit pas encore tout ce qui se passoit, après la harangue finie, me dit qu'elle avoit rougi deux fois de colère, et que la Reine eût bien fait de faire jeter le premier président par les fenêtres. Il est néanmoins certain que le premier président jusqu'alors avoit été serviteur du Roi : il souhaitoit servir les princes par le ministre; mais pour lui vouloir faire peur, il alla trop loin, et passa en cette occasion les justes bornes de son devoir. Il ne manqua pas aussi d'y travailler par les voies de la douceur, pressant le cardinal, de même que les autres, d'y consentir; et comme il ne gagna rien, et qu'il vouloit y réussir, il fut contraint, à cause de sa résistance, de le presser par cette voie. Elle ne convenoit pas à un sujet qui paroissoit vouloir être fidèle, et il fut blâmable d'en avoir usé de cette manière. La corruption de quelques esprits de sa compagnie ne sauroit le justifier : il faut en tout temps connoître son devoir et le suivre.

Ce même jour-là, Chandenier, qui avoit été remis dans sa charge de capitaine des gardes, de même que ses confrères qui enfin étoient rentrés en grâce, re-

eut le commandement de quitter le bâton, et de se retirer chez lui, disgracié pour la troisième fois. Il étoit ennemi déclaré du ministre : il faisoit ostentation de sa haine ; et comme il en avoit été maltraité, il avoit toujours conservé ce ressentiment contre lui, malgré son retour, qui paroissoit l'avoir raccommodé avec lui. Il avoit pris de grandes liaisons avec le coadjuteur : si bien que le cardinal crut être obligé de s'en défaire ; et la Reine, par cette même raison, en fut mal contente. Elle l'avoit toujours estimé et bien traité. Il avoit du mérite et de bonnes qualités ; mais il se laissa trop facilement persuader que c'étoit être généreux que de s'opposer en apparence ou en effet à la faveur du cardinal. Il voulut parler à la Reine avant que de se croire entièrement malheureux. Il le fit, et cette princesse lui donna une assez longue audience ; et comme j'étois auprès d'elle, j'entendis qu'elle lui dit : « C'est assez, Chandenier, c'est assez. » Après ces paroles, il se sépara de la cour pour toujours, et voulut chercher dans le repos d'une agréable retraite un bonheur véritable et solide. Il l'a trouvé, et vit heureux.

La chambre des comptes vint aussi supplier la Reine de redonner la liberté au président Pérault, intendant de la maison du prince de Condé, et qui avoit été arrêté, comme je l'ai dit, le même jour que ce prince. Cette harangue fut faite par le président Nicolaï, et d'une manière respectueuse. La Reine l'en loua, et leur fit répondre par le garde des sceaux qu'elle considéreroit favorablement leur prière.

Le cardinal, afin d'éviter cet orage, dont il se trouvoit accablé sans savoir de quel côté il venoit, fit paroître de vouloir se lier tout de nouveau avec le prince de Condé. Pour en donner quelques marques évidentes qui pussent persuader et les uns et les autres, il dit au maréchal de Gramont que pour lui, il souhaitoit leur liberté, qu'il y travailleroit volontiers auprès de la Reine ; mais que le duc d'Orléans s'y opposeroit, et qu'il seroit sans doute un obstacle invincible à ce dessein. Il fut moqué des acteurs : les traités secrets avoient changé le cœur du duc d'Orléans, et le ministre les ignoroit. Ce prince se piqua de ce discours. Il répondit au maréchal de Gramont, quand il lui en parla, que le cardinal avoit tort de lui vouloir mettre cette affaire sur le dos ; que pour lui, il étoit prêt de consentir qu'ils fussent mis en liberté ; et lui donna charge, comme ami particulier de M. le prince, de dire de sa part à la Reine et au cardinal Mazarin, qu'il en feroit une déclaration publique quand il plairoit à Sa Majesté. La Reine fut alors véritablement surprise de ce discours. Elle avoit dit assez hautement que tout ce que le parlement faisoit n'auroit point d'autre effet que de faire fermer davantage les portes de la prison des princes ; mais alors elle connut que cette résolution du duc d'Orléans étoit fâcheuse. Le ministre en fut d'abord fort embarrassé ; mais comme il ne pensoit qu'à les tromper tous, il crut qu'ils en usoient de même à son égard, et que le duc d'Orléans ne parloit de cette sorte que pour le tourmenter et pour faire plaisir au coadjuteur, qui étoit bien aise de lui donner des affaires. Cela fut cause qu'il ne décida pas encore s'il feroit sortir les prisonniers, et qu'il se contenta seulement d'en faire le semblant.

Le cardinal voulant en cette rencontre rendre la pareille au duc d'Orléans, croyant finement lui déplaire, ne manqua pas de dire au maréchal de Gramont qu'il étoit ravi d'avoir le consentement du duc d'Orléans pour la liberté des princes : il lui dit que la Reine y consentoit aussi et de très-bon cœur, et qu'il alloit y travailler. Aussitôt après il manda le duc de La Rochefoucauld et le marquis de Sillery, pour traiter avec eux, à Stenay, avec madame de Longueville et le maréchal de Turenne. Toutes ces choses s'exécutèrent avec un grand dégoût de part et d'autre, et avec le succès que devoit avoir une négociation forcée, et dont la sincérité étoit bannie.

Le parlement demanda une réponse positive à la Reine sur les remontrances qu'on lui avoit faites; et cette princesse les fit venir dans sa chambre, où le garde des sceaux leur promit ce qu'ils demandoient; mais il leur dit par son ordre que premièrement il falloit envoyer à Stenay, afin que madame de Longueville se pût retirer des mains des Espagnols. Il les assura, de la part de la Reine, qu'elle alloit faire dresser une abolition en faveur des prisonniers, et qu'on la leur enverroit. Le lendemain il y eut encore une grande presse au Palais-Royal pour entendre cette réponse, qui se fit dans la ruelle du lit de cette princesse, où elle étoit retenue par les restes de sa maladie. Le garde des sceaux parla si bas et si mal que personne n'y put presque rien comprendre; et dans cette occasion, non plus que dans beaucoup d'autres, il n'acquit pas la gloire d'être grand orateur : il est à croire aussi que le remords de sa conscience l'empêchoit de parler sur ce sujet.

Le premier février, le parlement s'assembla pour la même affaire. Cette compagnie doutoit, avec quelque sujet, des bonnes intentions de la Reine. Ce n'étoit pas une chose agréable à une si grande reine de se voir forcée, par les sujets du Roi son fils, à faire ce qu'elle ne désiroit pas : et comme ils cherchèrent les moyens de lui faire exécuter ce qu'elle leur avoit promis, la fortune leur en donna de tels, qu'ils eurent lieu d'en être contens.

Le coadjuteur, jugeant qu'il étoit temps de se déclarer ouvertement, prit cette occasion pour faire voir ses sentimens. Il dit dans la grand'chambre que la liberté des princes étoit un bien nécessaire à l'Etat et au public ; qu'il y falloit travailler tous unanimement ; que c'étoit son avis, et qu'il avoit ordre de M. le duc d'Orléans d'assurer la compagnie que Son Altesse Royale désiroit la même chose ; qu'il étoit prêt de travailler à ce dessein avec tout le pouvoir que sa naissance lui donnoit dans le royaume. Le duc de Beaufort confirma ce que venoit de dire le coadjuteur, et témoigna aussi désirer la liberté des princes. Presque tous furent surpris de ce discours : ils croyoient, selon ce qui avoit paru pendant le voyage de Bordeaux, que le duc d'Orléans étoit sur ce chapitre de même avis que la Reine ; et ce changement causa une joie universelle à toute la grand'chambre. Il y en avoit peu qui ne fussent favorables aux prisonniers ; et ceux qui ne l'osoient être, à cause du duc de Beaufort et du coadjuteur, se trouvèrent alors en pleine liberté de suivre leurs sentimens. Le coadjuteur ensuite fut rendre compte au duc d'Orléans de ce qu'il avoit fait, qu'il accompagna d'une infinité de louanges que la voix publique avoit données à sa générosité. Ce prince en sentit de la joie : il n'examina point les motifs qui lui avoient fait prendre cette résolution, qui sont les seuls qui font les actions bonnes ou mauvaises ; et, avant que de fouiller dans son cœur, il se crut généreux, il se crut bon, et s'imagina qu'il avoit fait une action tout-à-fait héroïque. Si le duc d'Orléans, par un sentiment de vertu et par des voies toutes légitimes, s'étant entièrement réuni à la Reine, avoit procuré la sortie des princes et la paix de la cour, selon qu'il lui auroit été facile d'en trouver les moyens, sa conduite en ce cas auroit été louable et pleine de gloire ; et la Reine, qui seroit volontiers entrée dans ce dessein, lui en auroit été obligée. Mais, dans le vrai, ce prince n'en méritoit nulle estime, puisqu'il étoit visible que l'intrigue des frondeurs et sa facilité à suivre leurs conseils en étoit la seule cause. Ces événemens si extraordinaires étonnèrent infiniment le ministre. Il voyoit que la liberté des princes étoit devenue l'affaire de tous, et il ne pouvoit deviner les ressorts de ces grands mouvemens, ni ce qui avoit eu le pouvoir de changer si promptement les cœurs, les esprits, les intérêts de tant de différentes cabales.

Ce même jour, le duc d'Orléans vint au Palais-Royal. Le ministre voulut lui parler contre le coadjuteur, et se justifier à lui sur les choses dont il le blâmoit. Dans cette conversation, il arriva que le ministre, parlant du parlement, en fit quelque comparaison à celui d'Angleterre, et des frondeurs à Fairfax et à Cromwel ; mais d'une manière qui pouvoit avoir un sens fort raisonnable, et dont il ne devoit point être blâmé. Le duc d'Orléans, ne sachant que lui dire pour se défaire de lui, prit pour prétexte de se fâcher de ce discours, et s'en alla brusquement de chez la Reine. Le Tellier lui demanda si tout ce que le coadjuteur avoit dit de sa part en faveur des princes étoit véritable et approuvé de lui. Le duc d'Orléans lui répondit fièrement qu'il avoit parlé selon ses sentimens et selon ses ordres, et qu'il approuveroit toujours tout ce qu'il voudroit dire et faire. Alors le cardinal Mazarin, voyant bien qu'il falloit que les princes sortissent de prison, envoya le maréchal de Gramont et de Lyonne traiter avec eux. Goulas, secrétaire des commandemens de M. le duc d'Orléans, accompagna les deux autres par l'ordre de son maître.

Le lendemain le duc d'Orléans, poussé par le coadjuteur, envoya querir le maréchal de Villeroy et Le Tellier. Il leur ordonna de dire de sa part à la Reine qu'il étoit mal satisfait du cardinal, qu'il lui avoit parlé insolemment, qu'il lui en demandoit raison; et la pria de lui déclarer qu'il désiroit qu'elle l'éloignât de ses conseils, et qu'il n'y prendroit jamais sa place qu'elle ne l'eût chassé. Il dit au maréchal de Villeroy qu'il vouloit qu'il lui répondît de la personne du Roi, et qu'il le lui ordonnoit en qualité de lieutenant-général du royaume.

Le jour suivant 3 février, ce prince, qui jusqu'alors eut tant de considération pour la Reine, se portant quasi aux dernières extrémités, manda aux quarteniers de la ville de tenir leurs armes prêtes pour le service du Roi, leur défendant absolument de recevoir d'autres ordres que les siens. Il dit aussi au garde des sceaux et à Le Tellier de ne rien expédier sans lui être communiqué. En même temps il envoya le coadjuteur au parlement, pour l'instruire des désirs qu'il avoit de faire sortir les princes, et pour leur apprendre à tous qu'il se déclaroit contre le ministre. Il prit un prétexte fort indigne de lui pour se dire son ennemi. Le coadjuteur leur annonça, de la part de ce prince, qu'il avoit querellé le cardinal, parce qu'il avoit eu la hardiesse, en présence de la Reine, de comparer leur compagnie au parlement d'Angleterre, et qu'il avoit appelé les frondeurs des Fairfax et des Cromwels. Celui qui faisoit la narration, pour la rendre plus odieuse, l'amplifia de toutes les paroles qu'il jugea devoir fâcher les auditeurs, et leur rendit compte aussi de ce que le duc d'Orléans avoit mandé à la Reine par le maréchal de Villeroy et par Le Tellier. Ce discours excita une furieuse rumeur dans le parlement contre le cardinal ; on y fit des propositions contre sa liberté et sa vie. Il y en eut trois de terribles : la première, de le faire arrêter ; la seconde, dont fut auteur le président Viole, de le faire venir au parlement pour y répondre de son administration, et faire réparation de ce qu'il avoit dit contre l'honneur de la nation. Coulon fut d'avis de faire faire des remontrances à la Reine pour l'éloigner ; et on cria *vive le Roi ! et point de Mazarin !*

Ce même jour, pendant que les voyages se faisoient du Palais-Royal au Luxembourg, le ministre vint chez la Reine ; il dit tout haut, en présence de tout le monde, qu'il avoit prévu cet orage. Il fit un grand raisonnement sur les causes du mauvais état de la cour, les attribua presque toutes à l'ambition déréglée du coadjuteur, et dit que pour lui, il étoit prêt de partir, si son absence pouvoit redonner le calme à la France. Il offrit à la Reine de s'en aller, et l'assura que le zèle qu'il avoit pour son service et pour l'Etat le feroit toujours très-volontiers sacrifier sa vie pour sa conservation ; mais il protesta en même temps que si le Roi et la Reine ne le vouloient pas laisser aller, il demeureroit fort constamment auprès de Leurs Majestés pour les servir, et n'épargneroit pour cela ni sa vie ni son honneur. Beaucoup d'officiers de guerre s'offrirent à lui pour faire tout ce qu'il lui plairoit, et quelques uns lui conseillèrent alors de faire venir des troupes et de tenir bon dans Paris; mais il n'osa hasarder la famille royale : et la Reine, plus intéressée que lui à la conservation du Roi et de Monsieur, ne voulut entrer dans aucune de ces propositions. Elle fut touchée de douleur quand elle sût ce que le duc d'Orléans avoit dit au maréchal de Villeroy, et connut la conséquence du commandement qu'il avoit fait aux quarteniers et au prévôt des marchands. Elle crut alors qu'elle devoit tout craindre de ce prince, qui, malgré sa bonté naturelle, étoit capable des plus grandes violences quand il écoutoit de méchans conseils. Dans cette extrémité, elle se résolut d'essayer si ce pouvoir qu'elle avoit toujours eu sur lui ne lui laisseroit point quelque reste d'équité pour elle. Elle lui envoya dire qu'elle vouloit l'aller voir, et qu'elle souhaitoit que le cardinal le vît, afin qu'il pût se justifier à lui des calomnies de ses ennemis. Le duc d'Orléans répondit durement à cette civilité, et lui manda qu'il ne lui conseilloit pas d'y venir, et qu'il n'y avoit point de sûreté pour elle. La Reine lui envoya dire qu'elle ne craignoit point le peuple, qu'elle savoit assez qu'il avoit du respect pour elle, et qu'elle vouloit y aller toute seule, puisque la vue du cardinal Mazarin pouvoit lui déplaire. Il répliqua à cette seconde ambassade qu'elle n'y vînt pas, et qu'assurément elle ne seroit pas en sûreté. Elle jugea par cette réponse qu'il ne la vouloit pas voir, et se reposa sur la confiance qu'elle avoit en Dieu et sur les forces de son propre courage. Le Tellier m'a dit depuis que, dans ce temps si brouillé où la Reine vit l'Etat menacé de tant d'orages, elle l'appela un jour, et lui dit qu'elle voyoit bien que tout étoit à craindre; que cette vue lui faisoit préférer le bien de la France, le repos de l'Etat, et surtout les intérêts du Roi, à toutes choses; que ses intentions avoient toujours été droites; qu'elle consideroit le cardinal, qu'elle le croyoit fidèle, et que jusque là elle avoit été persuadée qu'elle étoit obligée de le soutenir; qu'elle le croyoit encore, et que c'étoit son sentiment; mais que, craignant de se tromper, elle avoit voulu lui demander conseil sur ce qu'elle avoit à faire, et qu'elle le conjuroit, comme fidèle serviteur du Roi, de lui dire au vrai ce qu'il croyoit qu'elle devoit faire pour satisfaire à son devoir, connoissant qu'elle avoit à se craindre elle-même sur une affaire de cette importance. Ce sage ministre m'a dit qu'il fut surpris d'une telle déclaration, et fort embarrassé; et que ne sachant en effet ce qui se devoit ou ce qui se pourroit faire de mieux, il conseilla la Reine de suivre ses premiers sentimens, comme les croyant les meilleurs. On peut juger par là que cette princesse, en soutenant son ministre avec tant de constance, ne l'avoit pas fait sans examiner avec elle-même, et avec ceux qu'elle avoit crus gens de bien et fidèles, les motifs qui la devoient faire agir, et sans consulter ses devoirs, qui paroissent, par cette conversation, avoir été les conducteurs secrets de sa fermeté et de ses actions. Je ne sais si Le Tellier, qui pouvoit être occupé aussi du dessein de conserver sa faveur, ne fit pas cette réponse par la peur de déplaire au cardinal. Dans la confidence qu'il m'a faite de ce grand endroit, j'ai, ce me semble, aperçu qu'il avoit été touché, et que, n'osant espérer qu'un changement se pût faire si facilement, il crut être obligé de ne rien hasarder. Il douta, et eut peur que la Reine, si son conseil venoit à manquer de bonheur, ne le dît au cardinal; et il m'avoua sincèrement que, toutes ces craintes lui étant venues dans l'esprit, il pensa l'en avertir; mais qu'enfin, ayant exactement suivi son devoir et ce qu'il croyoit être le meilleur parti, il avoit gardé le secret à la Reine, et que jamais le cardinal n'en avoit rien su.

Le duc d'Orléans, voulant achever son œuvre, alla au parlement le 4 de février, de grand matin, avec intention de faire donner un arrêt contre le cardinal Mazarin. Il voulut s'opposer au premier président, qui, désirant travailler à la paix de la maison royale, avoit déjà dit dans l'assemblée dernière que, puisque la Reine consentoit à la liberté des princes, il étoit juste que les prisonniers la reçussent par elle : mais ce n'étoit pas ce que les frondeurs désiroient. Le duc d'Orléans y fut accompagné des ducs de Beaufort, de Joyeuse, de Retz, du coadjuteur, et de beaucoup de grands du royaume qui ont séance au parlement. Il parla long-temps et fort bien : en ces occasions, ce prince faisoit assez connoître qu'il avoit du savoir, de l'esprit, et que sa jeunesse avoit été utilement occupée. Il informa la compagnie des sujets qu'il croyoit avoir de se plaindre du cardinal; il exagéra les calomnies qu'il avoit dites contre leur illustre corps, et confirma lui-même en faveur des princes tout ce que le coadjuteur leur avoit dit de sa part. Il déclara qu'il n'avoit jamais consenti à la détention des princes que malgré lui, et pour complaire à la Reine, qui, par les mauvais conseils de son ministre, avoit désiré de les faire arrêter. Il leur dit que sa conduite étoit blâmable en toutes choses, et que, voyant l'Etat perdu et la finance mal gouvernée, il avoit fait cette résolution de ne plus suivre les sentimens de la Reine; qu'il avoit toujours eu pour elle beaucoup de déférence et de respect; qu'il continueroit d'avoir ces mêmes sentimens, mais qu'il lui avoit mandé qu'il ne pouvoit plus aller au conseil que premièrement elle n'eût chassé d'auprès d'elle le cardinal; et qu'ayant pris cette résolution, il venoit leur demander avis sur ce qu'il avoit à faire.

Cette déclaration du duc d'Orléans plut à toute la compagnie : elle étoit depuis long-temps malintentionnée, et avoit pris le cardinal pour l'objet de sa mauvaise humeur. Les deux cabales étoient unies; elles composoient un grand nombre de gens tous disposés à fronder.

Le premier président, qui ne s'écartoit pas souvent de son devoir, répondit au duc d'Orléans avec des marques d'estime et de respect pour tout ce qui venoit de lui; mais voulant modérer cette impétuosité, il dit que M. le maréchal de Gramont étoit parti pour aller faire sortir les princes; qu'en son particulier il souhaitoit que sa négociation eût une heureuse fin; mais que la Reine l'ayant envoyé dans ce dessein, il n'étoit pas juste de lui en ôter la gloire, puisque enfin le Roi devoit être maître absolu de tous; et quant à ce qui le regardoit en particulier sur le sujet des plaintes qu'il faisoit du ministre, qu'il osoit bien lui dire que c'étoit à lui à y chercher par sa prudence des remèdes qui fussent plus doux que ceux qu'on proposoit, puisqu'il étoit raisonnable que nos rois fassent le choix de leurs ministres, et qu'il n'étoit pas de sa bonté de vouloir mettre le feu aux quatre coins de la France pour des ressentimens passagers qui se pourroient aisément effacer.

Pendant que ces raisonnemens se font dans le parlement, la Reine étoit occupée au Palais-Royal de ces mêmes choses, c'est-à-dire qu'elle vouloit faire rompre cette assemblée et se plaindre à son tour. Elle envoya au parlement de Rhodes, grand-maître des cérémonies, et leur manda de venir au Palais-Royal trouver le Roi. Le premier président, sachant l'intention de la Reine, voulut faire finir l'assemblée; mais le duc d'Orléans fit opiner là-dessus, et fit arrêter qu'ils demeureroient assemblés jusqu'au retour du premier président, et de ceux de sa compagnie qui devoient aller savoir les volontés de la Reine.

Notre Régente reçut ceux qu'elle avoit mandés dans sa petite galerie, en présence de tous, coiffée de nuit, en habit de malade. Le ministre étoit debout près de sa chaise, et le garde des sceaux étoit près de lui. Le dernier parla long-temps, mais à son ordinaire, c'est-à-dire fort mal. Il justifia, par l'ordre de la Reine, la conversation du cardinal Mazarin avec le duc d'Orléans. Du Plessis-Guénégaud, secrétaire d'Etat, lut publiquement une relation particulière de cet entretien, faite par le cardinal même, où il nia nettement d'avoir rien dit contre le parlement, laissant entendre qu'il n'avoit eu intention de blâmer personne que le coadjuteur.

La Reine parla près d'un quart-d'heure, et toujours de bon sens et gravement. Elle se plaignit de l'esprit factieux du coadjuteur qui lui avoit fait perdre l'amitié du duc d'Orléans, qui de tout temps lui avoit été chère. Elle leur dit qu'elle avoit plus de désir que lui de faire sortir les princes, leur promit de travailler incessamment à leur liberté, et leur montra combien elle ressentoit le mépris du duc d'Orléans, qui n'avoit pas voulu recevoir sa visite. Le premier président, qui désiroit servir les princes sans l'inique mélange de la Fronde, invita et pressa la Reine de donner des paroles plus certaines de leur sortie; mais elle, sans s'expliquer davantage, lui répondit toujours qu'elle lui avoit fait assez connoître ses intentions, et qu'elle n'en pouvoit pas dire davantage.

Le premier président, retournant au parlement qui l'attendoit tout assemblé, rendit compte à sa compagnie de ce que la Reine lui avoit dit; et le comte de Brienne, secrétaire d'Etat, qui l'avoit accompagné par son ordre, leur dit à tous, en présence du duc d'Orléans, que la Reine avoit un grand regret de voir que des esprits brouillons et factieux lui eussent fait perdre l'amitié de Monsieur; et quoiqu'elle eût été déjà refusée dans l'offre qu'elle avoit faite à ce prince de l'aller visiter malgré sa foiblesse et les restes de sa maladie, elle vouloit lui faire dire, en présence de toute la compagnie, qu'elle étoit encore prête de l'aller voir, pour lui montrer qu'elle ne désiroit rien tant au monde que de le satisfaire sur les plaintes qu'il faisoit d'elle. Le premier président rendit compte aussi de la narration qu'on avoit fait lire devant lui touchant la conversation que le cardinal avoit eue avec le duc d'Orléans: ce qui fut reçu avec mépris et traité de ridicule. Et sur ce que le premier président pressa le duc d'Orléans de revoir la Reine, ce prince, pour s'en défaire, lui répondit qu'il vouloit que la compagnie opinât là-dessus, ne trouvant pas juste de suivre ses sentimens sur une affaire de cette conséquence.

Le premier président, sans s'étonner, dit que la Reine l'avoit assuré qu'elle alloit expédier un ordre au Havre pour faire sortir les princes; sur quoi le duc d'Orléans dit tout haut que cela étoit faux. Après toutes ces disputes, et beaucoup de contestations sur les avis, qui alloient tous contre le cardinal, l'arrêté fut enfin que la Reine seroit très-humblement suppliée de donner une déclaration d'innocence en faveur des princes pour les faire sortir, et qu'elle seroit aussi très-humblement suppliée d'éloigner le cardinal Mazarin de ses conseils, attendu que M. le duc d'Orléans, lieutenant général du royaume, ne pouvoit et ne vouloit nullement y entrer tant qu'il y seroit.

La Reine, ce même matin, me fit l'honneur de me dire, parlant de toutes ces choses, qu'elle étoit résolue de tenir bon, et de ne pas faire sortir les princes sans leur amitié; qu'elle vouloit se moquer de tous leurs arrêts, et qu'ayant les clefs du Havre, on ne pouvoit pas la forcer de leur ouvrir les portes. Champlâtreux, fils du premier président, alla dire encore ce même jour au cardinal que s'il vouloit envoyer vitement l'ordre de faire sortir les prisonniers, son père et ses amis espéroient qu'ils pourroient le sauver; mais, sans cela, qu'on n'y avoit point d'espérance pour lui. Arnauld, grand confident du prince de Condé et de mes amis, vint me dire, pour le faire savoir à la Reine, que si dans ce même jour on envoyoit un ordre, peut-être que M. le prince s'en tiendroit obligé. Ce *peut-être* ayant déplu à la Reine, à qui je le dis, elle s'en trouva si désobligée, qu'elle me commanda de dire à ce gentilhomme que je n'avois pu lui parler de cette affaire.

Le lendemain, le duc d'Orléans manda le duc d'Epernon et le maréchal de Schomberg, l'un colonel de l'infanterie française, et l'autre des Suisses, et leur dit qu'étant lieutenant général de la couronne, il prétendoit qu'ils devoient recevoir de lui les ordres qui regardoient leurs charges. Ils lui répondirent qu'ils savoient le respect qu'ils lui devoient; mais que le Roi étant présent, ils croyoient ne devoir dépendre que de lui seulement. Les autres ducs et maréchaux de France répondirent tous la même chose, et parurent ne point vouloir se désunir de leur véritable devoir. Le duc de Mercœur fut si passionné pour les intérêts du ministre, qu'il fit appeler ce même jour son frère le duc de Beaufort pour se battre contre lui; mais il n'en fit rien, et ne suivit point son premier mouvement.

La Reine manda messieurs de ville, à qui on commanda de ne recevoir nul ordre que du Roi, de la

Reine et des secrétaires d'Etat. Ils répondirent comme gens fidèles et bien intentionnés; mais, dans le vrai, ils firent peu de temps après aussi mal que s'ils eussent eu une volonté déterminée au crime. Le duc d'Orléans les manda en même temps pour lui venir parler : ils vinrent aussitôt chez la Reine savoir d'elle s'ils iroient le trouver. La Reine d'abord en fut satisfaite, et, pour ne point montrer d'aigreur contre ce prince, leur permit d'y aller ; mais on leur défendit tout de nouveau de ne pas recevoir d'autres ordres que du Roi. Ils promirent d'obéir; mais, malgré leurs promesses et les défenses de la Reine, elle fut mal obéie. Le peuple fut ensuite séduit par mille artifices ; c'est ce qui les fit manquer à leur obligation.

Le garde des sceaux de Châteauneuf et le maréchal de Villeroy, négociateurs secrets pour faire chasser le cardinal, étoient accompagnés de Le Tellier, qui n'avoit pas les mêmes intentions ; mais celui-ci, agissant avec droiture, laissoit néanmoins entendre qu'il ne l'admiroit pas toujours. Beaucoup de voyages se faisoient au Luxembourg, de la part de la Reine, par les trois médiateurs, pour trouver les moyens de pacifier les affaires. L'article du ministre plaisoit aux deux premiers : ils trouvoient, selon leurs souhaits, que ce prince étoit résolu de tenir bon sur cela ; et leurs peines n'apportoient nuls remèdes à ce mal, qui choquoit directement l'autorité royale. Ces ambassadeurs intéressés, parens et amis, et remplis d'un même désir, eussent été bien fâchés d'en trouver à cet égard ; mais l'un et l'autre étoient gens qui aimoient l'Etat à leur mode, et qui n'auroient pas voulu, pour voir leurs passions particulières satisfaites, travailler à la diminution de la puissance souveraine : ils vouloient éloigner le cardinal pour demeurer à sa place, et par le même moyen ils auroient employé de bon cœur tous leurs soins pour le service du Roi. Le garde des sceaux, par ce sentiment, ménagea, avec le duc d'Orléans et les amis des princes, un traité particulier avantageux à la cour, où le coadjuteur n'avoit point de part; et même, en ce cas, sa perte étoit résolue entre eux sans la participation du duc d'Orléans. Les amis des princes, ravis de pouvoir espérer la perte du chef des frondeurs, qu'ils n'aimoient pas, s'obligèrent de faire signer aux prisonniers ce traité, qui en effet étoit utile à l'Etat; et quoiqu'il allât en beaucoup de choses à diminuer la puissance de M. le prince, ils ne laissèrent pas de l'approuver, par le plaisir qu'ils eurent de penser que le duc d'Orléans de même, en perdant le coadjuteur, n'auroit pas son compte. Si la Reine eût pu juger alors de ces affaires et de leurs conseils sans préoccupation, elle auroit peut-être accepté ce parti, quoique, selon les apparences, elle auroit paru insensible à son ministre, car rien ne lui étoit si cher que l'avantage du Roi et le repos de la France : mais toutes leurs négociations en particulier furent inutiles et ne servirent de rien, parce que tout ce qui venoit du maréchal de Villeroy étoit suspect à la princesse, qui le soupçonnoit d'être d'intelligence avec le duc d'Orléans, qu'elle voyoit visiblement se déclarer contre elle; et ses soupçons n'étoient que trop bien fondés.

Sur le soir de ce jour [5 février], les gens du Roi vinrent exécuter leur arrêté, et supplier la Reine de contenter les souhaits du public. Le premier président n'y fut point : il envoya les gens du Roi exprès, afin que cette députation ne fût pas si remarquable, et pour procurer à la Reine le moyen de les remettre à une autre fois. On les reçut donc au conseil, et on leur promit réponse pour le lendemain. Dans l'état où étoit le cardinal, un jour seulement lui étoit important, parce qu'il retardoit l'arrêt qu'il voyoit bien que le parlement méditoit de prononcer contre lui.

Le lendemain 6, le parlement s'assembla. Tous se plaignirent du premier président, qui avoit fait faire les remontrances par les gens du Roi : ils arrêtèrent qu'il les iroit faire lui-même ; mais il demanda du temps, feignant de n'être pas préparé, et dit que les gens du Roi viendroient demander audience à la Reine. La rumeur fut grande au Palais ; tous se mirent à crier : *Que le cardinal périsse, qu'il soit chassé, et point de Mazarin !*

Toutes ces tempêtes étonnèrent le ministre, et le firent penser à la retraite ; plusieurs de ses amis lui offrirent tout de nouveau des places et des troupes, et les maréchaux de France qu'il venoit de faire avoient envie de le servir. Ceux même qui désiroient le plus son éloignement dirent, dans le conseil du Roi, qu'il y avoit des moyens pour le soutenir. On proposa de faire venir des troupes dans Paris, de cantonner le quartier du Palais-Royal, et de tenir bon contre le duc d'Orléans. Toutes ces choses ne furent point approuvées de la Reine ni de son ministre, par la raison que j'ai dite, et à cause des maux que cette résistance auroit pu causer. Madame de Chevreuse, qui depuis la prison du prince avoit paru assez attachée à la Reine, et qui faisoit mine d'être amie du cardinal, et de lui donner de salutaires avis, lui conseilla de s'éloigner pour quelque temps, afin de laisser passer l'orage : elle promit à la Reine qu'elle travailleroit à le raccommoder avec le duc d'Orléans, et qu'ensuite il seroit facile d'engager ce prince à consentir à son retour. Peut-être qu'elle l'auroit fait pour obliger la Reine, et même pour y chercher le plaisir de l'intrigue et de la nouveauté ; mais avant que de la servir, et par préférence à toutes choses, elle vouloit voir les princes sortir de prison, et que le mariage de sa fille se fît : c'est ce qui l'obligeoit de presser si charitablement le cardinal de s'en aller. Madame la duchesse d'Aiguillon lui donna le même conseil, et couvroit le peu d'amitié qu'elle avoit pour lui du bien de l'Etat, disant au cardinal qu'il mériteroit de cette action beaucoup de gloire, se sacrifiant pour la paix publique et pour le repos de la Reine.

L'ame du ministre étant agitée de tant de troubles, pleine de tant de sujets de crainte, et touchée de tant de différentes passions qui le travailloient, n'osant user de remèdes extrêmes, choisit enfin, à ce qui parut, de s'en aller au Havre délivrer lui-même les princes : il prit un ordre secret de la Reine adressé à de Bar, par lequel elle lui ordonnoit d'obéir ponctuellement au cardinal. Ce ministre crut peut-être se pouvoir rendre le maître de leur prison pour les y retenir, ou qu'en ouvrant lui-même la porte il feroit son accommodement avec eux, et que, devant compter la Reine pour beaucoup, ils voudroient se remettre de son côté ; mais il fut trompé en tout, et il connut que les grâces qui se font par force n'obligent point ceux qui les reçoivent. Le cardinal communiqua son dessein à la Reine ; elle y consentit, parce qu'il étoit difficile que, le regardant comme un ministre fidèle, le seul qui fût dans ses intérêts, et qui lui paroissoit désirer le plus sincèrement le bien de l'Etat, elle pût éviter de suivre ses sentimens. Mais de la manière qu'elle me fit l'honneur de m'en parler, elle me fit voir, sans s'expliquer entièrement, qu'elle ne l'avoit pas approuvé : elle crut de plus que ce voyage pourroit avoir de fâcheuses suites. Les voulant éviter, elle et son ministre jugèrent qu'il seroit avantageux au service du Roi de le tirer de Paris, et à elle de le suivre, et, par leur retraite commune, échapper aux trahisons des factieux. La Reine fut persuadée qu'étant hors de cette confusion, elle pourroit, avec ses armes et les clefs du Havre dont elle croyoit être encore la maîtresse, remédier à des maux qui paroissoient la devoir accabler ; mais, selon ce que j'en peux juger, ses vues ne furent pas des résolutions, parce qu'elle ne pouvoit plus agir sur un fondement certain ; et si dans ce temps-là elles ont été faites, du moins elles n'ont point été sues ; mais, à la vérité, la Reine en a été fortement soupçonnée. Dans cette extrémité, les plus extrêmes résolutions se devoient prendre.

Le cardinal étant donc résolu de partir, il vint chez la Reine le soir de ce jour 6 février ; elle lui parla long-temps devant tout le monde, dans la créance que vraisemblablement ce seroit la dernière fois qu'elle le verroit. Nous qui étions présentes à cette conférence, et moi comme les autres, ne pûmes apercevoir aucune altération dans son visage : sa gravité ne l'abandonna point ; son cœur, qui étoit touché sans doute de colère, de haine, de pitié, de douleur et de dépit, ne laissa rien voir au dehors de tous ces sentimens ; et jamais je ne l'ai vue plus tranquille qu'elle le parut alors. Le cardinal étant ensuite demeuré au conseil, qui entretenoit la Reine de ses malheurs, l'abbé de Palluau, son maître de chambre, lui vint dire que dans les rues le peuple paroissoit fort ému, et qu'on crioit partout *aux armes !* Comme son dessein étoit de s'en aller, il prit dès le moment congé de la Reine, sans témoigner de le prendre, de peur de marquer aux spectateurs ce qu'il ne vouloit pas qu'ils sussent. Quand il fut dans son appartement, il se vêtit d'une casaque rouge, prit un chapeau avec des plumes, et sortit à pied du Palais-Royal, suivi de deux de ses gentilshommes : il alla par la porte de Richelieu, où il trouva de ses gens qui l'attendoient avec des chevaux ; de là, il alla passer la nuit à Saint-Germain. Son premier dessein fut de sortir par la porte de la Conférence ; mais il eut avis qu'on avoit voulu tuer de ses domestiques devant le logis de Mademoiselle, qui logeoit aux Tuileries, et cette rumeur l'obligea de fuir par le plus court chemin. Déjà le bruit étoit répandu partout qu'il devoit partir, sans pourtant que l'on sût au vrai s'il le feroit, ni quel étoit son dessein.

Le cardinal connut alors que la princesse palatine lui avoit dit vrai, et qu'il avoit eu tort de ne la pas croire. Il lui écrivit de Saint-Germain qu'il l'avertissoit qu'il alloit faire sortir les princes, et que, selon cette promesse qu'il lui faisoit, il lui demandoit qu'elle lui tînt la parole qu'elle lui avoit donnée, de l'obliger en ce qu'elle pourroit, et de s'attacher à la Reine lorsque le prince de Condé seroit en liberté. Elle lui avoit toujours fait dire qu'elle s'étoit engagée de servir les princes; mais que n'aimant point les frondeurs, lorsqu'elle seroit satisfaite par l'heureuse fin de sa négociation, son seul désir étoit d'entrer dans les intérêts de la Reine, et de se lier entièrement à elle. Le ministre n'oublia rien pour l'engager dans son parti : il lui fit offrir de dignes récompenses des soins qu'il souhaitoit qu'elle voulût prendre de ses affaires, et particulièrement la charge de surintendante de la maison de la Reine future.

La princesse palatine, par qui j'ai été instruite du détail de sa conduite, accepta ces avantages. Elle vouloit s'établir par la Reine, de qui seule elle pouvoit recevoir des grâces proportionnées à sa naissance et à sa grandeur. En se procurant du bonheur, elle sauva la Reine, et lui donna le moyen de soutenir le cardinal. Cette princesse adroite et habile, qui avoit alors la confidence entière des desseins des princes et des frondeurs, se gouverna si judicieusement qu'elle les rompit presque tous. Elle ralentit d'abord l'ardeur impétueuse des frondeurs, et fit naître ensuite des dégoûts pour eux dans l'esprit du prince de Condé, qui firent changer les intérêts et les sentimens de tous les acteurs.

La Reine, après que le cardinal fut parti, demeura le reste du soir à s'entretenir de choses indifférentes. Elle parut la même qu'elle avoit accoutumé d'être. Ceux qui l'observèrent, et nous-mêmes, en fûmes étonnés; car il étoit impossible d'attribuer sa constance à son insensibilité. Aussi doit-on dire à sa louange, pour satisfaire simplement à la vérité, que dans toutes les grandes occasions nous l'avons toujours vue recevoir d'un visage égal les peines qui sont accoutumées de troubler tous les autres.

Le lendemain, comme j'approchai d'elle, je lui demandai, en lui baisant la main, comment elle se portoit. Elle me dit : « Vous le pouvez juger vous-« même. » Et se confiant assez en moi pour me montrer sincèrement quelque chose des sentimens de son ame, elle me fit entrer dans son oratoire, et me commanda d'en fermer la porte. Alors, m'étant jetée à ses pieds, elle me fit l'honneur de me dire : « Que dites-« vous de l'état où je suis ? » Je lui répondis : « Je
« dis, madame, qu'il est effroyable, et que vous
« avez besoin d'une grande grâce de Dieu et d'une
« extrême sagesse pour vous en tirer. On vous arrache
« un ministre par force : c'est une marque de la foi-
« blesse de votre autorité, et que peut-être si vous l'en-
« durez, cette violence pourra la détruire tout-à-fait.
« Mais, madame, lui dis-je, pardonnez-moi si je vous
« dis aussi, dans la seule vue de vos intérêts, que
« M. le cardinal ayant, de l'avis des plus sages, man-
« qué de conduite en beaucoup de choses, ceux qui
« vous sont fidèles sont bien fâchés de voir que vous
« souffriez de ses fautes ou de son malheur ; et je ne
« sais si un homme choisi par vous-même, et déta-
« ché de toutes ces cabales qui vous sont odieuses,
« ne vous seroit pas plus utile dans des temps comme
« ceux-ci, où vous avez bien besoin de conseil. Pen-
« sez-y bien, madame, lui dis-je; car pour moi,
« comme je ne suis pas capable de décider de ces

« choses, tout ce que je puis dire à Votre Majesté,
« c'est que je suis prête de la servir fidèlement en
« tout ce qu'elle me commandera. J'aurai pour ses
« volontés une obéissance tout entière: je suis toute
« à elle ; et quoique M. le cardinal m'ait toujours mal-
« traitée, et qu'il ne m'ait jamais fait de bien considé-
« rable, Votre Majesté se peut assurer que, devant
« tout à elle, je ferai, à sa seule considération, tout ce
« qui me sera possible pour la servir. » Pendant que
je lui parlai, elle m'écouta toujours avec une grande
application. Elle me répondit : « Vous avez raison sur
« tout ce que vous me dites ; mais il est assez difficile
« de trouver cet homme désintéressé qui ne soit de
« nulle cabale, et discerner ce qui me convient. Ne
« le pouvant pas juger moi-même, je crois que je
« suis obligée de défendre un ministre que l'on m'ôte
« par force. J'espère toujours que Dieu aura pitié du
« Roi, et qu'il ne voudra pas abandonner son inno-
« cence, ni le faire souffrir de mes malheurs et de
« ceux du cardinal. Je sais, comme vous dites, qu'il
« a des défauts, et qu'il a fait beaucoup de fautes.
« Je sais aussi qu'il a certainement de très-bonnes
« intentions pour le service du Roi et le mien ; qu'il
« a glorieusement conduit ses affaires lorsqu'on l'a
« laissé faire; que les cinq premières années de ma
« régence ont été heureuses, et qu'ayant été trahi de
« ceux qu'il a obligés (1), il est difficile que cette
« iniquité ne lui soit nuisible; et cela, me semble,
« m'oblige d'en avoir plus de pitié. » Après ces paroles, étant tombée dans une profonde rêverie, elle y
demeura quelque temps ; puis elle me dit : « Je ne

---

(1) La Reine entend parler du maréchal de Villeroy.

« veux plus parler sur ce chapitre ; car je craindrois,
« me souvenant de l'état où je suis, d'être trop foible.
« Et pour vous, me dit cette grande princesse, j'a-
« voue que le cardinal n'en a pas assez bien usé avec
« vous ; mais je vous sais un fort bon gré d'en agir
« comme vous faites : c'est une marque de la bonté de
« votre cœur, dont j'ai toujours eu bonne opinion ;
« et je me charge de lui mander que vous méritez
« plus que ce que vous avez. » Elle le fit en effet ;
car le cardinal le dit alors à quelqu'un de mes amis.
Comme je ne m'aidai pas, et que je me contentai de
bien faire sans m'en faire valoir auprès de lui, il se
contenta aussi de me faire de grands complimens et
de grandes promesses, qui m'ont été fort inutiles.

Tout ce jour, la Reine fit bonne mine, et demeura
tranquillement au cercle avec les princesses qui vinrent la visiter. Le soir, étant dans son petit cabinet
avec sa cour ordinaire, après avoir long-temps écouté
Nogent, qui entretenoit la compagnie de ces mêmes
fariboles qu'il avoit accoutumé de dire, la Reine, me
faisant signe de m'approcher d'elle, me dit tout bas :
« J'avoue que ce que dit aujourd'hui cet homme me
« paroît plus ridicule qu'à l'ordinaire. » Et après avoir
un peu rêvé, elle continua, et me fit l'honneur de
me dire : « Je voudrois qu'il fût toujours nuit ; car
« quoique je ne puisse dormir, le silence et la soli-
« tude me plaisent, parce que dans le jour je ne vois
« que des gens qui me trahissent. »

Quand on sut dans Paris que le ministre étoit parti,
qu'il étoit à Saint-Germain, et qu'il pouvoit aller au
Havre où étoient les princes, l'inquiétude fut grande
dans tous les partis. On crut qu'il alloit resserrer les

portes de leur prison, ou qu'il ne les ouvriroit que quand il auroit une certitude entière de l'amitié du prince de Condé, et dans le temps qu'il pourroit lui en être obligé. Par cette raison, tous les intéressés au retour des princes résolurent de presser davantage la Reine. Ce même jour, cette princesse avoit envoyé le maréchal de Villeroy et le garde des sceaux, avec Le Tellier, prier le duc d'Orléans de venir au conseil; mais ce prince, par l'avis du coadjuteur, n'y voulut point aller, et s'excusa, disant qu'il n'y pouvoit avoir de sûreté pour lui que premièrement il ne vît les princes sortis du Havre. La Reine y envoya tout de nouveau, et lui écrivit de sa main pour l'en convier, s'étonnant de ne le point voir après ce qu'elle venoit de faire à sa considération; mais il demeura ferme dans sa première résolution, et dit qu'il n'y reviendroit point qu'il n'eût une sûreté entière, tant sur la liberté des princes que sur l'éloignement du cardinal, qui ne paroissoit pas être banni pour jamais.

Le parlement avoit député à la Reine pour la remercier de l'éloignement du cardinal, et pour la supplier de donner promptement ses ordres pour la sortie des princes. Elle leur répondit qu'elle étoit toute disposée à cela; mais que, premièrement, elle vouloit conférer avec M. le duc d'Orléans sur cette affaire chez elle, chez lui, ou en lieu neutre: ne trouvant pas juste qu'il refusât de venir prendre sa place au conseil, après ce qu'elle venoit de faire pour lui.

Le jour suivant, le parlement étant assemblé, le premier président rendit compte à sa compagnie, en présence du duc d'Orléans, de ce que la Reine lui avoit dit. Ce prince lui répondit qu'il n'étoit point nécessaire qu'il allât au Palais-Royal pour dire son opinion sur la sortie des princes, puisqu'il n'avoit rien à dire que les mêmes choses qu'il avoit déjà dites; qu'il étoit prêt de consentir à leur liberté, et que son dessein étoit d'éloigner entièrement le cardinal des conseils du Roi; qu'en ces deux points consistoit le repos de l'Etat et sa propre satisfaction; que la Reine se moquoit d'eux quand elle leur promettoit l'un et l'autre, et qu'elle avoit seulement changé la demeure du ministre, du Palais-Royal au château de Saint-Germain; qu'il gouvernoit de ce lieu comme dans le temps qu'il étoit auprès d'elle; qu'il falloit chasser ses créatures, ses nièces et son neveu, qui étoient demeurés à la cour; que leur présence faisoit assez voir que l'intention de la Reine étoit qu'il revînt, et qu'elle ne vouloit point faire sortir les princes de prison. Il y eut grand bruit au Palais. Plusieurs avis furent contre le cardinal : quelques-uns voulurent que l'on décrétât contre lui, ses fauteurs et adhérens, et ceux qui l'avoient suivi. Le duc d'Orléans s'y opposa, disant que cela n'étoit pas juste; que ses amis étoient louables de l'avoir suivi, et en avoient usé en gens d'honneur. Quelques autres vouloient qu'on allât saccager sa maison, et qu'on le déclarât perturbateur du repos public. Des Landes-Payen fut d'avis de défendre pour jamais aux cardinaux l'administration des affaires d'Etat, vu qu'ils avoient juré et promis fidélité au Pape, et qu'ainsi ils ne pouvoient pas servir à deux maîtres. Il y en eut qui allèrent jasqu'à cette insolente tyrannie de défendre tous favoris en France : ce qui tenoit un peu du ridicule. Le duc d'Orléans répondit sagement, disant qu'ils étoient tous sujets du Roi, et

que quoiqu'il le fût en un degré plus éminent que les autres, il étoit pourtant un de ceux qui lui devoient obéir en cette qualité, et qu'il n'étoit pas juste qu'ils donnassent des lois à leur souverain. Il ajouta ces belles paroles : « Véritablement il seroit à sou-
« haiter que les rois n'eussent jamais de favoris; mais
« nous ne devons pas les en empêcher par force. » La modération de ce prince les rendit plus humbles. Il fut arrêté que les gens du Roi iroient trouver la Reine pour lui faire de nouvelles instances sur la sortie des princes et l'éloignement du cardinal.

Les princes, ducs et pairs, et maréchaux de France, s'assemblèrent par l'ordre de la Reine, pour aviser aux moyens de remédier à ces désordres. La Reine leur disant l'état où elle étoit, et comme elle avoit éloigné le cardinal pour complaire au duc d'Orléans, exagéra, avec des paroles pleines de douceur et d'honnêteté, le peu de satisfaction qu'elle recevoit de son procédé. Elle leur demanda conseil sur ce qu'elle avoit à faire, et leur témoigna vouloir prendre confiance en leur fidélité. Ils résolurent de députer quelques-uns d'entre eux vers le duc d'Orléans pour le convier de revenir au conseil, et pour lui répondre en corps, de la part de la Reine, de la sûreté qu'il y trouveroit pour sa personne. Cette précaution étoit nécessaire pour rassurer ce prince, qui avoit lieu de craindre qu'en travaillant à la liberté d'autrui il ne perdît la sienne.

Le duc d'Elbœuf, portant la parole, fut maltraité par le duc d'Orléans. Il lui dit que cela étoit joli de voir qu'il étoit contre le cardinal, quand il en avoit été le protecteur; et qu'à présent qu'il s'étoit déclaré son ennemi, il fût pour lui; et le fit taire avec assez de hauteur. Madame lui dit qu'elle étoit au désespoir qu'il fût du sang de Lorraine, et lui parla avec un grand ressentiment de sa conduite. Ensuite de cette réprimande, le duc d'Orléans, s'adressant aux ducs de Vendôme et d'Epernon, leur dit qu'il ne pouvoit aller au Palais-Royal sans y conduire les princes.

Sur le soir de ce même jour, les gens du Roi étant venus trouver la Reine pour lui représenter ce que le parlement avoit arrêté, elle leur promit positivement la sortie des princes, et leur dit que puisque le duc d'Orléans ne vouloit pas la voir, elle enverroit le garde des sceaux conférer avec lui de ce dessein. Cet homme, qui se voyoit alors dans la place du premier ministre qu'il avoit tant souhaitée, pour empêcher, à ce qu'il disoit, les furieuses résolutions du parlement, conseilla à la Reine de leur promettre l'éloignement du cardinal sans espérance de retour. Il lui dit qu'elle devoit faire paroître que cette résolution venoit de son propre mouvement. Elle le fit pour le tromper lui-même; et lui aussi, de son côté, trompoit la Reine à son tour. Il vouloit qu'elle s'engageât publiquement à ne plus rappeler son ministre, sachant bien que, sur les paroles de cette princesse, le parlement ne manqueroit pas de se déchaîner contre lui. Alors le cardinal envoya supplier la Reine de faire sortir ses nièces et son neveu de Paris. L'abbé Ondedei (1) les mena à la maréchale d'Hocquincourt; et cette dame les mena à Peronne, après qu'elles eurent été cachées quelques jours dans la chambre de mademoiselle de Neuillant, devenue madame de

---

(1) *L'abbé Ondedei*: Joseph. Il fut depuis évêque de Fréjus.

Navailles, mais dont le mariage n'étoit point déclaré [le 9 février].

Le jour d'après, les gens du Roi ayant fait leur rapport au parlement, le duc d'Orléans accepta la conférence avec le garde des sceaux, et les assura qu'en deux heures, avec lui, toutes les choses nécessaires seroient expédiées, et que même la déclaration touchant l'innocence des prisonniers seroit dressée. Toute la compagnie se reposa sur la parole du duc d'Orléans ; et la Reine paroissant vouloir abandonner le cardinal, ils furent tous d'une voix à donner un arrêt contre lui, qui portoit :

« Qu'en conséquence de ladite déclaration et volonté du Roi et de la Régente, dans le quinzième du jour de la publication du présent arrêt, ledit cardinal Mazarin, ses parens et domestiques étrangers, videroient le royaume de France, terres et places de l'obéissance du Roi ; et faute de ce faire, ledit temps passé, seroit contre eux procédé extraordinairement, permis aux communes et tous autres de leur courre sus, sans qu'ils puissent revenir pour quelques prétextes, causes, emplois et occasions que ce soit ; et défenses faites, ledit temps passé, à tous gouverneurs de provinces, maires et échevins de ville, de les recevoir.

« Fait au parlement, ce 9 février 1651. »

Pendant toutes ces disputes, les amis des princes n'étoient pas contens : ils appréhendoient toujours les artifices et la mauvaise volonté du coadjuteur. Arnauld, ce même jour, me vint voir le soir fort tard pour me prier de parler à la Reine, et de lui dire que plus elle retardoit, et plus elle engageoit

M. le prince avec ses ennemis. Je lui en parlai; mais comme elle avoit pris sa résolution avec le cardinal, rien ne la pouvoit faire changer. La princesse palatine rassuroit ceux qui étoient du parti des princes, qui s'inquiétoient de l'état incertain où ils étoient; elle avoit la promesse de celui qui apparemment étoit le maître de leur prison. Elle étoit en couche quand toute cette négociation se fit; et, malgré ses délicatesses, elle ne laissoit pas de conférer avec tous ceux qui avoient besoin de parler à elle. Les frondeurs, dans ce commencement, voulurent pousser la Reine à l'extrémité; mais cette princesse, leur amie en apparence, sur la parole du cardinal arrêta leur mauvais dessein, et disoit aux créatures du prince de Condé, pour qui elle s'intéressoit véritablement, qu'il falloit se servir des frondeurs sans entrer dans leur passion, et qu'ils seroient de fort méchans maîtres s'ils le devenoient tout-à-fait; que l'intérêt de M. le prince étoit fort contraire à cela; et qu'il falloit tenir les choses en état qu'à son retour il fût en pouvoir de choisir le parti qui plairoit, et même de dominer les autres.

La Reine, se voyant trahie de tout le monde, se résolut de prendre confiance en Seneterre. Comme elle savoit qu'il étoit de mes amis, elle me fit l'honneur de m'en parler, et de me demander si elle en pouvoit espérer des conseils désintéressés. Je lui dis (ce qui étoit véritable) qu'avec l'esprit et la capacité qu'elle lui connoissoit, sa finesse lui étoit alors nécessaire pour la conduire dans le pas douteux où elle étoit. Il avoit toujours paru ami du garde des sceaux de Châteauneuf et du maréchal de Villeroy : la Reine, par conséquent, doutoit de sa finesse; mais je savois qu'il n'avoit point de part dans leurs intrigues particulières, et qu'il se moquoit assez souvent de leur conduite. Je le dis à la Reine, et sur cette assurance elle me commanda de lui parler. Il reçut avec respect la part qu'elle vouloit lui donner dans sa confiance; mais j'ose dire que ce ne fut pas sans de grandes réflexions, ni sans craindre de participer aux maux dont elle étoit menacée; et je vis clairement qu'il n'eût pas été bien aise d'attirer sur lui les soupçons du duc d'Orléans. Il me donna d'abord des Mémoires pour donner à la Reine, où il lui donnoit des avis sur sa conduite. Il la vit aussi quelquefois, et eut de longues conférences avec elle; mais il y observa toujours des modérations extraordinaires, et telles que j'en fus étonnée. La faveur des rois n'est désirée par les ambitieux que quand ils en peuvent espérer de grands biens : leur couronne, et les avantages qu'ils ont reçus de Dieu par l'élévation de leur naissance, ne les rend considérables aux hommes qu'autant qu'ils ont de pouvoir de les élever ou de les détruire.

Quand ces importunes harangues du parlement venoient tourmenter la Reine, j'allois visiter le premier président pour le consulter sur les intérêts de cette princesse et sur sa conduite; car le marquis de Seneterre, selon cette discrétion politique dont je viens de parler, ne vouloit point aller souvent chez lui, de peur d'être remarqué. Ce grand magistrat n'aimoit pas les frondeurs : il donnoit toujours quelques avis à la Reine propres à la défendre de la persécution; et, en faveur de ces petits secours, elle lui pardonnoit ses fautes. Mais à l'égard des autres, elle avoit une peine extrême de se voir trahie de ceux dont elle étoit forcée de se servir. Par cette même raison, elle recevoit un grand soulagement de ceux en qui elle croyoit pouvoir trouver quelque sûreté.

Parmi tant de confusions, il arriva que le duc d'Orléans crut que la Reine vouloit sortir de Paris et mener le Roi avec elle. La vérité, qui se fait sentir, lui avoit fait inspirer cette crainte; et, selon ce que j'en ai déjà dit, peut-être qu'elle n'étoit pas soupçonnée sans raison. Il étoit assez vraisemblable qu'en l'état où elle étoit, elle devoit souhaiter de se voir hors de la tyrannie de tant de gens qu'elle regardoit comme ses ennemis. Ces mêmes ennemis néanmoins, c'est-à-dire le garde des sceaux de Châteauneuf, le maréchal de Villeroy et quelques-uns de la cabale des princes, prétendirent en cette occasion avoir empêché le duc d'Orléans de prendre contre elle des résolutions extrêmes. Ils ne se vantoient pas à faux : j'en eus alors quelque connoissance; et on m'assura qu'au Luxembourg d'étranges propositions avoient été faites contre elle.

La nuit du 9 au 10 février, la Reine avoit formé le dessein de fuir cette ville où autrefois elle avoit joui de tant de douceurs, où elle avoit été si aimée, et où pour lors elle goûtoit tant d'amertumes. Le duc d'Orléans dit tout haut qu'un des premiers officiers du Roi l'avoit averti d'y prendre garde (1); et, publiant sa crainte, il l'imprima bien vite dans l'ame de tous les autres. Les Parisiens sont assez aisés à s'émouvoir sur la peur qu'ils ont toujours de perdre la présence du Roi. Cette nouvelle donna aussitôt l'a-

(1) On soupçonna le maréchal de Villeroy, et d'autres aussi.

larme à toute la ville, et cette alarme eut de très-fâcheux effets contre le repos de la Reine. Le duc d'Orléans se voulut servir de la frayeur du peuple pour faire prendre les armes aux bourgeois; car il avoit un grand intérêt d'empêcher que le Roi ne sortît de Paris.

Le bruit et le désordre fut grand; et la Reine voyant cette émotion publique, qu'elle ne vouloit pas laisser augmenter sous aucun prétexte, fit promptement expédier les ordres pour la sortie des princes. Elle envoya La Vrillière, secrétaire d'Etat, les porter au Havre, et Comminges avec lui pour féliciter les princes de sa part. Ce traité ayant été fait dans ces momens où il ne paroissoit plus en la Reine aucune liberté de ne le pas faire, ne put produire non-seulement aucune gratitude; mais il falloit alors l'expédier pur et simple, et perdre les avantages que le garde des sceaux, comme habile homme, auroit procurés au Roi par celui qui avoit été projeté par lui, du consentement du duc d'Orléans. Le duc de La Rochefoucauld accompagna cette ambassade. Arnauld y alla, chargé des complimens du duc d'Orléans et de Madame. Le président Viole y fut de la part du parlement; et Champlâtreux, fils du premier président, comme serviteur du prince de Condé, fit volontiers ce voyage.

Le duc d'Orléans, voyant Comminges parti, fit mine de venir chez la Reine; mais il s'arrêta tout court, sur l'avis certain qu'il eut que le cardinal Mazarin étoit allé au Havre. Il s'imagina qu'il pourroit retenir les princes en leur prison, malgré les efforts qu'il faisoit pour les en faire sortir; ou bien qu'il les pourroit faire enlever. Cette appréhension avoit quelque vraisemblable ; et même on n'a pas trop bien su quel avoit été le dessein du cardinal. C'est pourquoi le duc d'Orléans crut que son salut consistoit en cela seulement de travailler à retenir la Reine dans Paris ; et, bien loin de la venir voir, il redoubla ses inquiétudes et ses persécutions. Il manda à l'hôtel-de-ville qu'il avoit des avis de tous côtés que la Reine vouloit s'en aller ; il commanda aux bourgeois de prendre les armes, de garder les portes et les avenues du Palais-Royal ; et ils lui obéirent, contre la défense qu'ils en avoient reçue de la Reine.

Les rues furent aussitôt pleines de bourgeois en armes, et pleines d'artisans et de pauvres, qui tous crioient *aux armes!* La Reine eut avis que le duc d'Orléans vouloit faire pis que de l'empêcher de sortir, et que, selon toutes les apparences, il vouloit lui enlever le Roi. Cette princesse n'étoit pas insensible à ses maux, et il est fort impossible de l'être en de telles occasions ; mais elle les soutint avec courage, et tâcha d'y remédier d'une manière tout-à-fait estimable. Elle envoya chercher celui qui, en l'absence du maréchal de Gramont, commandoit le régiment des gardes ; elle lui ordonna de redoubler les gardes, et de se tenir prêt selon le besoin qu'elle pourroit avoir de lui. Elle avertit le petit nombre de serviteurs qui étoient pour le Roi, le duc d'Epernon et plusieurs autres. Il est à croire que tous se seroient venus ranger auprès d'elle si elle en avoit eu besoin ; mais nous ne les vîmes pas. Ceux qui étoient au Palais-Royal vinrent la trouver ; car à l'heure que la Reine eut cet avis elle étoit au lit, et il étoit déjà près de minuit. Mademoiselle de Beaumont et moi, qui avions tout le jour été auprès d'elle, eûmes part à ses maux et à toutes ses inquiétudes. Je crois que chacun trembloit; mais pour moi, je sais bien que j'eus une très-grande peur, et que les choses les plus funestes me passèrent dans l'esprit, comme n'étant pas impossible qu'elles arrivassent ; et tout étoit à craindre des conseils violens du coadjuteur. La Reine seule faisoit bonne mine : elle disoit que ce ne seroit rien, que c'étoit une folle émotion du peuple qui s'apaiseroit, et qui n'avoit nul fondement. Elle protesta à ceux qui étoient présens qu'elle n'avoit nulle envie de s'en aller, et leur dit à tous qu'elle promettoit volontiers au peuple d'en donner telle certitude, qu'on voudroit. En souriant quelquefois, elle disoit que, n'ayant eu nulle pensée de s'en aller, tout ce bruit ne lui faisoit point de peine, et qu'elle consentoit que les portes de la ville fussent gardées avec toute la rigueur qu'on y voudroit observer.

Ce que la Reine disoit à ceux qui étoient auprès d'elle ne faisoit nul effet sur le peuple, qui ne l'entendoit pas. Le bruit augmentoit à tous momens dans les rues, et l'horreur des ténèbres le rendoit plus effroyable. Mademoiselle de Beaumont et moi, pour reconnoître un peu ce que c'étoit, envoyâmes nos laquais parmi les mutins, pour écouter ce qu'ils disoient. Ils nous rapportèrent qu'ils avoient vu deux escadrons de cavalerie, dont l'un étoit arrêté à la croix du Trahoir, et l'autre plus proche du Luxembourg. Ils nous dirent aussi qu'ils avoient entendu force cris de bourgeois et de peuple, qui crioient qu'on vouloit enlever le Roi, et qu'il le falloit empêcher. Cette cavalerie nous fit peur, et nous vîmes bien qu'elle ne plaisoit pas aux plus vaillans non plus qu'à nous. Selon toutes les apparences, elle paroissoit y être avec un mauvais dessein, et plutôt en volonté d'attaquer que de se défendre. Nous avons su depuis que, dans les premiers jours, le coadjuteur proposa souvent au duc d'Orléans d'enlever le Roi, et de mettre la Reine dans un couvent; sa maxime étant celle de Machiavel : qu'il ne faut point être tyran à demi. Mais la douceur naturelle du duc d'Orléans corrigea sans doute ce qu'il y avoit de trop hardi et de barbare dans l'ame du coadjuteur ; et le commandeur de Jars m'a dit depuis que son ami le garde des sceaux de Châteauneuf fit son devoir sur de telles propositions. Comme homme de bien, il lui fut impossible de participer à de tels sentimens.

Le duc d'Orléans envoya de Souches à la Reine la supplier de faire cesser ce bruit. Il lui manda qu'il étoit au désespoir de ce désordre, et plus encore de l'inquiétude qu'il jugeoit bien qu'elle en devoit avoir; que de tous côtés on lui donnoit des avis qu'elle avoit eu le dessein de sortir cette nuit, et qu'il ne pouvoit pas moins faire que de dire aux bourgeois de s'y opposer.

La Reine répondit à de Souches que c'étoit son maître qui avoit fait prendre les armes aux bourgeois, et que par conséquent il étoit le seul qui pût faire taire le peuple; que ses frayeurs étoient mal fondées; que le seul remède qu'il y pouvoit apporter étoit de protester tout haut et à tout le monde qu'elle n'avoit point eu la pensée dont on la vouloit soupçonner; que, pour marque qu'elle disoit la vérité, le Roi étoit couché, et Monsieur de même, et qu'ils dormoient tous deux paisiblement; qu'elle étoit au lit; qu'il la voyoit peu en état de sortir; et que pour plus grande sûreté, et afin qu'il le pût témoigner au duc d'Orléans, elle vouloit qu'il allât lui-même voir le Roi dans son lit, étant certaine que ce bruit ne l'éveilleroit pas. De Souches alla chez le Roi; et, selon le commandement qu'il en avoit reçu de la Reine, il leva le rideau de ce jeune monarque, le regarda long-temps dormant d'un profond sommeil; puis sortit du Palais-Royal, entièrement persuadé que la Reine n'avoit nul désir de quitter Paris, et que toute cette persécution lui étoit suscitée par ceux qui conseilloient alors son maître. Comme il étoit bien intentionné, et qu'aisément on a compassion de l'innocence opprimée, en retournant au Luxembourg il fit ce qu'il put pour apaiser les Parisiens. Il parloit beaucoup, et par conséquent il harangua le peuple qu'il trouva dans les rues. Il dit à tous qu'ils se devoient tenir en repos; qu'il venoit de voir le Roi qui dormoit, et qu'il les conseilloit de suivre l'exemple de leur maître commun, qui pour lors ne pensoit à rien. Ils disoient qu'ils vouloient eux-mêmes le voir. Il y en eut donc qui entrèrent jusque dans le Palais-Royal, criant qu'on leur montrât le Roi, et qu'ils le vouloient voir. La Reine, le sachant, commanda aussitôt qu'on ouvrît toutes les portes, et qu'on les menât dans la chambre du Roi. Ces mutins furent ravis de cette franchise : ils se mirent tous auprès du lit du Roi, dont on avoit ouvert les rideaux; et, reprenant alors un esprit d'amour, lui donnèrent mille bénédictions. Ils le regardèrent long-temps dormir, et ne pouvoient assez l'admirer. Cette vue leur donna du respect pour lui : ils désirèrent davantage de ne pas perdre sa présence ; mais ce fut par des sentimens de fidélité qu'ils le témoignèrent. Leur emportement cessa ; et, au lieu qu'ils étoient entrés comme des gens remplis de furie, ils en sortirent comme des sujets remplis de douceur, qui demandoient à Dieu de tout leur cœur qu'il lui plût leur conserver leur jeune Roi, dont la présence avoit eu le pouvoir de les charmer.

La Reine, voyant que ce remède réussissoit, envoya chercher deux officiers de la garde bourgeoise qui avoit été mise par eux auprès du Palais-Royal. Elle leur parla elle-même amiablement, et leur rendit compte de ses intentions, se tenant plus assurée de les avoir auprès d'elle, que les deux plus grands princes du monde qui auroient pu y être sans puissance. Elle leur fit voir le Roi comme aux autres, et les envoya par deux fois parler au peuple. Ces deux hommes alloient criant dans les rues qu'ils venoient de parler à la Reine, qu'elle étoit dans son lit, que le Roi dormoit, et qu'il n'y avoit rien à craindre. Ces paroles dites par des personnes qui pouvoient les persuader, et qui étoient de leurs confrères, firent le meilleur effet du monde ; et ils achevèrent de pacifier cette grande rumeur. Un de ceux-là s'appeloit Du Laurier. La Reine l'avoit entretenu, et l'avoit souvent appelé *M. Du Laurier.* Il lui répondit qu'il avoit eu l'honneur de suivre long-temps la cour, et qu'il avoit été laquais de son maître d'hôtel, qu'il nomma, mais dont j'ai oublié le nom. Cette reconnoissance réciproque nous fit rire, et nous admirâmes avec quelle cordialité la Reine et M. Du Laurier parloient ensemble. La nuit étoit assez avancée, et, par la miséricorde de Dieu et la bonne conduite de la Reine, nos frayeurs commencèrent à se dissiper. Nous songeâmes alors à nous aller reposer des fatigues que les malheurs de cette princesse nous causoient. Il étoit fête, et il étoit déjà plus de trois heures du matin. Elle nous proposa de nous faire entendre la messe avant que de nous aller coucher. Nous le trouvâmes à propos; et afin de passer encore deux heures, le commandeur de Souvré et mademoiselle de Beaumont, et quelques autres, se mirent à jouer en présence de la Reine. Pour moi, je m'endormis, couchée sur son tapis de pied, et la tête appuyée contre son lit : car je n'en pouvois plus. A l'heure de la messe la Reine se releva, prit une robe de chambre; et, pour récompenser ceux qui l'avoient si bien secourue, elle les mena elle-même voir son oratoire et les diamans qui enfermoient ses reliques. Ces gens en furent ravis, et dirent à la Reine qu'ils alloient encore bien assurer leurs camarades que leur bon Roi et leur bonne Reine ne les vouloient point quitter. Ils nous dirent ensuite, à mademoiselle de Beaumont et à moi, et de bon sens, qu'ils s'estimoient heureux de se pouvoir vanter d'avoir été nécessaires trois heures de temps à la plus grande Reine de la terre. Ils disoient vrai, et leur présomption étoit juste.

On peut juger par toutes ces choses de l'état misérable où étoit une princesse si grande par sa naissance et par le rang qu'elle tenoit dans le royaume. Cette inquiétude lui dura de la même manière plusieurs nuits, et la chose enfin se termina en une espèce de prison, où le Roi et elle furent arrêtés plus d'un mois sans pouvoir sortir du Palais-Royal. Il y avoit dans toutes les rues de Paris des corps-de-garde; et les portes étoient si bien gardées, qu'il ne sortoit personne à pied ni en carrosse qui ne fût examiné, et point de femme qui ne fût démasquée, pour voir si elle n'étoit point la Reine.

Les vives alarmes des premiers jours firent beaucoup de peine à la Reine. Sa prison, qui étoit plus véritable qu'elle ne le paroissoit, ne lui étoit pas agréable; et souvent elle disoit en riant qu'au moins sa prison étoit belle et commode, puisqu'elle étoit chez elle, et dans une ville qu'elle avoit assez aimée autrefois pour croire qu'elle ne pourroit jamais y être mal. Quand elle étoit seule, elle sentoit infiniment cette violence; et un soir que j'avois l'honneur d'être en particulier avec elle, et que je lui demandois si en effet elle avoit eu le dessein de sortir de Paris le jour qu'elle en avoit été soupçonnée, elle leva les yeux au ciel, et, haussant les épaules, elle me fit l'honneur de me dire fort librement : « Ah! madame « de Motteville, où suis-je? et où ne serais-je pas « mieux ? A votre avis, quel moyen de ne se pas « souhaiter ailleurs? » Puis, s'humiliant devant Dieu, elle dit : « Vous le voulez, Seigneur, et il vous faut « obéir. »

Cette persécution alla si avant que le duc d'Orléans envoya dire à la Reine qu'il avoit continuellement des avis qu'elle préméditoit de s'en aller; qu'il la supplioit de lui ôter cette inquiétude, et de lui donner des assurances du contraire; qu'autrement il seroit contraint d'en prendre lui-même, voulant lui faire entendre qu'il lui ôteroit le Roi : et véritablement ce fut un miracle de ce qu'il ne le fit pas. La Reine lui répondit qu'elle ne pouvoit lui donner de plus grandes assurances que sa parole, mais que s'il en vouloit d'autres, elle consentoit, pour son repos, qu'il envoyât de ses propres gardes coucher dans la chambre du Roi.

Pendant que la Reine étoit exposée aux insultes qu'on lui faisoit, les nouvelles arrivèrent qu'enfin le cardinal étoit allé au Havre, et qu'il avoit ouvert la porte à ces illustres prisonniers. En arrivant dans cette place, il montra l'ordre de la Reine à de Bar, dont voici les mots écrits de la propre main de la Reine :

« Monsieur de Bar, je vous fais celle-ci pour vous dire que vous exécutiez ponctuellement tout ce que mon cousin le cardinal Mazarin vous fera savoir de mon intention touchant la liberté de mes cousins les princes de Condé, de Conti et duc de Longueville qui sont en votre garde, sans vous arrêter à quelque autre que vous pourriez ci-après recevoir du Roi monsieur mon fils, ou de moi, contraire à celui-ci : priant Dieu, M. de Bar, qu'il vous ait en sa sainte garde. »

« Écrit à Paris, le 6 février 1651. »

Par les choses que me fit l'honneur de me dire la Reine, et par mille autres conjectures, je crois pouvoir dire au hasard que l'intention du cardinal étoit de demeurer le maître au Havre, et qu'il espéra que de Bar lui obéiroit; qu'en ce cas, le projet de la Reine eût été de sortir de Paris, et qu'elle se seroit moquée par cette voie de toutes les intrigues qui s'y faisoient contre elle. Mais le cardinal se trouva surpris quand il vit que de Bar, qui gardoit cette place à la duchesse d'Aiguillon, ne voulut laisser entrer que lui seul et Palluau avec lui. Ce fâcheux événement, selon toutes les apparences, changea sa conduite à l'égard des princes, et rendit son voyage inutile et ridicule.

La Reine étant donc arrêtée (1) à Paris, et le cardinal sans autorité au Havre, il lui fallut simplement ouvrir les portes de la prison des princes; et il vit sans doute avec peine que son voyage n'auroit point d'autre succès que celui de servir, par sa présence, à l'augmentation du triomphe de ses ennemis. Son action, qui ne fut pas libre, ne mérita aucune reconnoissance, et chacun demeura étonné de voir que ce ministre, si considérable par le poste qu'il avoit occupé jusqu'alors, eût voulu aller si loin, exprès seulement pour donner la liberté malgré lui à des princes qui étoient en prison par ses conseils. Ayant donc parlé à de Bar, il voulut être le premier qui annonceroit aux princes cette bonne nouvelle; et ne pouvant en cette occasion faire une action de ministre, il en voulut du moins faire une de courrier. Il entra dans la chambre du prince de Condé, et lui dit d'une manière douce et humble qu'il lui apportoit lui-même l'ordre de la Reine pour sa liberté et celle du prince de Conti et celle du duc de Longueville, qu'elle leur redonnoit sans aucune condition; que néanmoins la Reine les prioit d'aimer l'Etat, le Roi, elle et lui. Le prince de Condé, l'embrassant, lui dit gravement qu'il étoit obligé à Sa Majesté de la justice qu'elle lui

(1) Alors ma sœur prit l'habit de religieuse au couvent de Sainte-Marie de la rue Saint-Antoine. La Reine n'y put aller, à cause de sa prison.

faisoit, qu'il seroit toujours très-bon serviteur du Roi et d'elle; et ajouta, s'adressant au cardinal : « Et « de vous aussi, monsieur. » Le cardinal lui répliqua que les portes étoient ouvertes, et qu'il pouvoit sortir; mais M. le prince, bien assuré qu'il ne les pouvoit plus fermer, ne se hâta point de les passer, et demanda qu'on leur donnât à dîner avant que de partir : ce qui se fit; et tous dînèrent ensemble, c'est-à-dire les trois princes et le cardinal, le maréchal de Gramont qui étoit allé le premier au Havre, et ceux qui l'avoient suivi depuis. Ce repas se fit dans la même liberté que s'ils eussent été tous satisfaits les uns des autres : la comédie du monde le vouloit ainsi. Celle-là étoit belle : les acteurs en étoient grands et illustres, et les événemens plus véritables qu'il ne convenoit pour le repos de la Reine.

Ensuite de ce repas, M. le prince et M. le cardinal eurent ensemble une petite conversation. Le ministre fit sans doute tout ce qu'il put pour entrer en matière, et eût bien voulu par cet entretien renouer quelque liaison avec M. le prince; mais la suite fit voir qu'elle fut sèche, puisqu'elle ne put produire rien de bon pour le ministre. Après qu'elle fut finie, les princes sortirent gaiement de leur prison, et allèrent de même se mettre dans le carrosse du maréchal de Gramont, qui les attendoit dans la grande place de la citadelle. Le cardinal les suivit, qui les vit lui-même triompher de la victoire qu'ils remportoient sur lui. Il fit un grand salut à M. le prince, qui ne fut pas presque remarqué de lui; et ce prince, se jetant brusquement dans le carrosse, commanda au cocher de toucher promptement. Il le dit en s'éclatant de rire, et d'un ton moqueur : ce qui fit croire à ceux qui étoient présens à cette action qu'il s'en alloit avec une grande disposition de se venger du cardinal. Il vint de là coucher à Gromeni, à quatre lieues de là, chez un gentilhomme de mes parens qui faisoit bonne chère à tous ceux qui le venoient voir, mais qui ne s'attendoit pas d'avoir une si grande compagnie. Le prince y dit en riant que de Lyonne, qui ne l'avoit pas suivi, étoit demeuré au Havre pour consoler le cardinal (1).

Le duc d'Orléans sachant les princes en liberté, et n'ayant plus d'excuse, vint enfin visiter la Reine. Cette entrevue fut accompagnée de froideur et de dégoût; et la Reine fit voir, à l'émotion de son visage, qu'elle avoit eu de la peine à la souffrir. Ce prince fut au devant de ceux qu'il croyoit avoir délivrés de prison. Il alla jusqu'à Saint-Denis; et le prince de Condé, en le saluant, lui protesta publiquement une reconnoissance infinie, et un attachement éternel à ses intérêts. Il embrassa le coadjuteur avec des marques d'une forte amitié, et témoigna au duc de Beaufort qu'il lui étoit obligé. La presse fut grande dans les rues de Paris pour les voir arriver, et le peuple témoigna beaucoup de joie de leur retour. Comme leur captivité leur en avoit donné, leur liberté leur en

(1) J'ai su de la duchesse de Navailles, long-temps depuis que j'ai écrit ces Mémoires, que son mari, qu'elle épousa en secret lorsque le cardinal partit pour aller au Havre, s'étant obligé de le suivre par l'attachement qu'il avoit à ce ministre, et fort affligé de le quitter, il lui dit en confidence qu'il alloit le servir dans le dessein qu'il avoit de se rendre maître de la prison des princes, et qu'il espéroit, par la crainte qu'on auroit de ce qu'il pourroit faire, remédier au mauvais état où étoit la Reine : ce qui s'accordoit assez bien aux lumières et aux frayeurs que le duc d'Orléans et les serviteurs du prince de Condé eurent de ce voyage.

donna aussi; mais rien n'est égal à la quantité du monde qui se trouva chez la Reine ce même jour au soir, que tous ensemble ils vinrent chez elle la saluer. Elle étoit au lit quand le duc d'Orléans les lui présenta. Les complimens furent courts de la part du prince de Condé et des deux autres; et la Reine, qui leur avoit déjà fait faire un compliment, leur parla peu. Après qu'ils eurent été dans sa ruelle un petit quart-d'heure, ils s'en allèrent chez le duc d'Orléans, qui leur donna un grand soupé. Les princes, avant que de se coucher, allèrent visiter le duc de Nemours qui étoit malade, et la princesse palatine. Ces deux personnes méritoient plus que des complimens et des visites, vu les grandes choses qu'elles avoient faites pour eux, particulièrement la princesse palatine, dont la conduite et l'habileté avoit été admirable dans tous ses effets.

Les princes allèrent le lendemain matin au parlement faire leurs remercîmens à cette compagnie, qui furent reçus avec applaudissement. Le premier président loua infiniment le prince de Condé, et fit remarquer les maux que sa prison avoit causés à l'Etat. La compagnie fut requise de travailler à leur justification, et les gens du Roi se chargèrent de la solliciter.

Après que le cardinal eut reconnu la mauvaise disposition des princes, qu'il eut su précisément l'état où étoit la Reine, et que ses affaires empiroient, il résolut de s'acheminer vers la frontière de Picardie, suivi d'environ cent chevaux. Ses amis et ceux qui étoient à lui composoient ce cortége. Il ne reçut aucun déplaisir que de ceux d'Abbeville, qui lui refusèrent le passage; mais il fut reçu dans Dourlens par de Bar qui en étoit gouverneur, et qui étoit avec lui. Il s'arrêta quelque temps dans cette place, croyant y pouvoir attendre des nouvelles de ce qui se passoit à Paris. Elles furent mauvaises; et le murmure y fut si grand contre la Reine, qu'elle fut contrainte de lui envoyer Beringhen et Ruvigny, pour le prier de s'éloigner plus loin : ce qu'il fit, après avoir refusé les offres que lui réitérèrent les gouverneurs des places de cette frontière, qui lui furent plus fidèles que ses amis de la cour. Il écrivit à la Reine une lettre qui fut lue en plein conseil, qui fut trouvée assez belle pour être louée publiquement. En voici la copie prise sur l'original.

« Madame,

« Aussitôt que j'ai vu dans la lettre que Votre Majesté m'a fait l'honneur de m'écrire, et reconnu par ce que M. de Ruvigny a ajouté de sa part, que le service du Roi et le vôtre demandoient que ma retraite de la cour fût suivie de ma sortie hors du royaume, j'ai souscrit très-respectueusement à l'arrêt de Votre Majesté, dont les commandemens et les lois seront toujours l'unique règle de ma vie. J'ai déjà dépêché un gentilhomme pour m'aller chercher quelque asyle; et quoique je sois sans équipage, et dénué de toutes les choses nécessaires pour un long voyage, je partirai demain sans faute pour m'en aller droit à Sedan, et de là passer au lieu que l'on aura pu obtenir pour ma demeure. Je dois trop déférer aux ordres de Votre Majesté, pour avoir hésité le moins du monde à prendre cette résolution. Ce n'est pas, madame, que beaucoup d'autres qui seroient en ma place, avec la justice et le nombre d'amis que je puis avoir, n'eussent pu trouver des moyens pour se mettre à couvert des persécutions que je souffre, auxquelles je ne veux point penser, aimant mieux contenter la passion de mes ennemis que de rien faire qui puisse préjudicier à l'Etat, ou déplaire à Votre Majesté. Encore qu'en cette occasion ils aient eu le pouvoir d'empêcher Son Altesse Royale de suivre les mouvemens de sa bonté naturelle, ils n'ont pas laissé de lui témoigner, contre leur intention, qu'ils avoient fort bonne opinion de ma fidélité, de mon zèle pour le bien de l'Etat, et de mon entière résignation aux ordres de Votre Majesté. Car, à moins que d'être entièrement persuadés que je suis inébranlable dans ces sentimens-là, ils n'auroient pas été assez peu prudens pour me pousser avec tant de violence, sans faire aucune réflexion sur la connoissance que je dois avoir des plus secrètes et importantes affaires du royaume, dont j'ai eu si long-temps le maniement, ni sur les amis que mes services et la bienveillance de Votre Majesté m'ont acquis, et qui sont assez considérables par leur nombre, par leur qualité, et par la passion qu'ils m'ont témoignée en cette rencontre. Mais j'ai trop de ressentiment, madame, des grâces que j'ai reçues de Votre Majesté pour être capable de lui déplaire; et quand il faudroit sacrifier ma vie, je le ferois avec plaisir pour la moindre de ses satisfactions. J'en aurai beaucoup dans mon malheur, si Votre Majesté a la bonté de conserver quelque souvenir des services que j'ai rendus à l'Etat depuis que le feu Roi, de glorieuse mémoire, me fit l'honneur de me confier la principale direction de ses affaires, et de prier plusieurs fois Votre Majesté, avant sa mort, de me maintenir dans la même place. Je me suis acquitté de cet emploi avec la fidélité, le zèle et le désintéressement que Votre Majesté sait; et s'il m'est bienséant de le dire, avec quelque succès, puisque toutes les personnes sensées, et les Espagnols même, avouent qu'ils se sont moins étonnés des grandes conquêtes que les armées ont faites dans les cinq premières années de votre régence, que de voir que pendant les trois dernières on eût pu soutenir les assauts, et sauver du naufrage le vaisseau battu de tous côtés, et si furieusement agité de la tempête que les divisions domestiques avoient excitée. J'eusse bien souhaité, madame, de cacher aux étrangers le mauvais traitement que je reçois, pour empêcher que le blâme n'en rejaillisse sur une nation que j'ai toujours honorée et chérie avec tant de tendresse; mais quand ils me verront errant parmi eux, avec les personnes qui me sont plus proches, pour chercher un abri, ils auront quelque sujet de s'étonner qu'un cardinal, qui a l'honneur d'être parrain du Roi, soit traité de cette sorte, et que vingt-deux ans de service fidèle ne lui aient pu acquérir une retraite sûre en quelque endroit du royaume, dont les limites ont été assez notablement étendues par ses soins. Je prie Dieu, madame, que comme ce qui m'est arrivé n'altérera jamais la passion inviolable que je conserverai jusques à la mort pour les prospérités de Vos Majestés et pour la grandeur de l'Etat, ils puissent aussi bientôt en faire cesser les désordres, et montrer que ceux qui m'ont attaqué n'en vouloient qu'à ma personne. »

De Dourlens, le cardinal s'en alla en Allemagne,

et sa plus longue station fut à Brulh (1). On lui fit de grands honneurs sur toutes les terres du roi d'Espagne. Il est à croire que les étrangers avoient de l'amitié pour lui, puisque la persécution qu'on lui faisoit leur étoit si avantageuse.

La Reine ayant paru abandonner au parlement le cardinal Mazarin, il fut résolu qu'on dresseroit une déclaration contre lui, telle que la compagnie la désiroit. Dans cette déclaration il s'y trouva que tous les cardinaux, tant les français que les étrangers, seroient exclus du gouvernement; et on crut alors que le duc de Beaufort, mécontent du coadjuteur, de ce qu'en deux ou trois occasions il lui avoit caché les principaux mystères de leurs négociations, pour se venger de lui fit glisser cet article. Il étoit fondé sur ce que les uns et les autres faisoient serment de fidélité au Pape; mais ce qui, en ce fait, avoit été proposé en de certaines occasions, n'avoit point encore été décidé; et pour lors le parlement, en défendant le retour du cardinal Mazarin, excluoit du ministère tous ceux qui auroient pu ressembler au coadjuteur, dont la grande passion étoit de devenir cardinal et premier ministre.

La Reine, croyant embarrasser cet ambitieux, fut ravie de ce que le parlement avoit fait en cette occasion, et s'offrit de bon cœur de leur envoyer la déclaration en cette même forme. Le premier président lui manda qu'elle tînt bon là-dessus, qu'il soutiendroit cet article, et la serviroit en tout ce qu'il lui seroit possible. Le coadjuteur, qui n'y trouva pas son compte, fit tant d'intrigues et travailla si bien, que

(1) *Brulh* : ville de l'électorat de Cologne.

le clergé s'y opposa. Ce corps, où il y a pour le moins en certains particuliers autant d'ambition que de piété, et plus de désirs pour les honneurs de la terre que pour la gloire du Ciel, s'assembla pour se plaindre du tort qu'on lui faisoit de les exclure du ministère. Ils députèrent l'archevêque d'Embrun à la Reine, pour la supplier de ne point donner cette déclaration au parlement, puisqu'elle lui ôtoit la liberté de se servir de ceux de leur profession dont le mérite et la capacité avoit donné quelquefois à nos rois de très-habiles ministres. Le duc d'Orléans s'y opposa aussi, et cette contestation dura long-temps ; mais à la fin, comme je le dirai ailleurs, elle n'eut point d'effet à l'égard des cardinaux français, quoique le premier président fît de grands efforts pour la maintenir et pour embarrasser le coadjuteur, ainsi qu'il l'avoit promis à la Reine.

La Reine donna la déclaration que les princes lui demandèrent, en des termes fort honorables. Elle reconnoissoit leur innocence, et déclaroit redonner leur liberté aux vœux de la France, les remettant en la possession de tous leurs biens et de toutes leurs dignités : elle annuloit aussi toutes les déclarations qui avoient été données contre madame de Longueville, le vicomte de Turenne et tous ceux de leur parti, et les remettoit en leur premier état.

Beringhen, qui étoit allé trouver le cardinal de la part de la Reine en même temps que Ruvigni, revint le premier de mars ; il nous dit qu'il l'avoit laissé dans une grande nécessité, qu'il étoit embarrassé de ses nièces et de son neveu, qu'il n'avoit ni équipage ni argent, et qu'il lui avoit fait pitié. Comme alors le cardinal craignoit toutes choses, et qu'il ne méprisoit plus personne, Beringhen me dit qu'il lui avoit parlé de moi, comme désirant que je fusse de ses amies; mais je ne fus pas assez habile, ni assez appliquée à mes intérêts, pour profiter de ces bons momens.

Le parlement, voyant que le cardinal ne s'éloignoit pas assez promptement de la frontière à cause de la difficulté qu'il y trouva, et des passeports qu'il attendoit, donna encore un arrêt contre lui; et pour montrer de quelle manière il a été traité des princes et du parlement, j'ai voulu le mettre ici tout entier. Il porte les marques de ce que les hommes sont capables de faire, quand ils sont emportés par leur passion.

Extrait des registres du parlement.

« Ce jour, la Cour, toutes les chambres assemblées, ayant délibéré sur l'exécution des arrêts d'icelle des 7, 9 et 20 février, et 2 de ce mois et an, concernant le cardinal Mazarin, et ouï sur ce les gens du Roi, a été arrêté et ordonné que lesdits arrêts seront exécutés, et suivant iceux, à la requête et diligence du procureur général, incessamment informé contre ledit cardinal Mazarin, ses parens et domestiques, des contraventions par eux faites à l'exécution desdits arrêts; et ensemble de la déprédation faite par ledit cardinal ou par ses ordres sur les vaisseaux étrangers, dissipation des finances, transports des deniers hors du royaume, empêchement à la paix, et mauvaises impressions par lui données au Roi, circonstances et dépendances, et contre ceux qui l'ont suivi, assisté et retiré, et qui ont eu commerce et correspondance par lettres et autrement avec ledit cardinal, depuis et au préjudice de la publication dudit arrêt du 9 février. A cette fin a commis et commet, outre les deux conseillers commis par l'arrêt du 9 de ce mois, messieurs François Bithault et Pierre Pithou, conseillers de ladite cour, pour procéder au fait de ladite information, lesquels se transporteront en la ville de Dourlens, et partout ailleurs où besoin sera : ordonne en outre qu'où le cardinal sera trouvé en France, ou ès places et châteaux de l'obéissance et protection du Roi, de se saisir de sa personne, et de l'amener prisonnier en la Conciergerie du Palais, pour être contre lui procédé extraordinairement. Enjoint à tous gouverneurs et officiers du Roi tenir la main à l'exécution du présent arrêt : ordonne aussi qu'à la requête dudit procureur général, tous les biens dudit cardinal et revenus de bénéfices seront saisis. A cette fin, aura commission pour compulser tous registres de banquiers et personnes publiques, et lui sera délivré toutes lettres monitoires en forme de droit. Enjoint aussi à toutes personnes qui ont connoissance desdits biens, ou qui en ont, de le déclarer, à peine de punition ; et sera le présent arrêt affiché, lu et publié à son de trompe et cri public, par tous les carrefours de cette ville et faubourgs, et envoyé aux bailliages, sénéchaussées et sièges du ressort, pour y être lu, publié et exécuté à la requête du procureur général et diligence de ses substituts ; et en sera donné avis aux autres parlemens ; qui seront conviés de donner arrêt. Fait en parlement, le 11 mars 1651. *Signé* Guiet. »

Quelques jours après cet arrêt, le cardinal écrivit une grande lettre à Beringhen, qu'on appeloit M. le premier, pour l'informer des difficultés de sa marche. Par elle, on peut juger en quelle perplexité il étoit, et combien ses ennemis lui donnèrent de peine avant qu'il pût trouver un lieu de sûreté dans lequel il pût passer le temps de son exil. Comme elle est remarquable, j'en ai gardé la copie que voici.

« Monsieur,

« Je prévois que mal aisément je puis éviter que mes malheurs ne soient suivis d'un plus grand; je suis errant d'un côté et d'autre, sans avoir une retraite tant soit peu assurée. J'avois pris la route d'Allemagne, comme je vous avois écrit; mais j'ai rencontré le maréchal de La Ferté, auquel ayant communiqué ma résolution, et après avoir bien examiné la chose avec lui, nous avons trouvé que de dix villes impériales qui sont en Alsace sous la protection du Roi, il n'y a que Schelestadt de catholique, sans appartenir ou avoir dépendance de la maison d'Autriche, laquelle a été si maltraitée des Français, qui y ont tenu garnison long-temps, qu'elle est très-partiale des ennemis de la France; outre que les habitans étant extrêmement pauvres, je courrois grand risque d'être sacrifié pour de l'argent, et que je dépendrois d'un bourguemestre que j'ai eu avis certain être un homme malintentionné pour la France, et capable d'être aisément corrompu : de sorte que nous n'avons nullement jugé à propos que je cherchasse mon asyle en ce lieu-là. A Mayence, je n'y puis aller sans savoir si je serois bien reçu : ce qui m'obligeroit à demeurer quinze jours en France; et je vous jure devant Dieu que ma plus grande inquiétude est d'en sortir. Et pour les Suisses, j'ai été bien aveuglé quand j'y ai pensé, car leur alliance avec la France finit à présent. Il y a quantité d'officiers réformés mal contens, qui me croiront l'auteur de leurs malheurs, puisqu'on se prend d'ordinaire de tout à celui qui a eu la principale direction des affaires. Les Suisses ont été maltraités pendant mon administration; et comme on ne leur a pas tenu ce qui leur avoit été promis, et qu'on leur doit des sommes immenses, et qu'ils n'entendent aucune raison où il y va de leurs intérêts, il y a lieu de craindre qu'ils ne s'en prissent à moi, et qu'ils ne voulussent, en m'arrêtant, m'obliger à leur paiement; et ainsi vous jugerez bien si c'est un lieu où je dois être.

« Je vous dirai de plus que je suis guetté de tous côtés; et je vois bien que mes ennemis de Paris y travaillent à bon escient, et qu'ils n'auront point de repos qu'ils ne m'aient achevé tout-à-fait; et mes amis, contre leur intention, y contribueront, en me pressant sans relâche de sortir du royaume, sans me conseiller ce que je puis faire, ni considérer où je pourrois avoir une apparence de sûreté. J'ai appris aussi bien par le maréchal de La Ferté que, sur le Rhin, la garnison de Franckendal, qui est extrêmement forte, court partout; et on fait dans tous ces endroits-là, même en Alsace, des levées pour les ennemis, qui ne m'épargneroient pas. Wirtemberg est venu dans le Luxembourg avec huit cents chevaux; et ayant nouvelle de mon passage, il lui seroit aisé de me dresser une embuscade. J'avois écrit pour savoir si je pourrois demander passeport aux Espagnols, mais jamais on ne m'a fait réponse là-dessus; et je vous prie de nouveau de me faire savoir les volontés de Leurs Majestés sur ce sujet.

« Enfin voyant qu'il n'y avoit nulle sûreté de ce côté-là, et ne pouvant pas faire la diligence que je ferois si je n'avois pas mes nièces avec moi (ce qui est un plus grand embarras que vous ne sauriez vous imaginer), et considérant d'ailleurs qu'allant dans le plus prochain lieu d'Allemagne, on ne sauroit avoir nouvelle à Paris que je suis sorti des terres de l'obéissance du Roi que dans douze jours, j'ai résolu de m'en aller droit à Bouillon, où je serai, Dieu aidant, après-demain, avec dessein de passer à Dinan ou à Cologne lorsque j'aurai permission de prendre un passeport des Espagnols : et ainsi on saura dans cinq jours à Paris que je suis hors du royaume; et dès à présent on peut assurer que dès samedi ou dimanche matin cela sera, si ce n'est que le maréchal de Turenne me fasse abréger le chemin, étant obligé de passer à trois lieues de Stenay, où nous avons avis qu'il a des troupes avec lui. Ce qui m'a principalement obligé à prendre ce parti, ç'a été que lorsque j'étois le plus en suspens, et dans l'irrésolution de ce que j'avois à faire, il est arrivé que le gouverneur de Bouillon étoit venu à Rethel pour m'apporter des lettres de son maître, et pour m'assurer de sa part que je pouvois aller à Bouillon, à Dinan, ou en tel autre lieu de ses Etats que je voudrois, avec assurance que j'y serois reçu comme lui-même : et m'ayant trouvé parti de Rethel, il m'a envoyé la lettre de l'électeur qui est très-civile, accompagnée d'une des siennes, où il me fait le compliment dont il étoit chargé. Vous trouverez ici la lettre du gouverneur. Je ne vous envoie pas celle de l'électeur, parce que j'en pourrai avoir besoin.

« Si, lorsque j'étois à Rethel, je n'avois cru que je ne pourrois pas avoir réponse de sept ou huit jours de l'électeur, et que je fusse allé droit à Sedan comme c'étoit ma pensée, dès lundi passé j'eusse été hors du royaume. C'est un malheur que je ne pouvois pas prévenir, et qui me coûte beaucoup d'incommodité et de chagrin. La plus forte raison que j'aie pour m'en aller à Bouillon, c'est que je sors par là plus tôt du royaume ; mais c'est un lieu où il n'y a pas apparence que je puisse demeurer quinze jours en sûreté. Le village est tout ouvert, le château très-petit, et je n'y serois pas le plus fort. En outre, le père du gouverneur est celui, à ce qu'on dit, qui a le plus agi contre les Français à Liége ; et le gouverneur même est beau-frère de madame de Marsin. De plus, il y auroit toujours aux portes des partis d'Espagne, de Lorraine, et de M. de Turenne.

« Si M. l'électeur vouloit me donner le château de Dinan, qui est à dix-huit lieues de Bouillon, à condition que j'y pourrois mettre deux cents hommes en garnison, je crois que j'y pourrois être fort bien et en quelque sûreté, jusqu'à tant que je puisse prendre quelque autre demeure. C'est une étrange condition que la mienne d'avoir consommé ma vie en servant utilement la France avec la dernière fidélité et passion, et que cela ne m'ait servi qu'à me faire perdre la liberté que sans cela j'eusse eue de pouvoir aller et demeurer partout avec une entière sûreté. Peut-être cela est sans exemple.

« Au nom de Dieu, voyez M. le maréchal de Gramont, qui a fort pratiqué du pays. Examinez avec lui et mes autres amis ce que je devrai faire; car assurément je serai en danger à Bouillon. Cependant j'oserois prier que le Roi écrivît une lettre à l'électeur de Cologne en ma faveur, le remerciant de l'offre et des civilités qu'il m'a faites : et peut-être seroit-il bon aussi d'en écrire une au gouverneur de Bouillon ; mais je me remets en tout à ce qu'on jugera de delà pour le mieux, et demeure avec la plus forte passion, Monsieur, votre très-affectionné serviteur, le cardinal MAZARIN.

« *A Clermont, le 10 mars 1651.* »

Madame de Longueville, justifiée et triomphante, ne pensoit plus qu'au moyen de revenir à Paris et de satisfaire les Espagnols, avec lesquels elle avoit fait un traité. Ils l'avoient fait prier, voyant l'état des affaires de la cour de France, de se souvenir qu'elle étoit engagée à ne se point séparer d'eux que la paix générale ne fût faite ; mais elle leur manda qu'elle désiroit venir à Paris pour y travailler ; et si, après qu'elle auroit fait ses efforts pour y parvenir, ils n'étoient pas contens, qu'elle leur promettoit de revenir à Stenay, afin de satisfaire entièrement à ses engagemens. Elle envoya Sarrazin [1] à Bruxelles, pour remercier l'ar-

(1) *Sarrazin :* Jean-François. Poète qui jouissoit alors de quelque ré-

chiduc et le comte de Fuensaldague des assistances qu'elle en avoit reçues; et ce prince, par le conseil du ministre du roi d'Espagne, se contenta de ce qu'elle leur promit. Ils la laissèrent revenir à la cour, dans l'espérance du moins qu'elle y feroit de nouveaux embarras dont ils pourroient profiter, autant que de la paix qu'elle leur offroit et qu'elle ne pouvoit pas faire. Au bout de quelques jours elle arriva à Paris, aussi contente de la prospérité des princes ses frères qu'elle avoit été affligée de leur infortune. A son retour, elle fit paroître quelque dessein de faire ce qu'elle avoit promis aux étrangers. On envoya Croissi à Stenay au maréchal de Turenne : il se fit quelques négociations, et l'on vit à Paris des Espagnols qui faisoient mine d'être occupés à de grandes affaires; mais je n'en sais point le détail : et comme la Reine n'y avoit nulle part, je n'en puis rien dire, sinon que toutes ces propositions servirent seulement à tirer honnêtement le maréchal de Turenne de l'engagement qu'il avoit pris avec les étrangers.

En l'état où se trouvoient alors le prince de Condé et madame de Longueville, on peut juger que s'ils eussent su porter leur bonheur jusqu'où il pouvoit aller, cette famille se seroit élevée jusqu'au dernier degré de la plus excessive puissance où des princes du sang puissent arriver. Mais Dieu, qui vouloit protéger la France contre leur ambition, permit que M. le prince fît une heureuse faute qui lui ôta ses nouveaux amis, et qui les obligea de le haïr plus que jamais. Il se contenta d'arrêter entre le duc d'Orléans et lui le mariage

putation. Il étoit secrétaire et favori du prince de Conti, qui le disgracia peu de temps après la fin des troubles.

projeté entre le duc d'Enghien son fils et mademoiselle d'Alençon, fille du duc d'Orléans, sans en presser la conclusion; et il suivit les sentimens de madame de Longueville sur celui du prince de Conti avec mademoiselle de Chevreuse, qu'elle lui conseilla de rompre sitôt qu'elle fut revenue. Elle ne trouva pas à propos de mettre une personne dans sa famille qui, étant femme de son frère, l'auroit précédée partout, et qui, plus jeune et aussi belle, l'auroit pu effacer, ou du moins partager avec elle le plaisir de plaire et d'être louée. Elle ne voulut pas non plus qu'elle lui pût ôter le crédit qu'elle vouloit avoir sur l'esprit du prince de Conti son jeune frère, par où jusqu'alors elle s'étoit rendue considérable à sa famille. Pour persuader M. le prince, elle trouva le moyen de lui faire sentir que le prince de Conti, venant à se marier, lui ôteroit le partage qu'il devoit faire en ce cas avec lui des biens de leur maison. Par cet intérêt, elle le fit résoudre de manquer de parole à madame de Chevreuse; et ce changement fut un grand obstacle à sa grandeur : car cette princesse avoit trop d'habileté et de crédit pour recevoir cet outrage sans trouver les moyens de s'en venger. Le duc de La Rochefoucauld avoit fortifié madame de Longueville dans ce mauvais dessein. Il haïssoit les frondeurs, et prétendoit que madame de Chevreuse n'avoit pas reconnu les grands services qu'il lui avoit rendus autrefois, pendant les disgrâces qu'elle eut à souffrir dans la faveur du cardinal de Richelieu : si bien qu'il contribua beaucoup à cette rupture.

La princesse palatine, de son côté, voyant qu'elle étoit quitte de la promesse qu'elle avoit faite à madame de Longueville, ne songea plus qu'à bien servir la Reine. Elle l'alla voir en secret, prit des mesures avec elle, et tâcha de s'opposer au dessein que le prince de Condé avoit de pousser les choses à l'extrémité. Il vouloit suivre les conseils de ses créatures, qui, par de mauvaises voies, désiroient sa grandeur. On proposa tout de nouveau, dans les premiers jours de son retour, d'enlever le Roi, et de le mettre entre les mains du duc d'Orléans. La princesse palatine, à ce qu'elle m'a conté, dit là-dessus à M. le prince qu'il ne falloit pas aller si vite, ni donner tant de puissance au duc d'Orléans : en quoi elle servoit utilement la Reine, et ne trompoit pas M. le prince. Elle avoit le dessein de les raccommoder ensemble : et dans cette intention elle conseilla à la Reine de lui donner le gouvernement de Guienne, afin d'arrêter par cet engagement les autres propositions qui se faisoient contre le repos de la Reine. M. le prince eût pu aller plus loin, par le chemin qu'on lui vouloit faire prendre; car le duc d'Orléans n'ayant que des filles, et une d'elles devant être mariée au duc d'Enghien, il est indubitable que cette même grandeur seroit retombée sur lui ; et s'ils se fussent saisis du Roi, leur domination, du moins jusqu'à la majorité, n'auroit été bornée que par leurs désirs. Mais Dieu donna des forces à la Reine pour se défendre heureusement des mauvais desseins qui se pensèrent former contre elle, et qui manquèrent en partie d'être exécutés, parce que dans le fond du cœur du duc d'Orléans il y avoit de la bonté, et que dans l'ame de M. le prince on a dû y remarquer une naturelle aversion au mal. C'est ce qui les rendoit si faciles l'un et l'autre à recevoir des conseils conformes à l'équité et à la douceur. Il est à croire aussi que M. le prince n'avoit pas oublié que le coadjuteur, madame de Chevreuse et Laigues l'avoient mis en prison, et que ce souvenir affoiblissoit dans son ame celui de son retour et de sa liberté. Il est vrai que madame de Chevreuse ne méritoit pas qu'il lui manquât de parole : elle en avoit usé fort honnêtement avec lui dans la première visite qu'elle avoit reçue de lui. Elle lui redonna sa parole et son écrit, et lui dit généreusement qu'elle vouloit tenir l'honneur de son alliance de sa propre volonté. Ce procédé devoit obliger M. le prince à la rechercher avec de grands soins, mais il étoit à propos qu'il se trompât : de si grandes cabales liées à lui auroient accablé la Reine, qui apparemment auroit beaucoup plus souffert, s'il avoit été plus ponctuel à tenir ce qu'il avoit promis.

La Reine, qui comprit aisément combien le mariage du prince de Conti avec mademoiselle de Chevreuse lui étoit à craindre, vit avec grand plaisir les obstacles que madame de Longueville y apporta ; et le service qu'elle lui rendit, sans en avoir l'intention, diminua la douleur qu'elle eut de la voir travailler publiquement à la paix avec les Espagnols, sans qu'elle lui fît la grâce de la compter pour quelque chose, et recevoir avec un souris dédaigneux qui lui étoit ordinaire, non-seulement le peuple de Paris, mais les plus grands seigneurs qui venoient à l'adoration chez elle.

Servien et de Lyonne, qui avoient pris quelque liaison avec M. le prince, lui laissoient espérer de grands avantages du Roi et de la Reine ; et ce qu'ils faisoient pour le servir, et peut-être en même temps pour se maintenir dans le poste où ils étoient, entretenoit une négociation qui étoit encore utile à le séparer de la cabale des frondeurs, et le rapprocher de cette princesse. M. le prince, ayant donc déterminé de rompre le mariage du prince de Conti, fit entendre à la Reine, par de Lyonne, qu'il souhaitoit qu'elle employât l'autorité du Roi pour en empêcher la conclusion, et lui fit dire qu'il lui en seroit obligé. Le prince de Conti ne haïssoit pas mademoiselle de Chevreuse : il avoit intelligence avec elle par Laigues, confident de madame de Chevreuse ; mais le prince de Condé, pour l'en dégoûter, lui fit dire qu'elle avoit des amans (1) qui ne lui déplaisoient pas, et par cette voie lui fit naître dans l'ame quelque petite jalousie, qui fit l'effet qu'il désiroit. Ainsi la Reine, après beaucoup de négociations, du consentement de toute la famille de Condé, fit savoir à madame de Chevreuse qu'elle ne désiroit pas que ce mariage se fît, parce qu'il avoit été concerté pour des fins contraires au service du Roi. Ce commandement fut cause que toutes ces propositions s'évanouirent, et qu'on n'en parla plus.

M. le prince fit cet outrage à madame de Chevreuse sans même lui en faire aucune excuse, ni travailler à guérir le dépit qu'elle en devoit avoir par aucun adoucissement : ce qui lui fit perdre l'amitié de cette princesse, qui, étant convertie en haine contre lui, telle qu'il la méritoit, fut cause que cette princesse, pour se venger de lui, se tourna du côté de la Reine, qu'elle servit si utilement qu'elle contribua

---

(1) *Qu'elle avoit des amans* : Mademoiselle de Chevreuse avoit alors une intrigue avec le coadjuteur : ce qui n'empêchoit pas ce dernier d'employer tout son crédit pour la marier au prince de Conti.

beaucoup au retour du cardinal Mazarin. M. le prince perdit aussi le coadjuteur, tant à cause qu'il s'intéressoit en toutes les choses qui regardoient madame et mademoiselle de Chevreuse, que par l'impuissance où il se trouva de lui pouvoir faire donner le chapeau, qui étoit la seule fin de ses intrigues, et (on le peut dire) de ses crimes et de ses vertus : si bien qu'ayant changé de sentiment pour ce prince aussitôt qu'il n'espéra rien de lui, il fit ensuite parler à la Reine par tous ses amis et ses amies, pour tâcher de se raccommoder avec elle; et sans doute qu'il n'oublia pas d'envoyer traiter avec le cardinal.

Dans ces temps si brouillés, il se passa une si grande confusion de négociations, qu'il faut nécessairement que j'en aie ignoré une grande partie. J'avois une continuelle assiduité auprès de la Reine, qui me faisoit cet honneur de prendre quelque confiance en moi; mais elle ne savoit pas elle-même les particularités des intrigues qui l'environnoient, et la fidélité que j'avois pour elle me rendit suspecte à ceux qui n'avoient pas ces mêmes sentimens. Je sais seulement, par les choses qui venoient à elle et par celles qui m'ont été dites en confidence par les propres acteurs, les événemens les plus considérables, dont il y a sans doute un détail secret qu'il m'a été impossible de pénétrer entièrement à l'égard du coadjuteur. La Reine, dans ce temps-là, me dit un jour, parlant de lui, qu'il lui faisoit parler par tout le monde; que madame la duchesse d'Aiguillon la pressoit de lui pardonner, et de se servir de lui pour se retirer de l'état où elle étoit. Elle ajouta ces mêmes mots : Qu'elle voyoit bien qu'elle avoit raison; que la politique le vouloit ainsi; mais qu'elle avoit une telle horreur de cet homme, qu'il lui étoit impossible de s'y résoudre. Je la pressai de feindre en cette occasion, et de ne point écouter son ressentiment, quoique raisonnable, afin qu'elle pût être bientôt en état d'agir librement sur l'amitié et sur la haine. Quelque temps après elle fut presque forcée d'avoir commerce avec lui, pour voir si elle pourroit, par le déréglement de ses passions, trouver quelque remède à ses propres maux. De Lyonne le vit par son ordre : je pense que ce fut chez Montrésor. Les propositions furent cruelles du côté du coadjuteur contre la vie de M. le prince. Elles furent telles, que la Reine, qui étoit bonne et généreuse, ne les put approuver; et l'aversion qu'elle en témoigna ralentit ces sortes de conférences. On a cru que le même de Lyonne, ne voulant pas perdre M. le prince, en avertit le maréchal de Gramont, qui aussitôt le dit à Chavigny, et Chavigny le découvrit à ce prince : ce qui produisit ensuite de grands événemens, par les précautions nécessaires qu'il crut se devoir à lui-même. La Reine ne voulut donc point de repos, en se défaisant d'un ennemi par des voies iniques. Une princesse chrétienne, qui avoit de la modération et de la vertu, n'étoit pas capable de sympathiser en rien avec des sentimens aussi emportés que l'étoient ceux du coadjuteur. La piété que son caractère lui devoit inspirer, et les vertus morales dont il faisoit profession, ne s'accordoient guère avec l'ambition, qui ne lui permettoit de sentir que ce qui pouvoit contribuer à la satisfaire. Son grand désintéressement et ses autres qualités, qui lui donnoient tant d'amis, leur pouvoient faire croire que s'il désiroit du bien, ce n'étoit que pour leur en faire part ; et que si la Reine se vouloit servir de ses conseils, l'élévation de son esprit, qui n'étoit plein que de grands desseins, son activité, sa hardiesse et sa fermeté viendroient à bout de toutes les difficultés que la foiblesse du cardinal Mazarin ne pouvoit surmonter. Mais les expédiens qu'il proposoit étoient si forcés, qu'ils ne pouvoient pas aisément s'attribuer à magnanimité.

Le prince de Condé perdit encore le premier président Molé, à cause qu'il avoit dit qu'il ne seroit jamais content qu'il n'eût fait chasser Le Tellier du conseil et du service du Roi, afin de pouvoir faire mettre à sa place le président Viole, qu'il préféra à Champlâtreux, fils du premier président, qui avoit espéré de pouvoir devenir secrétaire d'Etat. Les hommes les plus sages cessent de l'être quand il s'agit de leurs intérêts : voilà la source de toutes les fautes de ce sage magistrat. Sa fermeté, sa probité, le zèle qu'il avoit pour le bien de l'Etat et le service du Roi, qui avoit paru au travers de sa foiblesse, toutes ses vertus perdirent leur éclat, parce qu'il ne fit pas tout ce qu'il devoit faire ; et par là seulement il se priva de l'avantage qu'il auroit pu avoir d'être estimé un des premiers hommes de son siècle. Sa prétention l'avoit rendu trop partial du prince de Condé, et l'avoit souvent fait manquer à son devoir ; mais les dégoûts qu'il eut de ce prince, qui se multiplièrent beaucoup, le rendirent plus fidèle. Il est à souhaiter qu'il puisse servir de leçon à ceux qui le suivront.

M. le prince perdit aussi dans la suite des temps le duc de Bouillon et le vicomte de Turenne, pour avoir, à ce qu'ils disoient, soutenu foiblement leurs intérêts en quelques occasions. La princesse palatine, qui ne fut pas non plus satisfaite de sa reconnoissance, parut en quelque façon moins attachée à lui. Elle voulut qu'il ôtât les finances au président de Maisons, pour les donner au marquis de La Vieuville. Le chevalier de La Vieuville, son fils, étoit de ses intimes; elle vouloit qu'il lui eût cette obligation, ou plutôt elle prétendoit devenir riche par leur moyen : et, comme elle se vit privée de cet espoir, et du plaisir qu'elle croyoit trouver à favoriser ceux qu'elle considéroit, elle suivit son inclination qui la pressoit de se donner entièrement à la Reine, et fit voir par sa conduite qu'elle étoit dans ses intérêts. Elle fit tout ce qu'elle put pour obliger M. le prince à se mettre tout-à-fait bien avec la Reine, et madame de Longueville fut quelque temps à douter si la chose se pouvoit faire; mais ce prince ne put entrer dans cette proposition à cause des obligations qu'il avoit nouvellement au duc d'Orléans, dont il ne crut pas se devoir séparer. Il est à croire aussi que l'engagement où il étoit de haïr le cardinal Mazarin, plus par honneur que par sentiment, l'embarrassoit, et qu'il ne vouloit suivre en rien l'exemple des frondeurs, qui feignoient incessamment tous les contraires ensemble. Ce sont là, selon toutes les apparences, les véritables raisons qui l'empêchèrent de se lier avec la Reine : et cet état douteux arrêtoit les projets légitimes qu'il auroit pu former à l'avantage de sa grandeur. Il est difficile à l'homme de vouloir satisfaire à toutes ses obligations, à ses intérêts et à ses sentimens : toutes ces choses portent en elles des difficultés qui le font égarer au milieu de cette multiplicité de pensées et de désirs qu'il se produit à lui-même, et le forcent souvent à suivre ce qu'il ne voudroit pas faire.

Le prince de Condé demeura donc indécis à la vue de tout ce qui se présentoit à lui; et, pour avoir un trop grand bonheur, il se trouva enfin qu'il n'eut pas tout celui qu'il pouvoit avoir. Il eut seulement intelligence avec la Reine pour faire quelque changement au conseil, et pour obtenir le gouvernement de Guienne, que Servien et de Lyonne, ensuite des conseils de la princesse palatine, lui firent espérer. Ce fut sous l'apparence du bien public qu'ils y travaillèrent; mais ce fut plus véritablement encore par l'espérance qu'ils eurent que ce prince feroit chasser Le Tellier qu'ils n'aimoient pas, et dont peut-être ils vouloient la charge. Il le fut en effet quelque temps après, dont il ressentit beaucoup de peine; mais sa disgrâce ne lui fit rien perdre : il eut le bonheur et la fidélité tout ensemble. C'est ce qui arrive rarement.

Pendant que toutes ces brouilleries se démêlent, beaucoup d'autres événemens remplissoient le théâtre. La noblesse voyoit de toutes parts de la confusion; le parlement agissoit comme s'il eût été le maître du royaume, et le clergé s'assembloit pour ses intérêts. Quand les princes, les seigneurs et gentilshommes eurent remarqué que tous les corps, excepté eux, avoient part à la chose publique, ils résolurent aussi de prendre celle qui leur appartenoit, et demandèrent les Etats. La Reine, qui ne savoit plus ce qui lui étoit bon ou mauvais, et qui, selon le dire du marquis de Seneterre, se laissoit conseiller par la nécessité, n'en fut point d'abord trop fâchée, parce qu'elle vit que cela déplaisoit au parlement. Avant la sortie des princes, plusieurs députations avoient été faites entre le clergé et la noblesse, toutes en leur faveur, et afin de supplier la Reine unanimement de les mettre en liberté. La noblesse, les voyant alors sortis de prison, députa vers le duc d'Orléans le marquis de Sourdis (1) pour l'en remercier, et lui aller donner des marques de leur joie commune. Il s'en acquitta dignement : il avoit beaucoup d'esprit et de savoir.

Le duc d'Orléans avoit consenti à cette assemblée de la noblesse, et M. le prince aussi. Quand ils virent qu'elle demandoit la convocation des Etats, ils voulurent se servir d'elle pour de plus grands desseins, et crurent qu'ayant à eux le parlement, avec beaucoup de ceux qui composoient le corps de la noblesse et du clergé, ils en seroient les maîtres. Leur dessein étoit de les faire tenir à Paris, dont le peuple étoit à eux, et avant la majorité qui approchoit, afin peut-être de faire revivre les anciennes lois du royaume, qui, à ce qu'ils disoient, défendent que les rois soient majeurs si jeunes. Ils crurent vainement qu'ils pourroient ôter la régence à la Reine pour se faire les maîtres de l'Etat ; mais elle, qui fut informée de leur dessein, bien conseillée et bien instruite, s'y opposa fortement, appuyée du premier président et même de tout le corps du parlement, qui en ce cas étoit pour elle. Cette compagnie est toujours opposée aux Etats, à cause qu'ils offusquent son pouvoir, et que le mot de *tiers-état* ne lui plaît pas. Le garde des sceaux de Châteauneuf favorisoit ceux qui demandoient les Etats. L'autorité de la Reine lui étoit suspecte, et il

(1) *Le marquis de Sourdis :* Charles d'Escoubleau.

savoit d'ailleurs que le premier président ne l'aimoit pas. Ce fut donc à son extrême regret qu'il vit que la Reine, en tenant bon, reprendroit des forces, et qu'étant appuyée de ce corps elle réussiroit dans son dessein, qui étoit de les empêcher tout-à-fait. C'est pourquoi il conseilla les princes de consentir qu'ils fussent convoqués à Tours le premier d'octobre, aussitôt après la majorité. La Reine, ne pouvant reculer, y consentit, au grand regret de ceux du parlement; mais ils se consolèrent en ce qu'ils crurent que son intérêt l'obligeroit toujours de les éviter, et qu'alors elle auroit sans doute plus de puissance pour faire obéir le Roi. Cette princesse, dans le dessein de feindre de n'y consentir jamais, envoya enfin le maréchal de L'Hôpital pour séparer l'assemblée de la noblesse, et leur promettre de convoquer les Etats au premier octobre; mais les partisans des princes n'en parurent pas tout-à-fait satisfaits.

Le 19, le duc d'Orléans envoya chercher le père Paulin, jésuite et confesseur du Roi, pour lui dire qu'il le prioit d'avertir la Reine que cette convocation des Etats, après la majorité, ne plaisoit à personne; que la noblesse ne vouloit point se désunir; qu'il craignoit qu'il n'arrivât de grands désordres dans Paris; et qu'elle devoit savoir que, peut-être avant qu'il fût trois jours, tout seroit à feu et à sang dans la ville. Le père Paulin revint trouver la Reine, et lui rendit compte de la harangue du duc d'Orléans; il accompagna sa narration d'une affreuse peinture de tous les maux qui pouvoient arriver de cette affaire. La Reine l'écouta sans s'étonner; elle connut d'où venoit ce discours, et qu'il étoit fait à dessein de lui faire peur, et de l'obliger par cette frayeur à convoquer les Etats avant la majorité. Elle vit clairement que ses intérêts ne pouvoient compatir avec ceux des princes, et que, sous le nom du Mazarin, ils auroient eu pouvoir de la persécuter tout de nouveau. Le soir de ce même jour, le duc d'Orléans et M. le prince vinrent la voir : elle dit au duc d'Orléans que s'il avoit voulu lui faire peur en lui mandant ce que le père Paulin lui avoit dit de sa part, il n'avoit pas réussi dans son dessein. Le duc d'Orléans et M. le prince la pressèrent instamment de consentir que les Etats se tinssent avant la majorité, afin, à ce qu'ils disoient, de contenter la noblesse, qui ne vouloit pas se séparer sans obtenir cette grâce; mais la Reine, qui se sentoit appuyée, tint ferme contre eux, et ne se relâcha jamais : elle parla même au prince de Condé avec un peu de fierté, ne montrant nullement de les craindre ni l'un ni l'autre; et ils la quittèrent fort mal satisfaits de sa fermeté.

Le garde des sceaux alla le lendemain au Luxembourg pour accommoder ce différend; il rapporta à la Reine que le duc d'Orléans souhaitoit au moins qu'ils fussent commencés cinq ou six jours avant la majorité. Mais la Reine ne se rendit point à cette dernière attaque : elle eut peur que ce peu de jours ne lui fussent funestes, et leur empressement fortifia sa résistance, et lui en fit connoître visiblement le danger. Le duc d'Orléans se fondoit à insister là-dessus, sur ce qu'il disoit y avoir des exemples que les Etats avoient souvent été tenus sous les minorités. Il alla même au parlement disputer sa prétention ; et comme les intérêts changent les sentimens des hommes, il y trouva son crédit diminué, et qu'il n'en avoit pas autant pour faire tenir les Etats qu'il en avoit eu en faveur des princes et contre le Mazarin. La noblesse députa à l'hôtel-de-ville pour lui demander jonction; mais les bourgeois, qui n'avoient plus cet objet du Mazarin qui avoit produit leur entêtement, étoient revenus à leur devoir, et n'étoient plus capables d'y manquer, sans de grands soins à les tromper par d'autres inventions. Ils refusèrent leur requête : puis enfin toutes ces contestations se ralentirent, et de plus grandes aventures les étouffèrent. Cette dispute néanmoins fut soutenue des princes jusqu'à la veille de la majorité : apparemment elle étoit fondée sur quelque dessein nuisible au Roi, à la Reine et à l'Etat; et comme le Mazarin leur avoit servi de prétexte à tous pour satisfaire leurs passions, un des jours que le duc d'Orléans fut au parlement pour cette affaire, il se plaignit hautement de la Reine, et dit qu'elle n'agissoit que par les conseils du ministre de Brulh (1); qu'elle étoit environnée de mazarins; qu'il ne pouvoit pas répondre du repos de l'Etat, que Le Tellier, Servien et madame de Navailles ne fussent chassés de la cour; et que toutes ces personnes étant créatures du cardinal, la Reine n'agissoit jamais que par les avis qu'ils lui donnoient de sa part.

Navailles (2) étoit un gentilhomme de bonne maison, bien fait, et fort honnête homme. Quand le ministre partit de France, il lui fit donner le brevet

---

(1) Le cardinal y étoit. — (2) *Navailles*: Philippe de Montaut de Benac. Il avoit épousé en secret Suzanne de Bandeau de Neuillant, dont il a déjà été parlé.

de duc (1), et pria la Reine de lui faire épouser mademoiselle de Neuillant, qu'il estimoit. Pour lui, il la souhaitoit pour son mérite, sa sagesse, sa naissance et ses richesses. Ce mariage, comme je l'ai déjà dit, ayant été fait au Palais-Royal en secret, et du consentement de la Reine, Navailles travailloit incessamment à payer le cardinal des obligations qu'il lui avoit; et madame de Navailles, après avoir déclaré son mariage, étoit demeurée auprès de la Reine pour être celle qui, par son mari, lui faisoit tenir toutes les lettres du cardinal : il lui écrivoit à elle, et lui commettoit le soin d'une grande partie de ses intérêts. J'en ai vu tous les originaux; car madame de Navailles, quelques années après devenue mon amie, me les a depuis montrés. Voilà la raison qui obligeoit le duc d'Orléans de parler d'elle au parlement, dont on s'étonna; car notre sexe doit avoir certains priviléges qui le peuvent exempter d'aller dans les lieux publics. Le duc d'Orléans voulut aussi chasser Le Tellier, comme attaché aux intérêts du cardinal. Ce prince étoit sur cet article de concert avec M. le prince, qui se plaignoit hautement de lui de ce que, l'ayant toujours cru de ses amis, il l'avoit abandonné, et ne l'avoit pas averti quand il fut arrêté. Il le blâmoit d'une chose dont il paroissoit louable : il ne faut jamais trahir le secret de son ami, à plus forte raison celui de son maître et celui de l'Etat. On a cru qu'il le poussa aussi par l'engagement qu'il avoit pris avec de Lyonne, qui avoit paru agir avec le dessein de faire chasser ce ministre; et que Servien, étant

(1) Ce brevet fut donné à son père, pour lui donner l'avantage d'être fils d'un duc.

oncle de de Lyonne, n'avoit été nommé en cette occasion que pour mieux couvrir le désir que les princes avoient de perdre entièrement Le Tellier. Je crois devoir dire néanmoins que je n'ai point de connoissance par moi-même que de Lyonne ait voulu travailler à la ruine d'un ministre qui servoit le Roi fidèlement; mais je sais que la Reine l'en a soupçonné, et que Le Tellier en a été fortement persuadé. Ce sont de ces choses qu'on ne peut démêler que difficilement, et dont par équité on doit toujours douter. Il y a dans le cœur de l'homme un grand mélange de bons et de mauvais sentimens, et Dieu seul en peut être le juge. Le garde des sceaux, voyant qu'il avoit contribué à chasser le cardinal pour être auprès de la Reine un ministre en figure, étoit rempli d'amertume et de douleur. Il savoit qu'elle se confioit à d'autres qu'à lui, et qu'elle le regardoit comme son ennemi : il tâchoit par toutes voies d'acquérir sa confiance ; il lui protesta souvent qu'il vouloit être attaché à ses intérêts; il lui offrit de se séparer du duc d'Orléans, et de toutes les personnes qui lui donnoient de l'ombrage ; il offrit de la raccommoder avec les princes, et n'oublia rien pour lui dire qu'elle trouveroit en lui un ministre plus utile à son service que celui qu'elle avoit perdu. Sa confiance étoit donnée à un autre. La Reine reçut ses offres avec une bonne volonté apparente; mais, en effet, elle ne se laissa point toucher à ses promesses. La Reine, croyant faire son devoir, n'étoit pas capable de changer foiblement d'avis : si bien qu'elle n'écoutoit toutes ces paroles que pour amuser le garde des sceaux. Il devoit connoître l'impossibilité de son dessein par les intrigues qu'il ramassoit en sa personne, que la Reine devoit craindre; et s'il eût été sage, il auroit vu que tous ces princes n'auroient pour récompense que le repentir.

La Reine, pour contenter les princes qui demandoient toujours l'éloignement de ses ministres et des amis du cardinal, leur offrit, du consentement de Le Tellier, qu'il ne serviroit point, et qu'elle feroit faire sa charge par un autre: bien résolue néanmoins de la lui conserver, et de lui faire là-dessus toute la justice qu'il méritoit. Cette proposition fit croire qu'elle vouloit chasser tous ceux que le duc d'Orléans avoit nommés au parlement; et la Reine, craignant que ce bruit ne lui fît tort, déclara publiquement que si les princes ne vouloient venir au conseil, elle le tiendroit toute seule, et n'en chasseroit personne. Les princes, sachant que la Reine avoit parlé de cette sorte, lui mandèrent qu'ils ne vouloient point venir au conseil, et qu'elle fît ce qu'il lui plairoit. Le garde des sceaux fut d'avis de le retarder, afin de voir s'il n'y avoit point quelque voie d'accommodement; mais la Reine le voulut tenir, et lui répondit fortement que sa volonté seule devoit régler cette affaire, et qu'elle le vouloit ainsi. Le soir même, les princes, un peu étonnés de sa fermeté, vinrent la voir; et parce que les portes de Paris étoient encore gardées, le duc d'Orléans pressa d'en faire ôter les gardes, comme une chose qui devoit déplaire à la Reine, et il la supplia de commander qu'elles fussent levées. Elle y consentit: et de cette sorte la Reine se trouva libre, et en pouvoir de sortir de Paris quand il lui plairoit. Mais ses affaires n'étant pas qu'elle dût le désirer, elle y demeura tout le temps qu'elle le jugea nécessaire.

La Reine, ne pouvant plus souffrir le garde des sceaux, voulut donner les sceaux au premier président, qui l'avoit bien servie depuis la sortie des princes, et depuis que, détaché du prince de Condé, il s'étoit tout-à-fait appliqué à ses intérêts; car alors il prétendoit recevoir par elle les grâces qu'il avoit espérées des autres. Le maréchal de Gramont, ami de Chavigny; Longueil, qui étoit devenu chancelier de la Reine, et quelques autres, gagnèrent Servien et de Lyonne pour favoriser auprès de la Reine et du cardinal le retour de leur ami à la cour. Ils firent tous entendre à cette princesse que pour faire les changemens qu'elle désiroit, et pour acquérir quelque créance dans le parlement, il falloit qu'elle feignît de ne vouloir plus de Mazarin, et qu'elle fît revenir Chavigny, le plus grand ennemi qu'il eût. Servien et de Lyonne entrèrent dans cette pensée, pour avoir en lui un ami auprès du prince de Condé, qu'ils paroissoient regarder comme leur protecteur. On en écrivit à Brulh, et on fit comprendre au cardinal que le retour de ce ministre étoit nécessaire pour éblouir le peuple; et, de plus, qu'il étoit meilleur d'avoir celui-là dans le conseil que le garde des sceaux de Châteauneuf, parce qu'il sembloit que la cabale de ce dernier étoit la plus dominante, et que par conséquent Chavigny étoit moins à craindre. Quoi qu'il en soit, le cardinal y consentit, parce qu'alors sa plus grande passion, ainsi qu'il avoit mandé à ses amis, étoit de changer le conseil, et d'en ôter le garde des sceaux. C'est une de ces choses que j'ai depuis vues dans les lettres qu'il écrivoit en ce temps-là à madame de Navailles.

Seneterre ne sut rien du retour de Chavigny : on lui cacha ce dessein avec soin. Il ne l'aimoit pas, et il avoit paru avoir plus de liaison avec Châteauneuf ; mais comme il n'avoit pas approuvé sa conduite, et qu'il s'étoit attaché à la Reine, il se consola aisément de la résolution qu'elle avoit prise de le chasser. A l'égard de Chavigny, il se résolut de s'opposer à lui en tout ce qu'il pourroit, et crut que le ministre de Breuil lui en seroit obligé, puisqu'il souffroit son retour par la seule raison qu'il étoit son ennemi déclaré. Ce ne fut pas sans étonnement que l'on vit alors la haine avoir les mêmes effets que l'amitié. Il ne falloit pas s'en étonner ; l'intérêt peut lui seul joindre tant de contrariétés ensemble : il est le maître des cœurs, c'est lui qui gouverne le monde, qui fait souvent agir les hommes en bien et en mal, qui fait naître la haine, et qui produit les apparences de l'amitié que les gens de la cour semblent avoir les uns pour les autres. Ce changement étant concerté de cette sorte, Chavigny arriva le 2 avril, et le soir même il vit la Reine dans son oratoire : il y fut par un escalier dérobé qui alloit dans ce lieu secret, où elle faisoit venir ceux qu'elle vouloit cacher à ses espions.

Le lendemain, le duc d'Orléans, qui sembloit n'avoir eu nulle part au retour de Chavigny, et à qui la Reine n'en avoit rien dit, parut le sentir vivement. Il vint au Palais-Royal, plein de colère contre elle, et suivi du prince de Condé, qui avoit été de ce secret, et en étoit bien content ; mais, selon les maximes de la cour, il dissimuloit ses sentimens, de peur de choquer le duc d'Orléans, qui en étoit outré de dépit. Ce prince, en présence de plus d'une douzaine de personnes, dit à la Reine qu'il s'étonnoit infiniment que tenant le rang qu'il tenoit dans le royaume, et selon la part qu'il devoit avoir dans les conseils du Roi, elle eût voulu faire revenir un ministre sans lui en parler, et qu'elle lui avoit en cela donné beaucoup de marques de mépris et de défiance. La Reine lui répondit tout haut que depuis quelque temps il avoit fait tant de choses sans elle et sans sa participation, qu'il ne devoit pas trouver étrange si de son côté elle en faisoit de même, et si, par sa manière d'agir avec elle, elle croyoit être dispensée d'en user avec lui de la façon qu'elle avoit accoutumé de faire; que quand il vivoit avec elle comme son ami et son frère, alors il savoit bien qu'elle n'avoit jamais rien fait, même dans les bagatelles, que premièrement elle n'eût pris son avis; mais qu'enfin son procédé avoit fait changer le sien, et qu'elle étoit fâchée de ce qu'il l'avoit contrainte à cela. Il lui répondit qu'il n'avoit fait que se défendre; qu'elle avoit commencé à mépriser son amitié, envoyant M. le prince au Havre malgré lui, et que le cardinal avoit été aussi le premier à l'offenser; qu'ensuite il n'avoit pu faire autre chose que ce qu'il étoit obligé de faire pour sa conservation et l'intérêt de son honneur. Pendant cette grande dispute, je remarquai que M. le prince les écouta sans dire une seule parole; et je suis persuadée que dans son ame il n'étoit pas fâché de la colère de tous les deux, car il fit quelque souris qui me le fit juger ainsi. Le duc d'Orléans avoit néanmoins eu part au retour de Chavigny par ceux qui l'avoient traité avec le cardinal; mais ce prince voulut faire voir à la Reine combien il avoit senti ce secret qu'elle lui en avoit fait.

Le parlement vint au Palais-Royal : ce qui obligea la Reine de cesser sa dispute avec le duc d'Orléans, pour aller entendre les remontrances que le premier président lui vint faire sur cette déclaration qu'il demandoit contre les cardinaux. J'ai déjà dit ailleurs que cette compagnie avoit proposé de les exclure tous du ministère. Le premier président, alors de concert avec la Reine, lui parla de ce style dont il avoit accoutumé de se servir en de semblables occasions; mais après avoir harangué contre le Mazarin, il n'épargna pas le coadjuteur, disant de lui que c'étoit un esprit plein d'ambition et de desseins factieux, qui troubloit la paix de la maison royale, et qu'il étoit juste de l'éloigner de l'espoir du ministère. Le duc d'Orléans en rougit deux fois; il sentit que ces paroles s'adressoient à lui, et elles lui firent connoître que la Reine n'étoit pas abandonnée, que le parlement revenoit à elle, et que c'est une grande folie à l'homme que de se confier aux hommes.

La Reine, au lieu de répondre à son ordinaire, et dire qu'elle demanderoit avis à M. le duc d'Orléans et à M. le prince de ce qu'elle avoit à faire, un peu en colère contre le duc d'Orléans, répondit au premier président, sans parler aux princes, qu'elle accordoit la déclaration telle que le parlement la désiroit, et ajouta très-judicieusement qu'elle croyoit le pouvoir faire, puisque Monsieur et M. le prince étoient présens quand elle fut proposée au parlement.

Elle se tourna ensuite vers le garde des sceaux, et lui commanda à l'instant même de la sceller. Il reçut cet ordre comme un homme qui n'avoit plus guère de momens à posséder cette autorité dont il se servoit malgré la Reine. A ces mots décisifs de la Reine, madame de Chevreuse rougit à son tour, et je connus à son visage qu'elle voyoit avec beaucoup de peine le coadjuteur, et même le garde des sceaux de Châteauneuf, exclus de pouvoir joindre le ministère à la calotte rouge. Mais comme beaucoup de diligences avoient déjà été faites pour empêcher que cet avantage ne fût ôté aux cardinaux français, tant d'intrigues se firent encore alors qu'enfin la chose fut éludée, et demeura, comme je l'ai déjà dit, tout-à-fait assoupie.

Cette cérémonie achevée, les princes s'en allèrent. Le duc d'Orléans avoit de la douleur et de la tristesse dans le cœur, et le prince de Condé étoit content. Ce qui fâchoit le duc d'Orléans à l'égard du coadjuteur lui donnoit de la joie, et de plus il étoit satisfait du retour de Chavigny. La Reine, sortant de sa galerie où elle avoit tenu conseil, se retira dans son cabinet. Elle y reçut publiquement Chavigny, qu'elle traita comme un homme destiné à lui plaire. Ceux qui contribuèrent à son retour virent les apparences de sa faveur avec plaisir; mais le cardinal, qui l'avoit approuvé malgré lui, ne put pas s'empêcher d'en ressentir de la douleur, et de tenir pour ennemis ceux qui avoient su trouver l'invention de le rappeler.

Pendant que toutes ces choses se passèrent dans le cabinet, le garde des sceaux, qui les avoit ignorées, qui haïssoit Chavigny, et qui sentoit les apparences de sa disgrâce, fut toujours appuyé contre le coin de la table, rêveur, chagrin et fort embarrassé. Cette place, qu'il avoit tant désirée, lui donnoit plus de honte que de gloire. Il voyoit que les grandes affaires se faisoient sans lui et contre lui : et dans ces momens il connut sans doute qu'il alloit perdre les sceaux, car il devoit croire que la Reine n'avoit pas changé le conseil malgré le duc d'Orléans pour en demeurer là, et ne pas satisfaire son ressentiment. Deux heures après, comme il fut retourné chez lui, elle lui envoya commander de les rendre. Il le fit, et en même temps le premier président les eut, à condition qu'il ne quitteroit point sa charge de premier président. La Reine ensuite dépêcha vers le chancelier Seguier pour le faire revenir à la cour, afin d'y tenir le conseil des parties, et assister à tous les conseils du Roi, comme chancelier de France. M. le prince, qui savoit l'élection du premier président et par Chavigny et de Lyonne, eut pour ces changemens quelques intelligences avec la Reine, qui les fit d'autant plus hardiment qu'elle croyoit qu'ils pouvoient le tenter de revenir à elle.

Ce que souffrit Châteauneuf quand il se vit sans les sceaux ne se peut assez fortement représenter, et celui seul dont l'ambition est extrême peut s'en former quelque idée. Il eut la pensée de se sauver au Luxembourg, d'y porter les sceaux, et de demander la protection du duc d'Orléans pour tenir bon contre la Reine. Après les avoir rendus, il se repentit de n'avoir pas exécuté ce dessein ; mais la Reine le surprit : elle envoya si promptement chez lui aussitôt après qu'il l'eut quittée, qu'elle ne lui laissa pas le temps de délibérer ce qu'il avoit à faire. Dieu le permit ainsi pour la conservation de la France, à qui cette action auroit sans doute coûté beaucoup de sang. Je veux croire aussi que sa volonté eut quelque part à sa retenue, et qu'aimant l'Etat il ne voulut pas peut-être pour ses intérêts hasarder de le perdre entièrement. Cet homme avoit de grandes qualités : il avoit l'ame ferme, l'esprit hardi, et le cœur rempli de gloire ; il étoit habile dans l'intrigue, il avoit une grande expérience dans les affaires. Il étoit tellement respecté de ses amis et de ses ennemis, qu'il refusoit aux uns et aux autres également ce qu'il ne croyoit pas juste de leur donner, sans qu'ils osassent s'en plaindre. Il avoit aussi beaucoup de quoi s'humilier devant Dieu et les hommes, ayant autrefois, sous le règne du cardinal de Richelieu, condamné à mort l'innocent maréchal de Marillac ; et l'opinion universelle étoit que son ambition l'avoit alors fait lâchement trahir sa conscience et son honneur. Il avoit encore un défaut qui le rendoit ridicule : il aimoit trop les dames ; leur conversation et leurs flatteries lui plaisoient ; et les dames, pour leurs intérêts, le recherchoient avec trop d'avidité : sa foiblesse étoit cause de celles qu'elles avoient pour lui. Elles ont par leurs intrigues beaucoup contribué à sa grandeur et à sa fortune, de même qu'à la rendre méprisable. Outre ces honteuses taches, on peut dire encore que les désirs que la faveur excitoit en son ame, étant excessifs et déréglés, le rendoient indigne de vivre, puisque pour vivre dans l'élévation il faisoit des bassesses qui ne convenoient pas à un homme tel qu'il avoit intention de le paroître.

La nouvelle de la disgrâce de cet homme étant venue au Luxembourg, le duc d'Orléans en fut troublé d'une manière toute terrible, et sa colère pensa causer d'étranges effets. Il fulmina contre la Reine, et jura qu'elle se ressentiroit de cet affront. Le coadjuteur ou Montrésor par son ordre, ou tous deux ensemble, dirent à ce prince que puisque la Reine avoit osé faire des coups de régente, il devoit en faire de lieutenant général du royaume. Ils proposèrent de faire prendre les armes aux bourgeois. Le duc de Beaufort offrit son crédit pour ce dessein. Ils dirent qu'il falloit animer la canaille, qu'il falloit aller au Palais-Royal enlever le Roi, aller chez le premier président lui ôter les sceaux de force, et s'il faisoit quelque résistance, le tuer et le jeter par les fenêtres. Enfin tout ce qui se peut imaginer de plus cruel, de plus violent, même contre la personne de la Reine, fut proposé en cette occasion. Selon les apparences, l'exécution en fut ardemment désirée par le coadjuteur; et sans doute que Châteauneuf aussi, comme je le viens de dire, eut des momens fort criminels, ces deux hommes étant remplis l'un et l'autre des plus violentes passions qui puissent occuper le cœur humain. Madame de Chevreuse, qui étoit assez bien disposée à se bien remettre avec la Reine, eut sa part de la douleur du duc d'Orléans. Elle fut sans doute au désespoir du changement du garde des sceaux, et eut de la peine à le souffrir; mais je ne l'entendis point nommer parmi les coupables. On m'assura que Mademoiselle avoit paru passionnée pour la réparation de la gloire du duc d'Orléans, et que, n'étant pas satisfaite de la Reine, elle voulut alors en tout complaire à ce prince. Le prince de Condé, qui fut présent à toutes ces furieuses propositions, après avoir protesté au duc d'Orléans qu'il n'avoit nulle part au retour de Chavigny, et l'avoir assuré qu'il vouloit demeurer inviolablement attaché à ses intérêts, déclara qu'il ne pouvoit approuver des conseils si violens, dont l'exécution seroit difficile et blâmable. Il dit au duc d'Orléans qu'il étoit prêt de se mettre à la tête de ses troupes, et de répandre pour son service jusqu'à la dernière goutte de son sang; mais qu'il ne pouvoit prendre de part à des choses qui sans doute seroient désapprouvées des gens de bien. Ce sage discours fit taire les plus mutins, parce que la raison et l'autorité ensemble ont de grandes forces. Ces obligations récentes que M. le prince avoit au premier président, l'amitié qu'il avoit pour Chavigny, la confidence qu'on lui avoit faite de son retour, et quelques humanités naturelles qui n'abandonnent guère les ames héroïques, lui firent tenir ce langage. Il désiroit alors, comme je l'ai écrit, d'obtenir de la Reine le gouvernement de Guienne, dont il n'étoit pas encore tout-à-fait assuré; et son intérêt le forçoit à chercher à lui plaire. Il le fit avantageusement pour elle, en détournant cet orage dont les seules apparences étoient horribles.

C'est donc à M. le prince seul à qui on doit donner la gloire d'avoir empêché ce furieux projet, qui auroit été sans doute une seconde Saint-Barthelémy, sous le nom des mazarins. Madame de Longueville m'a dit depuis que ce jour-là elle crut que Paris seroit détruit par le feu et par le sang; que le trouble fut grand dans toute la maison royale, et qu'elle passa la nuit sans se coucher, dans l'inquiétude des malheurs qui pouvoient arriver; que sur le matin, voyant que l'exécution n'avoit point suivi les desseins du coadjuteur, elle se jeta sur le lit de M. le prince son frère tout habillée, pour seulement dormir quelques heures; mais qu'elle fut long-temps que son esprit étoit rempli d'une idée funeste de toutes les choses, que ce conseil auroit pu produire, et que son ame en fut long-temps abattue de tristesse et pleine d'étonnement. Pour la Reine, elle n'eut aucune part de cette inquiétude, et ne sut le péril où elle avoit été qu'après qu'il fut passé.

Le chancelier Seguier arriva le lendemain, et fut reçu de la Reine avec beaucoup de démonstration de bonne volonté. S'il avoit eu cet empressement qui est louable quand légitimement on peut prétendre aux grandeurs de la fortune, il auroit peut-être rempli cette place tout entière. Il étoit savant, éloquent et habile dans les affaires du conseil. La Reine avoit besoin de ministre, et d'un ministre homme de bien, qui avec de droites intentions entreprît de la bien servir. Il avoit une partie de ces bonnes qualités; mais il n'avoit pas l'ame assez remplie du désir de la gloire, que la seule vertu peut donner. Il ne pouvoit presque résister à la faveur, et il ne se faisoit pas estimer autant peut-être qu'il méritoit de l'être. Ses amis vouloient qu'il occupât alors cette première place qui faisoit naître des désirs à tant d'autres, et qui n'en excitoit pas assez en lui. Beaucoup de gens de bien auroient trouvé ce remède propre à dissiper toutes les cabales qui travailloient pour et contre le cardinal Mazarin; et n'étant pas trop passionné de cette primauté, il auroit pu gouverner et attendre paisiblement ou le retour ou la perte du ministre.

Mais enfin il avoit trop peu de cette manie qui donnoit tant de peine à Châteauneuf ; et n'ayant pas la force de se soutenir, il fut aussitôt après accablé par ses ennemis. Nous le vîmes bien vite retourner dans le néant, et en sortir de même, sans pourtant avoir jamais eu ce qu'on appelle de la faveur et de la considération. Il fut si mauvais courtisan, qu'il demanda à la Reine ce qu'il avoit à faire ; et la Reine lui ayant dit qu'il se reposât, et qu'il ne se donnât pas la peine sans besoin de venir au Palais-Royal, il accepta ce parti, et y alla si peu que bientôt après il n'y alla point du tout. Il se piquoit d'une certaine humilité de ne se soucier point de l'autorité, et d'aimer à obéir continuellement à quelque supérieur. Cette soumission est cause qu'il a joui d'une fortune plus douce et de plus longue durée, mais aussi moins éclatante.

Le duc d'Orléans étoit tout-à-fait en colère : il ne venoit plus chez la Reine ni au conseil. Il disoit hautement qu'il vouloit qu'on ôtât les sceaux au premier président, et qu'on chassât du conseil Chavigny, déclarant qu'il ne reverroit jamais la Reine si elle ne le satisfaisoit. On travailla de part et d'autre pour adoucir son chagrin ; le duc d'Orléans ne parut point s'affoiblir dans sa résolution, et la Reine assura qu'elle ne vouloit chasser personne. Pendant que cette négociation occupoit les esprits, Chavigny trouva le moyen de se raccommoder avec le duc d'Orléans : ses amis lui rendirent ce bon office ; et l'ayant été saluer, il en fut bien reçu. Par cette voie, la moitié de la colère de ce prince se dissipa ; mais il demeura inflexible contre le premier président. Il demanda à M. le prince de l'abandonner en sa considération. Ce prince y consentit, et en fut blâmé ; et ceux qui se mêlent de juger les autres disoient que, lui ayant de si fortes obligations, il pouvoit, sans choquer ce qu'il devoit au duc d'Orléans, travailler à diminuer sa colère. Il sacrifia donc son ami pour rendre au plus puissant ce qu'il croyoit lui devoir ; et, entre deux obligations, il paya celle qui coûta le moins à sa générosité. Il en souffrit, et la gêne où il se vit en plusieurs occasions de cette nature, où il fallut satisfaire ceux qui l'avoient servi, lui fit dire qu'il estimoit le duc de Beaufort heureux de ne devoir sa liberté qu'à lui-même et à ses domestiques. Ce fut dans cette conjoncture que le premier président, déjà mal satisfait et séparé de ce prince, non-seulement se détacha entièrement de lui, mais de plus se sentit vivement offensé de se voir la victime de ses intérêts, lui qui les avoit portés même aux dépens de sa gloire. Sa modestie ne le put empêcher de faire connoître au public son ressentiment, et la douleur qu'il en avoit eue. Quand le coadjuteur vit que ses terribles conseils n'avoient point été suivis, il voulut se retirer de la cour, et dit au duc d'Orléans que n'étant point utile à son service, il valoit mieux qu'il se séparât de lui, et que la Reine, qui le haïssoit, se rendroit peut-être plus traitable quand il n'y seroit plus. Les serviteurs de M. le prince me dirent alors qu'une des raisons qui le forcèrent le plus d'abandonner le premier président fut la feinte retraite du coadjuteur ; car voyant qu'en effet le duc d'Orléans avoit sujet de se plaindre, et demeurant seul dans sa confiance, il ne put éviter d'entrer tout-à-fait dans ses intérêts. Mais la séparation du coadjuteur ne fut qu'une dissimulation. Il prit congé du duc d'Orléans la semaine sainte : il fut quelque temps qu'il ne le voyoit plus qu'en secret, et bientôt après il le revit publiquement. Je n'ai pu savoir au vrai la raison de cette feinte.

Le duc d'Orléans cependant continuoit à se plaindre de la Reine, et la Reine se défendoit. Cette brouillerie menaçoit la France d'une grande guerre, et donnoit de l'inquiétude à ceux qui sont assez sages pour souhaiter le bien de l'Etat; mais il fallut enfin que la fermeté de la Reine fût vaincue, et qu'elle cédât à sa raison et à la colère du duc d'Orléans. Les ministres, pour plaire à ce prince, travaillèrent tous à faire changer la Reine; et les amis du premier président furent les premiers à conseiller cette princesse de l'abandonner, lui disant qu'il valoit mieux lui ôter les sceaux que d'engager le duc d'Orléans à une guerre civile. La Reine, étant persuadée par de si fortes raisons, consentit à satisfaire le duc d'Orléans. Le nouveau garde des sceaux, n'ayant été qu'une fois ou deux au conseil, fut contraint de retourner en son premier état. Ce fut malgré lui, et il le fit néanmoins de fort bonne grâce.

La Reine envoya chercher le premier président, et, toute honteuse de ce qu'elle faisoit, le pria de souffrir avec patience ce sacrifice au repos de l'Etat. Elle lui dit que, pour satisfaire Monsieur, elle étoit contrainte de lui redemander ce qu'elle lui avoit donné; qu'elle en étoit au désespoir; mais qu'elle l'assuroit qu'aussitôt qu'elle pourroit, il reverroit les sceaux entre ses mains. Le premier président, sans s'étonner, avec un visage riant, lui dit qu'il étoit trop heureux de connoître par là l'estime qu'elle faisoit de sa fidélité; et trop heureux encore de pouvoir contribuer à son repos; et tirant de son col la clef des sceaux qu'il y tenoit pendue, la lui donna, attendant qu'elle les envoyât chercher chez lui. La Reine en demeura très-satisfaite; ils furent rapportés, et on les donna au chancelier Seguier, qui ne fut pas fâché de les ravoir en sa puissance : il y avoit eu déjà dispute entre ces deux hommes. Le duc d'Orléans ayant été satisfait par cette voie, les personnes qu'il avoit entrepris de chasser du conseil demeurèrent en apparence en repos, et la Reine crut pouvoir alors espérer quelque trève à ses peines. Pour en être plus assurée, elle résolut de donner au prince de Condé le gouvernement de Guienne. Ayant apaisé le duc d'Orléans, elle voulut aussi acquérir ce prince, essayant véritablement de gagner son amitié, soit en l'obligeant, soit en lui faisant parler par ses créatures, et particulièrement par la princesse palatine; mais toutes ces choses lui furent très-inutiles. Si du côté de la politique il a mal fait en se tenant si ferme contre la Reine, je le laisse à juger à ceux qui voudront raisonner là-dessus, et n'en puis pas dire davantage que ce que j'ai déjà dit; mais si j'osois, je trouverois à redire à la dissimulation dont il usa envers la Reine pour avoir le gouvernement : car alors il lui faisoit tout espérer; et quand je pris la liberté de lui en parler, elle me fit l'honneur de me dire qu'elle croyoit par ce bienfait qu'il deviendroit entièrement de ses amis, et qu'il en avoit parlé de cette manière. Sur le bruit qui se fit que la Reine lui devoit donner le gouvernement de Guienne, plusieurs personnes lui représentèrent qu'elle se perdoit, et qu'elle ne suivoit

pas les maximes de la prudence, ni celles de l'Etat. La
Reine, touchée des raisons de ses serviteurs, s'arrêta,
et fut quelque temps en doute si elle devoit passer à
l'exécution de ce traité. Le prince de Condé, étant
averti de ce refroidissement, en présence de Chavigny proposa à la Reine de s'en désister, lui protestant
qu'il ne vouloit rien qui lui pût donner de l'inquiétude. Chavigny, pour plaire à la Reine, dit à M. le
prince devant elle : « Monsieur, est-ce tout de bon
« que vous remettez à la Reine la parole qu'elle vous
« a donnée sur cette affaire ? » Ce prince ayant répondu qu'oui, la Reine le remercia, et ne s'expliqua
pas davantage : si bien que les choses demeurèrent
quelque temps incertaines. Mais M. le prince, d'humeur à bien vouloir ce qu'il avoit une fois désiré, et
qui trouvoit en cela un grand avantage, fit agir en
sa faveur les créatures du cardinal, Servien et de
Lyonne, qui en cette rencontre lui furent plus fidèles que Chavigny son ancien ami. En cet endroit
il fut louable, et eux fort dignes de blâme, s'il est
vrai que leur intérêt les convioit à ce relâchement.
Je sais que la Reine les en a soupçonnés. Enfin cette
princesse se résolut par leur conseil, et voici leurs
raisons. Ils disoient qu'il étoit avantageux de donner
la Guienne à M. le prince, afin de le détacher en
quelque manière du duc d'Orléans, et l'engager de se
réunir à la Reine; qu'il avoit déjà l'affection de ceux
de cette province; et que, les ayant tous à lui, on ne
lui donnoit rien de nouveau. Le duc d'Epernon, par
cette voie, cessa d'être le prétexte des plaintes des
Bordelais, et le gouvernement de Bourgogne qu'avoit
M. le prince lui fut donné au lieu de celui qu'on lui

ôtoit. Dans les conditions de cet échange il fut conclu aussi que, moyennant quelque autre accommodement, le duc de Candale donneroit l'Auvergne au duc de Mercœur. La Reine le souhaitoit, à cause qu'il devoit bientôt épouser mademoiselle de Mancini (1), et que, pour le confirmer dans ce dessein, elle vouloit lui faire des grâces qui pussent l'engager encore davantage. Cette volonté en la Reine, ne lui pouvant être inspirée que par son premier ministre, fait voir que les négociateurs n'agissoient que selon les ordres qu'ils recevoient de sa part : c'est ce qui les peut justifier à l'égard de la Guienne.

Le duc de Longueville s'étoit retiré un peu à quartier ; et après avoir fait tenter la Reine par plusieurs voies, et enfin s'être adressé à de Lyonne, il prit par son moyen quelque liaison avec elle : et sans doute que ce fut, comme de toutes les autres choses, de concert avec le cardinal Mazarin.

Madame de Longueville, qui étoit mal avec son mari, qui avoit ses intrigues particulières et ses intérêts de fantaisie à ménager à la cour, ne voulant pas avoir la Reine tout-à-fait contre elle, envoya la princesse palatine, son amie, promettre à la Reine tout ce qu'elle pouvoit désirer ; et, après beaucoup de grandes consultations, la palatine dépêcha Bartet au cardinal, pour l'assurer de l'affection de madame de Longueville ; et, par le même moyen, elle lui fit espérer qu'elles travailleroient ensemble à gagner en sa faveur le prince de Condé. Mais toutes ces belles apparences n'eurent aucun effet, et M. le prince, par aucune de ces choses, ne se voulut réunir à la Reine.

(1) Nièce du cardinal Mazarin, aînée des Mancini.

Plusieurs personnes avoient commerce avec le cardinal : car la fermeté de la Reine étonnoit toute la cour, et on jugea bien vite que ce ministre pourroit revenir. Par cette raison, chacun de ses amis et ennemis voulut traiter avec lui; et tous, excepté M. le duc d'Orléans et M. le prince, envoyèrent le visiter, et lui demandèrent sa protection sur différentes matières. Ces voyages firent naître de grandes négociations, mais rien n'égala les deux passionnés amans de la Fortune (j'appelle ainsi le vieillard de Châteauneuf et le coadjuteur). Le premier, à l'extrémité de sa vie, après avoir renversé l'Etat pour chasser le cardinal, et après en avoir été puni par sa disgrâce, vouloit rentrer tout de nouveau dans le cabinet. Il forma une intrigue en faveur de celui qu'il venoit de perdre; et, sans avoir honte de ses variétés continuelles, il pria le marquis de Seneterre et le maréchal d'Estrées de proposer à la Reine que si elle vouloit le remettre en sa place de garde des sceaux, il promettoit d'être serviteur et ami du cardinal Mazarin ; et assura la Reine qu'il les remettroit, elle et le duc d'Orléans, dans une parfaite union.

La Reine d'abord n'écouta point cette proposition, tant parce qu'elle ne la croyoit pas sincère que parce qu'elle avoit un grand mépris pour Châteauneuf ; mais lui, sans se rebuter, envoya madame de Vaucelas (1), sa sœur, conjurer le marquis de Seneterre de le voir. Seneterre, sachant le dégoût de la Reine sur tout ce qui venoit du côté de cet homme, n'y voulut point aller. Il lui envoya le maréchal d'Estrées, qui, l'ayant vu, pria Seneterre de sa part de

(1) *Madame de Vaucelas* : Elisabeth de L'Aubespine.

consentir que Brachet, homme qui étoit à lui et qu'il avoit donné au cardinal, allât le trouver pour l'assurer de son affection, et lui promettre une entière fidélité, pourvu qu'il voulût le raccommoder avec la Reine et le remettre dans sa place de garde des sceaux. Il promit humblement la vouloir tenir de lui, et se confesser à jamais son obligé. Il faut remarquer ici cette grande circonstance que Châteauneuf, faisant porter parole au marquis de Seneterre de ce nouvel engagement, fit entendre, par le maréchal d'Estrées, qu'après cette liaison faite avec le cardinal Mazarin il conviendroit qu'ils s'accordassent tous une seconde fois pour remettre M. le prince en prison. Mais Seneterre, à ce qu'il me dit alors, n'approuva pas cette proposition, et vit bien que la passion et le désir de se venger l'avoient inspirée à celui qui la faisoit, et que d'ailleurs elle lui venoit encore du coadjuteur, et peut-être de madame de Chevreuse. Elle fut donc éludée de son côté, et Brachet partit pour aller faire les complimens de ce pauvre forcené. Voilà comme il faut appeler ceux qui ont de ces désirs déréglés dont les courtisans sont remplis : la folie qui les fait toujours courir après les honneurs, aux dépens de leur repos et de leur salut, est un aveuglement horrible qui les empêche de voir que ces dignités, dont ils sont si amateurs, ne sont que des biens imaginaires qu'il faut quitter tout au plus au bout de quatre-vingts ans. Seneterre n'étoit pas un homme détrompé de la vanité ni de l'ambition : son ame n'étoit que trop attachée à la terre; mais comme il étoit sage et raisonnable, en me faisant part de ses secrets il ne cessoit de s'étonner de l'excessive avidité que ces deux hommes avoient pour la faveur, de ce qu'ils souffroient pour elle, et de la facilité qu'ils avoient à tout entreprendre pourvu qu'ils pussent arriver à leurs fins.

Le cardinal n'ayant point d'autres ressources, et voyant que la Guienne n'avoit pu obliger M. le prince à bien vivre avec la Reine, écouta les propositions de Châteauneuf, où le coadjuteur avoit part, qui malgré le passé en écrivit à la Reine, parce que ne pouvant être cardinal par d'autres voies, il le vouloit être par elle. Je n'ai point su toutes les particularités de la suite de cette négociation, car elle changea d'acteurs. Servien et de Lyonne y furent mêlés, et Montrésor aussi; mais il m'a paru qu'on continua de proposer l'union du duc d'Orléans avec la Reine, pourvu qu'elle fît mettre une seconde fois M. le prince en prison, selon les propositions qu'on a dit en avoir été faites, et en ce cas remettre Châteauneuf dans les affaires jusqu'au retour du cardinal Mazarin. Le coadjuteur promettoit d'y travailler; mais dans toute sa conduite il me sembloit, vu ce que la Reine me faisoit l'honneur de m'en dire, qu'il alloit plus droit à perdre M. le prince qu'à favoriser le cardinal. Toutes ces propositions ne plaisoient pas à la Reine, qui les écouta toutes, détestant les mauvaises, et doutant sur les autres. Elle demanda conseil à quelques personnes sur celles qui se pouvoient faire en conscience. Seneterre à qui elle en parla, et dont elle estimoit la capacité, lui dit franchement (quoiqu'il ne fût pas serviteur particulier du prince de Condé) qu'il ne lui conseilloit point de hasarder de le remettre en prison, parce que ceux qui commençoient à le haïr et à se plaindre de lui, le voyant dans le malheur, recommenceroient à le servir, et qu'elle donneroit matière aux brouillons de brouiller tout de nouveau : que, de plus, elle rétabliroit par là le duc d'Orléans et toute sa cabale ; qu'elle étoit grande, et composée de ses ennemis, du coadjuteur, de Châteauneuf, de madame de Chevreuse, du duc de Beaufort, et de toute la Fronde ; qu'elle deviendroit leur esclave, et que le cardinal, qu'elle considéroit et dont elle souhaitoit trouver les avantages, n'y rencontreroit qu'une ruine toute manifeste, étant certain que s'ils étoient les maîtres, ils ne voudroient jamais le laisser venir. Il lui dit enfin, à ce qu'il me conta, qu'il la conseilloit de bonne foi, et qu'il osoit l'assurer que sa pensée étoit la meilleure. La Reine, trouvant ses raisons fortes et judicieuses, montra aux frondeurs plus de froideur qu'ils n'avoient espéré ; car ils avoient cru que cette proposition devoit être reçue avec plus de chaleur. Il me fut dit encore par la même personne, en grand secret, que la Reine ayant parlé en confiance à un docteur, religieux d'un ordre célèbre, des plus fortes propositions faites contre M. le prince par ses ennemis, il lui avoit dit qu'elle le pouvoit traiter comme un criminel et ennemi de l'État ; mais la Reine, ayant horreur de ces maximes, laissa le casuiste, pour suivre l'avis du politique. Celui-ci avoit de la religion et d'honnêtes sentimens sur toutes choses, mais il n'étoit pas soupçonné d'être rempli de bonté ; et il se trouva néanmoins plus conforme aux lois de l'Évangile et aux inclinations de cette princesse que le religieux, dont la décision sur les choses les plus cruelles fut étonnante, puisque les plus douces avoient été rejetées par sa sagesse humaine. La Reine demeura quelque temps sans rendre réponse sur ce qui regardoit le rétablissement de Châteauneuf, parce qu'elle voulut avoir l'avis du cardinal Mazarin. Après donc que beaucoup de courriers eurent été bien employés, l'abbé Ondedei et plusieurs autres ayant travaillé à cette négociation, il arriva enfin que le cardinal, suivant sa coutume qui étoit de tout écouter et de se servir de tout, se raccommoda avec Châteauneuf, le coadjuteur, madame de Chevreuse; et ils conclurent entre eux qu'à la majorité du Roi, qui approchoit, Châteauneuf seroit remis auprès de la Reine en qualité de premier ministre. Le premier président eut promesse de ravoir les sceaux qu'on venoit de lui ôter; et, par les intrigues de la princesse palatine, La Vieuville fut assuré des finances, attendu que le président de Maisons en avoit mal usé avec le cardinal : il n'avoit osé lui envoyer de l'argent, et il étoit soupçonné d'être partial pour Chavigny. Longueil, par les mêmes sentimens des autres, c'est-à-dire pour plaire à la Reine et conserver son frère dans les finances, fit dessein de servir le cardinal, et le promit à la Reine; mais le cardinal ne lui avoit rien répondu, non plus qu'à la plupart de ceux qui l'étoient allés trouver, sinon qu'il n'avoit nul désir de revenir en France comme ministre; qu'il souhaitoit seulement de pouvoir être justifié au parlement de toutes les calomnies qu'on lui avoit imposées; et qu'ayant servi la France fidèlement, il souhaitoit au moins que son honneur fût rétabli et son innocence reconnue. Longueil, ayant beaucoup d'amis dans cette compagnie, l'engagea de s'intéresser fortement en sa justification, et sentoit beaucoup de joie de ce qu'il ne vouloit plus que de l'honneur ; mais le ministre n'estimoit pas ses offres : il le croyoit trop ami de Chavigny. C'est ce qui l'obligea de se moquer de lui en lui faisant cette réponse. Il différa cependant l'exécution de ses dernières résolutions autant qu'il lui fut possible, et ne se hâtoit sur rien. Il est difficile de se confier à des ennemis, éprouvés ennemis par des rechutes si nombreuses ; et il auroit souhaité sans doute que de plus favorables événemens l'eussent pu sauver de cette fâcheuse et dure nécessité.

Comme il n'y a point de secret qui puisse être caché, M. le prince fut pleinement informé de toutes ces négociations. Il avoit déjà su les propositions qui avoient été faites contre sa vie et sa liberté ; et depuis les avis qu'il en avoit reçus, il avoit vécu avec de grandes précautions. Dans cet état, un soir qu'il étoit au lit causant avec ses familiers, Vineuil l'avertit qu'il y avoit un dessein contre sa personne, et qu'il y avoit des compagnies des gardes qui étoient commandées pour aller vers l'hôtel de Condé. Ces choses s'étant confirmées par le récit des personnes qui les avoient sues, elles firent peur à ce prince. Il se leva aussitôt, monta à cheval, et s'en alla en hâte à Saint-Maur, suivi de toute sa famille, du prince de Conti, de madame de Longueville, de madame la princesse, du duc de La Rochefoucauld, du duc de Richelieu, du maréchal de La Motte, et de plusieurs autres. La Reine, dès cinq heures du matin, fut éveillée par Comminges, qui vint lui apprendre cette nouvelle. Elle envoya aussitôt au duc d'Orléans le maréchal de Villeroy. Ce prince la vint voir, et l'assura que ce n'étoit point de sa connoissance que le prince de

Condé s'en étoit allé, et en usa assez bien avec elle. Depuis quelques jours il la visitoit civilement, et sa docilité marquoit le bon succès de la négociation de Brulh.

On entendit dire alors que ce qui avoit fait peur à M. le prince étoit qu'un capitaine du régiment des Gardes, pour faire passer certaine provision de vins sans impôt, avoit mis de son chef une troupe de soldats à la porte Saint-Germain. Ces hommes armés ayant été remarqués par les serviteurs de M. le prince, ils l'en avertirent. Il y envoya, et trouva qu'ils disoient vrai : si bien qu'il ne douta point qu'il n'y eût quelque entreprise formée contre sa liberté et sa vie; et joignant ces circonstances avec les avis précédens, il résolut de s'en aller. Mais ce qui l'y obligeoit le plus étoit la manière dont il vivoit avec la Reine ; car il devoit connoître qu'elle ne pouvoit pas être fort satisfaite de lui. Elle venoit de lui faire toutes les grâces qu'il lui avoit demandées, et cependant il ne la voyoit point, et par toutes ces actions il marquoit avoir de l'aversion pour elle. Si, par la conduite de M. le prince, cette princesse eut alors des pensées contraires aux conseils que le marquis de Seneterre lui avoit donnés et qu'elle avoit paru approuver, je l'ignore, et n'en ai jamais rien aperçu par aucune voie. M. le prince étant parti, le conseil se tint au Palais-Royal, pour aviser au remède de ce mal. Le duc de La Rochefoucauld, de Saint-Maur alla trouver le duc d'Orléans, pour l'assurer des respects et de l'amitié du prince, et lui protester tout de nouveau de sa part une reconnoissance entière de toutes les obligations qu'il lui avoit. Il lui rendit compte des sujets qui l'avoient forcé de craindre et de fuir. Il vint ensuite au Palais-Royal, où il conféra avec le maréchal de Villeroy, et dit à la Reine que M. le prince étoit parti de la cour, ne croyant pas y pouvoir demeurer en sûreté. Il lui dit aussi qu'elle étoit composée de deux cabales dont il avoit à se garder, des mazarins et des frondeurs; et de plus il se plaignoit de ce qu'elle n'avoit pas fait pour lui de certaines choses dont il l'avoit suppliée, qui dans le vrai n'étoient que des bagatelles. La Reine avoua tout haut qu'elle n'avoit pas voulu les exécuter, quoiqu'elle les lui eût promises depuis qu'il avoit cessé de la voir. Elle résolut d'y envoyer le maréchal de Gramont de sa part et de celle de M. le duc d'Orléans, pour l'assurer de leurs bonnes intentions. Cette princesse lui fit dire qu'il n'avoit rien à craindre de ceux de qui il disoit devoir tout appréhender, et que s'il vouloit revenir, on lui donnoit parole d'une entière sûreté pour sa personne.

Le prince de Condé répondit au maréchal de Gramont avec fierté et rudesse; il lui parla fort respectueusement du duc d'Orléans, et fort mal de la Reine, disant qu'il lui étoit impossible de s'assurer en sa parole; qu'elle l'avoit déjà trompé, qu'elle étoit habile à ce métier, et qu'il ne vouloit plus se mettre dans le hasard de l'être encore une fois; qu'il ne pouvoit souffrir la cabale des mazarins; que tant qu'il verroit les valets du cardinal avoir du crédit, il ne reviendroit jamais à la cour; et que, pour l'obliger d'y retourner, il demandoit à la Reine qu'elle chassât d'auprès d'elle Lyonne, Servien et Le Tellier. Le maréchal de Gramont, comme bon serviteur du Roi et de la

Reine, n'approuva nullement la réponse que lui fit M. le prince; elle le dégoûta de la négociation, et fut cause qu'il partit bientôt pour s'en aller en Béarn dans son gouvernement. La Reine, le soir de ce jour, manda les gens du Roi pour venir savoir ses volontés avant que le parlement écoutât et reçût le prince de Conti, qui devoit y aller le lendemain. Ce que M. le prince avoit dit contre de Lyonne lui fut utile à l'égard de la Reine, à cause des chagrins qu'elle avoit eus contre lui, et servit beaucoup aussi à sa réputation.

Ce jour 7 juillet, les chambres ayant été assemblées pour délibérer sur l'exécution de certain arrêt donné contre le désordre des gens de guerre, le duc d'Orléans y alla prendre sa place, accompagné du prince de Conti, des ducs de Joyeuse et de Brissac, des maréchaux de Gramont et de L'Hôpital. Le duc d'Orléans parla à la compagnie sur cet arrêt qu'elle avoit donné contre les gens de guerre, qu'il n'avoit pas approuvé, et qui avoit un peu étonné les officiers de l'armée. Le prince de Conti prit la parole, et dit ensuite qu'il croyoit que la compagnie seroit bien aise d'apprendre par sa bouche le sujet que M. le prince avoit eu de se retirer dans sa maison de Saint-Maur; que le soir auparavant il avoit eu avis que quelques soldats des Gardes avoient dit qu'ils avoient eu ordre de se trouver à deux heures au drapeau; que cet avis ayant été précédé de beaucoup d'autres qui lui donnoient de justes défiances, il avoit envoyé de ses gentilshommes pour savoir si ce qu'on lui avoit dit étoit véritable; que trois ou quatre cents soldats commandés, ou du moins assemblés, marchoient en corps : ce qui l'avoit obligé de monter à cheval; que, passant derrière le Luxembourg, il avoit trouvé quarante chevaux en corps comme gens de guerre, et non pas des gens qui se fussent trouvés ensemble par rencontre; que cela l'avoit obligé de couper à travers champ du côté de Fleury, d'où il s'étoit rendu ensuite à sa maison de Saint-Maur; qu'aussitôt qu'il fut sorti, il avoit prié le duc de La Rochefoucauld d'en aller avertir M. le duc d'Orléans, et lui dire que toutes ces circonstances étant accompagnées de tant d'autres sujets de défiance, il avoit cru nécessaire de penser à sa sûreté; qu'il savoit les négociations qui se faisoient continuellement avec le cardinal Mazarin, le commerce des courriers, et le voyage du duc de Mercœur à Brulh, qui étoit allé y épouser sa nièce; qu'ainsi il croyoit qu'il ne pouvoit plus être en sûreté à la cour. Il dit que toutes ces choses avoient fait croire à monsieur son frère que ses soupçons étoient bien fondés, et qu'il avoit sujet d'appréhender d'être emprisonné une seconde fois par les menées du cardinal, puisque tout le monde voyoit bien qu'il gouvernoit plus absolument de Brulh qu'il n'avoit jamais fait étant à Paris; que Servien, Le Tellier et de Lyonne n'agissoient que par ses ordres et par sa conduite; que cela étant, il venoit faire une déclaration de sa part qu'il n'avoit jamais eu que des intentions tout-à-fait droites pour le service du Roi et pour le bien de l'Etat; qu'il ne s'étoit point retiré par aucun mécontentement particulier; et qu'il déclaroit qu'il n'avoit ni pour lui, ni pour ses amis, aucune prétention ni intérêts. Il dit qu'il étoit bien aise de faire cette déclaration à la compagnie de la part de M. le prince, pour le faire connoître à toute la France; qu'au reste il étoit prêt de venir rendre ses respects à Leurs Majestés, de les assister de ses conseils et de ses soins comme il avoit accoutumé, pourvu que le cardinal fût sans espérance d'aucun retour, et que l'éloignement de ses créatures, qui venoient d'être nommées, pût lui faire trouver sa sûreté, puisque sans elle il ne pouvoit revenir. Il présenta une lettre du prince de Condé qui s'adressoit à la compagnie, et dit que la lettre qu'il écrivoit au parlement expliqueroit encore mieux ses véritables sentimens qu'il n'avoit fait par ce qu'il venoit de dire. Le prince de Conti ayant fini, le premier président dit que l'on fît entrer le gentilhomme qui apportoit la lettre de M. le prince. Cette lettre étant présentée par lui, un conseiller nommé Menardeau en fit la lecture.

Lettre du prince de Condé au parlement.

« MESSIEURS,

« L'estime que j'ai toujours faite de votre compagnie, de sa justice et de son zèle pour le bien de l'Etat, et les preuves obligeantes que j'en ai reçues par la protection que vous avez donnée à mon innocence durant ma prison, m'obligent à vous informer des sujets qui m'ont porté à me retirer de Paris dans ma maison de Saint-Maur, pour empêcher que les calomnies et les artifices de mes ennemis ne fissent quelque impression sur vos esprits. Je vous dirai donc, messieurs, qu'après le grand nombre d'avis qui m'ont été donnés des mauvais desseins que l'on avoit contre moi, des faux bruits que l'on semoit dans le public pour rendre ma conduite suspecte au Roi et odieuse à tout le monde, j'ai été contraint de m'abstenir de rendre mes respects à Leurs Majestés, et d'assister en leurs conseils aussi souvent que j'aurois souhaité. J'ai attendu, comme chacun sait, la meilleure sûreté de M. le duc d'Orléans, espérant que Son Altesse Royale dissiperoit les défiances que mes ennemis auroient pu donner de moi à la Reine, et rétabliroit enfin la confiance et la réunion dans la maison royale, tant désirée et si nécessaire à l'Etat, et que Son Altesse Royale et moi avons toujours recherchée depuis ma liberté, comme il étoit de notre devoir. Mais voyant que les soins de Son Altesse Royale n'ont pu produire l'effet que j'espérois d'une entremise aussi considérable, entre plusieurs avis d'entreprise contre ma personne, les divers voyages faits à Cologne, et particulièrement celui de M. de Mercœur dans le temps que vous renouvelez vos défenses; les mauvais effets de ce commerce, les négociations de Sedan, ce qui s'est passé à Brisach (1), et enfin toutes les choses suspendues à la cour jusqu'à ce qu'on ait reçu les dernières résolutions du cardinal Mazarin; le crédit extraordinaire de ses créatures engagées à ma perte, qui ont déjà été nommées dans la compagnie; j'ai cru devoir, non-seulement pour la sûreté de ma personne, mais aussi pour celle de l'Etat, me mettre à couvert des accidens que j'ai déjà éprouvés, dont les suites ne pourroient être que funestes à la France, qui ne souffriroit non plus que l'année passée qu'un prince qui a eu l'honneur de rendre des services aussi avantageux au Roi et à l'Etat, et qui n'a pas eu la moindre pensée, comme il proteste de n'en

(1) Le cardinal Mazarin avoit voulu se rendre maître de l'une et l'autre ville.

avoir jamais contre le service du Roi et le bien public, fût encore une fois opprimé pour les intérêts et par les conseils du cardinal Mazarin, parce qu'il n'a jamais voulu consentir à son retour. Je n'ajouterai rien, sinon la protestation que je vous fais, et qui est la même que j'ai donné charge de faire à la Reine, que je n'ai aucune prétention ni pour moi ni pour mes amis; et que lorsqu'on pourra s'assurer que le cardinal Mazarin sera hors d'espérance de retour, et que l'éloignement de ses créatures me donnera ma sûreté, je ne manquerai pas de me rendre auprès de Leurs Majestés, pour continuer mes soins au service du Roi et de l'Etat.

« Je suis, messieurs, votre affectionné serviteur,
« Louis de Bourbon.

« De Saint-Maur, le 7 juillet 1651. »

Après la lecture de cette lettre, le premier président dit que la compagnie ayant travaillé avec tant de soin pour procurer la liberté de M. le prince, elle avoit eu sujet d'espérer que sa présence, secondant les soins de M. le duc d'Orléans, remettroit le calme dans l'État et feroit cesser tant de désordres qui l'avoient affligé depuis long-temps; mais qu'elle voyoit avec regret sa retraite hors de Paris; qu'elle pouvoit venir d'un dessein prémédité, ou de crainte : que si c'étoit un dessein, cela étoit fâcheux; que si c'étoit peur, il falloit qu'il revînt. Le prince de Conti, l'ayant interrompu, lui dit que personne ne croyoit que ce fût par dessein, puisque ceux de M. le prince avoient toujours tendu au service du Roi et au bien de l'Etat, et qu'il n'y avoit point de meilleur garant des bonnes intentions de monsieur son frère que M. le duc d'Orléans, auquel il avoit un attachement tout entier; que pour la crainte, elle étoit bien fondée.

Le duc d'Orléans, prenant la parole, dit qu'il étoit vrai que son cousin le prince de Condé avoit toujours eu de bonnes intentions; que les grands services qu'il avoit rendus à la France ne permettoient pas que l'on en pût douter, et qu'il étoit témoin que depuis sa liberté il avoit toujours désiré le bien de l'Etat; que la Reine lui avoit dit qu'elle n'avoit jamais songé à faire entreprendre sur sa personne; qu'il étoit obligé de croire ce qu'elle lui avoit dit; qu'il avoit travaillé à ôter ces soupçons de l'esprit de M. le prince, et qu'il croyoit bien que s'il fût venu chez lui, il auroit été en sûreté; mais qu'il n'étoit pas étrange qu'un homme qui avoit été une fois prisonnier eût de la défiance, et qu'il étoit vrai que l'esprit du cardinal régnoit toujours dans le conseil. Le premier président, reprenant la parole, dit qu'il ne doutoit pas des bonnes intentions de M. le prince: mais qu'il falloit qu'il revînt. Sur quoi le prince de Conti lui dit que M. le premier président en étoit meilleur témoin que personne, connoissant M. le prince comme il faisoit; et demanda qu'on délibérât sur la lettre de monsieur son frère. Le premier président dit que la Reine, le soir précédent, ayant su que lui, M. le prince de Conti, devoit venir au parlement, et qu'on y devoit apporter une lettre de M. le prince, lui avoit envoyé ordonner, à cinq heures du matin, qu'elle ne désiroit pas qu'on prît aucune délibération sur cette affaire, qu'elle n'eût fait savoir sa volonté.

Le président Le Coigneux, prenant la parole, dit

qu'il sembloit que l'affaire étoit en bon chemin, puisque M. le prince témoignoit être dans les intérêts de M. le duc d'Orléans, lequel assuroit la compagnie des bonnes intentions de la Reine, et que c'étoit un garant qui n'étoit pas suspect à M. le prince. Le prince de Conti répondit que la seule sûreté de monsieur son frère étoit l'éloignement des créatures du cardinal Mazarin. Le président Le Coigneux répondit que c'étoit une condition un peu dure à la Reine : et le premier président ajouta que M. le duc d'Orléans, recevant la parole de la Reine, pouvoit en être un bon garant à M. le prince de Condé ; que la Reine donnant aussi sa parole au parlement, il n'y auroit rien à craindre pour M. le prince ; et quant à l'empêchement qu'on disoit qu'apportoient certaines personnes du conseil à l'ordre que M. le duc d'Orléans et M. le prince pourroient mettre dans les affaires quand M. le prince seroit venu, et qu'il seroit avec M. le duc d'Orléans et M. le prince de Conti dans le conseil, étant ensemble assistés, s'il étoit besoin, de l'autorité que le parlement avoit dans le royaume, ils ne pouvoient douter qu'ils n'eussent la satisfaction qu'ils pouvoient désirer, et ne fissent réussir toutes les affaires qu'ils jugeroient nécessaires pour le bien de l'Etat. Le premier président dit ensuite aux gens du Roi qu'ils allassent savoir la volonté de la Reine, pour la faire savoir le lendemain à la compagnie. Le lendemain, le duc d'Orléans, le prince de Conti et les autres étant allés au parlement prendre leurs places, les gens du Roi rendirent leur réponse [1], et dirent qu'ayant été

---

[1] Réponse des gens du Roi de la part de la Reine dans les mêmes termes qu'elle fût rapportée au parlement.

trouver la Reine, et lui ayant rendu compte de ce qui s'étoit passé le jour précédent, selon l'ordre qu'ils en avoient reçu de la compagnie, ils avoient communiqué à Sa Majesté la lettre de M. le prince écrite au parlement; qu'après l'avoir lue, et conféré avec ses ministres, Sa Majesté leur avoit répondu qu'elle ne croyoit pas que M. le prince dût conserver les soupçons qu'il avoit pris pour se retirer de la cour, vu que Sa Majesté lui avoit donné des assurances véritables qu'elle n'avoit jamais eu de pensées qui lui en pussent donner aucun sujet; que M. le duc d'Orléans avoit connu la sincérité de ses intentions, et lui-même avoit confirmé à M. le prince la vérité des paroles que Sa Majesté lui avoit données, et qu'elle n'avoit pas eu la moindre pensée d'entreprendre sur la liberté de sa personne; que M. le maréchal de Gramont avoit porté parole de sûreté à M. le prince, et qu'il pourroit donner part à la compagnie de ce qui s'étoit passé.

Ils dirent de plus que Sa Majesté ayant donné pouvoir à M. le duc d'Orléans de travailler à l'accommodement de cette affaire, elle avoit fort agréable la prière que le parlement lui avoit faite de s'en entremettre; que si M. le prince avoit d'autres sujets de douter de la sûreté de sa personne sur la créance qu'il prend du retour du cardinal Mazarin, Sa Majesté déclare qu'elle continue dans les mêmes pensées qu'elle a toujours eues de ne le pas faire revenir; qu'elle a donné sa parole au parlement, et qu'elle la veut religieusement observer.

Quant au voyage du duc de Mercœur, Sa Majesté n'en a jamais eu aucune connoissance; et sur ce qu'on accuse par cette lettre ceux qui ont eu l'honneur de servir le Roi dans ses conseils, et un officier domestique de la Reine (1), Sa Majesté répond qu'elle peut choisir ainsi qu'il lui plaira; que quant aux premiers, ils avoient servi le Roi défunt en des charges assez considérables avec tant de fidélité, que M. le prince n'avoit point de sujet d'avoir aucune défiance de leur conduite; que Sa Majesté pouvoit assurer avec toute vérité qu'ils n'auroient jamais des sentimens contraires au service du Roi, et qu'aucun d'eux ne s'étoit employé en aucune négociation pour le retour du cardinal Mazarin; que ci-devant on avoit fait les mêmes propositions de les éloigner de la cour; et que M. le duc d'Orléans et M. le prince, après avoir été bien informés de la sincérité de leurs intentions, en avoient paru satisfaits, et conclurent par dire de la part de la Reine que si, après les assurances que Sa Majesté donneroit à M. le prince, il continuoit de s'éloigner du Roi, on auroit tout sujet de croire qu'il y auroit d'autres considérations qui l'empêchoient de se rendre près de sa personne, pour le servir avec l'obéissance et le respect qu'il lui devoit; et que la Reine en auroit un extrême regret, puisqu'elle ne désiroit rien tant que de voir une union parfaite dans la maison royale, si nécessaire au bien de l'Etat.

Après cette réponse, il s'éleva un grand bruit dans la compagnie, et tous dirent qu'il falloit donner satisfaction à M. le prince et exterminer les restes du Mazarin, qui ne devoient entrer en aucune considération avec les princes du sang. Ce tumulte dura si long-temps que le premier président en fut surpris,

(1) Lyonne étoit secrétaire de ses commandemens.

et jugea par ce bruit qu'il falloit changer le dessein qu'il avoit eu de mettre l'affaire en délibération. Il s'adressa au duc d'Orléans pour l'engager de faire cet accommodement du prince de Condé, et l'exhorta d'y travailler. Le président Le Coigneux ayant voulu, pour fortifier le premier président, témoigner qu'en effet cela étoit digne des soins de Son Altesse Royale, dit que c'étoit un moyen pour sauver les formes. Sur ce discours il s'éleva encore un si grand murmure, qu'il ne put achever d'opiner. Toutes les enquêtes grondèrent, disant que c'étoit prévenir les esprits afin d'empêcher la liberté de la délibération ; dont il fallut qu'il se défendît, témoignant que dans les occasions qui s'étoient présentées il avoit servi M. le prince, et qu'il avoit encore une disposition tout entière à continuer de le faire, avouant que ses défiances méritoient d'être considérées.

Le premier président, voulant calmer le bruit des enquêtes et apaiser les esprits, dit que cette affaire étoit des plus importantes qui se fussent jamais vues ; et que la compagnie se devoit conduire de telle sorte que si par malheur la retraite de M. le prince de Condé causoit une guerre civile, l'on ne pût lui en rien imputer. Le prince de Conti, l'ayant interrompu, lui dit avec beaucoup de ressentiment que toutes les actions de M. le prince avoient été telles, que personne ne pouvoit avoir la moindre pensée qu'il voulût faire la guerre ; que cela n'avoit point dû être avancé dans la compagnie, et qu'il ne le pouvoit souffrir. Le premier président s'écria que personne ne lui pouvoit ôter la parole, ayant l'honneur de présider la compagnie et d'y tenir la place du Roi ; que M. le prince de

Conti n'y avoit que sa voix. Et voyant que les autres présidens étoient dans ce même sentiment, et faisoient des plaintes de cette interruption comme si on eût voulu ôter la liberté à la compagnie, il insista plus fortement ; et le prince de Conti répliquant dit que monsieur son frère témoignoit assez par sa conduite qu'il n'avoit point de mauvais dessein, puisqu'il s'étoit adressé au parlement, et l'avoit informé des raisons qui l'avoient obligé de se retirer.

Le duc d'Orléans, prenant la parole, rendit des témoignages très-favorables au prince de Condé, et dit qu'il avoit des sujets de craindre les créatures du cardinal Mazarin; que tous ses amis avoient conservé leur crédit à la cour, et qu'il y en avoit même auprès du Roi qui lui parloient de lui.

Ce différend prit sa conclusion par un compliment que le prince de Conti fit à la compagnie, disant qu'il savoit la considération qu'il en devoit faire, les obligations que lui et monsieur son frère lui avoient; mais qu'il étoit bien dur d'entendre que l'on pût présumer que la conduite de monsieur son frère l'engageât à une guerre civile, et qu'il n'avoit pu s'empêcher de relever cette parole, afin de soutenir sa réputation.

Le premier président protesta en son particulier, et au nom de toute la compagnie, qu'elle étoit persuadée des bonnes intentions de M. le prince, et dit qu'elle étoit prête, comme elle l'avoit toujours été, à prendre soin de ses intérêts ; et adressant la parole à M. le duc d'Orléans, le convia encore de travailler à cet accommodement. Il s'excusa même de délibérer sur ce qu'il étoit dix heures, et sur ce que l'affaire ne se pouvoit pas terminer dans la matinée; et promit de continuer l'assemblée le lundi suivant et les autres jours.

Châteauneuf, qui avoit fait son traité avec le cardinal, et qui espéroit par cette voie rentrer aux bonnes grâces de la Reine, étoit bien aise de faire éloigner les créatures du cardinal par M. le prince, afin que les chassant il eût toute la confiance de la Reine. D'autres aussi, qui étoient envieux de la grandeur et de la faveur de ces deux ou trois hommes, aidèrent à les pousser par leur intérêt, comme M. le prince par le sien.

Sans s'amuser à particulariser ce qui se passa dans les délibérations du parlement dans l'affaire du prince, il suffit de dire que la conclusion fut que la Reine seroit très-humblement suppliée de donner une nouvelle déclaration à part contre le cardinal Mazarin, qui pût rassurer les esprits, et donner à M. le prince toutes les sûretés nécessaires pour sa personne. L'on n'y parla point néanmoins de ceux qui avoient été nommés.

Cet arrêté plut à la Reine, à cause que l'apparence de l'autorité royale y étoit gardée, que l'on sauva ceux que le prince de Condé avoit demandé qu'on chassât, et qu'elle demeuroit en apparence dans le pouvoir d'en user à sa volonté.

Le parlement vint en corps trouver la Reine, et le premier président lui fit des remontrances sur leur arrêté, de la part de la compagnie, douces et respectueuses. La Reine lui répondit que pour la déclaration contre le cardinal Mazarin qu'il demandoit, elle désiroit qu'ils la dressassent eux-mêmes, et qu'elle la leur enverroit telle qu'ils la demandoient; que, pour le reste, elle y aviseroit avec son conseil. Les sûretés que M. le prince demandoit alors alloient à faire bannir de la cour ceux que par respect le parlement n'avoit point nommés. La Reine balançoit entre le oui et le non : elle ne savoit s'il falloit chasser ses créatures ou les maintenir. Son sentiment alla d'abord à ne les pas éloigner; mais comme on lui représenta que c'étoit une chose qui s'étoit pratiquée autrefois à la demande des princes du sang, on lui dit aussi qu'il falloit qu'elle ôtât à M. le prince le prétexte de pouvoir faire la guerre civile, et qu'elle étoit obligée par ces grandes raisons d'empêcher ce malheur tant qu'elle pourroit. Suivant ce conseil, elle se résolut de les éloigner, et de donner cette marque à toute la France de l'amour qu'elle avoit pour la paix et pour le repos de l'État : joint à cela que les petits dégoûts qu'elle avoit eus contre de Lyonne et Servien lui en ôtèrent la douleur.

Le Tellier s'en alla avec une espérance certaine de retour. La Reine avoit beaucoup de bonne volonté pour lui. Il étoit brouillé avec M. le prince, mais bien aimé du cardinal : si bien qu'il n'avoit rien à craindre que l'absence, qui peut toujours être dangereuse à ceux qui ont des envieux, et par conséquent des ennemis ; mais il emportoit avec lui la satisfaction d'avoir eu une conduite sans reproche et uniforme dans le bien, et d'être le seul des trois dont la probité ne fût point soupçonnée. Ils partirent, après avoir pris congé de la Reine, l'avoir entretenue chacun en particulier. Ils emmenèrent avec eux leurs femmes et leurs enfans, et s'en allèrent dans leurs maisons.

Servien et de Lyonne se voyant chassés par M. le prince à qui ils n'avoient que trop adhéré, et mal avec les deux partis, connurent certainement que Chavigny, par envie contre eux et pour se mettre à leur place, avoit quelque part à la haine que M. le prince leur avoit témoignée : si bien qu'ils firent ce qu'ils purent en partant pour persuader à la Reine qu'il étoit l'auteur de leur ruine, et des intrigues qui se faisoient contre l'autorité royale. Il ne fut pas difficile de lui nuire, parce que la Reine ne l'avoit fait revenir que pour cacher les desseins qu'elle conservoit à l'avantage du cardinal Mazarin, de qui Chavigny, comme je l'ai dit, s'étoit déclaré ennemi mortel. Il s'étoit toujours maintenu dans cette résolution, malgré son retour et les recherches que le cardinal lui avoit fait faire, et qu'il avoit méprisées. Il crut qu'avec le prince de Condé et les ennemis du cardinal, qui étoient en grand nombre, et dont la cour étoit composée, il pourroit venir à bout de son dessein, qui étoit de s'emparer de la faveur; et il s'imagina que son crédit et sa réputation en seroient mieux établis si par lui-même il pouvoit parvenir à ce bonheur. La Reine, qui suivoit ses sentimens, et qui se souvenoit toujours qu'on lui avoit ôté un ministre par force, ne se laissoit pas gagner par la qualité d'ennemi du cardinal; et comme elle étoit difficile à persuader quand elle ne le vouloit pas être, il fut aisé à ces exilés, selon qu'ils s'en vantèrent deux jours auparavant, de lui faire de mauvais offices, et, au lieu de le laisser à leur place, le mettre plus loin qu'eux de la confiance. Chavigny ayant senti l'état où il étoit à la cour, et le mécontentement de ceux qui étoient partis, avec ce qu'ils avoient dit de lui, voulut se raccommoder avec la Reine par un éclaircissement; mais il arriva que cette princesse, au lieu de s'adoucir sur ses plaintes, lui dit librement qu'il étoit vrai qu'elle étoit mal satisfaite de son procédé. Et Chavigny lui disant qu'il n'osoit et ne vouloit point venir au conseil tant qu'elle ne seroit pas persuadée de sa fidélité et de son affection à son service, elle ne lui répondit là-dessus ni oui ni non. Ensuite de ce silence significatif, il demeura comme exclus du conseil, sans savoir en quel état il étoit, c'est-à-dire embrouillé dans une disgrâce sans éclat, mais plus mal en effet dans l'esprit de la Reine qu'il ne le croyoit lui-même. Il fut si dupe sur ce qui se passoit à ses yeux, qu'il crut toujours que la Reine ne songeoit plus au cardinal Mazarin, et qu'il ne reviendroit jamais. Il lui arriva de lui en parler sur ce même ton: ce qui donna de mauvaises impressions de lui à la Reine, et la persuada, à ce qu'elle me fit l'honneur de me dire, qu'il avoit ou moins de lumières, ou plus de malice que n'en devoit avoir un ministre qui avoit eu l'honneur d'être dans la confiance du feu Roi, et qu'elle avoit souffert auprès d'elle.

Le parlement ayant été mandé, le chancelier leur parla de la part de la Reine, pour leur dire que l'affection que Sa Majesté avoit pour l'Etat, et le désir de conserver l'union de la maison royale, l'avoit obligée, pour donner une entière sûreté à M. le prince, d'éloigner des conseils du Roi ceux qui lui étoient suspects. Il exhorta la compagnie à contribuer à la paix qui se devoit souhaiter entre la Reine et les princes du sang, et à travailler au repos de l'Etat avec le zèle et l'affection qu'ils devoient avoir au service du Roi.

M. le prince fut peut-être fâché de n'avoir plus de

prétexte de se plaindre, et témoigna de l'étonnement de ce que la Reine avoit fait. Il revint à Paris, et alla au parlement. Il demanda que ceux qui étoient partis fussent compris dans la déclaration qui se devoit faire contre le cardinal, afin qu'ils fussent sans espérance de retour; mais le premier président lui dit que M. le prince de Conti n'avoit point parlé de cela; qu'il avoit assez suffisamment déclaré sa volonté, et ce qu'il demandoit pour sa sûreté; qu'il avoit dit de sa part n'avoir rien à désirer, et n'avoir nulle autre prétention que celle de l'éloignement des créatures du cardinal; qu'ainsi ce qu'il demandoit étant chose nouvelle, il ne pouvoit être reçu en sa demande, et que ce seroit toujours à recommencer. Toute la compagnie s'accorda, et ils opinèrent tous du bonnet. Ainsi M. le prince demeura exclus de sa prétention; dont il témoigna du chagrin.

Ceux qui étoient du parti contraire à Châteauneuf voulurent empêcher son retour. Pour y réussir, ils tâchèrent de se servir du prince de Condé, lui conseillant de revenir à la cour pour prendre sa place, et s'opposèrent au changement qui se préméditoit; mais ses défiances n'étant pas finies pour l'éloignement de ces trois hommes, il ne vint point voir la Reine; et cette conduite ne manqua pas d'avoir son effet, et de faire avancer les affaires de Châteauneuf : car le cardinal, voyant le prince de Condé entièrement aliéné de la Reine et de lui, se confirma dans la nécessité de se lier avec ceux qui avoient intérêt de le pousser. Ce prince se reposoit sur ce que le duc d'Orléans lui avoit promis qu'il ne feroit point revenir Châteauneuf sans sa participation et son consentement, et il ne vit pas qu'ils pouvoient être trompés tous deux : et ils le furent en effet ; car Châteauneuf et le coadjuteur, qui donnoient à la faveur toute la fidélité, ne considéroient le duc d'Orléans qu'autant qu'il leur pouvoit être commode pour l'acquérir.

Les choses étant en cet état, le coadjuteur eut commerce avec la Reine, et Châteauneuf la vit deux fois en particulier, sans que les princes en fussent participans ; mais comme les secrets de la cour ne sont secrets que pour quelque temps seulement, M. le prince, le sachant, fit de grandes plaintes au duc d'Orléans de ce qu'il lui avoit manqué de parole. Ce prince lui protesta n'avoir point su que la Reine dût voir ces deux hommes, l'assurant que lui-même en étoit mal content. Et comme il vit par leurs secrètes visites qu'ils s'attachoient à la Reine et au cardinal Mazarin, il commença aussitôt de les haïr ou de les aimer, selon qu'il s'accommodoit de leur conduite, qu'il croyoit toujours appuyée sur de bonnes intentions à son égard. Et de toutes ces contrariétés ce qui parut de plus vrai fut qu'il en fit des railleries publiques ; mais elles ne firent rien voir que l'incertitude de ses pensées sur les dégoûts qu'il devoit avoir alors de leurs nouvelles intrigues. M. le prince enfin se déclara à M. le duc d'Orléans de ne pouvoir plus souffrir le coadjuteur, et cette déclaration ne le brouilla pas avec lui.

Ces mêmes jours, M. le duc d'Orléans vint voir la reine d'Angleterre à Chaillot. Elle avoit fait de cette maison un couvent de religieuses de Sainte-Marie. J'y avois contribué par mes conseils et mes soins. Ma sœur y étoit venue novice, avec la fondation sortie de

Saint-Antoine. Elle en avoit été la première professe, et j'y entrois en qualité de bienfaitrice. Ce prince dit à la Reine sa sœur, en riant, que M. le prince et le coadjuteur étoient fort mal ensemble, et qu'il alloit avoir bien du plaisir de leur chamaillerie. Voilà ses propres mots : ils marquent la foiblesse de ses sentimens, tant sur la haine que sur l'amitié. Mais celle à qui le discours s'adressa en fut surprise : elle le trouva aussi incompréhensible qu'il l'étoit en effet ; et, après qu'elle m'eut permis d'en examiner les conséquences avec elle, elle conclut, selon la raison et la vérité, que les choses de cette importance se devoient regarder plus sérieusement, et se sentir avec plus de vivacité.

M. le prince, étant à Paris, rencontra un jour le Roi au Cours ; dont il fut blâmé de tout le monde. Il ne voyoit ni le Roi ni la Reine, et il sembloit par cette bravade ne plus compter à rien le respect qu'il devoit à leur personne et à la couronne.

La Reine avoit intérêt de ne pas pousser le prince de Condé, de peur d'augmenter par ses malheurs les siens propres ; mais les frondeurs, pour être les maîtres, avoient bien envie d'en faire un criminel déclaré de l'Etat. Il semble que ce prince, moins habile en cet endroit que ses adversaires, ne prit point assez de soin d'éviter comme il le pouvoit les occasions de fâcher la Reine. Il écouta les brouillons qui étoient auprès de lui, qui ne demandoient que la guerre, et s'y laissa conduire sans que peut-être sa volonté y eût aucune part. S'il n'eût point quitté la cour, il eût sans doute bien embarrassé ceux qui vouloient l'en chasser, et les gens de bien en eussent été fort contens. Il ne lui auroit pas été difficile d'y trouver sa sûreté, tant par les voies publiques du duc d'Orléans et du parlement, que par les particulières, qui étoient les meilleures. Il l'auroit rencontrée tout entière dans le cœur de la Reine, si tout de bon il eût voulu oublier le passé, et vivre avec elle selon qu'il eût été à propos pour cette princesse, pour l'Etat et pour lui : quand même il lui en eût dû coûter l'envoi de quelque courrier au ministre éloigné; puisque les petites choses doivent toujours céder aux grandes, quand les petites ni les grandes ne choquent point l'équité. En l'état où elles étoient, les frondeurs s'étant détachés du duc d'Orléans méritoient d'en être abandonnés, et plus encore du prince de Condé, qu'ils avoient voulu perdre ; et par conséquent tous deux devoient se réunir à la Reine et se moquer de la folie publique, qui, sans un juste sujet, avoit gâté les esprits de tous par la chimérique haine du nom de Mazarin.

M. le prince ayant donc renoncé à la paix, et voulant s'opposer à Châteauneuf, il prit la voie du parlement, où il alla le 2 août. Il se servit du remède qui étoit à la mode, c'est-à-dire de ce fantôme dont je viens de parler, qui fut la raison qu'il allégua pour pouvoir battre en ruine ses ennemis. Il fit entendre, sans les nommer, qu'ils avoient envoyé traiter à Cologne avec le cardinal (1). Il cria contre Brachet son courrier, contre Bartet, confident et courrier de la palatine, et contre tous ceux qui avoient commerce avec le Mazarin. Il fut arrêté qu'on informeroit contre eux, et qu'ils seroient ouïs. On m'assura qu'il avoit eu intention de nommer Châteauneuf, et on le lui

(1) Le cardinal Mazarin y étoit alors.

avoit conseillé : mais il ne le fit pas ; je n'en sais pas la cause. Il fut dit aussi qu'on enverroit dire au duc de Mercœur de venir prendre sa place, pour rendre compte à la compagnie de son mariage hors du royaume sans permission du Roi ; car ce prince étoit revenu de Brulh, où il avoit épousé publiquement mademoiselle de Mancini, nièce du cardinal. On ordonna de plus que la déclaration que la Reine avoit promise contre ce ministre seroit dressée la plus ample et la plus forte qu'elle se pourroit faire.

Le prince de Condé se justifia au parlement d'avoir rencontré le Roi au Cours. Il dit que s'il avoit cru y trouver Sa Majesté, il n'y seroit pas allé ; qu'il savoit le respect qu'il lui devoit : protestant de nouveau de vouloir demeurer fidèle dans son service. Le premier président l'exhorta fortement à rendre ses devoirs au Roi et à la Reine ; et quelques jours après, ayant honte de n'y point satisfaire et n'avoir nul sujet apparent d'en user ainsi, il fut conseillé par ses amis et serviteurs d'aller au Palais-Royal. Le duc d'Orléans l'amena saluer le Roi et la Reine. Leur entrevue fut froide ; la conversation se passa publiquement en discours de bagatelles, et la visite fut courte. Puis tout d'un coup, pressé par sa peur, il n'y revint plus du tout.

Les Brachet et Bartet furent ouïs. Ils se défendirent si bien, qu'ils ne donnèrent point de prise sur eux ; mais M. le prince et ceux de sa cabale continuèrent à faire demander au parlement que le duc de Mercœur fût ouï. Il fut interrogé au parlement le 12 ou 13 août, et fort pressé par le premier président de répondre précisément sur l'interrogation qu'on lui faisoit : savoir s'il étoit marié? Il dit d'abord qu'il ne croyoit pas être obligé de répondre ; mais il assura la compagnie qu'en cas qu'il le fût, il l'étoit sans crime. Le premier président lui dit : « Cela veut dire que vous l'avez « épousée avant que le cardinal son oncle fût dé- « claré criminel. » Il répondit que oui, qu'il étoit marié avant le départ du cardinal. Les gens du Roi donnèrent sur cette déclaration leurs conclusions, et dirent qu'ils étoient d'avis que le duc de Mercœur justifiât son dire.

Beaucoup de ceux du parlement vouloient passer plus outre, disant qu'il n'avoit pu se marier sans permission du Roi ; qu'on savoit qu'il avoit épousé la nièce du cardinal à son voyage qu'il venoit de faire à Brulh, et que ce qu'il disoit étoit faux et ne le pouvoit prouver. Il s'éleva un murmure dans le parlement, qui fit dire à plusieurs que cela étoit tout-à-fait contre la Reine. L'affaire n'étoit pas sans embarras, parce qu'en effet la cérémonie du mariage s'étoit faite publiquement au lieu où étoit le cardinal, et le duc de Mercœur n'eût pu prouver le contraire : si bien que les serviteurs de la Reine en eurent de l'inquiétude, à cause que les princes pouvoient s'en servir pour la chicaner. Mais cette famille étant appuyée, l'affaire demeura assoupie par les soins de leurs amis.

M. le prince tenant tête au Roi dans Paris, et la Reine ayant alors tant de sujets de se plaindre de lui, songea tout de bon à se garantir. Elle prit enfin ses mesures avec les frondeurs, qui par leur raccommodement avec le cardinal s'étoient remis assez bien avec elle, et avoient par force quelque part dans sa confiance. D'autre côté, M. le prince, s'éloignant tous les jours davantage de l'accommodement, pensoit à la guerre, et à se préparer à tout ce qui pouvoit lui arriver. Il envoya en Espagne, et fit tout ce que la prudence, vu le mauvais état où il étoit, l'obligeoit de faire. Madame de Longueville désiroit la guerre pour ne point retourner avec son mari, qui la vouloit voir et avec qui elle étoit brouillée. Le duc de La Rochefoucauld, à ce qu'il m'a conté depuis, souhaitoit la paix, parce qu'il avoit senti les malheurs de la guerre civile, et que sa maison rasée lui faisoit haïr ce qu'il avoit éprouvé lui avoir été si dommageable. Mais ne pouvant manquer de suivre les sentimens de madame de Longueville, comme il vit les apparences d'une visible rupture qui devoit bientôt engager M. le prince à s'éloigner de la cour, il fut d'avis qu'elle s'en allât à Montrond attendre les événemens de toutes les intrigues qu'elle-même avoit faites. M. le prince ayant approuvé ce conseil, elle partit de Saint-Maur avec madame la princesse et le petit duc d'Enghien, et fut attendre en ce lieu ce que deviendroit ce prince, qui sans avoir un véritable dessein de faire la guerre, ainsi que je viens de le remarquer, se trouva nécessité par sa conduite de la faire malgré lui; et, grâces à Dieu, ce fut toujours à son désavantage.

Le duc de Longueville parut alors se séparer entièrement du prince de Condé. Mademoiselle de Longueville sa fille y contribua beaucoup; car quoiqu'elle eût passé pour frondeuse dans les temps où ce prince s'étoit trop légèrement abandonné aux vaines entreprises de madame de Longueville et du prince de Conti, cette princesse n'y étoit entrée que par ses obligations, qui l'avoient engagée par raison dans un parti dont le duc de Longueville son père étoit un des premiers chefs, et par l'état où la prison l'avoit réduit : car par elle-même, étant fille d'une princesse du sang de la troisième branche royale, par conséquent nièce du dernier comte de Soissons que sa pitoyable destinée fit périr à la bataille de Sedan, elle ne pouvoit guère aimer les princes de Condé, et particulièrement madame de Longueville sa belle-mère, dont elle ne croyoit pas être assez considérée. C'est ce qui lui fit souhaiter ardemment tout ce qui lui parut avantageux au duc de Longueville et aux princes ses frères, enfans de madame de Longueville ; et, par cette conduite, elle fit voir la bonté de son esprit et la droiture de ses intentions, qui la portèrent à vouloir que ceux en qui elle prenoit intérêt s'attachassent à leur véritable devoir. Le duc d'Yorck avoit désiré d'épouser cette sage princesse ; la reine d'Angleterre m'avoit commandé d'en parler à la Reine. Je le fis. Elle me répondit que ce prince, étant fils de roi, étoit trop grand pour le pouvoir laisser marier en France ; et, par cette raison politique, l'affaire ne put réussir. Ce prince en fut fâché : il estimoit cette princesse ; sa vertu et sa personne lui plaisoient ; et ses richesses, étant héritière du feu comte de Soissons, lui auroient été aussi fort agréables : car alors il n'en avoit pas beaucoup. En tout temps, ce mariage étoit convenable à lui et à elle.

La Reine voyant donc qu'elle ne pouvoit plus espérer de paix avec le prince de Condé, et ne voulant point user des remèdes violens qu'on lui avoit conseillés, prit, pour se défendre contre lui, les plus doux et les moins hasardeux, assistée du conseil de

Seneterre, dont la sagesse et la fine modération étoit d'un grand secours pour opposer aux extrêmes sentimens de ceux qu'elle n'estimoit pas. Ce vieux seigneur la voyoit alors sans crainte de déplaire au duc d'Orléans, pour qui il avoit toujours eu quelque attachement; mais, malgré les circonspections qu'il avoit observées auprès de cette princesse, il lui avoit donné de salutaires conseils. Il avoit été fidèle des deux côtés; et pour lors il espéroit, vu la nouvelle liaison des frondeurs avec le cardinal Mazarin, de voir bientôt une entière réunion entre la Reine et le duc d'Orléans. Dans cet espoir, ils y travaillèrent tous; puis enfin il fut conclu entre elle et Châteauneuf, le maréchal de Villeroy et le coadjuteur, que le Roi et la Reine feroient une déclaration contre M. le prince, qui seroit portée au parlement et à toutes les cours souveraines, où la Reine feroit connoître au public les justes sujets de ses plaintes. Cette déclaration fut aussi communiquée au premier président, qui alors étoit raccommodé avec Châteauneuf et le coadjuteur, par les dégoûts qu'il avoit eus du prince de Condé. Cet homme désiroit de ravoir les sceaux. Châteauneuf et le coadjuteur étant raccommodés avec la Reine, ils espéroient de rentrer tout-à-fait dans sa confiance, et se mettre à la place du ministre. Sur ce fondement, et par les conjectures entièrement favorables au premier président, ils furent forcés de lui faire dire qu'ils avoient dessein, cela arrivant, de chasser le chancelier, et lui promirent de contribuer de tout leur possible à les lui faire redonner, pourvu qu'il voulût être de leurs amis. Châteauneuf s'accommodoit en cet article à la volonté de la Reine, qu'il voyoit être tournée de ce côté-là. Lui-même, qui les avoit depuis perdus malgré lui, les souhaitoit aussi; mais il se servit alors de cette prudente modération pour plaire à cette princesse, et se contenta de ce qu'il alloit, du moins en apparence, posséder la première place. Cette intelligence étant donc bien établie, le premier président eut connoissance de cette déclaration faite par la Reine contre M. le prince. Il l'approuva, et y corrigea même quelque chose qu'il ne jugea pas être selon l'ordre.

Pour bien exécuter cette résolution, il falloit gagner le duc d'Orléans, qui paroissoit de jour en jour plus détaché des frondeurs. Mais, pour se raccommoder avec ce prince, ils ne manquèrent pas de lui dire que le cardinal étoit un homme qu'ils vouloient perdre, et que s'ils avoient fait quelques pas vers lui, c'étoit qu'ils vouloient par là rentrer dans le cœur de la Reine, afin de le pousser tout de nouveau, et faire que la Reine l'abandonnât tout-à-fait. Le duc d'Orléans quelquefois disoit lui-même qu'il étoit assuré que les frondeurs haïssoient le cardinal Mazarin, et vouloient l'accabler davantage, et que leur intention étoit telle; mais cette intelligence ne laissoit pas de faire quelque impression sur son esprit. D'autre côté, M. le prince, leur ennemi déclaré, tiroit à lui le duc d'Orléans, qui ne vouloit pas non plus se séparer de lui, pour ne lui pas laisser l'avantage de l'applaudissement des peuples et des mal contens. Il craignoit que la Reine qu'il avoit offensée, s'il se séparoit du prince de Condé, ne le laissât du moins sans autorité, ou ne prît peut-être de pires résolutions contre lui : ce qui, dans l'état des choses, n'étoit pas tout-à-fait impossible. Ces raisons ayant en quelque manière séparé le duc d'Orléans d'avec les frondeurs, et l'ayant lié davantage au prince de Condé, les frondeurs se trouvèrent embarrassés. Ils s'étoient vantés à la Reine de lui redonner l'amitié du duc d'Orléans, et ils ne purent effectuer leur promesse. Elle ne laissa pas de les recevoir, parce que c'étoit déjà une chose résolue qu'on se serviroit d'eux pour les opposer à M. le prince. La déclaration fut donc dressée telle qu'il convenoit qu'elle fût. Il étoit nécessaire ensuite de la montrer au duc d'Orléans. La Reine le fit. Elle le pria de la lire dans son oratoire, le soir auparavant qu'elle fut envoyée au parlement. Ce prince en fut surpris, et tâcha de détourner la Reine de ce dessein; mais elle lui témoigna vouloir absolument la faire passer. Le duc d'Orléans, après avoir fait ce qui lui fut possible pour l'empêcher de le faire, parut y consentir. Il y corrigea lui-même deux articles qui ne se pouvoient prouver contre lui, et s'en alla se coucher plein d'inquiétude et de chagrin, sans se déterminer entre ces deux partis.

Pour rendre cette déclaration plus agréable au public, on y mit en tête une protestation contre le cardinal Mazarin, qui, devant être lue et publiée en présence de Leurs Majestés, devoit avoir la force de persuader le public que la Reine ne pensoit plus du tout au cardinal. On manda le parlement; et le comte de Brienne, secrétaire d'Etat, lut cette déclaration en la même forme que la voici. Ce qui fut remarquable en cette occasion fut que le prince de Conti, qui rarement alloit chez la Reine, se trouva par hasard présent à cette lecture, et dit tout haut que M. le prince se justifieroit aisément de toutes ces calomnies.

Discours que le Roi et la Reine régente, assistés de monseigneur le duc d'Orléans, des princes, ducs et pairs, officiers de la couronne et grands du royaume, ont fait lire en leur présence aux députés du parlement, chambre des comptes, cour des aides et corps de ville de Paris, au sujet de la résolution qu'ils ont prise de l'éloignement pour toujours du cardinal Mazarin hors du royaume, et sur la conduite présente de M. le prince de Condé, le 17 d'août 1651.

« C'est avec un extrême déplaisir qu'après toutes les déclarations que nous avons ci-devant faites avec tant de solennité contre le retour du cardinal Mazarin, nous voyons que les ennemis du repos de l'Etat se servent encore de ce prétexte pour y fomenter les divisions qu'ils y ont allumées. C'est ce qui nous oblige à vous envoyer querir pour vous déclarer de nouveau que nous voulons et entendons exclure pour jamais ledit cardinal, non-seulement de nos conseils, mais de notre royaume, pays et places de notre obéissance et protection, faisant défense à tous nos sujets d'avoir aucune correspondance avec lui : enjoignant très-expressément que toutes personnes qui contreviendront à cette volonté encourent les peines portées par les anciennes ordonnances des rois nos prédécesseurs, et par les derniers arrêts de nos cours souveraines ; voulant que toutes déclarations nécessaires pour cela soient expédiées.

« Après avoir donné ces assurances à tous nos sujets, nous ne pouvons plus dissimuler, sans blesser notre autorité, ce qui se passe de la part de notre cousin le prince de Condé. Or, chacun sait les grâces que la maison de Condé, et lui en particulier, ont reçues du feu Roi de glorieuse mémoire, mon très-honoré seigneur et père, et de la Reine, ma très-honorée dame et mère régente. Après avoir accordé sa liberté aux instantes prières de mon très-cher et très-amé oncle le duc d'Orléans, et aux très-humbles supplications de mon parlement de Paris; après lui avoir rendu le rang qu'il avoit dans mes conseils, restitué le gouvernement des provinces et places que lui et les siens tiennent dans mon royaume en si grand nombre, qu'il est aisé de juger que celui qui les a désirées vouloit prendre le chemin de se faire craindre plutôt que de se faire aimer; après avoir rétabli les troupes levées sous son nom, capables de composer une armée; après lui avoir accordé l'échange du gouvernement de Bourgogne avec celui de Guienne, lui ayant permis de retenir les places qu'il avoit dans la province qu'il laissoit: ce qui ne s'étoit jamais pratiqué; après lui avoir fait payer les sommes immenses qu'il disoit lui être dues d'arrérages, de pensions, d'appointemens, de désintéressement de montres de ses troupes et garnisons, qui sont telles que pour le contenter on a été contraint de divertir les fonds destinés à l'entretien de ma maison et subsistance de mes armées : bref, n'ayant rien omis de ce qui lui pouvoit apporter une entière satisfaction, et le disposer à employer les bonnes qualités que Dieu lui a données, et qu'il a fait paroître autrefois à l'avantage de notre service, nous avions conçu cette espérance, lorsqu'à notre très-grand regret elle a été détrompée par des actions bien contraires aux protestations qu'il nous avoit faites solennellement dans l'assemblée de notre parlement.

« Nous ne dirons rien de ce qu'aussitôt après sa liberté l'ardeur de ses poursuites nous porta à faire les changemens que vous avez vus dans le conseil. Cette entreprise lui ayant réussi, il eut la hardiesse d'accuser et de se plaindre de trois de nos officiers, ou de la Reine notre très-honorée dame et mère, laquelle leur commanda de se retirer non-seulement de notre cour, mais de notre bonne ville de Paris, pour ôter à notredit cousin tout prétexte de plainte, et pour étouffer les tumultes qu'il excitoit. Nous espérions que toutes ces grâces le disposeroient à nous complaire en quelque chose, ou pour le moins l'empêcheroient de continuer ses mauvais desseins, lorsqu'avec un extrême regret nous avons vu des effets contraires à ceux que nos bontés avoient tâché de provoquer. Nous avons remarqué qu'après que notre très-cher et amé oncle le duc d'Orléans lui a donné de notre part et a porté à notre parlement nos paroles royales, qui lui offroient toutes les sûretés qu'il pouvoit désirer et qu'il avoit requises, il demeura quelques jours sans se pouvoir résoudre à nous voir, quoiqu'il se fût une fois rencontré à notre passage (1). Enfin, pressé par notre très-cher et très-amé oncle le duc d'Orléans, et par notre parlement, de nous rendre ses devoirs, il prit résolution de nous voir une seule fois, où il fut reçu par nous et par la Reine, notre très-honorée dame, mère et régente, avec toutes les démonstrations d'une parfaite bienveillance qui eût été capable de

(1) Quand M. le prince rencontra le Roi au Cours.

le guérir de toutes ses appréhensions, si elles ne venoient plutôt de sa propre conscience que des mauvais offices qu'il veut croire lui être rendus.

« Nous sommes obligés de vous dire ce qui est venu à notre connoissance touchant ses menées, tant au dedans comme au dehors de notre royaume. Pour commencer par les choses qui sont publiques, chacun a vu que notredit cousin s'est absenté depuis deux mois de nos conseils, qu'il les a décriés dans nos parlemens et partout ailleurs : disant qu'il ne se pouvoit fier en nous, ni en ceux qui nous approchoient ; ayant écrit à tous nos parlemens et à quelques-unes de nos bonnes villes, pour leur donner de mauvaises impressions de nos intentions ; engageant en même temps dans toutes nos provinces plusieurs gentilshommes et soldats à prendre les armes aussitôt qu'ils en seroient requis de sa part. Il a aussi dans notre bonne ville de Paris, qui donne le mouvement à toutes les autres, fait semer de mauvais bruits de nos intentions. Nous avons appris aussi qu'il renforçoit les garnisons des places que nous lui avons confiées, les munissoit de toutes choses nécessaires, et faisoit sans nos ordres travailler en diligence aux fortifications, employant à cela nos sujets, et les contraignant d'abandonner leurs récoltes. Il a fait retirer nos cousines, sa femme et sa sœur, dans le fort château de Montrond. Il a ramassé de toutes parts des sommes notables de deniers. Enfin il pratique publiquement tout ce qui nous peut donner sujet de croire ses intentions mauvaises. Nous avons été confirmés en notre créance par des avis certains que nous avons reçus de divers endroits des intelligences qu'il formoit avec les ennemis, tant à Bruxelles avec l'archiduc que dans le camp avec le comte de Fuensaldague, faisant escorter les courriers jusque dans les portes de Cambray par quelque cavalerie tirée des troupes qui n'obéissent qu'à lui seul. Ces pratiques étant faites à notre insu, sans nos passeports et contre notre volonté, qui peut douter de son intelligence avec ceux contre lesquels nous sommes en guerre ouverte? Il n'a voulu non plus faire sortir les Espagnols de la ville de Stenay, ainsi qu'il s'étoit obligé de le faire: cette seule condition ayant été exigée de lui lorsqu'il fut retiré de prison. Sa conduite est cause que don Estevan de Gamarre s'est approché de la Meuse avec son armée; qu'il a ravitaillé Mouson, et s'est conservé le passage de Dun qui met en contribution une partie de la Champagne, pour donner aussi plus de moyen à nos ennemis d'entreprendre contre nous, et arrêter les progrès que notre armée plus puissante que la leur pourroit faire dans le Pays-Bas. Par une entreprise qui n'a jamais été vue dans notre royaume, quelques ordres exprès qui aient été donnés, ceux qui commandoient ces troupes n'ont jamais voulu obéir aux commandemens que nous leur avons faits de joindre les siennes au corps d'armée où ils avoient été destinés par nous et par notre oncle le duc d'Orléans : ce qui a renversé jusqu'à présent tous nos desseins, tant à cause de la juste défiance que nous avons eue de ceux de notre cousin, comme aussi parce qu'il a donné loisir aux ennemis de se reconnoître, et de se mettre en état de s'opposer à nos forces : outre que leur résolution s'est augmentée par les espérances, ou pour mieux dire par les assurances qu'on leur a données de quelques mouvemens dans notre royaume.

« Nous ne pouvons nous empêcher de dire toutes les désolations que les gens de guerre commandés par notre cousin ont faites, et qu'ils continuent de faire, en se maintenant en Picardie et en Champagne, qu'ils achèvent de ruiner, au lieu d'être dans les pays ennemis à leur faire la guerre. La liberté que prennent ses troupes de piller nos sujets fait aussi que plusieurs de nos soldats abandonnent notre camp pour aller dans le sien.

« Nous avons bien voulu vous donner part de toutes choses, encore que la plus grande partie fût déjà connue. Nous croyons que vous jugerez, par ces déportemens publics de notredit cousin, que ses menées secrètes ne sont pas moins dangereuses. La connoissance que nous en avons ne nous permet pas de le pouvoir dissimuler plus long-temps, sans abandonner le gouvernail de cet Etat que Dieu nous a remis en main, et que nous sommes résolus de tenir avec fermeté. Nous savons que si nous n'apportons un prompt remède au désordre qu'on veut jeter dans notre Etat, nous ne pouvons obliger nos ennemis d'entendre à la paix que nous désirons de conclure, ni réformer les abus qui se sont glissés dans notre royaume ainsi agité par tant de pernicieux desseins et entreprises, si nous ne les prévenions et en arrêtions le cours, comme nous sommes résolus de faire par les moyens que Dieu nous a mis en main, dans l'assurance que nous avons et que vous nous avez toujours témoignée de votre fidélité et affection à maintenir notre autorité, entretenir nos sujets dans l'obéissance qu'ils nous doivent, et que nous nous assurons que vous continuerez à apporter tout ce qui dépendra de vos soins pour faire valoir nos bonnes intentions pour le bien et le repos de notre royaume. Fait à Paris, le 17 août 1651. *Signé* Louis; *et plus bas*, DE GUÉNÉGAUD. »

Le lendemain, le prince de Condé alla au parlement, et dit à la compagnie qu'il avoit été entièrement surpris d'apprendre les calomnies que ses ennemis lui imposoient, et qu'ils se servissent pour cela de l'autorité du Roi; que ses services et sa naissance parloient assez pour lui; qu'il croyoit que Son Altesse Royale savoit le détail de toute sa conduite et la fausseté des choses qu'on lui imputoit, et en informeroit la compagnie; et que pour le reste, il lui seroit aisé de s'en justifier. Il parla assez fièrement, et se tournant du côté du coadjuteur quand il parla de ses ennemis; car il n'ignoroit pas les propositions qu'il avoit faites contre lui, et ses conférences avec les ministres de la Reine.

Cette affaire étant de grande conséquence, on députa deux conseillers vers le duc d'Orléans pour le prier de venir au parlement. L'embarras où étoit ce prince de ne savoir que faire entre la Reine et M. le prince le rendoit incertain. Il dit à ceux qui l'allèrent trouver qu'il étoit malade, qu'il alloit être saigné, et qu'il n'y pourroit pas aller. Ils le pressèrent de leur donner jour, et il leur dit que sur les six heures du soir il leur feroit savoir quand il pourroit y aller.

Le lendemain 19 août, le prince de Condé vint au parlement avec un écrit en main du duc d'Orléans, par lequel ce prince, malgré ce qui s'étoit passé entre la Reine et lui, et le consentement qu'il avoit en quelque façon donné à la déclaration faite contre le prince de Condé, le justifioit sur les principaux chefs dont la Reine l'accusoit. Cette contrariété d'action, qui, à l'égard du duc d'Orléans, n'étoit pas sans excuse, donna sujet à la Reine de se plaindre de lui; mais il disoit pour ses raisons qu'il avoit voulu balancer les choses, afin de porter la Reine et M. le prince à l'accommodement, et empêcher la guerre civile; qu'enfin se voulant lier avec le prince de Condé, comme ayant tous deux offensé la Reine et tous deux ayant sujet de la craindre, il l'avoit abandonnée en cette occasion, en donnant des forces à M. le prince pour lui résister. Cet écrit étoit tel :

Déclaration de M. le duc d'Orléans, envoyée au parlement pour la justification de la conduite de M. le prince.

« Nous, Gaston, fils de France, oncle du Roi, déclarons que nous n'avons su que mercredi dernier à sept heures du soir, par M. de Brienne, la résolution que la Reine avoit prise de mander les compagnies souveraines et la ville, pour leur déclarer qu'elle n'avoit aucune pensée pour le retour du cardinal Mazarin, et qu'elle feroit expédier toutes déclarations nécessaires pour cet effet, et qu'elle pourroit aussi parler de ce que M. le prince n'avoit été au Palais-Royal depuis que nous le lui aurions mené.

« Le lendemain, qui étoit le jeudi, y étant allé sur les onze heures, la Reine nous auroit fait lire l'écrit sans que nous en eussions eu communication auparavant, auquel nous aurions trouvé beaucoup de choses à redire, et particulièrement en ce qui regarde l'intelligence avec l'Espagne, et aurions jugé à propos de n'en point faire la lecture ; mais la Reine le voulut absolument, disant que cela étoit nécessaire pour sa décharge, le Roi devant être majeur dans vingt-deux jours.

« Nous déclarons aussi que M. le prince a proposé à la Reine en notre présence, et depuis au conseil, après le retour du marquis de Sillery de Bruxelles, où il avoit été envoyé par Sa Majesté, qu'il y avoit deux moyens de faire sortir les Espagnols de Stenay : l'un, par la négociation, les Espagnols ayant offert audit marquis de Sillery de sortir de ladite ville de Stenay moyennant une suspension d'armes entre Stenay et les places de Luxembourg pour le reste de la campagne : ce que la Reine ayant refusé absolument, M. le prince nous fit entendre qu'avec deux cents hommes qui étoient dans la citadelle il ne pouvoit en chasser cinq cents qui étoient dans la ville, et qui pouvoient être rafraîchis à toute heure par l'armée des ennemis ; et que si la Reine vouloit lui donner deux mille hommes, il les contraindroit d'en sortir.

« Nous témoignons aussi que toutes les troupes qui sont sous le nom de M. le prince, et qui ont été destinées par nous pour l'armée de Picardie, y sont présentement, à la réserve du régiment de cavalerie et la compagnie de chevau-légers d'Enghien ; et que pour les autres qui étoient destinées pour l'armée de Champagne et ledit régiment d'Enghien, M. le prince n'ayant pas jugé à propos qu'elles fussent sous le commandement du maréchal de La Ferté, parce qu'il est attaché au cardinal Mazarin, qu'il l'avoit escorté pendant ses voyages et même reçu dans ses places depuis les arrêts du parlement, il nous auroit prié d'envoyer une personne qui fût à nous pour les commander, avec assurance qu'elles lui obéiroient aveuglément. Nous nommâmes à Sa Majesté le sieur de Vallan pour cet emploi, lequel, étant près de partir, reçut un ordre contraire de Sa Majesté qui a obligé lesdites troupes de demeurer, en attendant ledit sieur de Vallan qui les devoit commander.

« Nous déclarons encore que les soupçons et défiances de M. le prince ne sont pas sans fondement, ainsi que nous l'avons dit dans le parlement, ayant su qu'il y avoit eu quelques négociations faites à son préjudice; et depuis que nous le menâmes au Palais-Royal, où il ne fut pas trop bien reçu, nous ne l'aurions pas invité d'y retourner.

« Nous assurons aussi que nous ne croyons point que M. le prince ait été capable d'avoir eu jamais de mauvais desseins contre le service du Roi et le bien de l'Etat. Fait à Paris le dix-huitième jour d'août 1651. *Signé* GASTON; *et plus bas,* DE FREMONT. »

M. le prince, outre cette justification, apporta une réponse à la déclaration de la Reine qui fut lue en présence de tous, par laquelle il rendoit raison de sa conduite sur tous les chefs qui le condamnoient. Le coadjuteur, qui en cette occasion s'entendit nommer, voulut se défendre. Le prince de Condé et lui se reprochèrent beaucoup de choses; et le coadjuteur dit à M. le prince qu'il avoit manqué à sa parole. Je ne sais pas bien le détail de cette conversation; mais voici l'écrit.

« Messieurs,

« C'est avec un extrême déplaisir qu'après avoir tant de fois déclaré à votre compagnie et au public la sincérité de mes intentions, justifiée par une conduite reconnue de toute la France, et qui ne reproche rien à ma conscience, je me trouve encore obligé de vous donner un éclaircissement sur le sujet d'un écrit que je respecte parce qu'il porte le nom du Roi; mais lequel contient une diffamation de ma personne et de mes déportemens. On ne peut trouver étrange qu'avec tout le respect que je dois à Sa Majesté, surprise par l'artifice de mes ennemis, je satisfasse à ma réputation, et d'autant plus que ce discours n'a aucune des marques par lesquelles les rois ont accoutumé de faire savoir à leurs peuples leurs volontés contre des princes de ma naissance et de mon rang.

« Il semble qu'on me veuille imputer que je me serve du nom du cardinal Mazarin comme d'un prétexte pour fomenter les divisions que l'on dit être dans l'Etat. Toute la France sait que je n'ai eu aucune part à ce qui s'est dit et fait contre lui auparavant ma prison; qu'il a été proscrit avant ma liberté; et que si depuis je me suis uni de sentiment avec tous les parlemens du royaume, et aux vœux de tous les peuples, ce n'a été que pour maintenir le repos et la tranquillité de l'Etat, que son retour pouvoit altérer; et si le conseil du Roi avoit pris autant de soin qu'il devoit de lever sur ce sujet les ombrages et les défiances auxquelles tant de voyages faits à Cologne ont donné lieu, le parlement n'auroit pas été en peine, pour dissiper les craintes que l'on avoit de son rétablissement, de demander une déclaration confirmative de ses arrêts, laquelle il semble qu'on ait voulu éluder par ce papier, qui étant sans forme ne doit être d'aucune considération.

« Cela suffiroit pour dire que je n'ai pas besoin d'y répondre, si ce n'étoit qu'ayant été lu en présence de votre compagnie et de toutes les autres, même du corps de ville, et ayant été ensuite imprimé, il est juste que je désabuse le public de toutes les calomnies qui y sont répandues contre moi.

« L'on me reproche les grâces du feu Roi faites à ma maison, comme si feu monsieur mon père n'en avoit mérité aucune par ses services; car pour les places de Stenay et Clermont, qui m'ont été données depuis la régence pour récompense de l'amirauté qu'avoit feu M. le duc de Brezé mon beau-frère, et que je perdis par sa mort, je n'estime pas qu'on les doive envier à ce que j'ai fait pour l'Etat, non plus que les charges et les gouvernemens que je possède, qu'on ne me pouvoit ôter sans quelque injustice, puisque feu monsieur mon père les avoit.

« J'ai reconnu publiquement être obligé de ma délivrance à la bonté de Leurs Majestés, aux instances que M. le duc d'Orléans en a faites avec tous les témoignages d'affection que je pouvois désirer d'un prince de sa générosité, et aux supplications du parlement, que j'en ai remercié. Mais je ne croirai point manquer à la gratitude que je dois, si je fais entrer la justice en part de cette obligation ; et la déclaration d'innocence qu'il a plu à Sa Majesté m'accorder étant une preuve de l'oppression qui m'a été faite, il est extraordinaire qu'après une prison de treize mois sans cause et sans fondement, on veuille faire passer ma liberté pour un bienfait.

« L'on dit que l'on m'a rendu le rang que j'avois dans le conseil du Roi, lequel ayant été à feu monsieur mon père, auquel j'ai succédé par le testament du feu Roi de glorieuse mémoire, et depuis par votre arrêt lors de la régence, et m'appartenant par ma naissance, je ne crois pas qu'on puisse traiter de faveur un droit que j'ai comme ayant l'honneur d'être prince du sang, et duquel on ne pouvoit pas par conséquent me priver, non plus que de mes gouvernemens et de mes places, sans injure : étant au surplus ridicule que les nouveaux confidens du cardinal Mazarin, qui ont vraisemblablement dicté cet écrit, publient que par ce grand nombre de places qu'ils disent que je possède, quoique je n'aie que Stenay et Clermont, outre celles qui étoient dans ma maison, j'ai plus affecté de me faire craindre que de me faire aimer, puisqu'on n'a jamais fait aucune plainte d'aucune violence de la part de ceux qui y commandent ; et je ne serois point en peine de me défendre de la haine que l'on me reproche, si je n'avois en quelque façon sacrifié mes intérêts et ma propre gloire à l'obéissance que je croyois devoir au Roi, et de laquelle néanmoins l'on se prévaut à présent pour me décrier, laissant à juger au parlement si ces affidés au cardinal Mazarin peuvent me reprocher le nombre de mes gouvernemens; puisque le cardinal, sous le nom de ses domestiques, possède Pignerol en Italie, Salses, Perpignan et Roses en Roussillon ; Brest, Dunkerque, Mardic, Bergues, Dourlens, Bapaume, La Bassée, Ypres, Courtray, Porto-Longone et Piombino, qu'il avoit et qu'il a laissé perdre, sans compter une infinité d'autres dont les gouverneurs sont dans sa dépendance : ce qui fait assez connoître s'il ne faut point autre chose que des paroles pour assurer l'éloignement hors du royaume d'un homme qui a tant de portes pour y entrer, et dont on sait, par une expérience trop fatale à la France, que sa politique a toujours été de se rendre redoutable.

« L'on fait dire au Roi qu'il a rétabli les troupes qui étoient et qui sont encore sous mon nom capables de composer une armée : comme si elles n'avoient pas assez bien et utilement servi pour mériter cette justice, étant connu à toute la France que les avantages que Sa Majesté a remportés sur les ennemis ont été en partie les fruits de leurs fatigues et de leurs travaux ; et comme si Sa Majesté pouvoit avoir trop de régimens qui ont porté partout la gloire de ses armes avec des succès qui auroient donné la paix à toute l'Europe, si le cardinal Mazarin ne les eût rendus inutiles par sa mauvaise et pernicieuse conduite. Il devoit se souvenir qu'ayant eu deux régimens d'infanterie italienne, deux autres régimens d'Allemands et Polonais, quatre régimens de cavalerie de même nation, ses compagnies de gendarmes et de chevau-légers, et ses gardes qu'il a eus jusque dans le Palais-Royal, qui est une insolence sans exemple, sans faire mention de vingt autres régimens qui étoient pour la garde de ses places ou sous le nom de ses domestiques ou affidés, il ne me devoit pas faire reprocher que j'avois assez de régimens pour faire une armée, puisque je ne les ai jamais employés que pour le service du Roi et le bien du royaume, et qu'au contraire on a tout sujet d'appréhender qu'il n'abuse des siens pour troubler par ses armes, comme il a fait par ses intrigues, notre repos et notre tranquillité.

« J'avoue que j'ai accepté le gouvernement de Guienne pour celui de Bourgogne que le Roi a donné à M. d'Epernon, sur les instances qui m'en furent faites de la part de la Reine, plus pour donner la paix à cette province et satisfaire M. d'Epernon par cet accommodement, que par aucune considération; et même j'ai supplié Sa Majesté de n'y point penser : et un des ministres présens (1) m'ayant demandé si je le disois de bon cœur, et après avoir répondu que oui, la Reine dit qu'elle le vouloit absolument, comme une chose nécessaire pour la tranquillité de la Guienne et pour la satisfaction dudit sieur duc d'Epernon, qui n'y pouvoit retourner avec succès pour le service du Roi et sûreté de sa personne : étant étrange que, dans la condescendance que je rendis en cette occasion, on s'en soit servi pour me calomnier dans le public.

« Que si j'ai conservé les places où je commande pour le Roi en Bourgogne, c'est parce qu'on ne m'en donnoit aucune en Guienne, et que, les ayant achetées, il n'étoit pas juste de me les ôter sans m'en donner d'autres en échange, ou m'en payer la récompense que feu monsieur mon père en avoit donnée à feu M. de Bellegarde.

« Pour les sommes immenses qu'on dit m'avoir été payées pour arrérages de mes pensions, appointemens, désintéressemens et montres de troupes qui

(1) Chavigny.

sont sous mon nom et garnisons, celui qui a dressé cet écrit n'a pas eu de bons mémoires, étant certain que je n'ai eu que des assignations payables seulement en 1652 et 1653, comme étant sur l'imposition de 1651 et 1652, et qui par conséquent n'ont pu donner lieu au renversement des tables du Roi, pour lequel on sait le démêlé que j'ai eu avec le conseil, et au manque de fonds pour la subsistance des troupes, qui est une dépense présente, et qui ne souffre point de retardement : pouvant protester à la compagnie, avec vérité, que de toutes ces assignations je n'en ai pas reçu cinquante mille livres, et que le surplus de ce qui me reste à payer étoit échu devant ma prison pour la plus grande partie, et m'auroit été payé dès ce temps-là, si on ne l'avoit diverti par l'ordre et pour le compte du cardinal Mazarin et des siens pour la plus grande partie, suivant les mémoires que je puis donner à la compagnie. Il est étrange qu'on me veuille imputer que je sois à charge à l'Etat, parce qu'on m'a payé en papier ce que je devrois recevoir en argent, si je ne donnois davantage à la nécessité de l'Etat qu'à mes intérêts, et particulièrement me montrant engagé envers mes créanciers de plus de deux millions, pour dépense que j'ai faite pour le service de Sa Majesté ; et qu'ainsi l'on veut rejeter sur moi le désordre des finances, comme s'il ne provenoit pas de la profusion qu'en a fait faire le cardinal, et de ce nombre innombrable de comptant que le parlement se peut faire rapporter pour connoître qui en a profité, étant certain que rien n'est venu à mon avantage de ce qui m'est dû ; que la Reine m'est redevable encore de deux cent cinquante mille livres que feu madame ma mère et moi lui avons prêtées dans ses plus grandes nécessités, et dont j'ai encore ses promesses en main.

« L'injuste prison dans laquelle on m'a mis et détenu pendant treize mois m'a empêché, avec beaucoup de regret, de faire valoir les bonnes qualités que me donne cet écrit; et si les intentions de ceux qui l'ont fait étoient aussi sincères pour le bien de l'Etat que les miennes, on verroit bientôt cesser toutes les défiances qui m'empêchent d'en user pour le service du Roi comme je le voudrois.

« Je n'ai point poursuivi le changement qui a été fait dans le conseil ; et pour peu que l'on eût considéré la manière avec laquelle M. le premier président et moi avons été depuis, et tout ce qui se passa en cette occasion, on se persuadera difficilement que j'aie témoigné aucune ardeur ni empressement pour demander cet établissement, et que j'aie eu d'autre part à cette mutation que l'obstacle que j'apportai, aussi bien que Son Altesse Royale, à la proposition qui fut faite par M. de Montrésor, et appuyée de M. le coadjuteur, de faire prendre les armes à Paris, d'ôter de force les sceaux à M. le premier président, et d'aller droit au Palais-Royal (1); et cela en présence de M. de Beaufort et de quantité de personnes de condition qui peuvent en dire la vérité.

« La poursuite que j'ai faite pour l'éloignement des sieurs Servien, Le Tellier et de Lyonne n'est point une continuation d'entreprise sur l'autorité royale,

---

(1) J'ai parlé de cela sur le récit des témoins, et particulièrement sur celui de madame de Longueville, qui pour lors m'en conta les particularités.

puisque le parlement a justifié ma conduite par ses remontrances, et le public par ses applaudissemens à une demande non-seulement juste, mais nécessaire pour établir la sûreté de tous les gens de bien, et la mienne particulière.

« Si cet éloignement avoit été exécuté, comme le bien du royaume le requéroit, la France auroit eu l'accomplissement de ses vœux par mon attachement aux volontés de la Reine; mais ayant vu qu'au même temps que l'on me donnoit cette satisfaction apparente, l'on renouveloit en effet mes défiances par un commerce continuel avec le cardinal Mazarin et avec mes plus grands ennemis, j'ai cru être obligé de pourvoir à ma sûreté, sans néanmoins manquer au respect que je dois au Roi, dont je ne me départirai jamais, quelque effort que fassent ceux qui veulent troubler l'Etat pour m'engager à une conduite contraire. Et si je n'ai eu l'honneur de voir Leurs Majestés qu'une fois, je proteste à votre compagnie que j'en ai tout le déplaisir qu'on se peut imaginer d'un prince de ma naissance, qui se ressent très-obligé des bontés que le Roi m'a toujours fait paroître, et dont j'eusse tâché de mériter la continuation par mes soumissions, si, pour me ravir cet avantage, l'on ne se fût étudié de me donner de nouveaux soupçons par les courriers qu'on envoyoit au cardinal, et les nouveaux établissemens qu'on veut faire dans le conseil sans ma participation et mon consentement, et de personnes nouvellement engagées d'affection et d'intérêt avec le cardinal, puisque c'est par lui qu'ils y entrent : ce qui m'a obligé de ne pas hasarder davantage ma liberté entre les mains de gens dont l'ambition règle toute la conduite, et qui m'ont par conséquent donné juste sujet d'appréhender tout de leurs conseils; et c'est ce qui m'oblige de vous déclarer que toutes les fois qu'ils entreront dans le conseil contre mon consentement, je n'y pourrai jamais prendre aucune confiance, et n'y pourrai avoir aucune sûreté.

« Je reconnois que, ces défiances continuant, je me suis abstenu d'assister aux conseils, pour lesquels néanmoins je n'ai eu jamais que les mêmes sentimens que Son Altesse Royale a témoignés dans cette compagnie, lesquels n'auroient point été exposés à la censure publique, si l'on eût autant affecté de les rendre utiles et glorieux à l'Etat que soumis à la volonté du cardinal, dont on sait que l'on a toujours attendu jusqu'ici les avis pour former les résolutions que l'on avoit à prendre, soit pour les grâces ou pour les ordres généraux du royaume, ainsi que Son Altesse Royale a témoigné plusieurs fois. Si j'ai écrit aux parlemens du royaume et à quelques villes, ce n'a été que pour rendre compte de ma conduite et de mes actions, et pour dissiper les bruits que l'on faisoit courir que je voulois faire une guerre civile, et en conséquence des lettres que l'on en fit écrire par le Roi dans toutes les provinces depuis ma retraite dans ma maison de Saint-Maur; et je m'étonne que ce procédé ayant été trouvé juste et légitime par votre compagnie, qui a justifié toute ma conduite en cette rencontre, puisqu'elle a reçu favorablement mes lettres, on s'efforce d'y trouver à redire, et de le rendre criminel par cet écrit, étant chose très-contraire à la vérité que j'aie écrit pour faire aucune levée extraordinaire de soldats, aussi bien que ce qu'on débite que j'ai renforcé les garnisons des places dont je suis gouverneur, que je les fortifie de nouveau, et que j'oblige les habitans des lieux circonvoisins aux corvées, quoique les garnisons n'excèdent pas le nombre porté par les états du Roi, et que j'aie ordre et argent de Sa Majesté pour lesdites fortifications, et qu'il seroit à souhaiter que tous les gouverneurs des places frontières en usassent de même.

« La retraite de ma femme et de ma sœur en mon château de Montrond étant un effet de l'obligation que j'ai eue de travailler à la conservation de ma maison, que je n'ai pas cru, après tant de défiances légitimes, devoir exposer toutes en un même lieu, il n'y a que ceux qui en veulent la ruine qui y puissent trouver à redire, lesquels, s'ils étoient mieux avertis ou moins artificieux, sachant que ma sœur est dans les Carmélites à Bourges, et ma femme dans une de mes maisons, qui lui avoit été même donnée pour retraite pendant ma prison, ne prendroient point occasion de donner ombrage au public d'une action non-seulement permise, mais tout-à-fait indifférente, ni d'interpréter malicieusement la recette que je fais de mes revenus pour le paiement de mes dettes et l'entretien de ma maison.

« Lors de ma sortie du Havre, l'on n'a exigé aucune condition de moi pour Stenay, à laquelle on jugera bien que je n'ai pu m'obliger, puisqu'elle n'étoit pas en mon pouvoir, M. le duc d'Orléans faisant assez connoître par la déclaration que je n'ai point manqué à ce que je dois au Roi et à ma naissance; car comme il témoigna s'offrir après le retour du marquis de

Sillery, qui étoit allé à Bruxelles par ordre du Roi, d'en faire sortir les Espagnols par voie de négociation, pourvu que l'on promît de ne point faire de courses entre la ville de Stenay et le Luxembourg, ou bien que, me laissant deux mille hommes, je les contraindrois de s'en retirer : ce que la Reine n'ayant pas voulu, on ne peut à présent m'imputer que la garnison de la citadelle de Stenay, qui n'est que de deux cents hommes, ne chasse pas cinq cents Espagnols qui sont dans la ville, et qui peuvent être rafraîchis par les troupes de l'archiduc autant de fois qu'il le voudra.

« Pour ce qui est du passage de Dun, il est si peu considérable que trois cents hommes en peuvent chasser les ennemis, lesquels ne seroient pas en état de le conserver, non plus que Mouzon et les autres places qu'ils conquirent l'année passée pendant ma prison, si l'on avoit occupé l'armée comme on le pouvoit dès le commencement de la campagne, et que l'on ne la conservât pas pour des desseins que le temps fera connoître être bien contraires à ce que l'on publie par cet écrit.

« Quant aux troupes qui sont sous mon nom, et au séjour qu'elles font sur la frontière, ma conduite ne peut être mieux justifiée que par M. le duc d'Orléans, qui déclare que je n'ai rien fait que par ses ordres, et pour empêcher la dissipation des troupes qui peuvent être très-utiles au Roi, et dont la ruine eût été la suite infaillible de leur jonction à des corps commandés par des généraux et officiers étant entièrement dans la dépendance du cardinal Mazarin. Et il paroît assez que le bruit que l'on fait contre le séjour de ces troupes en France n'est qu'un artifice pour me décrier, puisqu'on ne dit rien de celles de MM. de Turenne et de Vendôme, et des régimens de Chack et de Mettencourt qui sont logés auprès, et qu'on ne fait point marcher pour l'armée.

« Les désolations que l'on impute auxdites troupes est un mal général et non point un particulier, auquel le parlement ayant pourvu par ses arrêts, j'ai déclaré, comme je déclare encore, que je tiendrai toujours la main à ce que ceux d'entre elles qui auront failli soient punis selon la rigueur des ordonnances.

« Si je ne m'étois point si ouvertement déclaré contre le cardinal Mazarin par ce que j'ai témoigné dans cette compagnie et en public, et par l'opposition que j'ai faite au commerce de ces courriers de Cologne, je n'aurois pas besoin de me justifier de ces pratiques que l'on dit que j'entretiens et dedans et dehors du royaume; et si l'on fait réflexion que Cambray est le passage des courriers que l'on envoie au cardinal, ainsi qu'il paroît par la lettre de M. le maréchal d'Hocquincourt, dont Metayer étoit porteur, il sera difficile de concevoir que j'aie fait prendre la même route pour communiquer avec l'archiduc, et que j'aie exposé trente hommes pour l'escorte de ceux que j'envoyois, qui eussent été autant de témoins contre moi : ce qui est si ridicule qu'il ne mérite point de réponse.

« Je conclurai enfin cette réponse par ce qui est de plus important dans ce discours, dans lequel on m'accuse d'avoir intelligence avec les Espagnols, et qui est faussement controuvé par mes ennemis : c'est pourquoi j'en demande réparation comme du plus grand outrage qui puisse être fait à mon rang et à ma dignité de prince du sang, et supplie la compagnie d'interposer son autorité pour me la faire obtenir, et de prier le Roi et la Reine de nommer les auteurs de cette calomnie, et de vouloir incessamment envoyer ces mémoires et ces avis, qu'on dit être certains, tant de ladite intelligence que de l'engagement de soldats extraordinaires dans le royaume pour mon service particulier : me soumettant à votre jugement, en cas que j'aie rien fait contre le devoir de ma naissance. »

M. le prince et M. le coadjuteur étant ennemis déclarés, chacun, pour se tenir sur la défensive, menoit au Palais quantité de suite. Le prince de Condé, par sa naissance et par son autorité, avoit beaucoup d'amis et de serviteurs, et le coadjuteur, par la force de sa cabale, en avoit aussi un fort grand nombre; et l'on avoit raison de croire que cette querelle ne se termineroit pas sans y avoir du sang de répandu.

Le 21 août on s'assembla pour délibérer sur les justifications du prince de Condé, que le duc d'Orléans, par son écrit, avoit rendues plus aisées qu'elles ne l'avoient paru à ses ennemis. L'animosité étoit telle que chacun vouloit être en état d'attaquer et de se défendre. Le coadjuteur ce jour-là, que tout le monde soupçonnoit devoir être terrible, craignant que ses amis ne fussent pas en assez grand nombre pour égaler la suite et la puissance du prince de Condé, supplia la Reine qu'on lui prêtât quelques gens de la garde. Laigues, qui avoit été capitaine au régiment des Gardes, lui mena quantité de soldats, et le Palais se trouva plein d'hommes armés prêts à donner bataille au premier signal. Quand tous les chefs de part et d'autre eurent pris leurs places, on vint avertir messieurs de la grand'chambre que la grand'salle étoit pleine de gens armés, et qu'il étoit impossible d'opiner en sûreté. M. le prince pria le duc de La Rochefoucauld d'aller faire sortir ses gens. Le coadjuteur dit aussi qu'il alloit prier ses amis de se retirer, et partit brusquement pour cela. Il s'avança hors de la porte, avant le duc de La Rochefoucauld. Aussitôt qu'il parut dans la grand'salle du Palais, et que ceux du parti du prince le virent, ils mirent tous l'épée à la main. Ceux du coadjuteur en firent de même : et dans cet instant il s'en fallut peu qu'ils ne se tuassent tous les uns les autres, sans nul ordre particulier de faire ce qu'ils faisoient. Le coadjuteur voyant cet embarras, et craignant de se trouver engagé parmi tant d'épées tirées contre lui, voulut rentrer dans le petit parquet des huissiers, d'où il étoit déjà sorti ; mais il rencontra le duc de La Rochefoucauld à la porte, qui la lui ferma au nez. Le coadjuteur pousse et heurte. Le duc continue à la lui tenir fermée, et l'entr'ouvroit seulement pour voir qui accompagnoit le coadjuteur. Le coadjuteur, voyant cette porte entr'ouverte, la poussa fortement pour entrer ; mais il ne put passer tout-à-fait, et demeura comme à demi écrasé entre cette porte demi ouverte, ne pouvant entrer ni sortir. Le duc de La Rochefoucauld le laissa long-temps dans cet état, et arrêta la porte par un crochet de fer qui étoit derrière, qu'il y rencontra, le tenant là pour empêcher qu'elle ne s'ouvrît davantage. Beaucoup des amis du coadjuteur et des gens de M. le prince qui se trouvèrent dans le parquet dirent qu'il falloit ouvrir au coadjuteur, et Montrésor, qui étoit son ami, se tourmentoit pour le faire entrer ; mais le duc de La Rochefoucauld l'empêcha toujours. Cependant le coadjuteur n'étoit pas à son aise ; car, outre que la posture étoit fort désagréable, il devoit craindre que quelque poignard ne vînt lui ôter la vie, par le reste de son corps qui étoit demeuré derrière. Pendant ces fâcheux momens, il entendoit proche de lui ces deux troupes se menacer terriblement, et il eut besoin de toute sa fermeté pour n'avoir pas horreur de l'état où il étoit. On cria vers la grand'chambre : et aux cris de quelques-uns, Champlâtreux, fils du premier président, sortit, qui de son autorité fit ouvrir la porte, malgré le duc de La Rochefoucauld. Le coadjuteur, rentré et assis à sa place, se plaignit de ce duc et de sa violence : il lui reprocha qu'il l'avoit voulu assassiner. Le duc de La Rochefoucauld, qui se trouva assis auprès de lui, répondit brusquement que ce n'auroit pas été grand dommage; et qu'en effet, ne sachant pourquoi tant d'épées étoient tirées, il avoit seulement songé à la conservation de M. le prince. Le duc de Brissac, qui se trouva de l'autre côté du duc de La Rochefoucauld, et qui étoit parent du coadjuteur, lui répondit en le menaçant. Le duc de la Rochefoucauld, étant au milieu des deux, leur dit que s'il étoit hors de ce lieu, il les étrangleroit tous deux ; et le coadjuteur, se servant d'un certain nom de guerre qu'ils lui avoient donné autrefois dans la guerre de Paris étant de même parti, lui dit : « Mon ami La Franchise, ne faites pas « le méchant; vous êtes poltron, et moi je suis prêtre : « c'est pourquoi nous ne nous ferons pas grand mal. » Cette rude conversation se conclut par un rendez-vous que se donnèrent le duc de Brissac et le duc de La Rochefoucauld pour se battre ; mais l'affaire fut accommodée aussitôt après. Ce matin fut seulement employé à calmer ce désordre et à faire sortir toutes ces troupes si animées au combat, afin qu'on pût sortir de la grand'chambre en sûreté ; et dix heures sonnèrent avant que toutes choses pussent être apaisées. Ce fut une merveille que cette journée se passa sans malheur et sans carnage, et que quelque emporté n'avoit tué le coadjuteur à cette porte. Ce qui le sauva fut quelques-uns de ses gentilshommes qui demeurèrent toujours derrière lui. Il ne parut en rien que l'on en eût eu le dessein : le hasard seul eut part à cet événement, excepté l'action du duc de La Rochefoucauld, qui fut un peu dure, mais excusable en des temps comme ceux-là, et à l'égard d'un ennemi aussi dangereux qu'étoit le coadjuteur.

Le 22, on opina sur la justification du prince de Condé. Plusieurs furent à le justifier ; mais enfin le premier président fit revenir beaucoup de gens à son avis, et il fut arrêté qu'on porteroit à la Reine tous les écrits, et qu'elle seroit suppliée de faire considération sur l'importance de la chose, et très-humblement suppliée aussi de réunir la maison royale, et que le duc d'Orléans seroit prié de s'en mêler.

Le 26, le parlement vint trouver la Reine, et le premier président lui fit sa harangue en faveur de M. le prince, selon leur dernier arrêté. Il pressa la Reine de lui donner la paix ; il lui exagéra l'innocence du prince, et combien il étoit nécessaire qu'il parût innocent, afin d'éviter les maux qui en pourroient arriver à la France ; dont il fut loué, car il le fit malgré sa haine.

Une personne dit au premier président qu'on avoit

trouvé étrange et voulu faire trouver mauvais à la Reine qu'il l'eût tant pressée pour le prince de Condé. Il répondit qu'au Palais-Royal et en présence de la Reine il croyoit être obligé, pour le bien et le repos de l'Etat, de parler de l'innocence de M. le prince; mais que, dans le Palais, il falloit y faire connoître ses fautes.

Le parlement, les princes, le cardinal Mazarin, et ceux qui en le haïssant couroient à lui, occupoient entièrement les esprits, et toutes les nouvelles du temps se terminoient à parler de ces choses. Il sembloit que Paris seul fût toute la France, et que hors de l'enclos de ses murailles il n'y eût rien au monde qui pût toucher les hommes d'aucune curiosité. Nous avions toutefois une belle armée que l'on n'occupoit à rien, parce que les brouilleries de Paris la tenoient en léthargie. La Reine, craignant d'en avoir affaire pour remédier à quelque mal extrême où le Roi et elle se pouvoient trouver, n'osoit l'employer contre les ennemis, parce que les Français, ses ennemis domestiques, lui faisoient plus de peine que les étrangers.

Le même jour 26 août, le duc d'Orléans vint voir la Reine. Il lui demanda une audience particulière : ce fut pour lui faire encore de nouvelles instances pour l'obliger de faire tenir les Etats avant la majorité : ce qui marquoit assez les desseins que les princes avoient de faire prolonger la régence, et peut-être aussi qu'il y avoit des particuliers qui, par leurs intérêts, les portoient à cette poursuite; mais la Reine y résista comme elle avoit déjà fait plusieurs fois. Ensuite de cette conversation, le duc d'Orléans, un peu en mauvaise humeur de ce dernier refus, s'en alla chez lui à Limours, où la Reine l'envoya visiter par le comte de Brienne, pour lui demander avis de ce qu'elle avoit à répondre au parlement sur la justification de M. le prince. Le duc d'Orléans fut radouci par cette civilité de la Reine. Il lui manda qu'il lui conseilloit de témoigner au parlement qu'elle croyoit le prince de Condé moins coupable qu'elle ne le faisoit avant la réponse qu'il avoit faite à la déclaration du Roi ; que pourvu qu'il envoyât ses troupes à l'armée du Roi, qu'il fît sortir les Espagnols de Stenay, et qu'il témoignât désirer les bonnes grâces du Roi et d'elle, très-volontiers elle le recevoit en leur amitié. Elle le fit ainsi : et pour faire voir combien de contrariétés se trouvent en la vie des hommes, lorsque le duc d'Orléans fut de retour de Limours, il présenta lui-même le coadjuteur à la Reine, qu'elle reçut comme un mauvais présent qu'elle faisoit semblant d'estimer. Ce prince, qui faisoit profession d'une si grande liaison avec le prince de Condé, avoit de longues conversations avec le coadjuteur, qui depuis peu de jours s'étoit remis bien avec lui : ce qui fit dire aux amis du prince de Condé, de même qu'à beaucoup d'autres, que le duc d'Orléans étoit incompréhensible. Le parlement cependant travailloit à la justification de M. le prince ; et leur arrêté fut de supplier la Reine de leur envoyer une déclaration en sa faveur telle qu'il la pourroit souhaiter, et une autre contre le cardinal si ample et si forte, qu'il fût impossible de mettre son retour en doute.

Pendant qu'on s'amusoit à ces divisions publiques, la majorité approchoit, et la Reine ne pouvoit pas douter qu'elle ne dût être le souverain remède de ses maux. Elle espéroit y trouver de la puissance, et par elle se dégager de la servitude où elle se trouvoit réduite, ayant à rendre compte de ses actions au duc d'Orléans et au prince de Condé. Elle espéroit y trouver un fils, roi majeur, et revêtu de la souveraine puissance qui lui appartenoit à lui seul. Elle étoit assurée de la bonté de son cœur pour elle; et, par les bonnes qualités qu'elle voyoit en lui, elle avoit lieu de croire, vu sa gravité et sa sagesse, qu'il rétabliroit en sa personne la légitime autorité, en détruisant dans les autres celle qui lui avoit été injustement usurpée par l'état de son enfance.

Les articles accordés entre le cardinal et les frondeurs ayant été secrètement divulgués, ils furent alors imprimés, et coururent par Paris par l'ordre des princes. Comme ils peuvent servir d'instruction pour savoir les changemens qui furent faits par la Reine aussitôt après la majorité, je les ai mis ici, avec le récit de cette cérémonie. Elle fut accompagnée d'une déclaration d'innocence en faveur du prince de Condé, qui pendant ces jours-là alla faire une petite course à la campagne, n'étant pas assez bien avec la Reine pour y pouvoir occuper la place que sa naissance lui donnoit.

Articles accordés (1) *entre messieurs le cardinal Mazarin, le garde des sceaux de Châteauneuf, le coadjuteur de Paris, et madame la duchesse de Chevreuse.*

« Que le coadjuteur, pour se bien maintenir dans la créance des peuples, se réserve de pouvoir parler au parlement et ailleurs contre le cardinal Mazarin, jusqu'à ce qu'il ait trouvé un temps favorable de se déclarer pour lui sans rien hasarder ; et que cependant M. de Châteauneuf et madame de Chevreuse feront semblant d'être mal avec lui, pour pouvoir traiter séparément avec ledit sieur cardinal et posséder l'esprit de la Reine, et se conserver en même temps dans le public par le moyen dudit sieur cardinal.

« Que madame de Chevreuse et lesdits sieurs de Châteauneuf et coadjuteur feront tous leurs efforts pour détacher M. le duc d'Orléans des intérêts de M. le prince, sans pourtant l'obliger de rompre absolument avec lui, sachant bien qu'ils n'en ont pas le pouvoir, et qu'ils perdroient par là leur crédit avec Son Altesse Royale, à laquelle ils n'oseroient rien proposer qui fût directement en faveur dudit sieur cardinal : connoissant l'affection que Son Altesse Royale a pour le public, et l'aversion qu'il a pour ledit sieur cardinal, et qu'il ne peut se fier en lui après les choses qui se sont passées. Il suffira, pour satisfaire à leur parole, qu'ils fassent tout ce qui dépendra

---

(1) Lesdits articles furent trouvés sur le chemin de Cologne, dans un paquet porté par un courrier appartenant au marquis de Noirmoutiers, gouverneur de Charleville.

d'eux pour empêcher que Son Altesse Royale ne pousse tout-à-fait ledit sieur cardinal.

« Que M. de Châteauneuf sera premier ministre; qu'il suffira qu'on rende les sceaux pour quelque temps à M. le premier président, lequel aussi lui cédera le premier rang.

« Que M. le marquis de La Vieuville sera surintendant des finances, moyennant quatre cent mille livres qu'il donnera audit sieur cardinal, et cinquante tant de mille livres au sieur Bartet, qui a négocié pour lui à Cologne; et ce, pour l'aider à payer la charge de secrétaire du cabinet qu'il a eu permission d'acheter; que ledit sieur cardinal fera donner audit sieur de Châteauneuf toutes les assurances nécessaires de la charge de chancelier, si elle vaque durant que les sceaux seroient en d'autres mains que les siennes.

« Que ledit sieur cardinal fera donner toutes les paroles et expéditions nécessaires pour la nomination du Roi au cardinalat, et pour la charge de ministre d'Etat audit sieur coadjuteur, pour en jouir incontinent après la tenue des Etats-généraux, n'étant pas à propos que cela se fasse auparavant; lequel pourra servir très-utilement ledit sieur cardinal dans l'assemblée des Etats, pourvu qu'il ne soit pas connu être son ami. Et que si ladite assemblée des Etats se porte, comme ledit sieur coadjuteur l'espère, à demander au Roi qu'il soit appelé dans son conseil, ledit sieur cardinal promet de le faire établir ministre à la prière desdits Etats, afin que, paroissant obligé au public plutôt qu'audit sieur cardinal, il le puisse servir plus utilement en cette place.

« Comme aussi ledit sieur coadjuteur promet d'employer son crédit pour faire casser par l'assemblée des Etats la déclaration que le parlement a fait donner contre son avis pour exclure les cardinaux français.

« Que ledit sieur cardinal fera jouir dès à présent le marquis de Noirmoutiers des honneurs et avantages accordés aux ducs, en conséquence des lettres qu'il lui en a fait accorder par la Reine.

« Que ledit sieur cardinal fera donner la somme de cent mille livres au sieur de Laigues, sur la finance que paiera le sieur de Nouveau pour une charge de secrétaire d'Etat, laquelle ledit sieur cardinal lui a fait promettre en reconnoissance des bons offices qu'il lui a rendus, en fournissant des courriers confidens pour la négociation d'entre ledit sieur cardinal, madame de Chevreuse et ledit sieur de Châteauneuf.

« Que ledit sieur cardinal donnera au sieur Mancini le duché de Nevers ou celui de Rethelois, avec le gouvernement de Provence, et lui fera épouser mademoiselle de Chevreuse aussitôt qu'il sera en possession desdits duché et gouvernement, et d'une charge dans la maison du Roi, auprès duquel lesdits sieur et dame favoriseront son retour et son établissement.

« Que ledit sieur cardinal empêchera que M. de Beaufort ne puisse avoir aucune part dans la confiance de la Reine ni du Roi, et ne fera aucun accommodement avec lui, mais le considérera comme son ennemi, aussi bien que lesdits sieurs et dame, en ce que les abandonnant il s'est attaché à M. le prince, nonobstant qu'il ait eu la charge de l'amirauté par les soins desdits sieurs et dame, et par l'autorité dudit sieur cardinal.

« Que ledit sieur cardinal autorisera auprès de la Reine messieurs de Châteauneuf et le coadjuteur, et dame de Chevreuse, et aura une entière confiance en eux sur les paroles que ledit sieur de Châteauneuf lui donne par lui et par messieurs de Villeroy, d'Estrées, de Seneterre et de Jars, qui se rendent ses cautions, d'être tout-à-fait attaché aux intérêts dudit sieur cardinal, et de vouloir servir à son retour toutes fois et quantes qu'il se pourra. Comme aussi madame de Chevreuse et ledit sieur de Châteauneuf s'obligent à la même chose envers ledit sieur cardinal pour ledit sieur coadjuteur, lequel n'entre point dans le présent traité pour les raisons susdites, et demeure libre pour désavouer ce qui pourroit être dit de lui sur ce sujet, au cas que ledit sieur cardinal voulût dire ou faire entendre qu'il lui eût rien promis ; le tout à condition qu'il ne se parlera plus des choses passées avant, durant ou depuis la guerre de Paris, et aussi depuis l'accommodement desdits sieurs et dame avec ledit sieur cardinal, et depuis l'emprisonnement de messieurs les princes, contre lesquels se fait principalement la présente union : l'intérêt commun desdits sieurs cardinal Mazarin, garde des sceaux de Châteauneuf, coadjuteur, et madame de Chevreuse étant fondé sur la ruine de M. le prince, ou du moins sur son éloignement de la cour ; et promet ledit sieur cardinal auxdits sieurs et dame d'empêcher que M. le duc d'Orléans n'ait connoissance au présent traité, ni des conférences ou négociations que ladite dame de Chevreuse et ledit sieur de Châteauneuf ont eues ou auront ci-après avec ledit sieur cardinal. »

La célèbre cavalcade faite pour la majorité du Roi, prise sur l'imprimé qui en parut alors.

« Le sieur de Saintot, maître des cérémonies, ayant reçu du sieur de Rhodes, grand-maître d'icelles, les ordres que Leurs Majestés lui avoient donnés quelques jours auparavant celui de cette majorité, afin de faire préparer tout ce qui seroit nécessaire à l'accomplissement d'une action si auguste, furent, le 5 de ce mois, avertir le parlement que le Roi devoit y aller le 7, et y tenir son lit de justice pour la déclaration de sadite majorité.

« Le 6, sur le soir, le marquis de Gesvres, capitaine des gardes du corps, lesdits grand-maître et maître des cérémonies, le sieur de Reau, lieutenant des gardes du corps, avec des exempts des mêmes gardes, furent, après avoir vu le premier président, visiter tout le Palais et les prisons, où ce marquis laissa un exempt et quatre gardes, qu'il chargea de leurs clefs; et les sieurs de Reau et de Saintot restèrent, pour vaquer aux soins des préparatifs du parlement, jusqu'au lendemain huit heures que le sieur de Rhodes s'alla saisir du poste dudit parlement, et y donner toutes les séances.

« Cependant les sieurs de Reau et de Saintot allèrent au palais Cardinal pour les cérémonies qu'il falloit observer auprès de Leurs Majestés, et donner tous les ordres de leur marche de ce lieu audit parlement.

« Le 7, sur les huit heures du matin, la cour s'étant rendue audit palais Cardinal, le maître des cérémonies alla dire au Roi, lors dans sa chambre, que la Reine le venoit voir, accompagnée de Monsieur, son frère unique, de Son Altesse Royale, de la princesse de Carignan, des ducs de Vendôme, de Mercœur, de Chevreuse, d'Elbœuf, de Beaufort, du prince d'Harcourt, du chevalier de Guise, du duc de Lillebonne, des ducs d'Uzès, de Roannez, d'Epernon, de Candale et d'Amville, des maréchaux de France, des officiers de la couronne, et des autres grands du royaume lors en cour.

« Aussitôt Sa Majesté envoya le duc de Joyeuse, son grand chambellan, et le marquis de Souvré, gentilhomme de sa chambre, la recevoir à la porte, et ledit maître des cérémonies conduisant toute sa compagnie à la ruelle du lit du Roi. Sa Majesté s'avança à l'entrée de la balustrade, et reçut la Reine, qui le salua; puis, l'ayant tendrement embrassé, lui fit un bref discours, à la fin duquel Monsieur lui donna pareillement un salut très-respectueux comme par hommage, ainsi que firent après ce prince Son Altesse Royale et tous les princes, ducs et officiers de la couronne, et grands du royaume. Ensuite de quoi le Roi commanda au maître des cérémonies de faire monter chacun à cheval, et à son ordre : ce qu'il exécuta, faisant partir du palais ces seigneurs et grands du royaume, qui étoient dans les cours et jardins de ce même palais dans l'état suivant, en présence de la Reine, de Monsieur, de Son Altesse Royale, qui étoient sur un des balcons de la première cour en dessous de la montre : chacun de ces seigneurs les saluant en se mettant dans son rang.

« Deux trompettes marchoient devant, suivis du sieur de Ternan, conseiller et maître d'hôtel ordinaire du Roi, et capitaine général des guides de Sa

Majesté, de ses camps et armées, marchant avec le sieur de La Chapelle son confrère, fort bien vêtus et montés à la tête de cinquante guides couverts de leurs casaques des livrées de Sa Majesté; conduisant la tête où étoit toute la noblesse suivant la cour, avec celle des princes, ducs, pairs et grands du royaume, sans préséances, deux à deux, tous très-lestement équipés et montés, et faisant sept à huit cents gentilshommes en trois troupes.

« Sur les pas de ce gros de noblesse marchoit en très-bel ordre la compagnie des chevau-légers de la Reine, composée de plus de cent maîtres, conduite par le chevalier de Saint-Mesgrin, lieutenant d'icelle, vêtu d'un habit couvert de broderie d'or et d'argent, et monté sur un cheval blanc très-beau, caparaçonné, dont les crins étoient garnis de grand nombre de rubans, et la housse enrichie aussi de broderie pareille à celle de son habit; ayant devant lui quatre trompettes habillés de velours noir chamarré de passement d'argent, et leurs casaques croisées de toile semblablement d'argent.

« Après venoit la compagnie de chevau-légers du Roi, de deux cents maîtres, en habits de passemens d'or et d'argent, et montés sur de grands chevaux fort beaux, étant précédés de quatre trompettes vêtus de velours bleu chamarré d'or et d'argent, commandée par le comte d'Olonne, cornette d'icelle compagnie, couvert d'un vêtement de broderie d'or et d'argent, avec un baudrier garni de belles perles, et des plumes blanches, feuille morte et couleur de feu, avec un cordon d'or, sur un cheval blanc très-bien ajusté, dont la housse d'écarlate étoit garnie de même que son habit.

« Ensuite alloit la compagnie du grand prévôt à pied, et lui avec un habit fort superbe, seul, sur un beau cheval paré d'une housse de broderie d'or. Cette compagnie étoit jointe immédiatement par celle des cent Suisses vêtus de neuf avec les toques de velours noir, le cordon d'or et des plumes de livrée du Roi, allant à pied, avec l'enseigne portant le drapeau, et son survivant à côté de lui, conduits par le sieur de Sainte-Marie, lieutenant français des mieux ornés d'un habit tout chargé de broderie d'or, en housse de pareille étoffe, sur un beau cheval bai-brun, et par le sieur Diespach, autre lieutenant de la même compagnie, des plus illustres maisons de la Suisse, et des plus attachées depuis longues années au service de nos rois, vêtu à l'ancienne Suisse d'un habit de satin couleur de feu, avec le manteau couvert d'une large dentelle d'or et d'argent, doublé d'une brocatelle de même que le pourpoint, et le haut-de-chausse découpé par bandes aussi de satin, couvert d'or et d'argent, desquelles bouffoit une autre brocatelle. Il étoit en souliers et bas de soie, de semblable couleur de feu, avec les jarretières et les roses d'or et d'argent, et une chaîne d'or au col, faisant plusieurs tours, d'où pendoit aussi une grande médaille d'or, la toque de velours noir en tête, garnie d'une aigrette de héron et de quantité de belles plumes agrafées d'une attache de diamans avec un cordon de même, étant monté avantageusement sur un barbe qui avoit aussi un panache d'aigrette des plus beaux, les crins ornés et tout garnis de diverses grandes houpes et glands d'or et d'argent, la housse de velours de couleur de feu, couverte d'une haute dentelle et broderie d'or et d'argent, et l'or moulu appliqué et bruni avec tant d'art sur le mors, les boucles et les étriers, qu'ils sembloient d'or massif. Autour de ce lieutenant étoient douze petits Suisses, portant leurs hallebardes de fort bonne grâce, aussi avec les toques de velours ondoyées de plumes, et au reste très-bien ajustées : de sorte qu'il n'est point de mémoire qu'aucun autre de cette nation ait paru plus lestement, et ait eu plus d'applaudissemens et d'approbateurs du peuple et de toute la cour.

« L'aide des cérémonies suivant à cheval, puis les seigneurs de la cour, gouverneurs des places, lieutenans généraux des provinces, tous très-magnifiquement vêtus et superbement montés en housses de broderie d'or sur diverses couleurs.

« Entre autres le comte de Clère, fils du marquis de Fontaine-Martel, vêtu d'un pourpoint de toile d'or, enrichi de clinquant et dentelle de même ; le haut-de-chausse de camelot de Hollande rouge cramoisi, pareillement étoffé avec une fort belle garniture que le plus grossier vulgaire appelle une petite oie, les plumes blanches et rouges, et son baudrier en broderie d'or, monté sur un cheval gris-pommelé, dont les crins étoient si bien frisés et liés de rubans jusqu'au bout de sa queue pendante à terre, que l'on disoit par galanterie que ce ne pouvoit être que l'ouvrage d'un coiffeur de dames ; sa housse étoit aussi de toile d'or de même chamarrure que l'habit, et le mors, les étriers et les boucles des mieux dorés. Avec le comte alloit le marquis d'Arcy son frère, vêtu de même sur un cheval bai clair, dont la garniture étoit argentée, et la housse de velours cramoisi, clinquante d'or et d'argent.

« Le chevalier Paul, fameux en nos combats de mer, bien qu'il n'eût jamais monté à cheval, pour faire voir son zèle au service du Roi, voulut paroître en cette cérémonie, étant vêtu en broderie d'or et d'argent et de pierreries, avec sa croix de chevalier estimée dix mille écus, et un baudrier couvert de figures de relief en broderie d'or et d'argent du prix de huit cents livres, monté sur un cheval bai clair, difficile à gouverner, dont la housse étoit de velours semé de perles; ayant ensuite de la cavalcade splendidement traité à dîner plusieurs seigneurs de la cour, où l'assurance avec laquelle ce chevalier avoit en la présence du Roi manié son cheval, n'en ayant jamais monté, fit diminuer celle du roi Abatalippa, que les Espagnols exaltent tant pour ne s'en être point fui à la première rencontre d'un cheval, dans la bataille qu'ils lui donnèrent au Nouveau Monde, n'en ayant aussi jamais vu.

« Deux autres trompettes étoient à la tête des gouverneurs des provinces, du sieur Du Plessis-Bellière, des chevaliers de l'ordre, de la garde-robe, premiers gentilshommes de la chambre et grands officiers de la maison du Roi, tous aussi en riche équipage, et sur des chevaux les plus beaux, harnachés avec des housses en broderie d'or.

« Six trompettes du Roi habillés de velours bleu suivoient, précédant six hérauts à cheval, revêtus de leurs cottes d'armes de velours cramoisi, semées de fleurs de lis d'or, leurs caducées en main, et les toques de velours en tête.

« Derrière eux paroissoit le sieur de Saintot, maître des cérémonies, allant et venant pour mettre chacun en rang; puis le marquis de La Meilleraye, grand-maître de l'artillerie, comme officier de la couronne; les maréchaux de France, d'Estrées, de La Motte-Houdancourt, de L'Hôpital, Du Plessis-Praslin, d'Etampes et d'Hocquincourt, marchant deux à deux, tous richement vêtus et montés sur de grands chevaux, dont les housses étoient chargées d'or et d'argent.

« A leurs dos marchoit seul le comte d'Harcourt, grand écuyer de France, portant en écharpe l'épée du Roi attachée à son baudrier, et dans son fourreau de velours bleu semé de fleurs de lis d'or, qu'il relevoit sur son bras. Il étoit vêtu d'un pourpoint de toile d'or et d'argent, et d'un haut-de-chausse plein de broderie semblable, monté sur un cheval de bataille gris pommelé, en housse de velours cramoisi, garnie de passement d'or à points d'Espagne et chiffres de même, ayant au lieu de rênes deux écharpes de taffetas noir.

« Les pages et valets de pied en grand nombre, vêtus de neuf, avec force plumes blanches, bleues et rouges, et la tête nue, suivoient ce comte devant les gardes du corps à pied, comme aussi le porte-manteau et les huissiers et massiers.

« Alors paroissoit le Roi, que son auguste contenance et sa douce gravité véritablement royales, avec sa civilité naturelle, faisoient remarquer à tous pour les délices du genre humain, et redoubler aux grands et aux petits les vœux qu'ils font ordinairement pour sa santé et prospérité.

« Sa Majesté, vêtue d'un habit tellement couvert de broderie d'or qu'on n'en pouvoit discerner l'étoffe ni la couleur, paroissoit de si haute stature qu'on avoit peine à croire qu'elle n'eût pas encore passé sa quatorzième année : ce qui, joint à l'impatience de plusieurs, fit que, voyant un des jeunes seigneurs qui marchoit devant elle, ils s'emportèrent aux cris de *vive le Roi !* avant qu'il eût paru. Mais ils furent détrompés aussitôt qu'ils eurent aperçu sa grâce et son adresse à manier son barbe de poil isabelle, couvert d'une housse toute parsemée de croix du Saint-Esprit et de fleurs de lis en broderie d'or, lequel par sa gaieté, qui le fit soulever et aller plusieurs fois à courbettes, vérifie le dire de Plutarque : Que les chevaux ne flattent point les rois ; ce qui a donné sujet au nôtre de se rendre un des meilleurs écuyers de son royaume.

« Auprès du roi de l'éperon en avant marchoient à pied ses écuyers, savoir les sieurs de Vantelet, de Roque, de Bournonville et Du Daufin, écuyers de la grande écurie, à sa main gauche ; et les sieurs Tenilly, de Varnante, de Sainte-Croix et de La Chenaye, écuyers de la petite écurie, à sa droite aussi à pied, vêtus d'habits couverts d'or et d'argent.

« Les exempts des gardes et six gardes écossais étoient autour et proche de Sa Majesté, faisant deux files, ayant à leur tête le sieur Feron, lieutenant desdits gardes, pareillement à pied, suivi d'exempts, et le sieur de Carnavalet, lieutenant, près du Roi, encore à pied.

« A côté de la droite de Sadite Majesté étoit le duc de Joyeuse, grand chambellan ; et derrière elle le maréchal de Villeroy son gouverneur, les marquis de Gesvres et de Villequier, capitaines de ses gardes, et le sieur de Beringhen son premier écuyer, lestement vêtus et montés.

« Les princes suivoient en grand nombre, et les ducs et pairs aussi, sans rang et en confusion, fermoient la marche de cette cavalcade, ensuite de laquelle alloient les Suisses de la garde de la Reine, ses pages et valets de pied, quelques gardes, le duc d'Uzès son chevalier d'honneur, et le comte d'Orval son premier écuyer à cheval.

« Le carrosse du corps de la Reine venoit après, dans lequel étoit Monsieur, frère unique du Roi, Son Altesse Royale, la princesse de Carignan et la princesse Louise, la duchesse d'Aiguillon, la marquise de Senecay, dame d'honneur de la Reine, et la marquise de Souvré.

« Les exempts et les gardes marchoient autour : le sieur de Comminges, capitaine de ses gardes, derrière; le lieutenant plus bas, puis l'enseigne, l'écuyer ordinaire, celui de quartier, le sous-gouverneur de Monsieur, la compagnie des gendarmes du Roi, de plus de cent cinquante maîtres avantageusement montés, le comte de Miossens à leur tête et des mieux équipés ; quatre trompettes au devant. Celle de la Reine faisant plus de six-vingts maîtres avantageusement montés, et conduits par le comte de Mouchard leur lieutenant ; les trompettes devant les carrosses des filles d'honneur, ceux des princesses de la cour, et suite de Leurs Majestés.

« Toute cette pompeuse cavalcade marcha le long des rues de Saint-Honoré, de la Féronnerie, de Saint-Denis, devant le Châtelet, par la rue du Crucifix-Saint-Jacques, le pont Notre-Dame, le Marché-Neuf, et entra par la rue et porte Sainte-Anne en la cour du Palais. Tous ces chemins fourmilloient de monde, étant bordés d'amphithéâtres jusqu'au second étage, où une partie du plus beau monde de la ville étoit placée.

« Le reste des spectateurs étoit aux fenêtres, qui avoient été accrues par l'ouverture des murailles de toutes les chambres, où la même ardeur avoit ramassé tous ceux qui se trouvoient lors en cette ville, dont les toits même étoient couverts, et d'où, comme de tous les autres endroits, les cris de *vive le Roi!* qui n'étoient interrompus que par des larmes de joie, s'élevant jusqu'au ciel, épanouissoient les cœurs de toute l'assistance, et conduisoient Sa Majesté jusqu'au pied de l'escalier de la Sainte-Chapelle, où les principaux officiers se trouvèrent plantés sur son premier pallier, depuis lequel le régiment des Gardes faisoit une double haie. Sa Majesté étant descendue, ils l'accompagnèrent jusque sur le second pallier ; puis elle fut reçue en la même chapelle par l'évêque de Bayeux, trésorier d'icelle, revêtu d'habits pontificaux, et accompagné de son clergé ; laquelle ayant doctement haranguée, il la conduisit au chœur, où elle entendit une messe basse célébrée par un chapelain de la chapelle du Roi, durant laquelle ce prélat, comme trésorier de cette Sainte-Chapelle, demeura le plus près de Sa Majesté, entre les évêques et les aumôniers.

« La messe dite, quatre présidens et six conseillers de la cour étant venus au devant du Roi pour le recevoir, comme fit le sieur de Rhodes, après avoir donné les séances dans le parlement, et laissé en sa place le sieur de Saintot qui l'alla relever, Sa Majesté partit de cette église, et marcha avec l'ordre accoutumé, devancée des cent Suisses tambour battant, des tambours et trompettes de sa chambre, de six hérauts d'armes, de deux huissiers massiers, environnée de tous ceux qui l'avoient accompagnée, et la Reine proche de sa personne, suivie de Son Altesse Royale. Ledit sieur de Rhodes étoit retourné au parlement, où le Roi, arrivant dans la grand'chambre, monta en son lit de justice. La Reine se mit sur la gauche en entrant, qui étoit la main droite du Roi, et ensuite étoient assis Monsieur, Son Altesse Royale, le prince de Conti, les ducs de Mercœur, d'Uzès, de Beaufort, de Brissac, de Candale, de La Rochefoucauld, les maréchaux de France ci-devant nommés, et le grand-maître de l'artillerie. Sur le coin du retour du banc, à l'autre bout du côté droit en entrant, qui étoit la main gauche de Sa Majesté, étoient assis l'archevêque de Reims, duc et pair; les évêques de Beauvais, de Châlons et de Noyon, comtes et pairs; le grand chambellan au pied du Roi sur la première marche; et à la seconde, un peu en retour, le comte d'Harcourt. Aux pieds de la Reine à l'autre côté, sur la même marche, étoient assis le comte de Trêmes, le marquis de Gesvres, le comte de Charost, le sieur Chapes, et Villequier, capitaines des gardes.

« Le chancelier de France, qui, étant arrivé une heure avant le Roi, précédé des huissiers et massiers du conseil, avoit été reçu par deux conseillers qui lui furent envoyés exprès dans le parquet, et avoit pris sa place au-dessus de tous les présidens jusqu'à l'arrivée du Roi, se plaça lors en une chaise au-dessous de Sa Majesté, dans l'angle à l'ordinaire, et le prévôt de Paris sur la première marche.

« Après que chacun des susdits eut ainsi pris sa séance au dedans dudit parquet, comme aussi les princesses de Carignan et Louise, avec la marquise de Seneçay, la duchesse d'Aiguillon, la marquise de Souvré et les filles de la Reine sur un banc, les gentilshommes de la chambre, les maîtres de garde-robe, le grand maréchal des logis, le grand prévôt, les chevaliers et les lieutenans généraux des provinces sur trois autres; les conseillers d'Etat, les maîtres des requêtes venus avec le chancelier sur deux, les secrétaires d'Etat sur un, le grand-maître des cérémonies sur un siége, le maître d'icelles à l'entrée du parquet, et le bailli du Palais entre les secrétaires d'Etat, avec le greffier du parlement, Mademoiselle dans l'une des deux lanternes où étoient la reine d'Angleterre, les duchesses et autres personnes de remarque, en l'autre les ambassadeurs, et, sur un banc au dehors du barreau, les résidens, le silence fut fait, et le Roi parla en cette sorte :

« Messieurs,

« Je suis venu en mon parlement pour vous dire que,
« suivant la loi de mon Etat, j'en veux prendre moi-
« même le gouvernement; et j'espère de la bonté de
« Dieu que ce sera avec piété et justice. Mon chance-
« lier vous dira plus particulièrement mes intentions. »

« Suivant lequel commandement de Sa Majesté, le chancelier, qui l'avoit reçu debout, s'étant remis en son siége, fit une harangue en laquelle il s'étendit à son ordinaire fort éloquemment sur ce qu'avoit dit le Roi, y ajoutant des réflexions très-judicieuses sur le passé et sur le présent. Après quoi la Reine, s'inclinant un peu de son siége, fit ce discours au Roi :

« Monsieur,

« Voici la neuvième année que, par la volonté der-
« nière du défunt Roi mon très-honoré seigneur, j'ai
« pris le soin de votre éducation et du gouvernement
« de votre Etat : Dieu ayant, par sa bonté, donné bé-
« nédiction à mon travail, et conservé votre personne
« qui m'est si chère et précieuse, et à tous vos sujets. A
« présent que la loi du royaume vous appelle au gou-
« vernement de cette monarchie, je vous remets avec
« grande satisfaction la puissance qui m'avoit été don-
« née pour la gouverner, et j'espère que Dieu vous
« fera la grâce de vous assister de son esprit de force
« et de prudence pour rendre votre règne heureux. »

« Sa Majesté lui répondit :

« Madame, je vous remercie du soin qu'il vous a
« plu prendre de mon éducation et de l'administra-
« tion de mon royaume. Je vous prie de continuer
« à me donner vos bons avis, et je désire qu'après
« moi vous soyez le chef de mon conseil. »

« La Reine se leva ensuite de sa place, et s'approcha du Roi pour le saluer; mais Sa Majesté, descendant
de son lit de justice, vint à elle, et, l'embrassant, la
baisa; puis chacun d'eux s'en retourna à sa séance.

« Monsieur, frère unique de Sa Majesté, fut ensuite
fléchir un des genoux en terre à ses pieds, et, baisant la main de Sa Majesté, lui protesta de sa fidélité.
Son Altesse Royale en fit autant, comme aussi le
prince de Conti, mais avec une plus profonde humilité; et tous les autres princes, le chancelier, les ducs

et pairs, les ecclésiastiques, les maréchaux de France, les officiers de la couronne, et tous ceux qui étoient en séance, se levèrent, et rendirent en même temps, de leur place, hommage au Roi.

« Alors le premier président, debout et tête nue, de même que tous les autres présidens au mortier, prit la parole; et après une profonde révérence, tous ayant le genou sur le banc, il fit un très-grave discours sur la sage conduite de la Reine pendant sa régence, sur ses royales vertus, dont elle avoit composé un auguste modèle à Sa Majesté, enfin sur toute la bonne éducation qu'elle lui avoit donnée.

« Puis le chancelier dit qu'on ouvrît les portes, et qu'on fît entrer le peuple; et le sieur Guiet, greffier de ce parlement, fit lecture des édits apportés par le Roi contre les blasphêmes et les duels, et de la déclaration d'innocence du prince de Condé : celle-ci portant, suivant les conclusions des gens du Roi, que tous les avis qui avoient été donnés que ce prince tramoit contre le service du Roi des intelligences, tant dedans que dehors du royaume, avec les ennemis, n'étoient pas crus par Sa Majesté, laquelle au contraire les condamnoit comme faux et artificieusement supposés. Veut et lui plaît que tous les écrits qui ont été donnés sur ce sujet à la cour de parlement de Paris, et qui ont été envoyés à ses autres cours et à sa bonne ville de Paris, demeurent supprimés; et, en tant que besoin seroit, les a cassés et révoqués et annulés comme faux et supposés, sans qu'à l'avenir il en puisse être rien imputé à sondit cousin le prince de Condé. Sur le sujet desquels édits et déclaration le sieur Talon, avocat général, après un savant discours pour le procureur général, conclut à leur enregistrement, conformément aux ordonnances : ce qui fut fait.

« Le chancelier ayant pris les avis de Leurs Majestés, des princes et de toute la compagnie, prononça, suivant les mêmes conclusions des mêmes gens du Roi, que, sur le repli des lettres en forme d'édit, seroit mis : *lues, publiées et enregistrées ;* et lors, chacun se levant, le grand-maître des cérémonies fit marcher tout au même ordre que le Roi étoit venu, jusqu'au bas de l'escalier de la Sainte-Chapelle, excepté que Sa Majesté monta en carrosse; et le maître des cérémonies ayant fait mettre tout le monde en ordre, Leurs Majestés, la noblesse, les seigneurs et grands du royaume passèrent, pour retourner au palais Cardinal, par dessus le Pont-Neuf et par la Croix-du-Trahoir, dont le sieur François, intendant général des fontaines et aqueducs de France, pour faire voir son alégresse particulière de cette journée, et contribuer même à la publique, avoit arrêté le cours de ses eaux pour laisser la liberté à celui du vin, qui en coula depuis neuf heures du matin jusqu'à six heures du soir.

« Leurs Majestés arrivant au palais Cardinal parmi les acclamations redoublées de *vive le Roi !* par lesquelles le peuple continuoit d'exprimer le plaisir qu'il ressentoit d'avoir un prince si accompli, et dont il concevoit de si hautes espérances, l'artillerie du petit fort que le Roi a fait construire dans le jardin de ce même palais les salua ; à laquelle il fut répondu par les canons de la Bastille et de la ville.

« Et comme la joie qui procède de ces grands sujets ne peut se restreindre dans les limites des alégresses ordinaires, cet agréable tintamarre redoubla sur le soir, et continua presque toute la nuit avec les mêmes cris de *vive le Roi!* accompagnés de fréquentes santés de Sa Majesté, et des feux qui furent allumés, tant dans le palais Cardinal dont on vous a parlé, que par toutes les rues : en telle sorte que la clarté de ces feux, avec celle des lanternes aussi posées sur toutes les fenêtres, fit recevoir le jour au milieu des ténèbres; la terre même ajoutant un nombre infini d'étoiles artificielles à celles du ciel, comme pour lui contester la gloire d'éclaircir seul une si heureuse nuit dont la joie s'étendoit par toutes les villes de la France, qui, sachant le temps de cette solennité, donnoient toutes les marques possibles de leur contentement au même temps que Paris. »

Madame de Brienne, que la Reine estimoit pour son mérite et sa piété, étant un jour dans sa chambre, me dit qu'une certaine coureuse nommée dame Anne, qui dans Paris gagnoit de l'argent en chantant par les rues des chansons infâmes contre le respect qui étoit dû à cette princesse, étoit alors en prison, et dans un pitoyable état. Je le dis à la Reine, à la prière de madame de Brienne, qui ne voulut pas lui en parler, par quelque motif que je ne pus savoir. Cette princesse ne me répondit rien, et je ne lui en parlai plus. Quelques jours après, la même madame de Brienne me dit qu'elle avoit été voir cette dame Anne, et qu'elle ne l'avoit plus trouvée dans sa prison; qu'elle étoit alors dans une chambre voisine, bien servie, bien couchée et bien nourrie, et qu'on ne savoit pas d'où pouvoit procéder cette merveille. Nous sûmes alors que la Reine seule avoit fait cette belle action ; et quand nous lui en parlâmes, elle ne voulut pas nous écouter : et l'histoire finit ainsi.

La Reine vit la fin de sa régence avec une véritable joie; et si elle étoit mêlée de quelque chagrin, c'étoit de ne pas remettre entre les mains du Roi son fils l'autorité souveraine aussi absolue qu'elle l'auroit souhaité. Elle avoit tant de tendresse pour lui, qu'elle auroit été capable d'en dire, comme cette ambitieuse Romaine de celui dont elle consultoit la destinée : *Que je meure, pourvu qu'il soit empereur ;* si ce n'est qu'elle étoit trop bonne chrétienne pour souhaiter la mort par un motif de vanité, et pour dire autre chose que ce que je lui ai entendu dire en plusieurs occasions : *Qu'il soit le maître, et que je ne sois plus rien.* Mais la jeunesse de ce prince, et l'état où étoit alors la France, l'empêchoient d'espérer de le voir sitôt tout-à-fait affermi sur son trône; et les nouveaux mouvemens dont il étoit ébranlé lui rendoient encore ses conseils trop nécessaires, pour lui permettre de satisfaire l'envie qu'elle avoit depuis long-temps de se retirer dans le Val-de-Grâce.

La majorité du Roi n'apporta donc pas à la Reine le repos auquel elle s'attendoit; mais elle lui donna des forces pour se défendre contre ceux qui lui préparoient une seconde guerre, plus dangereuse que la première par la considération du chef qui l'avoit entreprise, et l'intrigue qui fortifioit depuis long-temps son parti.

Châteauneuf étant rétabli dans le ministère, et le

marquis de La Vieuville dans la surintendance des finances qu'il avoit eue autrefois, le premier président eut les sceaux. Aussitôt après ces grands changemens, la Reine envoya le maréchal d'Aumont avec des troupes pour attaquer celles du prince de Condé, qui se retirèrent à Stenay et dans ses autres places. Il étoit encore indécis sur ce qu'il avoit à faire, ayant assez d'envie de s'accommoder. Il alla à Angerville, maison du président Pérault, où il attendit un jour tout entier la réponse du duc d'Orléans sur un accommodement que ce prince avoit proposé ; mais celui qui le devoit aller trouver ayant, par quelque accident, manqué d'arriver au jour qu'il avoit marqué, M. le prince en partit le lendemain pour aller à Bourges, qui s'étoit déclaré pour lui. Croissy l'y vint trouver, pour lui dire de la part de la Reine, et de l'avis de son nouveau ministre Châteauneuf, que s'il vouloit se tenir paisiblement dans l'une de ses places jusqu'à la convocation des Etats, on lui donneroit de bons quartiers pour ses troupes ; et lui promit de la part du duc d'Orléans que s'il pouvoit, il obtiendroit de la Reine de tenir lesdits Etats à Saint-Denis, ou en un lieu qui ne lui pût être suspect. M. le prince avoit encore alors assez d'inclination à la paix : et même on a cru qu'il y eut des momens où il n'auroit pas été implacable sur le retour du cardinal, parce qu'il haïssoit naturellement Châteauneuf, s'il avoit osé se désunir d'avec le duc d'Orléans, qui par ses sentimens particuliers paroissoit s'y opposer, quoique foiblement, et d'une manière pleine d'incertitude et de contrariété. Chavigny, et tous ceux qui approchoient de M. le prince, étoient dans le même esprit.

Le duc de Nemours n'étoit ennemi du cardinal que par intervalles, et se laissoit conduire par ses fantaisies plutôt que par des desseins bien formés. Le duc de La Rochefoucauld, qui paroissoit être et qui étoit en effet le premier mobile de tous ces grands mouvemens, à ce qu'il m'a dit lui-même, avoit de l'aversion à la guerre; mais il la vouloit, parce que madame de Longueville la souhaitoit passionnément. M. le prince les ayant consultés sur ces dernières propositions, ils conclurent tous à la guerre : disant qu'à la tête d'une armée, soit que le ministre voulût revenir ou non, il seroit forcé de compter toujours avec lui, et que sans doute le cardinal lui accorderoit les plus grandes choses qu'il voudroit lui demander. Ce prince, malgré leurs conseils, ne voulut point encore se déterminer : il voulut aller à Montrond où étoit madame de Longueville, pour prendre sa dernière résolution avec elle. Ce fut là qu'il fut comme forcé de se déclarer contre le Roi. Et pour dire comme les choses se passèrent, ce fut une femme qui dans ce conseil opina pour la guerre, et l'emporta contre le plus grand capitaine que nous ayons eu de nos jours. Il s'y résolut donc, et leur dit à tous que puisqu'ils la vouloient, il la falloit faire ; mais qu'ils se souvinssent qu'il tireroit l'épée malgré lui, et qu'il seroit peut-être le dernier à la remettre dans le fourreau : voulant leur faire entendre qu'ils l'engageoient en une mauvaise affaire, dans laquelle ils ne le suivroient pas peut-être jusqu'au bout. Le prince de Conti, madame de Longueville, les ducs de Nemours et de La Rochefoucauld, et le président Viole, le voyant dans cet engagement malgré lui, et craignant qu'il ne se ravisât, firent un traité particulier, par lequel ils se promettoient les uns aux autres de demeurer unis pour leurs intérêts communs, afin de tenir ferme contre lui, s'il étoit capable, en s'accommodant, de manquer à leur faire obtenir les grâces qu'ils prétendoient de la cour. M. le prince, renvoyant Croissy, ne laissa pas de garder une porte de derrière pour rentrer en négociation, afin de n'être pas sans en avoir quelqu'une. Cependant il disposa toutes choses à la guerre. Il laissa madame la princesse et le duc d'Enghien son fils à Montrond, envoya le prince de Conti et madame de Longueville à Bourges, et partant de Montrond le 16 de septembre, avec les ducs de Nemours et de La Rochefoucauld, pour aller en Guienne, il passa par Verteuil, maison du duc de La Rochefoucauld, qui l'année précédente avoit été à moitié rasée, pour avoir été engagé dans son parti. Il fut reçu dans Bordeaux avec beaucoup de démonstrations d'alégresse et d'affection. Il en chassa le premier président comme serviteur du Roi, et dépêcha en Espagne Lenet, homme d'esprit, qui y fit un traité aussi avantageux qu'il le falloit pour obliger M. le prince à s'engager tout-à-fait à la guerre, et pour lui donner de grandes idées des bons succès qu'il s'en devoit promettre. Il distribua beaucoup de commissions, et il trouva assez de gens qui en prirent : ce qui accrédita d'abord son parti, dans lequel il fit ce qu'il put pour faire entrer M. de Turenne et débaucher son armée; mais il n'y réussit pas.

Comme tout le monde avoit intérêt à la paix, il n'y avoit personne qui, par soi-même ou par ses amis, ne travaillât cependant à la négocier. Gourville, homme d'esprit et d'expédiens, qui de confident du duc de La Rochefoucauld l'étoit devenu de M. le prince, étoit demeuré à Paris pour découvrir tout ce qui s'y passoit et lui en rapporter des nouvelles, et ne désespéroit pas que les choses pussent encore s'accommoder. Il devoit même aller à Poitiers descendre chez mon frère, qui avoit suivi le Roi à cause de sa charge de lecteur de la chambre, afin qu'il le fît parler à la Reine sans qu'il fût aperçu de personne. Mais la princesse palatine en ces temps-là y voulut aller elle-même, quoiqu'il fût encore trop tôt pour rompre les liaisons que tant de gens avoient prises dans la chaleur de leurs premiers mouvemens, et les grandes espérances qu'ils avoient conçues.

Le coadjuteur, qui voyoit que toutes les négociations qui se faisoient à la cour et à Paris auprès du duc d'Orléans par plusieurs personnes, et entre autres par madame Du Plessis-Guénégaud mon amie, sœur de la maréchale d'Etampes, dame d'honneur de madame la duchesse d'Orléans, alloient toutes directement à convier M. le prince de se remettre bien avec la Reine, et craignant que cela n'arrivât, il dépêcha Bartet au cardinal Mazarin, pour lui offrir de faire consentir le duc d'Orléans à son retour en France, en se remettant bien avec lui, pourvu qu'en récompense de ce service il lui fît donner la nomination du Roi au chapeau pour la première promotion. Madame de Chevreuse et le marquis de Noirmoutiers, amis du coadjuteur, fortifièrent ces offres par les assurances qu'ils donnèrent de sa fidélité et de sa reconnoissance. Bartet, grand débiteur de paroles fabuleuses, dit au cardinal que le coadjuteur avoit l'ame belle et généreuse, et qu'il seroit son ami : si bien qu'enfin ce ministre absent, pressé de tant de côtés, flatté de tant de belles apparences, lui fit donner par le Roi cette nomination (1) qu'il souhaitoit avec tant d'ardeur, et qu'il fit mettre entre les mains du duc d'Orléans, dans la crainte qu'il témoigna qu'une recommandation qui paroîtroit venir du cardinal Mazarin, qui n'étoit pas aimé du Pape, ne gâtât son affaire à Rome.

Le ministre fut mal payé de son bienfait : le coadjuteur, au lieu de reconnoître la sincérité de son procédé par une conduite pareille, quand il eut ce qu'il demandoit et qu'il vit M. le prince s'engager à la guerre, se moqua du cardinal, et parut son ennemi avec la même hauteur qu'il avoit eue par le passé. La Reine, pour remédier par son courage à toutes ses trahisons et à la guerre qui se fomentoit dans la Guienne et dans le Berri, résolut d'y aller pour s'opposer à leurs pernicieux desseins. Le Roi et elle partirent pour ce grand voyage le 24 de septembre, suivis de Monsieur, frère du Roi, de ses ministres, et de toute la cour.

Les ennemis, qui voulurent profiter de la guerre civile, prirent Furnes, Bergues et Saint-Vinox, proche de Dunkerque; ils prirent aussi Linck, Hannuie et Bourbourg. Le Roi et la Reine, étant à Fontainebleau, furent conseillés par Châteauneuf d'aller droit à Bourges, où lui-même, par ses correspondances, avoit disposé les habitans principaux à recevoir Leurs Majestés. Le Roi et la Reine se résolurent à cette en-

(1) *Cette nomination* : Le coadjuteur obtint sa nomination au cardinalat quelques mois auparavant, lorsqu'il eut avec la Reine des conférences nocturnes pour arrêter de nouveau le prince de Condé.

treprise; et, malgré la présence du prince de Conti et de madame de Longueville, elle leur réussit heureusement. Le garde des sceaux s'en retourna à Paris pour soutenir les intérêts du Roi, sous l'autorité du duc d'Orléans, avec La Vieuville, surintendant, et Guénégaud, secrétaire d'Etat.

Le Roi, avant que de partir de Fontainebleau, le 2 octobre, donna le commandement de l'armée de Guienne au comte d'Harcourt; et la Reine envoya Ondedei à Brulh porter au cardinal Mazarin l'ordre de revenir à la cour. Il étoit toujours le maître, et Châteauneuf se plaignoit qu'on n'avoit pas assez de confiance en lui. Il prit aussitôt des passeports d'Espagne; et étant venu à Dinan, où Navailles, Broglie (1) et plusieurs autres de ses amis à qui il avoit fait donner des gouvernemens l'étoient venus trouver, il résolut de lever des troupes pour le service du Roi, et de rentrer en France à la tête d'une armée.

Madame de Chevreuse et le coadjuteur, qui ne pensoient qu'à se défaire de M. le prince et du cardinal Mazarin, travailloient auprès du duc d'Orléans à le faire entrer dans ces mêmes sentimens. Chavigny s'y opposoit tant qu'il lui étoit possible, tant pour les intérêts de M. le prince, qui avoit plus de confiance en lui qu'en personne, que pour son intérêt particulier, qui étoit d'entretenir une parfaite union entre ces deux princes, et de pousser le cardinal, qui l'avoit chassé du ministère, quoiqu'il lui fût, à ce qu'il prétendoit, redevable de sa fortune, l'ayant mis bien auprès du feu Roi et du cardinal de Richelieu.

Le prince de Conti et madame de Longueville, à

---

(1) *Broglie*: François-Marie, mort en 1656.

la vue du Roi, prirent la fuite, quittèrent Bourges, et allèrent à Montrond, et de là à Bordeaux.

Marsin se croyant obligé au prince de Condé, et sachant la résolution de la guerre, abandonna sa fortune pour suivre la sienne. S'il fût demeuré encore quelques jours, il eût reçu des patentes de vice-roi de Catalogne, qui lui furent envoyées de la cour pour l'obliger de demeurer dans le service du Roi. Le comte Du Dognon, gouverneur de Brouage, de La Rochelle, d'Oleron et de l'île de Ré, fit la même chose. L'inquiétude qu'eut la Reine de voir tant de gens se déclarer pour M. le prince l'obligea de convier M. le duc d'Orléans, d'un côté, de faire quelque proposition de paix à M. le prince, pendant que le cardinal, qui avoit peur que la guerre civile avec l'étrangère n'accablât le Roi, fit la même tentative par le duc de Bouillon et M. de Turenne. Ils envoyèrent Gourville lui offrir tous les avantages qu'il pouvoit souhaiter. M. le prince leur répondit fièrement que s'ils vouloient s'engager avec lui, et que M. de Turenne voulût commander son armée, il feroit alors ce qu'ils lui conseilleroient. Il refusa d'aller à Richelieu pour s'aboucher avec eux.

M. le prince, trouvant dans tous ses desseins le coadjuteur pour obstacle, se résolut de le faire enlever, et de le mener à une de ses places. Gourville, à ce qu'il m'a dit depuis, se chargea de cette expédition; il y travailla : et quoiqu'il ne manquât ni d'esprit ni de hardiesse, il n'y put réussir. Le hasard peut-être fut favorable au coadjuteur, pour se sauver des piéges qu'il lui tendit; il est à croire qu'il se précautionnoit non-seulement contre lui, mais encore contre tous les accidens qu'un homme qui avoit tant d'ennemis pouvoit raisonnablement craindre. Le baron de Batteville, Franc-Comtois, et par conséquent sujet du roi d'Espagne, fut envoyé avec treize vaisseaux, de l'argent et des troupes, au secours de M. le prince. La Reine, pour s'opposer aux commencemens d'un parti si formidable, partit de Bourges pour aller à Poitiers, d'où le Roi écrivit au cardinal pour le presser de faire des levées et de le venir trouver, et envoya en même temps l'ordre au maréchal d'Hocquincourt de se joindre à lui et de lui obéir.

M. le prince s'assure d'Agen en Gascogne; et voyant Saint-Luc se fortifier dans Montauban et Cahors, il se saisit de Saintes, que l'évêque, fils bâtard du feu maréchal de Bassompierre, homme de bien et bon serviteur du Roi, lui abandonna malgré lui, et de Taillebourg. Il prétendoit en même temps se rendre maître d'Angoulême; mais n'osant l'attaquer à cause que le marquis de Montausier, gouverneur d'Angoumois et de Saintonge, y avoit assemblé beaucoup de gentilshommes de ses amis, il alla droit à Cognac. Avec cette place, il s'étoit rendu maître de tout le pays qui est delà la Charente jusqu'à la Garonne et Dordogne: il y laissa le duc de La Rochefoucauld et le prince de Tarente [1] pour s'en retourner à Bordeaux, où il avoit à traiter avec les ministres d'Espagne. Il fit presser le comte Du Dognon de lui laisser mettre des troupes dans La Rochelle, pour la fortifier autant qu'il lui seroit possible; mais quoiqu'il eût été le trouver à Bordeaux pour traiter

---

(1) *Le prince de Tarente*: Henri-Charles de La Trémouille.

avec lui, il ne voulut point le rendre plus maître de son gouvernement que lui-même.

Le Roi étoit à Poitiers, et Châteauneuf le servoit avec une grande affection, non-seulement pour gagner du crédit auprès de la Reine, mais encore par le plaisir qu'il avoit de travailler à la ruine de M. le prince, son ancien ennemi. Il conseilla le Roi et la Reine de penser promptement à tirer La Rochelle des mains de leurs ennemis; il en fit donner le gouvernement à Estissac (1), frère du feu duc de La Rochefoucauld, qui y entra avec quelques troupes; et malgré l'engagement de son neveu dans un parti contraire à son devoir, comme il avoit beaucoup d'amis dans cette province, et que le comte Du Dognon y étoit haï à cause de ses violences, demeurant fidèle au Roi, il la sut maintenir dans son service.

Le comte d'Harcourt cependant n'étoit pas oisif; il avoit assemblé des troupes, et tâchoit de se mettre en état de faire voir à M. le prince qu'une bonne cause, entre les mains d'un général qui avoit été quasi toujours heureux, lui devoit faire peur. Il connut l'importance de secourir Cognac; il s'y appliqua entièrement, et il y réussit. Non-seulement il fit lever le siége au prince de Tarente et au duc de La Rochefoucauld, mais à la vue de M. le prince, qui y accourut de l'autre côté de la Charente, il tailla en pièces une bonne partie des troupes qu'il avoit laissées retranchées dans les faubourgs; ses gens furent tous tués ou faits prisonniers en sa présence sans les pouvoir secourir : dont il reçut un déplaisir extrême;

---

(1) *Estissac* : Benjamin de La Rochefoucauld, marquis d'Estissac.

et comme il voulut se retirer, le comte d'Harcourt lui prit une partie de son bagage. Il fut ensuite toujours battu par ce prince : ce qui commença à diminuer sa réputation, ses espérances et les forces de son parti.

Le comte d'Harcourt voulut achever de mettre Estissac en possession de La Rochelle : les tours tenoient encore en faveur du comte Du Dognon, parce qu'il y avoit mis des troupes ; mais il fit dessein d'aller lui-même en personne les attaquer. Ceux qui étoient dans les tours tremblèrent à la vue de l'armée du Roi ; et ce général leur ayant commandé de jeter par les fenêtres celui qui les commandoit, ils le firent, et le poignardèrent eux-mêmes. Ce fut une action cruelle, mais pardonnable, puisque ceux qui sont rebelles à leur roi méritent la mort selon les lois.

Le Roi envoya au parlement de Paris une déclaration contre M. le prince ; mais l'esprit de la révolte régnoit si fortement dans cette grande ville, qu'on ne pouvoit pas y punir le crime de lèse-majesté, et, par une terrible révolution, la rebellion y tenoit lieu de fidélité. Le premier président, qui étoit bon serviteur du Roi, voulut faire enregistrer cette déclaration ; mais elle ne le put être qu'avec de certaines modifications, et on murmura contre lui de ce qu'il obéissoit aux volontés de son souverain.

Un jour étant chez lui, où se tenoit le conseil du Roi, le marquis de La Vieuville, le maréchal de L'Hôpital, gouverneur de Paris, et Du Plessis-Guénégaud, secrétaire d'Etat, plusieurs coquins s'assemblèrent, et vinrent crier contre lui, disant qu'il le falloit tuer.

Au lieu de faire fermer ses portes il les fit ouvrir, et alla leur parler lui-même : sa fermeté étonna cette canaille, et enfin la rumeur s'apaisa à son égard. Le marquis de La Vieuville, en voulant sortir de chez le premier président, pour lors garde des sceaux, ces filoux l'attaquèrent, lui chantèrent mille injures, le voulurent tirer de son carrosse, et lui firent du moins une grande peur. Le maréchal de L'Hôpital eut la lâcheté de quitter le premier président, et de s'en aller chez lui sans lui envoyer aucun secours. Du Plessis-Guénégaud, bon serviteur du Roi, demeura toujours avec ce vénérable magistrat ; et, pour avoir mieux fait que les autres, il n'en eut pas tant de mal.

Le cardinal, selon les ordres du Roi, pensoit alors à revenir en France : il se mit en état d'exécuter ce dessein ; mais les Espagnols lui ayant refusé des passeports, il partit de Dinan par des chemins remplis de troupes espagnoles et de celles de M. le prince, pour se rendre enfin à Bouillon.

Cette nouvelle donna de furieuses alarmes à ses ennemis. Le parlement redoubla ses arrêts ; et les mutins de cette compagnie en firent donner un, par lequel ils mettoient sa tête à prix, et promettoient cinquante mille écus à celui qui le tueroit. Cette somme devoit être prise sur le prix de ses meubles et de sa bibliothèque, qu'ils ordonnèrent de vendre entièrement.

Toute l'Europe regarda avec étonnement cet arrêt, dont la plus saine mais la moindre partie de ce corps, qui a donné en tant d'occasions des marques de sa fidélité envers nos rois, fut scandalisée.

La Reine m'a dit depuis que cet arrêt, bien loin de

la refroidir pour le retour du cardinal, lui en donna un plus véritable désir : elle connut par là combien il étoit nécessaire de faire voir aux sujets du Roi qu'il ne leur appartient pas d'ordonner malgré lui de ce qu'il doit faire. Châteauneuf, sans donner des arrêts, étoit quasi de même sentiment que le parlement de Paris : sur les avis que ses amis qu'il avoit à la cour eurent que le cardinal se préparoit à revenir, ils disoient que les affaires du Roi alloient bien, que le prince de Condé étoit demi vaincu, et que si le cardinal Mazarin revenoit sitôt, le prétexte de la guerre qui commençoit à s'anéantir augmenteroit beaucoup. Le garde des sceaux qui étoit venu trouver le Roi à Poitiers, et quelques autres, étoient d'avis contraire ; et les vrais amis du cardinal, Seneterre, le maréchal Du Plessis et Le Tellier, vouloient son retour. La Reine le vouloit aussi : mais elle vouloit le bien de l'Etat préférablement à toutes choses ; et la crainte qu'elle avoit que ce retour ne redonnât des forces à M. le prince la faisoit balancer sur le temps. La duchesse de Navailles m'a depuis compté qu'étant un jour avec elle, et la pressant de faire revenir le cardinal, cette princesse lui dit ces mêmes paroles :
« Je connois la fidélité de M. le cardinal, et combien
« le Roi et moi avons besoin d'un ministre qui soit
« tout à nous, afin de faire cesser les intrigues de la
« cour, et de ceux qui se veulent mettre à sa place. Je
« sais que l'insolence du parlement de Paris doit être
« punie, et qu'elle ne le sauroit mieux être que par
« son retour ; mais il faut avouer, lui dit-elle, que je
« crains le malheur de M. le cardinal, et que son re-
« tour trop précipité n'empire nos affaires : c'est pour-

« quoi j'ai de la peine à me déterminer là-dessus. »
Cette dame, qui étoit intéressée au retour du cardinal par l'attachement que le duc son mari avoit à ce ministre, m'a dit que ce discours de la Reine lui fit une si grande frayeur, qu'au lieu de le prendre comme un effet de sa sagesse, elle crut que c'étoit une marque de son changement : elle écrivit promptement au cardinal qu'il vînt, et qu'il étoit perdu s'il ne se hâtoit de reprendre sa place. Cet avis fit l'effet qu'il devoit faire. Ce ministre n'oublia rien pour se mettre en état de suivre le conseil qu'on lui avoit donné ; et peut-être qu'une si grande prudence en la Reine dans la conjoncture de ces temps-là lui ayant déplu, le souvenir qu'il en conserva diminua sa reconnoissance envers elle.

Châteauneuf, pour empêcher ce retour, écrivit aux amis qu'il avoit auprès du duc d'Orléans pour le persuader de venir à Poitiers, croyant que lui seul étoit capable de s'y opposer ; mais le coadjuteur craignant que si la Reine l'en prioit elle-même, il ne fît ce qu'elle demanderoit de lui, l'en détourna : de sorte qu'il se contenta d'envoyer Verdronne à la Reine pour proposer l'entremise de Chavigny, qui ne lui fut point agréable. Pendant que M. Damville (1) fit quelques voyages de Poitiers à Paris, Vineuil y passa de la part de M. le prince, aussi bien que Gourville, qui ne s'y arrêta pas, sachant bien qu'il n'y avoit rien à faire ; au lieu que Vineuil y fut arrêté pour n'avoir pas bien pris ses mesures. En effet, il n'étoit plus question de traiter ; car le ministre, qui se pressoit de revenir

---

(1) *M. Damville*: François-Christophe de Levi, comte de Brion, puis duc de Damville.

suivant le conseil de ses amis, prévint les desseins de tous ses ennemis, et rentra dans le royaume en si bonne compagnie, que le maréchal d'Hocquincourt, Navailles, Broglie, Manicamp, Beaujeu, de Bar, et enfin tous les gouverneurs de cette frontière l'ayant joint le 2 janvier, il se vit à la tête d'une petite armée, mais composée de tant de braves gens, et commandée par de si bons officiers, qui voulurent en cette occasion montrer au cardinal leur affection et leur reconnoissance des grâces qu'ils en avoient reçues et qu'ils en espéroient encore, qu'il lui fut aisé de préserver sa tête des menaces du parlement, et de vaincre les obstacles que le duc d'Orléans voulut mettre à son passage. Ce prince envoya quelques gens de guerre contre lui, qui n'osèrent paroître. Deux conseillers du parlement allèrent faire rompre les ponts qui se devoient trouver sur son passage. L'un d'eux, nommé Bitaut, fut pris prisonnier, et l'autre, qui s'appeloit Coudrai-Geniez, prit la fuite : si bien que le cardinal arriva heureusement à Poitiers le 28 de janvier.

Le Roi alla au devant avec tout ce qu'il y avoit à la cour; et la Reine, comme celle qui l'avoit toujours protégé et soutenu, s'il faut ainsi dire, contre toute la France, ne put le revoir qu'avec beaucoup de joie. Le conseil du Roi avoit cassé l'arrêt du parlement donné contre le cardinal Mazarin, et fait défenses de vendre ses biens; mais ce n'étoit pas assez pour rétablir l'autorité du Roi, qui étoit en quelque façon attachée à la sienne. C'est pourquoi cette tête, attaquée de tous côtés et mise à prix par des arrêts, au lieu de l'inquiétude des intrigues de la cour qui l'auroit bien plus embarrassée que les menaces du parlement, fut dans le même temps remplie du soin de toutes les affaires du royaume, qui étoient assez grandes pour occuper toute sa capacité.

M. le prince avoit envoyé le duc de Nemours en Flandre, pour se mettre à la tête des troupes que le roi d'Espagne lui envoyoit; et ne pouvant plus résister au comte d'Harcourt, qui le poursuivoit avec l'autorité légitime, il mit ses troupes dans des quartiers d'hiver, et s'appliqua entièrement à fomenter la révolte de Bordeaux.

Le duc de Rohan-Chabot, qui avoit toujours été dans les intérêts de M. le prince, quoique avec plus de retenue que les autres à l'égard du ministre, étant gouverneur d'Anjou, voulut faire soulever Angers : ce qui obligea le cardinal Mazarin, qui commençoit à former les desseins de réduire la ville de Bordeaux, qui étoit le siége de l'empire de M. le prince, à changer de résolution pour aller promptement à Saumur remédier au mal que le duc de Rohan vouloit faire. La cour, pour cet effet, partit de Poitiers le 6 de février. Le maréchal d'Hocquincourt, Broglie et Navailles qui commandoient sous lui, attaquèrent le duc de Rohan, et le pressèrent de si près qu'il fut contraint de demander une suspension d'armes, dans le temps de laquelle il fut arrêté qu'il se retireroit à Paris, et abandonneroit son gouvernement pour un temps; et que le Roi mettroit dans la ville et château d'Angers tel de ses serviteurs qu'il lui plairoit pour y commander. Le Pont de Cé, attaqué par le même maréchal, suivit l'exemple de la ville capitale de cette province.

Avant que la cour partît de Saumur, Châteauneuf,

dégoûté de se voir inutile, prit congé du Roi et de la Reine, et se retira à Tours, d'où quelque temps après le ministre lui envoya ordre de s'en retourner en sa maison de Montrouge, où il mourut enfin chargé d'années et d'intrigues, qui sont des œuvres bien vides devant Dieu. Le commandeur de Jars son ami se retira aussi; mais il se raccommoda après quelque temps de pénitence. Le vicomte de Turenne, entièrement détaché de M. le prince, et remis aux bonnes grâces du Roi et de la Reine, vint à la cour, où il fut reçu de Leurs Majestés avec beaucoup de marques de leur bienveillance, aussi bien que Le Tellier, qui fut le premier de tous ceux qui en avoient été exilés pour l'amour de lui qui fut rétabli.

Les victorieux ne sont pas toujours invincibles. Saint-Luc fut un peu battu par M. le prince; mais aussi le marquis de Montausier et Du Plessis-Bellière reprirent Saintes. D'autre côté, le duc de Nemours entrant en France avec les troupes qu'il amenoit de Flandre, un secours si considérable et la réputation de M. le prince relevant son parti qui commençoit à chanceler, fit croire aux mauvais Français que le Roi étoit perdu. La noblesse du Vexin voulut s'opposer au passage des troupes étrangères; mais le duc d'Orléans considérant cette armée comme si c'étoit la sienne, elle passa la Seine à Mantes, et se mit entre Chartres et Paris, où le duc de Nemours, Tavannes (1), Clinchamp et les officiers d'Espagne s'en allèrent recevoir les bénédictions que les bourgeois leur donnèrent comme aux restaurateurs de leur liberté. Mais pendant que les plaisirs les y amusoient, et que leurs troupes pre-

(1) *Tavannes*: Jacques de Saulx.

noient du repos, le ministre acheva l'entreprise d'Angers, du Pont de Cé, de Saintes, et mit La Rochelle en sûreté. Après cela il jugea qu'il étoit nécessaire de s'approcher de Paris avec l'armée du Roi, pour empêcher les progrès de celle que commandoit le duc de Nemours. La cour fut à Tours, où le Roi et la Reine reçurent une célèbre députation du clergé de France, pour faire des remontrances au Roi sur le tort que le parlement avoit fait à leur corps, ne respectant point la personne d'un cardinal. L'archevêque de Rouen, qui portoit la parole, avoit pris si bien son temps pour faire sa harangue, que la louange qu'il fit de ce ministre parut être une approbation authentique, par le premier et le plus considérable des trois Etats du royaume, de la résolution que Leurs Majestés avoient prise de le rappeler.

De Tours la cour vint à Blois, où Servien eut ordre de revenir. Il en avoit été exilé avec Le Tellier, à cause que les princes le demandoient; mais quelques-uns croyoient que le cardinal n'en étoit pas content, non plus que de Lyonne son neveu, qui fut quelque temps dans une manière de disgrâce. Servien, qui avoit vu autrefois le cardinal lui faire la cour pendant qu'il étoit secrétaire d'Etat, étoit soupçonné, aussi bien que de Lyonne, d'avoir voulu s'établir l'un et l'autre auprès de la Reine, par leur grande capacité pour les affaires d'Etat, pendant l'absence de son premier ministre, pour l'accoutumer à se passer de lui; mais cette disgrâce ne dura pas long-temps, et leur prompt retour fit voir que les soupçons qu'on avoit eus de leur fidélité avoient été fort mal fondés. La crainte du crédit que Monsieur avoit dans Orléans qui étoit son apanage, et le peu de confiance qu'on avoit au gouverneur, qui étoit le marquis de Sourdis, firent résoudre la cour à quitter le grand chemin, qui étoit d'y passer pour aller à Gergeau, où Vaubecourt et Palluau se devoient joindre pour attendre le maréchal de Turenne, qu'on y envoyoit, avec deux mille cinq cents hommes, pour les commander. Le duc de Nemours fit prendre la même route à l'armée des ennemis pour se saisir de Gien ou de Gergeau, où le duc de Beaufort se devoit rendre avec celle du duc d'Orléans ; mais le maréchal de Turenne les ayant prévenus, le duc de Beaufort, qui vouloit l'en chasser, y perdit bien du monde, et fut obligé de se retirer. L'on dit alors que l'habileté de notre nouveau général avoit sauvé le Roi, la Reine et toute la maison royale, qui sans cela seroit demeurée en proie aux ennemis, dont toute l'armée se vint camper autour d'Orléans.

Le duc d'Orléans avoit été conseillé d'y aller lui-même pour empêcher le Roi d'y entrer ; mais il trouva plus à propos de ne pas quitter Paris, et d'y envoyer Mademoiselle. Elle y alla avec beaucoup de joie et de résolution, suivie des comtesses de Fiesque [1] et de Frontenac [2], et de plusieurs autres dames habillées en amazones, accompagnées du duc de Rohan, de quelques conseillers du parlement, et de plusieurs jeunes gens de Paris. J'ai quelque connoissance des sentimens de cette princesse, qui, de quelque manière qu'on les tournât, étoient criminels ; mais on peut dire en sa faveur que sa passion étant légitime,

---

(1) *Fiesque :* Anne Le Veneur. — (2) *Frontenac :* Anne Phelippeaux, femme de Henri Buade, comte de Frontenac.

il y avoit quelque chose de grand et d'excusable dans son action. La bonne mine du Roi, la majesté qu'il portoit dans ses yeux, sa taille, et toutes ses grandes et belles qualités, n'avoient point de charmes pour elle : la couronne fermée étoit le seul objet de son ambition ; et si Alexandre, pour une pareille passion, a reçu tant de louanges de ses injustes conquêtes, n'est-elle pas en quelque façon excusable, si, étant du sang de nos rois, elle avoit souhaité de voir sa tête couverte de la même couronne? Aussi j'ai ouï dire à la Reine qu'elle ne l'avoit point blâmée d'avoir été de ce parti dont le duc d'Orléans son père étoit le chef, d'avoir fait la guerre, ni d'avoir eu des désirs aussi nobles que les siens ; mais qu'elle la blâmoit de son emportement, et des rudesses qu'elle avoit eues à son égard. Mademoiselle a toujours gâté toutes ses affaires par l'activité de son tempérament, qui l'a fait aller trop vite et trop loin en tout ce qu'elle entreprenoit ; au lieu que si elle eût eu une conduite plus modérée, toutes choses lui auroient peut-être mieux réussi. Mademoiselle se présenta à une des portes d'Orléans, et le garde des sceaux dans le même temps étoit à une autre porte, qui demandoit à y entrer de la part du Roi ; car il y avoit été envoyé pour arrêter ce peuple sous son obéissance, et pour pressentir, par la manière dont on le recevroit, ce que la cour en devoit espérer ; mais les principaux de la ville étoient assemblés, et étoient fort empêchés de ce qu'ils avoient à faire. Ce qui fait voir qu'ils eussent reçu le Roi s'il y étoit allé d'abord sans hésiter, car les habitans n'ouvroient la porte ni à Mademoiselle ni au garde des sceaux. Dans cet intervalle, Mademoiselle, qui se promenoit volontiers, s'avança de dessus le fossé jusque sur le bord de l'eau. Les bateliers la voyant la vinrent tous saluer avec de grands cris d'alégresse. Le comte de Fiesque, qui étoit dans la ville, lui avoit gagné le peuple par de l'argent qu'il avoit donné. Soit donc par le peuple qui étoit dehors, ou par celui qui étoit dedans, la vérité est qu'elle passa par une petite porte ronde qui donne sur la rivière, qui étoit alors murée, et que l'on abattit pour la faire entrer. Aussitôt qu'elle fut dans la ville, elle fut suivie de tout le peuple avec admiration et applaudissement. Elle alla à l'hôtel-de-ville : elle se rendit la maîtresse des plus puissans, et empêcha que le garde des sceaux n'y pût entrer. Le marquis de Sourdis, quoique serviteur du duc d'Orléans, ne fut pas content de la venue de Mademoiselle ; il borna sa puissance autant qu'il lui fut possible : sa fermeté, et le droit que lui donnoit la qualité de gouverneur, l'empêchèrent de se soumettre entièrement à l'obéissance que cette princesse désiroit de lui.

Le lendemain, Mademoiselle, le duc de Nemours et le duc de Beaufort se trouvèrent au faubourg d'Orléans, pour aviser ensemble à ce qu'ils avoient à faire, et pour tenir conseil ; mais au lieu d'établir un ordre dans leur conduite, il arriva un grand désordre qui fut avantageux au service du Roi. Les ducs de Beaufort et de Nemours se querellèrent : le duc de Beaufort lui donna à demi un soufflet. On les accommoda aussitôt ; et le duc de Beaufort, qui avoit de l'amitié pour madame de Nemours sa sœur, dit, les larmes aux yeux, au duc de Nemours son beau-frère, tout ce que l'alliance et la bonté lui pouvoit faire dire ; mais ce fut inutilement. Le duc de Nemours, depuis cette fâcheuse aventure, eut une haine implacable contre ce prince, et cette haine eut enfin une suite funeste contre lui-même.

Quelque temps avant l'entrée de Mademoiselle dans Orléans, elle avoit écrit une lettre à madame de Navailles pour la faire voir à la Reine, par où cette princesse marquoit beaucoup de désirs de la servir, et montroit d'entrer par complaisance seulement dans tout ce qui se passoit à Paris ; mais elle faisoit entendre fortement qu'elle désiroit qu'on la regardât comme une personne qui pouvoit prétendre à la couronne fermée. Cette lettre, que j'ai vue, fut mal reçue par la Reine, qui étoit trop accoutumée à n'avoir pas grande considération pour elle. Mademoiselle fut sensiblement touchée de ce que ses bonnes volontés n'avoient pas été assez bien reçues. Elle en écrivit une autre à la même personne, par laquelle on voyoit qu'elle étoit persuadée d'être maîtresse du parti. Elle lui mandoit avoir toujours haï le ministre, comme n'en ayant jamais été bien traitée ; déclaroit de vouloir épouser le Roi, et se vantoit qu'elle seule avoit empêché les troupes royales d'entrer dans Orléans. Elle lui marquoit qu'on ne la devoit pas mépriser, et qu'elle pouvoit être utile pourvu qu'elle fût satisfaite ; mais qu'elle ne la pouvoit être sans être reine. Enfin elle témoignoit qu'elle pouvoit mettre les choses en état qu'on la demanderoit à genoux, et ajoutoit ces mêmes mots que j'ai pris dans l'original : que, quoique ce chapitre lui soit fort agréable, elle est toutefois trop importunée d'en entendre parler, parce que tous ceux de son parti, croyant lui plaire, ne lui parloient d'autre chose. Il y avoit beaucoup d'esprit dans cette lettre, comme il y en a dans toutes celles qu'elle écrit; mais la Reine ne vouloit pas cette princesse pour sa belle-fille, et la guerre qui se faisoit contre elle et le Roi n'étoit pas une bonne voie pour y parvenir. Ce que lui fit alors Mademoiselle, sur une bagatelle que la Reine à son retour me fit l'honneur de me conter, lui déplut. On venoit acheter à Orléans ce qu'il falloit pour la cour; et comme on lui apporta certaines provisions pour la cuisine du Roi, de la Reine et des autres, après les avoir regardées elle y trouva des mousserons qu'elle prit, et les jeta, disant : « Cela « est trop délicat, je ne veux pas que le cardinal en « mange. »

Les ordres du duc de Nemours, qui venoient du prince de Condé à son armée, étoient de passer la rivière de Loire pour secourir Montrond, et marcher vers la Guienne; et ceux du duc de Beaufort, qui venoient à la même armée de la part du duc d'Orléans qui étoit à Paris, étoient opposés à ceux-là, parce qu'il vouloit avoir des forces pour se pouvoir défendre contre le Roi au cas qu'il en fût attaqué, soutenir sa réputation dans le parlement et parmi le peuple, et les empêcher de quitter son parti : ce qui auroit pu arriver s'il étoit demeuré sans d'autres forces que celles de l'intrigue.

Le coadjuteur, qui avoit alors toute la confiance du duc d'Orléans, appuyoit ce dessein et augmentoit sa crainte, afin de rendre cette armée inutile à M. le prince, qu'il haïssoit. Il vouloit encore être considéré à la cour, en faisant voir que la puissance étoit tout-à-fait de son côté. Cette politique lui servit à obtenir promptement le chapeau, qu'il reçut en ce temps-là, selon l'engagement que le cardinal Mazarin avoit pris avec lui, et dont j'ai déjà parlé.

Chavigny prétendoit gouverner les deux princes. Il étoit considéré par lui-même, et par les emplois que la confiance du prince de Condé lui donnoit. Il avoit part à celle du duc d'Orléans ; il avoit aussi ses intelligences avec le cardinal par Fabert (1) pour les choses qui lui convenoient. Il vouloit faire la paix de la cour quand les temps se rencontreroient propres à y trouver ses avantages, et il aspiroit à la gloire d'être employé à la paix générale. Il crut que, pour contenter ceux qui demandoient l'éloignement du cardinal, on pourroit l'envoyer la traiter hors du royaume avec les Espagnols ; et lui, qui alloit à tout, croyoit, étant nommé à cet emploi avec le ministre, se faire valoir par M. le prince avec les étrangers, et en dérober toute la gloire au cardinal. Toutes ces raisons le persuadèrent qu'il avoit besoin de la présence de ce prince à Paris, et l'obligèrent de lui conseiller de venir à l'armée et de quitter la Guienne. Ce conseil fut reçu volontiers de celui à qui il fut donné, à cause qu'en tous lieux M. le prince se trouvoit battu par le comte d'Harcourt : Dieu le permettant ainsi pour lui faire voir sans doute, par le malheur de ses armes, celui où il étoit tombé en se séparant des intérêts du Roi.

Le prince de Condé se résolut donc de quitter la

---

(1) *Fabert* : Abraham Fabert, fils d'un imprimeur de Metz. Il se rendit célèbre par sa valeur, sa loyauté et sa modestie. Il avoit été fait maréchal de France en 1646. Il mourut en 1662, âgé de soixante-trois ans.

Guienne, et de venir à son armée. Il choisit le duc de La Rochefoucauld pour l'accompagner, et laissa Marsin auprès du prince de Conti et madame de Longueville, tant pour les maintenir unis, que pour avoir soin de conserver Bordeaux dans ses intérêts. Les factions y étoient grandes, et l'intelligence mal établie dans sa famille. Madame de Longueville étoit mal à la cour : on y craignoit son esprit ; et quoiqu'elle eût travaillé, par la princesse palatine, à se rétablir dans les bonnes grâces de la Reine, elle ne les avoit pu obtenir. Les dames qui ont le cœur rempli de passions, et qui en veulent donner à ceux même qu'elles n'aiment pas, sont à craindre en tous partis, et on peut difficilement y prendre confiance. Par cette raison, le prince de Condé ne trouvoit pas en cette princesse, quoiqu'elle fût sa sœur, une sûreté tout entière ; et le prince de Conti, peut-être pour l'aimer trop, la haïssoit quelquefois ; car voulant qu'elle le préférât à tout le monde, il avoit de la peine à voir qu'il n'avoit pas assez de part dans ses secrets. Ces différens sentimens, à ce que m'ont dit ceux qui pour lors en étoient les confidens, faisoient naître entre eux de grandes divisions, et les intrigues des particuliers faisoient beaucoup de désordre dans leur petite cour. Le prince de Conti, gagné par le ministre sans qu'il le crût être, vouloit la paix ; et madame de Longueville, ne la pouvant avoir avec la cour ni avec elle-même, vouloit se faire craindre et de la cour et de ses frères. Elle fomentoit la guerre tant qu'il lui étoit possible ; et le prince de Conti et elle, par des motifs différens, tâchoient de se rendre les maîtres tant du parlement que du peuple de Bordeaux. Ils appuyoient particulièrement le peuple, dont les assemblées se faisoient en un lieu nommé *l'Ormée*, qui donna le nom à la faction de cette ville tant que la guerre dura.

Le duc de La Rochefoucauld quitta volontiers Bordeaux pour suivre le prince de Condé ; car les charmes de madame de Longueville, qui avoient fait toute sa joie, faisoient alors son désespoir. Sa passion avoit changé de nature ; et, au lieu d'elle, la jalousie occupoit entièrement son cœur. Il la soupçonnoit d'avoir voulu plaire au duc de Nemours, et ce soupçon lui causoit de grandes angoisses. Il ne se peut pas faire qu'ayant eu tant de part aux bonnes grâces d'une si grande princesse, il n'en ressentît la perte avec beaucoup d'amertume ; mais, outre la préférence d'inclination qu'il croyoit qu'elle n'avoit plus pour lui, il crut qu'elle ne prenoit plus de part à ses intérêts, et qu'elle avoit abandonné le soin de sa fortune, qu'il considéroit autant que celle qu'il aimoit. Il avoit surpris de ses lettres, à ce qu'il m'a dit depuis lui-même, par lesquelles il lui sembloit qu'elle le vouloit perdre auprès du prince de Condé son frère, et qu'elle avoit oublié ses services et ses maisons rasées. Il ne faut donc pas s'étonner s'il fut sensible à tant de grandes choses, et si l'inconstance lui parut un crime le plus énorme que l'on puisse commettre ; car plus il lui étoit glorieux d'avoir eu quelque part dans un cœur que tant d'honnêtes gens désiroient posséder, plus aussi lui devoit-il être dur de s'en voir chassé par un autre. Il le sentit aussi avec trop d'excès, et fut blâmé avec justice d'avoir suivi trop aveuglément son dépit, et de l'avoir porté trop loin ; car ce dépit le fit devenir d'amant ennemi, et d'ennemi ingrat, par les cruelles offenses qu'il fit alors à cette princesse, qui allèrent au-delà de ce qu'un chrétien doit à Dieu, et de ce qu'un homme d'honneur doit à une dame de cette qualité : le souvenir de l'amitié passée devant, ce me semble, laisser dans l'ame une impression de reconnoissance et de douceur capable d'empêcher que la vengeance n'éclate au dehors, lors même qu'intérieurement l'ame est remplie de rage et de désespoir. Leur changement commun, quelque temps après, en fit un autre bien plus grand en madame de Longueville : il lui fit connoître que les créatures étoient indignes de son estime et de son affection. Elle en a fait depuis un meilleur usage, se donnant elle-même entièrement, et d'une manière tout-à-fait admirable, à celui qui, étant son créateur, méritoit seul qu'elle fût uniquement à lui. Sa vertu a été si grande et sa conversion si parfaite, que par elle on a eu sujet d'admirer en notre siècle les effets de la grâce, et les merveilles que Dieu opère dans nos ames quand il lui plaît de les éclairer de sa lumière, et que d'un grand pécheur il veut faire un saint Paul et un saint Augustin. M. le prince, ayant donné les ordres nécessaires pour obvier à tous les maux que pouvoient produire les divisions de sa famille, se sépara du prince de Conti à Agen, où il eut à soutenir l'effort de ce peuple qui, voulant faire son devoir, se révolta contre lui. Le prince de Condé, quittant le prince de Conti son frère, lui recommanda de se confier à Marsin et à Lenet de tous ses intérêts ; puis il partit pour l'armée, suivi du duc de La Rochefoucauld, du prince de Marsillac son fils, de Guitaut, Chavagnac et Gourville, d'un valet-de-chambre, et de quelques autres.

Ils suivirent tous le marquis de Levi, qui avoit un passeport du comte d'Harcourt pour se retirer lui et son train en sa maison en Auvergne. M. le prince, faisant cette course, traversa toute la France avec de grands périls ; mais l'adresse et l'habileté de Gourville (1) l'en sauvèrent.

En arrivant dans la forêt d'Orléans, il fut reconnu par quelques cavaliers de l'avant-garde de son armée : ce qui leur donna une joie incroyable à cause du besoin qu'elle avoit de lui. La division des chefs qui la commandoient, et l'arrivée du Roi avec son armée, les mettoient en état qu'ils ne pouvoient espérer de ressource qu'en la venue de M. le prince, qui, par sa valeur et sa conduite, pouvoit faire des miracles que ceux de son parti n'osoient espérer que de lui seul.

Aussitôt après que le prince de Condé fut arrivé, il fit marcher son armée à Montargis qu'il prit, et le laissa rempli de blé et de vin pour s'en servir en un besoin : de là elle alla à Château-Regnard. Gourville y arriva en même temps, qui revenoit de Paris, où le prince de Condé l'avoit envoyé de La Charité vers le duc d'Orléans et vers ses amis du parlement, pour savoir leurs sentimens sur ce qu'il avoit à faire. Les avis qu'il reçut par lui furent différens. Gourville m'a dit qu'une partie lui conseilloit de se tenir à l'armée, étant certain que pendant qu'il y seroit toute la puissance résideroit en sa personne, et qu'il seroit le maître du parti du parlement et de la cour : tous néanmoins s'accordoient en cela qu'il falloit attaquer l'armée du Roi, et faire quelque action d'éclat qui leur redonnât

(1) *L'habileté de Gourville :* Les détails de ce voyage périlleux se trouvent dans les Mémoires de Gourville.

du crédit et des forces. Chavigny étoit d'avis qu'il revînt à Paris quand il le pourroit faire, attendu que le crédit du coadjuteur, alors devenu cardinal de Retz, augmentoit trop, aussi bien que les cabales de la cour dans le parlement. Il vouloit aussi, par la présence du prince, diminuer la faveur de son rival et augmenter la sienne.

Dans ce même temps le prince de Condé reçut avis que la brigade du maréchal d'Hocquincourt étoit encore dans des quartiers séparés assez proche de Château-Regnard, et que le lendemain elle se devoit joindre à celle du vicomte de Turenne : ce qui le fit résoudre à l'heure même avec toute son armée d'aller droit attaquer le maréchal d'Hocquincourt, avant qu'il eût le temps de la rassembler et de se retirer vers le maréchal de Turenne. Il le fit, et enleva d'abord cinq quartiers. Il mit en déroute les troupes du Roi, et prit leur bagage. Trois mille chevaux furent pris, tout fut renversé, une partie se sauva, et le reste fut poussé près de quatre heures vers Auxerre. Cette défaite eût été encore plus grande, si M. le prince n'eût reçu avis que le vicomte de Turenne paroissoit, lequel, par sa sage conduite, sa prudence et sa fermeté, arrêta la victoire de M. le prince, et sauva ce jour-là le Roi et la France, qui se virent dans cet instant en un grand péril par les heureux succès de M. le prince. Les ducs de Nemours et de Beaufort montrèrent en ce jour que s'ils n'avoient de la modération, ils avoient du moins beaucoup de valeur. Le premier eut un coup de pistolet au travers du corps, qui fut grand, mais favorable. Le duc de La Rochefoucauld et le prince de Marsillac son fils y firent des actions qui auroient été dignes de louanges, s'il étoit possible d'en donner à des Français qui, au lieu de servir le Roi, travailloient à le perdre.

On vint à Gien donner au Roi et à la Reine la nouvelle de la déroute des troupes du maréchal d'Hocquincourt, avec amplification; et l'alarme y fut grande. Le Roi, à ce que m'écrivit alors mon frère qui l'avoit suivi en tout ce voyage, monta à cheval avec ce qu'il y avoit auprès de lui de gens de qualité, et sortit de la ville; mais le ministre l'ayant arrêté au commencement de la plaine, l'empêcha de suivre ses généreux sentimens, qui dans sa plus grande jeunesse lui eussent fait aimer la gloire. Pendant qu'on chargeoit le bagage et qu'on faisoit tenir les carrosses tout prêts à passer le pont, qu'on songeoit même à rompre en cas de besoin après que la cour y auroit passé, tous les volontaires furent avec le duc de Bouillon à l'armée, où ils trouvèrent une grande alégresse parmi les soldats, parce que le bruit avoit couru que le Roi y venoit. Tous crièrent *vive le Roi!* et *bataille!* Mais la nouvelle arriva, peu de temps après, que la perte n'avoit pas été fort grande, et que M. le prince s'étoit retiré dans ses quartiers, et le vicomte de Turenne dans les siens.

L'armée du Roi étant retirée, M. le prince fit prendre à la sienne le chemin de Châtillon. Il y tarda deux jours, puis de là il s'en alla à Paris, et laissa le commandement de son armée à Clinchamp et au comte de Tavannes. Il amena avec lui les ducs de Nemours, de Beaufort et de La Rochefoucauld, et alla jouir des applaudissemens qui l'attendoient après un voyage si périlleux, et ensuite une victoire accompagnée de tant d'éclat et de gloire. Ils furent en effet assez grands pour le pouvoir pleinement satisfaire.

[1652] Madame de Chevreuse et le coadjuteur firent beaucoup d'intrigues pour le priver de ce triomphe. Ils avoient même gagné le maréchal de L'Hôpital pour empêcher qu'il ne fût reçu dans Paris ; mais le duc d'Orléans, qui aimoit à avoir des seconds, fortifié par les serviteurs du prince de Condé, le soutint malgré leurs obstacles. Alors on vivoit dans Paris avec peu de sûreté et beaucoup de troubles. L'hôtel de Nevers pensa être pillé, attendu qu'on soupçonnoit madame Du Plessis-Guénégaud, à qui est cette maison, de travailler à la paix et d'être fidèle au Roi. Elle n'en étoit pas accusée à tort ; car elle faisoit alors tous ses efforts pour lui rendre service, étant en grand commerce avec Fouquet [1], créature du cardinal Mazarin. Des dames de qualité, en passant par le Pont-Neuf un de ces jours-là, coururent fortune d'être jetées dans la rivière par des coquins qui faisoient impunément beaucoup d'insolences et de méchancetés. L'armée des princes, manquant de fourrages vers Châtillon, fut conduite à Etampes, où ils crurent qu'elle pourroit subsister long-temps avec abondance de vivres.

Le 22, M. le prince alla au parlement prendre sa séance avec le duc d'Orléans. Il y fut reçu, venant de donner un combat contre le Roi. Ces princes protestèrent au parlement de leurs bonnes intentions pour justifier le motif de leurs armes, et dirent qu'ils

---

(1) *Fouquet* : Nicolas. Il étoit maître des requêtes et procureur général au parlement de Paris. A la fin de cette année [1652] il fut fait surintendant des finances. On connoît sa disgrâce, son procès et sa longue captivité. Il mourut en 1680.

déclaroient encore que pourvu que le Mazarin s'éloignât de la cour, lui et ses adhérens, ils mettroient aussitôt les armes bas. Ils mirent cette dernière clause, afin qu'en cas qu'on leur ôtât le prétexte du Mazarin, il en restât encore un qui pût durer dix ans, taxant tous les jours quelque nouvelle personne d'être de ce parti, attendu qu'ils pouvoient comprendre toute la cour sous le nom de mazarins et d'adhérens.

Ce jour il y eut de grands cris d'alégresse en faveur des princes, et nul n'osa jamais parler pour le Roi, ni représenter qu'il n'étoit pas juste de recevoir le prince de Condé tout sanglant encore des combats qu'il venoit de donner contre lui. Les députés du parlement, qui avoient été porter au Roi les remontrances par écrit que le parlement avoit ordonnées contre le retour du cardinal Mazarin, firent ce jour-là leur relation, et se plaignirent de n'avoir pas été bien reçus, ni les remontrances lues en présence du Roi, selon l'ancien usage. Toute la compagnie en fut scandalisée; les gens du Roi firent de grandes exclamations, et dirent que le Roi leur avoit répondu qu'il enverroit querir les informations contre le cardinal; qu'après les avoir lues et vues, il les manderoit pour leur faire réponse. La compagnie cria fortement contre cela, quoique ce fût une chose dans l'ordre et conseillée par le premier président, qui étoit alors tout-à-fait attaché au service du Roi, et qui en savoit plus qu'eux.

On donna avis à Paris à M. le prince que Miossens et le marquis de Saint-Mesgrin, lieutenans-généraux, marchoient de Saint-Germain à Saint-Cloud avec deux canons, à dessein de chasser cent hommes du régiment de Condé qui s'étoient retranchés sur le pont, et qui en avoient rompu une arche. M. le prince monta à cheval avec ce qui se trouva auprès de lui, à dessein d'y aller. Le bruit de cet exploit ayant été répandu par Paris, huit ou dix mille hommes le suivirent, tant honnêtes gens que bourgeois : ce qui fit que les troupes du Roi se contentèrent de tirer quelques coups de canon, et de se retirer. M. le prince voulant profiter de la bonne volonté de ces bourgeois, les mena à Saint-Denis, où il y avoit une garnison de deux cents Suisses. Ses troupes y arrivèrent à l'entrée de la nuit ; et ceux de dedans ayant pris l'alarme, la donnèrent aux assiégeans. Le duc de La Rochefoucauld m'a dit que M. le prince étant au milieu de trois cents chevaux, et cette compagnie étant composée de tout ce qu'il y avoit de personnes de qualité dans son parti, s'en vit abandonné dès qu'on eut tiré trois mousquetades, et qu'il demeura auprès de lui, lui septième. Ce prince fit entrer ses gens dans Saint-Denis par les vieilles brèches, qui n'étoient point défendues ; et après tout ce qui l'avoit abandonné le vint trouver, chacun alléguant une excuse particulière de sa faute, dont la honte étoit commune à tous. Les Suisses voulurent défendre quelques barricades dans la ville ; mais étant pressés, ils se retirèrent dans l'abbaye, et se rendirent deux jours après prisonniers de guerre. On n'y fit point de désordre : mais le soir de ce même jour, les troupes du Roi la reprirent ; et Deslande, capitaine du régiment de Condé, que M. le prince y avoit laissé pour commander, se retira à son tour dans l'église, où il tint trois jours. Quoique cette action ne fût pas célèbre, elle ne laissa pas d'avoir quelque éclat : elle augmenta la bonne volonté des bourgeois en faveur du prince de Condé, car chacun étoit bien aise de pouvoir dire qu'il avoit été à la guerre avec lui.

Le duc de Rohan travailloit à son ordinaire à porter les princes à l'accommodement. Chavigny, quoique ennemi du cardinal, vouloit la même chose, afin de parvenir à ses fins, qui alloient à vouloir toujours, soit d'une façon, soit d'une autre, faire un beau personnage sur le théâtre. Tous deux conseillèrent à M. le prince de penser à une paix avantageuse. Les propositions qui avoient été faites en particulier à Chavigny par Fabert lui plaisoient beaucoup : car comme il a été dit, pour engager par lui le duc d'Orléans et M. le prince à penser à s'accommoder, le cardinal l'avoit laissé espérer qu'ils iroient ensemble traiter la paix générale ; et sur cette espérance, Chavigny vouloit celle de la cour et des princes : ce qui plaisoit au ministre, non-seulement pour en prétendre ce bon effet, mais encore plus pour affoiblir l'intrigue, et désunir les conjurés et ceux qui désiroient sa perte, et pour empêcher les progrès que le prince de Condé auroit pu faire à la tête d'une armée.

En cette occasion, sa finesse ordinaire lui réussit selon ses desseins. M. le prince consentit à laisser aller à Saint-Germain, où étoit la cour, le duc de Rohan, Chavigny et Goulas, tous trois chargés des intérêts du duc d'Orléans et des siens. Le premier ne demandoit que l'éloignement du ministre, et M. le prince vouloit la même chose avec de grands accompagnemens. Il avoit beaucoup de personnes à contenter, ses amis, les Bordelais, ses troupes, le prince de Conti et le public. Il demandoit l'établissement d'un conseil, et pouvoir du Roi de traiter la paix générale, et d'y pouvoir travailler selon les propositions justes et raisonnables dont on conviendroit. Cet article étoit agréable à Chavigny, par la part qu'il prétendoit y avoir, et par l'espoir de se voir bientôt en pouvoir de se venger entièrement du cardinal Mazarin. L'ordre exprès qu'il reçut en même temps des deux princes, de ne le point voir et de ne point traiter avec lui, ne lui déplaisoit pas non plus; car ne l'aimant point, il lui sembloit que son abaissement lui donnoit à lui en son particulier une gloire bien relevée. Mais souvent nous nous trompons dans nos projets.

Le voyage de Chavigny ne lui fut nullement avantageux. Il revint sans avoir rien conclu: ce qui étonna tous ceux de son parti, qui avoient cru, le voyant si empressé et si occupé du désir de la paix, qu'il avoit sûreté de la part du ministre d'y pouvoir réussir. Non-seulement il avoit traité avec le cardinal (ce qui dans le vrai n'étoit pas un grand crime), mais M. le prince avoit trouvé mauvais de ce qu'il n'avoit insisté que sur l'établissement d'un conseil nécessaire, pareil à celui que le feu Roi, par son avis, avoit ordonné peu avant sa mort; et que moyennant cela il devoit porter M. le prince à consentir que le ministre et lui allassent traiter la paix générale. L'article secret étoit que le cardinal, après la conclusion de la paix, pourroit demeurer en France. Ce traité si raccourci ne plut point à M. le prince: il se résolut de ne plus donner de part dans ses affaires à Chavigny, car lui-même désiroit être celui qui devoit aller traiter la paix générale. Il voulut donc envoyer de sa part Gourville à la cour, chargé d'une instruction dressée par lui en présence de la duchesse de Châtillon, et des ducs de Nemours et de La Rochefoucauld.

Voici à peu près ce que contenoit cette instruction de Gourville ; et c'est de lui-même que je l'ai su.

I. M. le prince ne vouloit plus traiter, passé cette fois. Il promettoit sincèrement d'exécuter ce qui seroit accordé ; comme de même il vouloit qu'on lui tînt ce qu'on lui promettroit. Il demandoit précisément que le cardinal Mazarin sortît du royaume, et allât à Bouillon.

II. Que M. le duc d'Orléans et M. le prince eussent le pouvoir de faire la paix générale, et que M. le prince pût envoyer en Espagne et ajuster le lieu de la conférence.

III. Il demandoit un conseil composé de gens tels qu'ils en conviendroient. Il vouloit régler les finances; amnistie générale, et récompense pour ceux qui les avoient servis ; des grâces pour les Bordelais ; diminution de tailles de la Guienne ; de grands avantages pour le prince de Conti, pour le duc de Nemours ; un gouvernement et un brevet de prince pour le duc de La Rochefoucauld, pareil à celui du duc de Bouillon et de Guémené, et un gouvernement ou de l'argent pour les particuliers; que Marsin et Du Dognon fussent maréchaux de France; le rétablissement de M. de La Force dans son gouvernement de Bergerac, et le reste. Moyennant quoi M. le prince promettoit de bonne foi de quitter les armes, et consentir à tous les avantages du cardinal, à sa justification, et à son retour en France dans trois mois, dans le temps que le prince, ayant ajusté les points de la paix générale avec les Espagnols, seroit sur le lieu de la conférence avec les ministres; et promettoit de ne point signer la paix qu'après le retour du cardinal.

Le cardinal écouta les propositions de Gourville, et y parut facile. Sans doute que cette facilité étoit feinte, et qu'il espéra le remède de ce qui pouvoit lui en déplaire, par les difficultés qui naturellement devoient se trouver à les exécuter. Il arriva en effet que le duc de Bouillon s'y opposa aussitôt, et demanda pour lui un duché qu'il désiroit qu'on retirât des mains de M. le prince, pour faire partie de sa récompense de Sedan. Cette demande arrêta la négociation chimérique de Gourville; et le cardinal se contenta de le renvoyer à M. le prince pour lui exposer cette difficulté, afin d'y trouver du remède.

Comme les grands desseins sont souvent traversés par les fantaisies et les intérêts des particuliers, le cardinal de Retz s'opposa aussi à cette dernière négociation, parce qu'elle se seroit faite sans lui. Il crut que le duc d'Orléans et M. le prince étant réunis à la cour, il perdroit son crédit; que la guerre, qui apparemment éloigneroit ou perdroit M. le prince, le rendroit en son particulier le maître de l'esprit du duc d'Orléans, et que par là il se feroit considérer davantage. Chavigny se joignit à lui par cet intérêt, soit de concert avec lui, ou agissant lui seul : il détourna le duc d'Orléans d'y penser, parce qu'il ne vouloit point d'une paix qu'il n'auroit point faite ni proposée.

Dans cet état, une dame voulut avoir la gloire de décider de la destinée d'un grand prince, et d'avoir part à la plus éclatante affaire de l'Europe, qui étoit alors cette paix de la cour, qui paroissoit devoir être suivie de la générale, c'est-à-dire s'il eût été possible de la faire aux conditions qui avoient été proposées. Madame de Châtillon haïssoit madame de Longueville : l'émulation de leur beauté et du cœur du duc de Nemours, qu'elles vouloient posséder l'une et l'autre, faisoit leur haine. Madame de Châtillon avoit vengé le duc de La Rochefoucauld, en ce qu'elle avoit emporté sur madame de Longueville l'inclination de ce prince, qui s'étoit donné entièrement à elle. Cette belle veuve ne haïssoit pas le duc de Nemours : cette conquête lui plaisoit; mais ayant toujours eu quelque prétention sur les bonnes grâces de M. le prince, elle n'étoit pas fâchée non plus de conserver quelque domination sur l'esprit de ce héros, que toute l'Europe estimoit : si bien qu'elle fit dessein de l'engager à laisser conduire cette négociation par elle. Son dessein fut de faire la paix sans que madame de Longueville y eût aucune part, ni par la gloire ni par ses intérêts; et ne voulant pas faire de perfidie au duc de Nemours, elle le lui fit trouver bon, et l'engagea de rompre tout commerce avec madame de Longueville. Elle se servit du duc de La Rochefoucauld et de ses passions, pour faire approuver sa conduite au duc de Nemours, et pour presser M. le prince de se confier à elle et de vouloir écouter ses conseils. Le duc de La Rochefoucauld m'a dit que la jalousie et la vengeance le firent agir soigneusement, et qu'il fit tout ce qu'elle voulut. Comme cette dame désiroit aussi se faire riche, elle sut tirer alors un présent de M. le prince, qui, poussé à cette libéralité par son jaloux négociateur, lui donna, en qualité de parent, la terre de Marlou, et surtout un pouvoir très-ample de traiter la paix avec le cardinal Mazarin. Elle alla donc à la cour, et y parut avec l'éclat que lui devoit donner une si grande apparence de crédit sur l'esprit de M. le prince; mais le cardinal ne crut pas possible qu'elle pût être si absolue maîtresse de son sort. Il s'imagina, selon la raison, que M. le prince avoit voulu lui complaire, mais que de tels traités ne se pouvoient pas faire de cette sorte : ou plutôt il ne voulut pas faire la paix dans des temps où il ne l'auroit pas faite assez avantageuse pour le Roi et pour lui; mais, agissant à son ordinaire, il gagna du temps, et amusa le prince de Condé, pendant qu'il faisoit la guerre tout de bon en Guienne, et que partout les armes du Roi étoient victorieuses. Madame de Châtillon revint à Paris pleine d'espérance et de promesses; et le cardinal, plus habile et plus fin que ses ennemis, tira de sa négociation un plus solide bien qu'il n'en auroit reçu alors de l'accommodement.

Le maréchal de Turenne ayant avis que Mademoiselle, passant par Etampes, avoit voulu voir l'armée des princes en bataille, fit marcher ses troupes, et arriva au faubourg d'Etampes avant que celles de l'armée qui étoit logée dans cette ville fussent en état de défendre leur quartier. Il fut forcé et pillé : M. de Turenne et d'Hocquincourt se retirèrent au leur, après avoir défait mille ou douze cents chevaux des meilleures troupes de M. le prince, et amené plusieurs prisonniers. Dans ce même temps se faisoient plusieurs négociations et plusieurs voyages par les députés du parlement vers le Roi, tous demandant l'éloignement du ministre; et, selon les occurrences, ils étoient traités avec douceur ou rudesse.

L'heureux succès d'Etampes fit résoudre le cardinal de l'assiéger avec toute l'armée royale. Il y avoit lieu, pour plusieurs raisons, d'en espérer une bonne issue : le dessein en étoit beau, et pouvoit faire voir aux ennemis de l'Etat que le Roi ne manquoit pas de forces, ni son ministre de courage ; mais le duc de Lorraine vint arrêter ce dessein. Il y avoit long-temps que les princes l'attendoient avec impatience, et le ministre avoit empêché ce secours par quelque accommodement qu'il prétendoit avoir fait avec ce duc ; mais sa légèreté ordinaire ne put le fixer à ce qui peut-être lui auroit été plus avantageux. Il vint avec ses troupes qui campèrent près de Paris : elles firent de grands désordres, et furent à quelques-uns de très-justes châtimens de leurs fautes. Ils n'osèrent s'en plaindre : les crimes volontaires rendent d'ordinaire les hommes plus patiens que la philosophie des plus sévères stoïques.

Le peuple ayant demandé à l'hôtel-de-ville que la châsse de sainte Geneviève fût descendue et portée en procession pour chasser le Mazarin et avoir la paix, la procession se fit avec la cérémonie ordinaire. Pendant cette pieuse action, M. le prince, pour gagner le peuple et se faire roi des halles aussi bien que le duc de Beaufort, se tint dans les rues et parmi la populace, lorsque le duc d'Orléans et tout le monde étoit aux fenêtres pour voir passer la procession. Quand les châsses vinrent à passer, M. le prince courut à toutes avec une humble et apparente dévotion, faisant baiser son chapelet, et faisant toutes les grimaces que les bonnes femmes ont accoutumé de faire; mais quand celle de sainte Geneviève vint à passer, alors comme un forcené, après s'être mis à genoux dans la rue, il courut se jeter entre les prêtres : et baisant cent fois cette sainte châsse, il y fit baiser encore son chapelet, et se retira avec l'applaudissement du peuple. Ils crioient tous après lui, disant : « *Ah!* « *le bon prince! et qu'il est dévot!* » Le duc de Beaufort, que M. le prince avoit associé à cette feinte dévotion, en fit de même; et tous deux reçurent de grandes bénédictions, qui, n'étant pas accompagnées de celles du Ciel, leur devoient être funestes sur la terre. Cette action parut étrange à tous ceux qui la virent. Il fut aisé d'en deviner le motif, qui n'étoit pas obligeant pour le Roi; mais il ne lui fit pas grand mal.

Le Roi, qui alors recevoit de continuelles députations du parlement, ayant par une réponse écrite témoigné désirer de contenter ses peuples, et montré vouloir faire quelques conférences sur ce sujet, avoit ordonné qu'on députât tout de nouveau les mêmes députés. L'affaire à leur retour ayant été mise en délibération dans la compagnie en présence des princes, il fut dit que les deux députés, les présidens de Maisons et de Nesmond, retourneroient vers le Roi. Ils partirent le 13 de juin pour Melun, et deux jours auparavant on avoit accordé entre le Roi d'une part, le duc de Lorraine et les princes de l'autre, une suspension d'armes de six jours, afin de travailler à la paix.

Il y eut quelque dispute entre M. le prince et le duc de Lorraine, touchant leurs rangs; mais le dernier sembla s'en relâcher : et comme il traitoit avec tous, il traitoit aussi avec le Roi. Lui, qui ne cherchoit que ses intérêts, prit ce parti, comme celui dans lequel il devoit trouver ses avantages. Les choses étant en bon état, et le duc de Lorraine étant dans son armée, le Roi fit approcher la sienne pour l'obliger à conclure ou à combattre. Le Roi en même temps écrivit au roi d'Angleterre, et le pria, comme son bon frère, qui désiroit le bien public et la paix générale, d'aller voir ce duc, et de l'obliger à le venir trouver. Le roi d'Angleterre, qui étoit à Paris, partit aussitôt, quoiqu'il vît clairement qu'il désobligeoit son oncle le duc d'Orléans, et s'en alla au camp du duc de Lorraine, qui étoit à trois lieues de Paris. Il trouva en arrivant que les deux armées se battoient, et que l'avant-garde du Roi commençoit déjà d'attaquer les troupes lorraines. Le roi d'Angleterre, qui étoit là pour parler de paix, s'arrêta tout court, manda au duc de Lorraine qu'il étoit venu pour travailler à le mettre d'accord avec le Roi, et qu'il s'étonnoit de trouver les choses en cet état. Le duc, le venant aussitôt trouver, lui témoigna en être aussi surpris que lui ; et, soit en effet ou en apparence, il se plaignit de la cour, disant qu'on l'amusoit de négociations et de traités de paix, et que cependant on l'attaquoit par force. Dans ce même moment, Beaujeu arriva de la part du Roi, qui assura le duc de Lorraine que cette attaque n'étoit rien que pour le forcer à s'accommoder, et supplia le roi d'Angleterre de travailler à la paix. On mit papier sur table, et ce jour samedi 15 juin, venant sur le 16, on fit un accommodement qui parut plus avantageux au Roi qu'à ce prince; car il n'en tira point d'autre profit que de s'en retourner sans aucune perte.

La rage du peuple et la colère des princes fut grande, quand ils virent l'effet de cette négociation. Les bourgeois de Paris témoignoient de l'amour aux ennemis du Roi, et de la haine à ses amis ou à ceux qui cessoient d'être ses ennemis, tant cette ville étoit alors éloignée des sentimens que de bons sujets doivent avoir pour leur souverain. Lorsque le duc de Lorraine étoit arrivé dans cette ville mutine, et qu'il avoit entendu les cris de joie que le peuple jetoit à son arrivée, il avoit dit qu'il n'eût jamais cru pouvoir entrer dans Paris comme ennemi du Roi, et y être aussi bien reçu qu'il l'étoit.

Ensuite de cet accommodement, M. le prince se résolut d'aller à son armée, de peur que celle du Roi ne l'attaquât en chemin. L'ayant tirée d'Etampes, il la rejoignit à Linats, et la mena loger vers Villejuif, puis à Saint-Cloud, où elle fut assez long-temps. J'étois demeurée jusqu'alors dans Paris, où l'absence de la Reine et la vue de la révolte m'avoit incommodée; mais sachant la cour à Saint-Denis, je fis résolution d'y aller et de m'échapper de Paris, d'où il étoit difficile de sortir sans quelque péril, à cause que les portes étoient gardées. Je le fis à l'aide d'un carrosse de Mademoiselle qui me mena jusqu'à Chaillot : puis de là je fus escortée par mon frère, lequel, étant venu de Saint-Denis pour me querir, avoit été reconnoître les endroits par où nous pouvions passer ; et quoique ce jour tous les environs de Paris fussent couverts de troupes du Roi et de M. le prince, nous passâmes heureusement par un chemin de traverse, et allâmes rejoindre la cour, qu'il y avoit long-temps que j'avois quittée. Nous trouvâmes que l'armée étoit occupée à passer la rivière, pour aller battre les ennemis à Saint-Cloud où ils étoient encore ; mais M. le cardinal ayant eu avis qu'ils quittoient ce poste, et qu'ils marchoient cette nuit du premier au second pour aller à Charenton, fit aussitôt repasser notre armée pour prendre cette même route; et nous vîmes de nos fenêtres, le matin à notre réveil à Saint-Denis, les dernières troupes de l'arrière-garde filer vers Paris pour aller attaquer celles des princes, que la nôtre rencontra vers le faubourg de Saint-Martin, tirant vers celui de Saint-Antoine.

D'autre côté, M. le prince voyant l'armée du Roi grossie des troupes du maréchal de La Ferté, et qu'il ne pouvoit faire passer la sienne par Paris comme il l'avoit espéré, pour s'aller poster dans cette langue de terre qui fait la jonction de la Marne avec la Seine, fut obligé de la faire marcher à l'entrée de la nuit le premier de juillet; et pour arriver sûrement où il vouloit aller avant que l'armée du Roi le pût joindre, il les fit passer par le Cours et par le dehors de la ville, qui étoit ce même chemin que nous avions pris peu d'heures auparavant, et où nous pensâmes rencontrer et passer avec les premières troupes de son avant-garde. C'est une terrible aventure pour une femme poltronne que de se voir en telle compagnie; mais comme ces gens marchoient en ordre, et que leurs officiers étoient à leur tête, ils ne nous auroient pas fait de mal. Il faut dire aussi, à la louange de tous, que jamais il n'y a eu de guerre qui se soit faite avec moins d'animosité. Nous avons ouï et vu des menaces, des insolences et des crieries, même de mauvaises actions, mais non pas ces massacres et barbaries que nous lisons dans les histoires, et que les autres révoltes ont produites. Ces moutons de M. le prince (car ils paroissoient tels), croyant toujours qu'on leur ouvriroit quelqu'une des portes, passèrent en côtoyant Paris, depuis la porte Saint-Honoré jusqu'à celle de Saint-Antoine, pour prendre le chemin que j'ai marqué. Je ne connus le péril où j'avois été qu'après qu'il fut passé, et que le lendemain de grand matin je me vis réveillée du bruit des tambours de l'armée du Roi, qui, selon que je l'ai déjà dit, alloit à celle de M. le prince pour la combattre. Dans ce dessein, on fit aller le Roi à Charonne. Il se plaça sur un petit coteau, afin qu'il pût voir de ce lieu une action qui devoit être, selon toutes les apparences, la perte de M. le prince et la ruine du parti rebelle, avec la fin de la guerre civile.

La Reine se leva ce jour-là de grand matin, et alla aux Carmélites (1) passer au pied des autels une si importante journée. Je fus l'y trouver aussitôt, avec l'émotion et le battement de cœur qu'on devoit avoir dans une pareille occasion, où l'on voyoit de si près la perte inévitable de tant de braves gens qui composoient ces deux partis. Là, elle sut aussitôt que Saint-Mesgrin, pour avoir eu trop de chaleur et s'être trop précipité, avoit été tué dans une rue étroite où il avoit imprudemment fait avancer la compagnie des chevau-légers du Roi, qu'il commandoit. Le Fouilloux, enseigne des gardes de la Reine, y fut tué aussi. Mancini, neveu du cardinal Mazarin, brave et jeune, et déjà honnête homme, y fut blessé à mort : il paya de sa vie et de son sang le malheur de son oncle, qui paroissoit être le prétexte de cette injuste guerre. La Reine les regretta tous infiniment; et comme il lui sembloit qu'ils étoient tués à ses yeux, elle en parut beaucoup

(1) Carmélites du couvent de Saint-Denis.

plus touchée que dans les autres occasions où le Roi et elle avoient perdu de bons serviteurs. Cette princesse fut toujours, pendant ce combat, à genoux devant le Saint-Sacrement, excepté les momens qu'elle recevoit des courriers qui la faisoient aller à la grille apprendre la mort de quelqu'un du parti du Roi. Sa souffrance fut grande, puisque je puis dire que le crime de ses ennemis n'effaçoit point en elle le regret qu'elle avoit de leur perte : elle sentoit de la douleur pour ceux qui mouroient pour le service du Roi, et ceux qui périssoient dans le parti contraire avoient encore quelque part à sa pitié. Je vis ses peines ; car j'eus l'honneur d'être seule auprès d'elle presque tout le jour. Madame de Seneçay qui l'avoit suivie se trouva mal : elle demeura toujours dans une cellule du couvent, sans approcher de la Reine ; mais la princesse palatine la vint trouver sur le soir de ce terrible jour. M. le prince y acquit une éclatante gloire par les belles actions que sa valeur lui fit faire, par sa conduite qui fut estimée et louée dans tous les deux partis, et par l'avantage qu'il eut de ne pas périr lui et toutes ses troupes, comme selon toutes les maximes de la guerre, à ce que dirent les plus vaillans, cela devoit arriver. Il ne fut attaqué que dans le moment qu'il se put servir des retranchemens que les bourgeois du faubourg Saint-Antoine avoient faits pour les garantir d'être pillés des troupes du duc de Lorraine ; et ce bonheur fut ce qui le sauva, en lui donnant le moyen d'employer à sa défense le grand cœur et cette extrême capacité qui le rendoit un des plus grands capitaines qui ait été dans l'Europe. Heureux en toute manière s'il n'avoit point terni par sa révolte les grands services qu'il a rendus à la France, à laquelle on peut dire qu'il a fait beaucoup de bien et beaucoup de mal.

Le duc de Nemours, qui combattit toujours auprès du prince de Condé, eut treize coups sur lui ou dans ses armes. On vint dire à la Reine qu'il étoit mort. Je remarquai qu'elle eut la bonté de le regretter, comme un ennemi qui avoit du mérite, et en qui même elle croyoit d'assez bonnes intentions pour la paix. Le duc de La Rochefoucauld y reçut une mousquetade qui lui perça le visage au-dessous des yeux, dont à l'instant il perdit quasi la vue. On vit le jeune prince de Marsillac son fils le ramener au travers de Paris dans cet état pitoyable, qui lui faisoit voir en sa propre personne l'erreur universelle de tous les hommes, qui pour l'ordinaire trouvent leur perte où ils ont cru trouver leur bonheur. Il a depuis recouvré la vue; et à peu près dans le même temps sa raison lui a fait connoître qu'encore que l'aveuglement de l'ame paroisse accompagné de quelques charmes, il est pire que celui des yeux, et nous cause des maux bien plus véritables. Je lui ai ouï dire depuis à lui-même, admirant l'application qu'il avoit eue à ce qui se passoit alors, qu'en l'état où il étoit, sa seule pensée fut de faire pitié au peuple par l'horreur de sa blessure, et que depuis la porte Saint-Antoine jusqu'à l'hôtel de Liancourt, où il fut porté, il parla continuellement à tous ceux que la compassion obligeoit de s'arrêter à le regarder, les exhortant d'aller secourir M. le prince : ce qui peut-être ne lui fut pas nuisible. Le duc de Navailles, qui commandoit les troupes du Roi du côté de Picpus, après les avoir postées avantageusement, poussa celles de M. le prince, et ce fut là où furent tués et blessés tant de personnes de marque, tous braves gens et de mérite, et entre autres Flamarin (1), qui fut un des plus regrettés.

Les Parisiens jusqu'alors avoient été spectateurs paisibles de ce grand combat : une partie étoit gagnée par les serviteurs du Roi, et même on a dit que les officiers de la colonelle, qui étoit alors en garde à la porte Saint-Antoine, étoient du nombre ; car ils empêchoient de sortir et d'entrer dans la ville. Le duc d'Orléans étoit au Luxembourg obsédé par le cardinal de Retz, qui vouloit se défaire du prince de Condé et le laisser périr. Il disoit qu'il avoit fait son accommodement avec la cour, et que ce combat étoit une comédie. Ce prince demeuroit occupé de ses doutes, et ne faisoit nul effort pour secourir M. le prince. Mademoiselle, voyant cette perplexité, le vint réveiller, en lui représentant fortement son devoir, et l'obligation où l'honneur et le sang l'engageoient envers celui qui hasardoit sa vie et celle de ses amis pour la cause commune. Elle lui dit que les blessés et les mourans qu'on rapportoit du combat faisoient assez et trop funestement voir que M. le prince n'avoit point fait son accommodement sans lui; enfin le duc d'Orléans se laissa toucher à ses persuasions. Elle alla porter ses ordres à l'hôtel-de-ville pour faire prendre les armes aux bourgeois. De là, elle alla voir le combat de dessus les tours de la Bastille : on a même cru qu'elle commanda au gouverneur de faire tirer le canon sur les troupes du Roi ; mais elle m'a depuis dit que cela n'avoit point été fait par son ordre. Je sais pourtant que le Roi et la Reine en furent per-

(1) *Flamarin* : Antoine-Agesilan de Grossoles, marquis de Flamarin.

suadés, et peut-être que ce fut avec raison. Quoi qu'il en soit, elle alla elle-même à la porte de Saint-Antoine disposer non-seulement tous les bourgeois à recevoir M. le prince et son armée, mais encore à sortir et combattre pour lui. Elle fit ouvrir les portes, et animant les bourgeois à le favoriser, elle le sauva et l'empêcha de périr : ce qui étoit indubitable, s'il fût demeuré plus long-temps exposé aux forces du Roi et à la vaillance des nôtres. Tant de gens de qualité que l'on rapportoit du combat ou morts ou blessés achevèrent par cet objet d'émouvoir le peuple en faveur de M. le prince. Il fut donc reçu en triomphe, et entra dans la ville l'épée à la main, et véritablement couvert de sang et de poussière. Il fut loué, et reçut mille bénédictions de tout le peuple.

Le ministre voyant que le canon de la Bastille avoit criminellement tiré sur les troupes du Roi, les fit sagement retirer; et quoique cette journée ne lui fût pas favorable comme il avoit eu lieu de l'espérer, il parut ne se point laisser abattre à la mauvaise fortune, et souffrit la perte de son neveu avec une constance très-grande, quoiqu'il en fût en effet sensiblement affligé.

M. le prince et Mademoiselle, qui en ce jour firent chacun de leur côté des actions mémorables, furent tous deux à plaindre d'être engagés à soutenir une injuste guerre, qui les priva des louanges qu'en une autre occasion ils auroient méritées. J'aurois un grand plaisir à leur en pouvoir donner autant qu'en ce cas ils en mériteroient, s'ils avoient combattu pour une cause légitime; mais une bonne Française n'en peut pas dire davantage.

Le soir de ce grand jour, la Reine fut occupée au soin de secourir les soldats blessés qu'on avoit apportés à Saint-Denis pendant et après le combat. On fit une infirmerie de la Halle et de la grande salle de l'Abbaye; mais on eut de la peine à trouver assez de paille pour les coucher, et des bouillons pour les nourrir. J'étois logée dans la grande chambre au-dessus de cet appartement, faute de logis; je n'avois pas eu le loisir d'aller coucher dans le monastère des filles de Sainte-Marie, où elles n'étoient pas, et que la Reine m'avoit fait marquer le soir précédent. Ainsi il m'y fallut demeurer encore la nuit. Le lendemain, sortant de cette chambre, je passai dans cette salle, où je vis beaucoup de blessés; dont la plus grande partie se mouroient; mais quasi tous demandoient à manger avec une avidité non pareille, et pas un ne pensoit à son salut. Ce tableau de la misère humaine me fit faire quelques lamentations sur le malheur de la guerre; mais enfin il n'y a rien dans l'univers que le Seigneur n'ait fait : il tire sa gloire de tout, et en toutes choses il faut toujours dire : *Gloria in excelsis Deo!*

Les négociations des particuliers qui agissoient par intérêt recommencèrent; mais M. le prince, par le bon état de ses affaires, ne vouloit plus de paix. Le cardinal ce jour-là reçut par moi un billet de Longueil, qui par les ordres de Chavigny renouveloit au cardinal la proposition d'aller à la paix générale. Il la goûta de telle sorte alors que le duc de Bouillon me vint trouver de sa part dans la chambre de la Reine, et me demanda avec empressement si Longueil parloit de la part du prince de Condé. Je lui dis que oui, parce que je le croyois ainsi; mais après que j'eus écrit à Longueil je vis bien que non, à cause qu'il ne me fit pas de réponse positive. En agissant de cette manière, il suivoit son naturel; car, comme je pense l'avoir déjà dit, il entamoit toujours de nouvelles matières, et ne leur donnoit point de forme ni de fin.

Chavigny qui s'étoit alors raccommodé avec le prince de Condé, et tous ceux de ce parti, furent d'avis qu'il profitât de la bonne disposition où le peuple paroissoit être pour lui. Ils proposèrent une assemblée à l'hôtel-de-ville pour y faire reconnoître le duc d'Orléans lieutenant général de la couronne de France; qu'ensuite on s'uniroit inséparablement pour procurer l'éloignement du cardinal; qu'on pourvoiroit le duc de Beaufort du gouvernement de Paris en la place du maréchal de L'Hôpital; et qu'on établiroit Broussel prévôt des marchands, au lieu de Le Febvre. Mais cette assemblée, dont on croyoit tirer de si grands avantages, fut une des principales causes de la ruine de ce parti, dont le crédit diminua visiblement après une violence horrible qui se fit en cette occasion, et pensa faire périr tout ce qui se trouva à l'hôtel-de-ville. Dieu, qui vouloit regarder la France en pitié, fit perdre à M. le prince par cette voie tous les avantages que la bataille de Saint-Antoine lui avoit donnés. Lorsque l'assemblée se tenoit, on suscita une troupe composée de toutes sortes de gens armés, qui vinrent crier aux portes de la maison-de-ville qu'il falloit qu'on leur livrât à l'heure même tous les amis du cardinal Mazarin, et que tout passât selon les volontés de M. le prince.

D'abord on crut que ce bruit n'étoit qu'un effet ordinaire de l'impatience du même peuple; mais quand ceux qui étoient assemblés virent que la foule, le bruit et le tumulte augmentoient, qu'on mettoit le feu aux portes et qu'on tiroit aux fenêtres, alors ils se crurent tous perdus. Plusieurs, pour éviter le feu, s'exposèrent à la fureur du peuple, et beaucoup de gens y furent tués, de toutes sortes de conditions et de tous les partis. Voilà la seule fois que la guerre civile a produit des actions de cruauté; mais celle-là, comme telle, en fut aussi le remède. J'étois auprès de la Reine à Saint-Denis, quand on lui vint dire cette nouvelle. On y ajouta que l'hôtel-de-ville étoit en feu, et toute la ville à feu et à sang : ce qui, peu d'heures après, ne se trouva pas tout-à-fait véritable. La Reine apprit ce funeste accident, et le sentit avec l'horreur que méritoit un tel désordre. Chacun de nous fit des vœux pour le salut de cette ville où la confusion étoit si grande, et que nous regardions enfin avec cet amour que l'on doit avoir pour sa patrie.

Quelques jours après le feu de l'hôtel-de-ville, je partis de Saint-Denis pour m'en aller à la campagne passer le temps fâcheux de la guerre, où j'attendis paisiblement que la paix fût faite pour revenir à la cour. On ne pouvoit vivre à Saint-Denis qu'en allant au fourrage, et je n'avois pas assez de valets pour y être servie commodément : par cette raison, je me privai moi-même de la présence de la Reine, qui faisoit toujours toute ma joie. J'ai lieu de croire qu'en la quittant je perdis aussi ce favorable moment de la fortune qui ne revient presque jamais, quand on est assez malheureux pour le laisser échapper. Le ministre méditoit une volontaire absence, pour ôter aux princes et au peuple le prétexte du Mazarin; et me voyant alors auprès de la Reine, la seule en qui il pût prendre quelque confiance, il me demanda un jour, sans préambule ni sans me rien expliquer, ce que je désirois pour être satisfaite. Moi, qui n'avois dans l'esprit que les horreurs de la guerre, et qui en voulois fuir les incommodités, je lui répondis imprudemment que je m'en allois en Normandie, qu'il n'étoit pas temps qu'il pensât à moi, et qu'à son retour j'espérois qu'il ne m'oublieroit pas. Je ne m'aperçus de la faute que j'avois faite et de son dessein qu'après que je fus partie. J'en reçus la punition que je méritois; car, encore qu'il eût sujet d'être content de ma conduite, il me fit connoître ensuite que les hommes ne pensent à bien faire que selon leurs besoins ou leurs fantaisies. Je laissai la Reine dans de grandes espérances de pouvoir vaincre bientôt ses ennemis par les intelligences qu'elle et son ministre avoient dans Paris: et ce qui étoit arrivé à l'hôtel-de-ville en paroissoit une puissante raison. Je vis même, avant que de partir, quelques présidens du parlement qui se vinrent rendre auprès du Roi; les sages de cette compagnie, dont les intentions en général n'avoient point été sans doute déterminément criminelles, reprenant des lumières plus conformes à la raison, se guérirent de l'enthousiasme de vouloir réformer l'Etat. Ils se séparèrent des plus factieux, et peu après, se retirant quasi tous de Paris, se rangèrent à leur devoir, et firent voir que les Français ne sont pas si infidèles en effet qu'ils le paroissent quelquefois.

Un chacun demandoit la cause et la source de ce qui s'étoit fait à l'hôtel-de-ville. Non-seulement on ne la sut pas à Saint-Denis, mais on ignore encore qui est celui qui a pu autoriser une action si barbare, qu'on a toujours attribuée à M. le prince plus qu'à aucun autre. Mais ceux qui en veulent juger plus favorablement croient que M. le duc d'Orléans et M. le prince s'étoient tous deux servis de l'entremise du duc de Beaufort pour faire peur à ceux qui étoient pour le Roi, et que les ordres de ce prince étant mal donnés ou mal entendus, le mal fut plus grand qu'ils n'avoient voulu, et les intentions moins terribles et moins pernicieuses qu'elles le parurent par les effets. Ce qui le devoit persuader à tous fut que M. le prince fit ce qu'il put en cette occasion pour empêcher l'augmentation du mal; mais cela n'effaça nullement l'impression que cette violence fit dans tous les esprits, ni la haine qui la devoit suivre. Par ce soupçon incertain, la puissance des princes devint en horreur aux gens de bien, et les yeux de tous s'ouvrirent pour voir le malheur où leur révolte les engageoit : la juste et douce domination de leur souverain leur parut un bien inestimable, et ils résolurent de la rechercher comme leur unique bonheur. Cependant les princes, ne croyant pas être si près de la fin de leur puissance qu'ils l'étoient en effet, ne pensoient qu'à l'établir par de nouveaux moyens.

Ils proposèrent de créer un conseil composé des princes du sang et du chancelier Seguier, à qui la perte des sceaux avoit fait perdre la patience. On y ajoutoit les princes de leur parti, les ducs et pairs, maréchaux de France et officiers généraux, deux présidens du parlement et le prévôt des marchands, pour juger définitivement de tout ce qui concernoit la guerre et la police. Mais ce dessein leur réussit aussi mal que l'autre; car il eut des suites très-funestes, en ce que le duc de Nemours et le duc de Beaufort, déjà naturellement ennemis, quoique beaux-frères, se querellèrent tout de nouveau pour le rang, et se battirent à Paris, derrière l'hôtel de Vendôme, à coups de pistolet. Le duc de Nemours attira sur lui la colère du ciel, en ce qu'il força le duc de Beaufort à ce combat. Il y fut tué, et sa mort fut pleurée de tous ceux qui connoissoient le mérite de ce prince infiniment aimable et doué de beaucoup de belles qualités. Ce ne fut pas sans sujet que je vis la Reine regretter sa perte, quand à la journée de Saint-Antoine elle le crut mort; car il en avoit usé si généreusement à l'égard du Roi, qu'il avoit mandé au ministre que ses prétentions n'empêcheroient point la paix, et qu'il renonçoit de bon cœur à tous ses avantages pour rentrer dans son devoir, dont il ne s'étoit écarté que par malheur, et par l'engagement d'amitié où il s'étoit trouvé avec M. le prince. Le duc de La Rochefoucauld m'a dit depuis qu'il y avoit renoncé aussi, quoique dans le vrai on ait eu sujet de croire qu'il n'étoit pas indifférent aux articles qui se proposoient toujours pour lui lorsqu'on parloit de paix.

Depuis ces désordres, l'autorité du Roi commença à reprendre des forces, et celle des princes diminua tout-à-fait. Le prince de Condé, n'ayant plus ses deux amis les ducs de Nemours et de La Rochefoucauld, qui le poussoient toujours à l'accommodement, se laissa enfin engager avec les Espagnols, d'autant plus que madame de Longueville l'en pressoit. Il se voyoit haï dans Paris depuis le feu de l'hôtel-de-ville. Il étoit tenté par les belles promesses des étrangers; et les charmes de madame de Châtillon, qu'il ne haïssoit pas, n'eurent point assez de force pour l'empêcher de s'embarquer avec eux. Il fit néanmoins dans ces derniers temps quelque semblant de vouloir traiter avec le ministre; mais il prenoit en effet ses mesures pour la guerre. Il offrit au duc de La Rochefoucauld le même emploi du duc de Nemours: il ne l'accepta point, à cause de sa blessure qui le menaçoit encore alors de perdre la vue; si bien que le commandement de l'armée fut donné au prince de Tarente, fils du duc de La Trémouille. Elle étoit dans Paris, n'osant tenir la campagne; et une si mauvaise compagnie faisoit haïr davantage M. le prince, dont les affaires empiroient tous les jours. Les Espagnols, qui ne le vouloient pas laisser périr, firent revenir une seconde fois le duc de Lorraine avec un corps assez considérable. Ce prince crut avoir assiégé l'armée du Roi: et il se trompa, car elle se retira heureusement de ses retranchemens.

Dans ce même temps, M. le prince tomba malade d'une fièvre continue. Sur la fin de sa maladie, Chavigny l'ayant été voir, ce prince, sur quelques dégoûts qu'il avoit eus de sa conduite, s'aigrit contre lui, et lui dit quelques paroles fâcheuses, dont Chavigny fut si touché que, revenant chez lui, il tomba malade, et mourut de rage. M. le prince, qui se portoit mieux alors, l'étant allé voir comme il étoit à l'extrémité, parut le regretter; et une personne qui étoit présente à cette visite m'a dit que les yeux lui rougirent, et qu'il voulut, par une manière de désespoir, s'arracher les cheveux; mais après l'avoir regardé, il dit en s'en allant, et se moquant de son agonie, qu'il étoit laid en diable (1).

Ce ministre infidèle à son Roi mourut consommé par l'ardeur de son ambition, et par les rudes effets de celle d'autrui. Il se repentit à l'heure de sa mort de s'être laissé emporter à la vanité de ses désirs; et, pour satisfaire à la justice de Dieu, il laissa une grande somme de deniers aux pauvres, mais qui ne furent point donnés, parce que la prudence humaine et les intérêts de sa famille changèrent ses ordres. Sa faveur avoit été si grande dans les temps du feu Roi et du cardinal de Richelieu, qu'elle l'avoit mis en état d'en procurer aux autres. Il avoit eu l'honneur d'être mis au nombre de ceux qui, à la régence, sembloient destinés au gouvernement de l'Etat. Etant déchu de cette place, il avoit travaillé inutilement par toutes voies pour s'y rétablir. *Dominus autem irridebit eum, quoniam prospicit quod venit dies ejus* (1).

Les affaires des princes empiroient, et le cardinal, pour donner le temps aux bons serviteurs du Roi de le servir et de faire connoître aux Parisiens la tromperie où les tenoit la haine opiniâtre et extravagante qu'ils avoient contre lui, se résolut enfin de quitter la cour pour quelque temps; mais comme l'absence est toujours dangereuse à un ministre, avant que de partir il voulut encore tenter un accommodement avec M. le prince. Il envoya Langlade au duc de La Rochefoucauld, avec des conditions de paix presque conformes à ce que M. le prince avoit paru souhaiter; mais ce prince, étant entraîné par sa destinée, ne les

(1) Madame Du Plessis-Guénégaud, amie de Chavigny, m'a dit ces particularités. — (2) *Psaumes de David*.

voulut pas écouter, et les offres du roi d'Espagne lui firent naître de nouvelles pensées dans l'esprit. Il se mit, par cette voie, dans la nécessité de quitter la France : ce qui arriva peu de temps après.

Le ministre partit aussi ; mais avant qu'il s'éloignât, le prince de Condé fit donner un dernier arrêt contre lui, où il étoit accusé de tenir le Roi prisonnier. Le duc d'Orléans se fit déclarer généralissime des armées du Roi, et tous deux firent ce qu'ils purent pour faire valoir l'autorité du conseil, qu'ils avoient mal établie. Toutes ces entreprises leur ayant mal réussi, M. le prince fut enfin contraint de s'en aller en Flandre cueillir de nouveaux lauriers. Ils ont eu le malheur de déplaire à son légitime seigneur ; mais ils n'ont pas laissé d'augmenter en tous lieux sa gloire et sa haute réputation. Il est même à présumer qu'il sentit beaucoup de joie d'avoir forcé son ennemi le Mazarin à fuir le premier.

Après le départ du cardinal Mazarin, qui eut la satisfaction de laisser un parlement établi à Pontoise (1), des principaux de celui de Paris, le Roi alla à Compiègne, où il reçut de toutes parts des marques de la fin prochaine de la révolte, et du repentir de ses peuples. Le parti des princes étant affoibli par l'absence du ministre, et le prétexte de l'illusion dans laquelle ils avoient vécu jusqu'alors anéanti, tous les bons Français rentrèrent dans leur devoir.

Le cardinal de Retz se voulut donner le mérite de la paix, et, suivant l'inclination du duc d'Orléans, se remettre par cette belle voie aux bonnes grâces du Roi. Il prétendit en ces derniers temps l'avoir bien

(1) Le cardinal partit de Pontoise le 19 août.

servi, et ses amis le disoient ainsi; mais tant de personnes alors s'empressèrent de bien faire, que ses services n'eurent pas beaucoup de mérite, ou s'ils en eurent, ils furent aisément effacés par le souvenir des factieuses entreprises qui les avoient précédés, et qui étoient fortement gravées dans le cœur de la Reine.

La cour étant à Compiègne, le Roi y reçut les protestations de fidélité de ses peuples; et voulant revenir à Paris, il y envoya une amnistie générale. Il chassa les principaux frondeurs, et força par sa présence le même duc d'Orléans de quitter cette grande ville, où il jouissoit d'une puissance injuste. Ce prince fut obligé de fuir à la vue du Roi, qu'il n'avoit point voulu venir trouver, quoique le duc de Damville, avant que le Roi y arrivât, lui en eût porté l'ordre. En refusant de voir le Roi, qui avoit eu la bonté de le vouloir souffrir, et de lui offrir le pardon des choses passées, il fallut qu'il évitât par son exil le chagrin de voir toutes ses entreprises accompagnées de honte et de malheur; mais comme il demeura quelque temps indécis sur ce qu'il avoit à faire, le Roi et la Reine, qui regardoient son absence comme nécessaire, approchant de Paris (1), et voyant qu'il y étoit encore, tinrent conseil dans leur carrosse pour y prendre leur résolution; et il y fut conclu, selon ce que la Reine me fit l'honneur de me dire à mon retour de Normandie, d'envoyer des troupes droit au Luxembourg pour se saisir de sa personne. Le duc d'Orléans en ayant été averti, et sachant les maux dont il étoit menacé, partit de Paris à l'instant même

(1) Retour du Roi à Paris, le 21 octobre.

que le Roi y entra, et fut se reposer de ses fâcheuses et inutiles sollicitudes en son château de Blois, où le détrompement des vaines fantaisies de la grandeur et de l'ambition produisit en lui le désir des véritables et solides biens qui durent éternellement; et il eut sujet alors de s'estimer heureux d'avoir été malheureux.

Mademoiselle eut ordre de quitter les Tuileries, où elle avoit logé jusqu'alors. Elle partit donc pour aller à Saint-Fargeau regretter toutes ses peines, aussi mal payées qu'elles avoient été peu méritoires, et peu agréables à celui qui en avoit été la cause.

Cette heureuse paix ramena le Roi dans Paris le 21 d'octobre. Il entra à cheval, accompagné du roi d'Angleterre, et suivi du prince Thomas qui sembloit être demeuré à la place du cardinal Mazarin, de plusieurs princes, ducs, pairs, maréchaux de France et officiers de la couronne, etc. La Reine venoit après en carrosse, et Monsieur étoit avec elle. Cette entrée fut vue des Parisiens avec une extrême joie, et leurs acclamations furent infinies. Le cardinal de Retz complimenta le Roi et la Reine à l'entrée du Louvre, avec tout le clergé : ce qui ne leur fut pas un spectacle désagréable. Aussitôt après, le Roi réunit les deux parlemens en un, lui défendit de se mêler d'affaires d'Etat, exila qui il lui plut, et logea au Louvre pour ne le plus quitter, ayant éprouvé par les fâcheuses aventures qu'il avoit eues au Palais-Royal que les maisons particulières et sans fossés ne sont pas propres pour lui. Le lendemain 22, par l'ordre du Roi, le parlement fut assemblé dans la galerie du Louvre, où le Roi, étant en son lit de justice, leur ordonna ce que je viens de dire.

Après le retour du Roi, environ vers Noël, le cardinal de Retz, forcé par la nécessité de la bienséance, vint au Louvre pour saluer le Roi et la Reine. Ces deux royales personnes avoient résolu de le faire arrêter quand il viendroit leur faire la révérence; mais il avoit été long-temps à se résoudre d'y venir. Sa visite soulagea la Reine d'une grande inquiétude. Il y avoit deux mois que le Roi et elle attendoient une bonne occasion pour exécuter leur dessein, comme nécessaire à leur repos. Pradelle, qui avoit cet ordre, avoit supplié le Roi de le lui donner signé de sa main, parce qu'il jugeoit que, ne devant pas manquer ce coup, il se trouveroit peut-être forcé de lui faire perdre la vie plutôt que de le laisser échapper. Mais la Reine, plus chrétienne que politique, ne pouvoit se résoudre par aucun intérêt de consentir à une action de vengeance et de cruauté : si bien que le Roi et elle, étant de même sentiment, attendoient que Dieu voulût, en bénissant leurs bonnes et justes intentions, leur donner le moyen de s'assurer de lui d'une manière plus douce : ce qui arriva en effet selon leurs souhaits. Ce fameux perturbateur de la cour, s'étant donc résolu d'aller rendre ses devoirs à Leurs Majestés, se rendit d'abord chez le maréchal de Villeroy; puis de là voulant aller chez le Roi, qui avoit été averti par l'abbé Fouquet qu'il étoit dans le Louvre, il le rencontra comme il descendoit chez la Reine sa mère; et se servant en cette occasion de cette judicieuse modération qui a paru depuis si excellemment pratiquée par lui en toutes ses actions, il lui fit bon visage, et lui demanda s'il avoit vu la Reine. Le cardinal de Retz lui ayant répondu que non, il le convia amiablement de le suivre, et en même temps commanda à Villequier, capitaine de ses gardes, de l'arrêter quand il sortiroit de chez la Reine : ce qui s'exécuta ponctuellement. Ainsi finit en lui le reste de la Fronde. Il en avoit été le chef et la source, et il fut le dernier abattu. J'ai ouï depuis conter ces particularités au Roi et à la Reine sa mère, un jour qu'ils en parlèrent ensemble devant moi.

[1653] Le cardinal Mazarin étoit à Sedan, attendant l'exécution de ce grand exploit. Comme il avoit senti de l'incommodité de n'avoir pas eu assez d'argent pour se défendre puissamment contre ses malheurs, il voulut réparer ce défaut; et, plus par amour pour lui-même qu'en haine de ses ennemis, il se voulut venger de toute la France en l'épuisant d'argent pour en remplir ses coffres. Il revint à Paris le 3 février 1653, et dans ce même temps je revins aussi de Normandie : de sorte que mes Mémoires ne seront plus mêlés des lumières d'autrui. Je n'écris d'ordinaire que ce que je sais par moi-même, et ceux qui en sont ou les acteurs ou les confidens.

Après le glorieux retour du cardinal, la cour, le parlement, et toute la France, commença à se ranger sous sa puissance : les esprits, détrompés de leurs dégoûts, aperçurent, par l'expérience qu'ils avoient faite de tant de maux, que sa domination valoit mieux que la fausse liberté qu'ils avoient souhaitée. Les peuples qui l'avoient méprisé commencèrent à le craindre ; et ayant repris plus de respect pour lui qu'ils n'en avoient jamais eu, ils s'accoutumèrent non-seulement à le souffrir, mais encore à l'encenser, et comprirent alors qu'il falloit, en faveur de son bonheur ou de ses bonnes qualités, lui pardonner ses défauts. Il s'appliqua aussitôt à finir la guerre de Bordeaux, afin d'être plus en pouvoir de se défendre contre l'étranger.

Le prince de Conti et madame de Longueville, qui étoient encore dans cette ville rebelle soutenant les restes d'un parti entièrement abattu, se défendirent contre lui par toutes les mauvaises voies que la tyrannie leur put fournir. Ils persécutèrent tous ceux qui parurent vouloir servir le Roi, et firent de grandes injustices, dont l'un et l'autre ont eu beaucoup de repentir : le prince de Conti, étant devenu dévot aussi bien que madame de Longueville sa sœur, en a depuis fait dans ce même lieu de publiques réparations, et la beauté de sa pénitence a surpassé de beaucoup la laideur de ses fautes. Cette puissance, qu'ils gardèrent quelque temps de cette sorte, ne pouvant subsister long-temps contre l'autorité légitime, il fallut enfin abandonner leur forteresse, et se soumettre à ce qu'il plut au Roi de leur ordonner. Madame la princesse, le duc d'Enghien, le prince de Conti et madame de Longueville en partirent le 24 juillet 1653, pour aller chacun dans les lieux dont on étoit convenu avec eux.

Le duc de Candale eut l'honneur de finir cette guerre, où la facilité qu'il eut à vaincre ne diminua pas son mérite à l'égard du Roi et du ministre. Il paroissoit destiné à épouser mademoiselle de Martinozzi, nièce du cardinal : ainsi il ne pouvoit qu'il ne fût loué sur toutes ses actions, puisque le rayon de la faveur l'environnoit ; mais il avoit tant de belles qualités qu'il auroit pu la prétendre par lui-même, si le mérite la pouvoit donner.

Le prince de Conti, après la guerre, se voyant exilé et mal à la cour, quitta ses bénéfices, et fit demander mademoiselle de Martinozzi pour lui-même, s'estimant heureux de devenir le neveu de celui qu'il avoit haï et méprisé pour ami. Cette alliance ne parut pas d'abord convenir à la grandeur et à la naissance de ce prince; mais l'éclat de la fortune du cardinal Mazarin étoit si grand, qu'il pouvoit, en effaçant la bassesse de sa race, élever sa famille à la participation des plus suprêmes dignités. Le prince de Conti trouva plusieurs avantages dans le choix qu'il fit de la personne de mademoiselle de Martinozzi; car, avec de la beauté, elle avoit beaucoup de douceur dans l'humeur, beaucoup d'esprit et de raison. Ces qualités, si agréables à un mari, ont été perfectionnées par sa piété, qui a été si grande qu'elle a eu l'honneur de suivre le sien dans le chemin austère de la plus sévère dévotion; mais elle a eu cet avantage sur lui qu'elle a donné à Dieu une ame toute pure, et dont l'innocence a servi de fondement à sa vertu, à l'amour qu'elle a eu pour lui, à l'estime qu'elle a faite de ses bonnes qualités, et à la reconnoissance qu'elle a eue de l'honneur qu'il lui avoit fait.

Madame de Longueville, ayant quitté Bordeaux, fut encore quelque temps à Montreuil-Bellay; puis le moment étant venu où elle devoit connoître la vérité et la suivre, elle se retira à Moulins dans le couvent des filles de Sainte-Marie, auprès de madame de Montmorency sa tante. C'est là qu'ainsi que j'en ai déjà parlé, elle a vidé son cœur des fausses illusions du monde, et l'a rempli de désirs pour les solides biens et les grandeurs véritables; qu'elle a connu que *la figure de ce monde passe* (1), et que, le regardant avec mépris, elle a depuis employé sa vie au service de Dieu, et à faire une très-auguste pénitence. Je lui ai ouï dire avec douleur qu'elle ne croyoit jamais assez faire, vu ce qu'elle devoit à la justice divine, par la part qu'elle avoit eue à la guerre civile. Comme la grâce changea ses sentimens en toutes choses, ils le furent aussi à l'égard du duc de Longueville son mari, avec qui elle souhaita infiniment de se raccommoder : ce qui arriva depuis avec satisfaction de l'un et de l'autre. Cette même grâce, ayant été répandue dans le cœur du prince de Conti, causa la réunion entre le frère et la sœur, qui depuis Bordeaux étoient demeurés mal ensemble : et cette famille, qui par la folie et la vanité du monde avoit été désunie, fut par la vertu chrétienne rétablie dans une entière paix.

Peu de temps après son mariage, le prince de Conti vint un jour chez la Reine. Il se trouva seul avec elle, et pour témoins il ne s'y rencontra que la comtesse de Flex et moi. La Reine, par hasard, lui parla des choses passées, et de la guerre que M. le prince avoit faite contre le Roi. Elle lui fit des questions sur quelques particuliers qui avoient voulu paroître fidèles, et qui ne l'avoient pas été en effet ; car, en ces occasions, beaucoup veulent tenir des deux côtés. Il lui rendit un compte fort exact des passionnés pour le parlement, des zélés pour le Roi, et des indifférens, qui n'avoient contenté aucun des partis. Ensuite de ce discours, la Reine, lui faisant des reproches amiables des maux qu'il lui avoit fait souffrir, lui demanda

(1) Saint Paul.

s'il étoit vrai, comme on l'avoit dit alors, que M. le prince son frère, avant la première guerre de Paris, où il avoit si bien servi le Roi, eût eu quelque pensée de faire un parti et de se séparer de la cour; et s'il étoit vrai encore qu'il eût eu pour cet effet quelque intelligence à Noisy avec le coadjuteur, depuis devenu cardinal de Retz. Le prince de Conti lui répondit qu'il étoit vrai que monsieur son frère avoit eu une fois en ce temps-là une longue conférence avec le coadjuteur; qu'il ne croyoit pas pour cela que son dessein eût été de se lier avec lui; mais qu'à la vérité, voyant quelques nuages dans l'air, il avoit voulu tâter de tout pour voir de quel côté il se jeteroit. Il ajouta franchement à ce discours que madame de Longueville et lui avoient eu peur de cette conversation, parce qu'ayant pris toutes leurs mesures pour être les chefs du parti qui se formoit alors contre le Roi, ils auroient été fâchés que M. le prince fût venu les incommoder : avouant à la Reine ce que l'on avoit toujours dit, et que je pense avoir succinctement marqué ailleurs, qu'ils n'avoient été du côté des rebelles que parce que monsieur son frère étoit de celui du Roi; et que si au contraire il se fût mis à la tête du parlement, ils seroient indubitablement venus à Saint-Germain, ne cherchant et ne voulant point d'autre avantage en cela que le plaisir d'être les chefs d'un parti dont M. le prince ne fût point. Il lui dit qu'ils avoient été mal ensemble par mille petits intérêts de famille, et que lui en son particulier n'avoit pu souffrir, quand la résolution fut prise d'assiéger Paris, qu'il eût répondu de lui au Roi et à elle, sans lui avoir demandé son consentement; que ce mépris l'avoit touché, et l'avoit entièrement déterminé de quitter la cour à Saint-Germain, pour lui montrer qu'il n'étoit pas un petit garçon, et qu'il pouvoit de lui-même faire du bien ou du mal. En cet endroit, la Reine se ressouvint des larmes que répandit feu madame la princesse leur mère quand elle apprit qu'il étoit allé se rendre à Paris, et quelle douleur elle avoit eue de le voir lui et madame de Longueville dans cet engagement. Il lui répondit qu'il ne s'étonnoit pas de son sentiment, vu l'amitié et la tendresse qu'elle avoit pour eux, puisque c'étoit une chose bien dure à elle, qui n'aimoit point alors M. le prince, de le voir dans le parti où elle se rencontroit par devoir et par inclination, et ceux de ses enfans qu'elle aimoit le plus dans un tout contraire. Le prince de Conti, au milieu de cet entretien, comme revenant d'un profond sommeil, commença à s'écrier qu'il croyoit être devenu fou de parler de toutes ces choses, qui pouvoient faire renaître contre lui une juste haine. Mais la Reine se mettant à rire, lui dit qu'il pouvoit continuer sans nulle crainte; qu'elle l'assuroit qu'elle étoit entièrement revenue pour lui : de sorte qu'il étoit impossible de réveiller dans son cœur aucun des sentimens qui avec raison y avoient été autrefois. Elle lui avoua de plus qu'elle n'étoit en cet état bien parfaitement que pour lui et pour M. de Turenne, et que pour les autres, ils n'avoient de leur côté que le commandement de Dieu, sans lequel elle auroit eu de la peine à les souffrir.

Le cardinal, depuis son retour à Paris, ayant été sollicité par le maréchal de La Meilleraye de lui confier le cardinal de Retz, parent et allié de la maréchale de La Meilleraye sa femme, le ministre se résolut de lui accorder cette grâce, et de s'assurer, sur la parole qu'il lui en donna, qu'il ne sortiroit point de ses mains que par les ordres du Roi. En cette occasion, le cardinal Mazarin fit connoître que la douceur qu'il avoit jusqu'alors exercée à l'égard de ses ennemis pouvoit avoir souvent sa source dans sa bonté naturelle, puisqu'il étoit dans une si entière puissance qu'il étoit impossible de le soupçonner que ce sentiment pût être en lui par aucune foiblesse ni par aucune crainte. Il fut mal récompensé de sa facilité à bien faire; car le maréchal de La Meilleraye, ou mal servi, ou trop négligent, ou trompé par sa femme, eut le déplaisir, quelque temps après, de voir ce prisonnier s'échapper de sa prison. Le cardinal, pour comble de douceur, et par une louable générosité de cœur, ne lui en voulut point de mal, et fut persuadé que le cardinal de Retz avoit rompu ses fers sans sa participation. Ce prélat, étant libre, s'en alla à Rome, où il fit toutes les intrigues qu'il lui fut possible contre le ministre, tant auprès du Pape que par ses écrits; et un manifeste qu'il envoya depuis à Paris fut brûlé par la main du bourreau. Il y eut dans ces temps-là quelques mésintelligences entre la cour de Rome et la nôtre. Le Roi fit faire en plein conseil, par son chancelier, des plaintes contre le chef de l'Eglise, dont il est le fils aîné. Le cardinal Mazarin, après avoir donné au Pape cette mortification, lui en fit des excuses, disant que ce qui avoit été dit avoit été au-delà de ses ordres. Celui qui avoit trouvé des remèdes à de si grands maux n'étoit pas embarrassé par de si petites aventures. Les forces du cardinal de Retz ne furent pas suffisantes pour le mettre à couvert de l'habileté du cardinal Mazarin ; l'autorité légitime, la juste défiance du Roi, et les emportemens criminels de l'exilé, furent d'un grand poids en cette affaire. Elle fut néanmoins assez vigoureusement soutenue par les amis du cardinal de Retz ; ils se servirent du scrupule qu'on vouloit souvent jeter dans les consciences touchant le gouvernement de l'Eglise de Paris, et de sa qualité d'archevêque, qui lui donnoit alors une juste puissance sur les esprits des peuples.

[1654] La guerre étrangère fut toujours soutenue de la même manière qu'elle l'avoit été. M. le prince redonnoit des forces aux ennemis, mais le plus souvent le Roi avoit l'avantage sur eux ; et ses armées se sont toujours trouvées non-seulement suffisantes pour leur résister, mais encore pour les vaincre. Les lignes d'Arras, glorieusement forcées par ses troupes, en furent de glorieuses preuves ; et ce grand projet, exécuté le 25 août avec beaucoup de bravoure, fut une des plus belles actions qui se soient faites pendant la guerre. On y perdit le duc de Joyeuse, qui fut infiniment regretté de toute la cour. Chaque campagne enfin a produit de grandes ou de petites victoires. Ces roses ont été quelquefois accompagnées d'épines ; mais ces épines n'étoient pas si fâcheuses que les fleurs en étoient agréables à cueillir.

Le parlement, qui n'étoit humilié que parce qu'il n'avoit pu résister à la puissance royale, faisoit de temps en temps quelques efforts pour reprendre des forces, et même il y eut des occasions où la police et le service du Roi les obligèrent à vouloir s'assembler ; mais ces assemblées ayant été trop funestes à la France, et ce mot seulement étant en horreur au ministre, le

Roi s'y opposa, et vint une fois du bois de Vincennes au parlement en grosses bottes leur défendre de s'assembler.

Le garde des sceaux, qui sous le nom de premier président avoit joué un si grand rôle pendant les guerres, étoit mort, et le chef de cette compagnie étoit alors le président de Bellièvre. C'étoit un homme habile, que les courtisans révéroient non-seulement par plusieurs bonnes qualités qui étoient en lui, mais encore parce que ses amis étoient des gens à faire croire qu'il pensoit à autre chose qu'à prononcer des arrêts. Madame de Chevreuse, Laigues, et beaucoup d'autres qui n'étoient pas amis du ministre, étoient ses plus confidens : et il sembloit qu'en lui se pût rassembler le reste de la Fronde ; mais ne voulant pas se brouiller à la cour mal à propos, les finesses du ministre et sa douceur souvent artificieuse menoient ce magistrat à peu près à ce qu'il vouloit ; et de même le premier président tiroit à son tour une partie de ce qu'il lui demandoit en faveur du public.

Après ces défenses faites au parlement, cette compagnie fit des remontrances au Roi sur ce sujet ; et le ministre, qui étoit sage, se crut obligé de faire de grands radoucissemens au premier président, et de conseiller le Roi d'écouter leurs raisons avec la bonté d'un père qui sait pardonner et punir équitablement. Une autre fois, le parlement ayant résisté aux volontés du Roi sur quelque réglement qui regardoit la monnoie, le cardinal Mazarin, qui ne vouloit point souffrir que cette compagnie reprît des forces sur aucun chapitre, se résolut d'en exiler quelques-uns. On leur envoya commander de se retirer chacun au lieu qui leur fut ordonné. La Reine n'étoit pas fâchée d'avoir un prétexte de mortifier un peu ceux du parlement qui lui avoient donné de si mauvaises heures et de si mauvaises années. En entrant ce même jour-là dans sa chambre, elle me fit l'honneur, en me voyant, de s'approcher de moi, et de me dire tout bas avec un visage riant : « Madame, il y en a dix d'exilés ou « de prisonniers. » Je lui répondis de même en riant : « Votre Majesté est donc bien aise ! — Je le suis en « vérité, me dit-elle, mais pas tout-à-fait : car je vou- « lois qu'on les mît tous à la Bastille; et, par la dou- « ceur ordinaire de M. le cardinal, il n'y en a qu'un. » Ensuite elle ajouta que si le premier président faisoit le méchant, on le traiteroit de la même sorte. Le maréchal de Villeroy arriva là-dessus; et la Reine, élevant sa voix, se mit à parler de ces mêmes choses tout haut, et des lieux où ces conseillers avoient eu ordre d'aller. Un d'eux fit pitié à toute la compagnie, à cause qu'il alloit à Quimper-Corentin en basse Bretagne; parce que les choses qui ne se connoissent point sont, pour l'ordinaire, jugées ou plus mauvaises ou meilleures qu'elles ne le sont. Au retour du Louvre, avant que de me retirer en mon appartement du Palais-Royal, j'allai rendre mes devoirs à la reine d'Angleterre. Je lui contai l'histoire du jour. Elle me fit l'honneur de me dire, en se moquant de moi, que Quimper-Corentin étoit le plus agréable séjour du monde. Elle y avoit passé en venant d'Angleterre en France, et m'en fit une si belle description, tant de sa situation que de la bonne compagnie qu'elle y avoit vue, qu'elle me fit quasi estimer heureuse la destinée de l'exilé; ce qui me fit conclure avec le poète italien :

Ch'a valent' huomo (1) *ogni paese e patria.*

Le parlement fit de grandes instances au ministre en faveur de ses exilés. Les avocats prirent des robes courtes ; les procureurs, et toute cette nation étrangère du Palais, bien différente, ce me semble, du monde que les autres gens habitent, se révoltèrent et cessèrent de travailler. Les présidens prirent de là un prétexte fort spécieux de presser le ministre de leur accorder le retour de leurs confrères : ce qui se fit bientôt après, et toutes choses furent apaisées.

D'autres intrigues se fomentèrent encore par ceux qui étoient attachés aux intérêts du prince de Condé pour perdre le cardinal Mazarin. Madame de Châtillon fut accusée d'avoir voulu attaquer sa vie par d'autres armes que par celles de ses yeux. Il y eut des hommes roués pour avoir été convaincus de ce dessein : il parut qu'elle y avoit eu quelque petite part ; et l'heureuse destinée du cardinal le sauva de tous ces maux. L'intrigue a fait nommer cette dame en plusieurs occasions ; mais comme sa gloire se trouveroit un peu flétrie par cette narration, je n'en parle point, non plus que de mille autres particularités dont je ne puis me bien souvenir, parce que la paresse, qui quelquefois l'emporte sur mon activité, a fait que je n'ai pas été assez exacte à les écrire. Il suffit de dire que cette dame étoit belle, galante et ambitieuse, autant que hardie à entreprendre et à tout hasarder pour satisfaire ses passions ; artificieuse pour cacher les mauvaises aventures qui lui arrivoient,

---

(1) *Ch'a valent' huomo*, etc. : L'honnête homme trouve en tout pays sa patrie.

autant qu'elle étoit habile à se parer de celles qui étoient à son avantage. Sans la douceur du ministre, elle auroit sans doute succombé dans quelques-unes; mais par ces mêmes voies elle trouvoit toujours le moyen de se faire valoir auprès de lui, et d'en tirer des grâces qui souvent ont fait murmurer contre lui celles de notre sexe qui étoient plus modérées. Le don de la beauté et de l'agrément, qu'elle possédoit au souverain degré, la rendoient aimable aux yeux de tous : il étoit même difficile aux particuliers d'échapper aux charmes de ses flatteries ; car elle savoit obliger de bonne grâce, et joindre au nom de Montmorency une civilité extrême qui l'auroit rendue digne d'une estime tout extraordinaire, si on avoit pu ne pas voir en toutes ses paroles, ses sentimens et ses actions, un caractère de déguisement et des façons affectées, qui déplaisent toujours aux personnes qui aiment la sincérité.

Après avoir écrit ponctuellement les choses qui sont arrivées depuis la majorité jusqu'à ce temps-ci, il faut à l'avenir donner une grande partie de mes applications à la personne du Roi, à ses sentimens et à ses actions, qui ont été comme les premiers traits du portrait que de plus savans peintres que moi auront la gloire d'achever. L'amour que la Reine sa mère avoit pour lui occupoit tendrement son cœur. Il étoit l'objet des désirs du cardinal Mazarin, et tous ses soins dès lors étoient de chercher les moyens de lui plaire. Il commençoit aussi d'attirer à lui les cœurs et les yeux de ses sujets ; mais comme les hommes n'aiment et ne cherchent dans la personne des rois que ce qui peut convenir à leurs intérêts particuliers, et que tous étoient persuadés que la faveur du ministre dureroit autant que sa vie, qu'ils jugeoient devoir être encore longue, ils regardoient l'entière domination du Roi par des vues si éloignées, que sa véritable puissance n'en étoit pas alors ni plus célébrée ni plus suivie.

Depuis la paix et son glorieux retour à Paris, il étoit augmenté en toutes choses : sa belle taille et sa bonne mine se faisoient admirer, et il portoit dans les yeux et dans l'air de toute sa personne le caractère de la majesté, qui par sa couronne étoit essentiellement en lui. Aussitôt que la tranquillité publique eut rétabli les plaisirs dans la cour, ce prince, qui voyoit les nièces du cardinal Mazarin plus souvent que les autres, s'attacha non à la plus belle, mais à mademoiselle de Mancini, sœur de madame de Mercœur, qui n'avoit guère moins d'années qu'elle. Selon la description que j'en ai faite quand elle arriva d'Italie, il sembloit que tous les efforts de la nature et de la jeunesse ne pourroient pas l'embellir. Elle avoit les yeux pleins de feu ; et malgré les défauts de son visage, l'âge de dix-huit ans fit en elle son effet : par l'embonpoint elle devint blanche, elle eut le teint beau et le visage moins long; ses joues eurent des fossettes qui lui donnoient un grand agrément, et sa bouche devint plus petite; elle eut de beaux bras et de belles mains, et la faveur avec le grand ajustement donnèrent du brillant à cette médiocre beauté. Enfin elle parut aimable aux yeux du Roi, et assez jolie à tous les indifférens. Il la voyoit souvent, et cet amusement fit presque craindre que cette passion, quoique légère, ne le portât à vouloir lui faire plus d'honneur qu'elle n'en méritoit. La Reine, qui savoit la sagesse du Roi et celle de mademoiselle de Mancini, ne se fâchoit point de cet attachement, parce qu'elle le croyoit innocent; mais elle ne pouvoit souffrir, pas même en riant, qu'on parlât de cette amitié comme d'une chose qui pourroit tirer au légitime. La grandeur de son ame avoit de l'horreur pour ce rabaissement; et, dans le vrai, il a paru que le Roi n'eut jamais cette pensée. Mademoiselle de Mancini elle-même, qui sentoit qu'elle n'étoit pas destinée à être reine, songeoit à ses affaires, et vouloit devenir princesse comme ses sœurs. Déjà on l'avoit offerte au grandmaître, fils du maréchal de La Meilleraye; mais il l'avoit refusée. Ce refus ne lui fit pas de peur : elle vit que mademoiselle de Martinozzi sa cousine germaine, qui avoit été pareillement négligée par le duc de Candale, avoit épousé le prince de Conti. Elle aspiroit à quelque bonheur semblable ou approchant; mais comme elle n'en étoit pas encore assurée, elle fut au désespoir de la grandeur de mademoiselle de Martinozzi sa cousine, et son dépit éclata publiquement par mille marques qu'elle en donna la veille et le jour de ce mariage. La beauté et la modestie de mademoiselle de Martinozzi lui avoient attiré en cette occasion l'honneur de la préférence; car on avoit donné le choix au prince de Conti, d'elle et de sa cousine mademoiselle de Mancini : si bien qu'elle avoit été forcée pour cette fois de se contenter des belles apparences de sa faveur, et des fabuleuses flatteries que ses amis lui faisoient sur la couronne fermée. Le Roi demeura quelque temps dans cet état, qui, dans le vrai, paroissoit plus un sentiment qui le portoit à se plaire avec cette fille, qu'une grande passion. L'inclination qu'il avoit pour elle lui donnoit néanmoins, en l'absence de Mademoiselle et de madame de Longueville, les honneurs et les avantages de la cour. Le Roi la menoit toujours danser : elle paroissoit la première dans toutes les préférences que les dignités et la faveur peuvent donner, et il sembloit que les bals, les divertissemens et les plaisirs n'étoient faits que pour elle. Madame de Mercœur en avoit sa part; à cause de sa qualité. Le Roi la menoit quelquefois danser la première ; mais elle étoit obligée d'être souvent à l'hôtel de Vendôme : et comme elle eut des enfans aussitôt après être mariée, elle n'étoit pas toujours en état d'en profiter.

L'année 1655, il se fit plusieurs petits bals, et le Roi alloit souvent en masque. Il y eut une grande fête chez le chancelier Seguier, et les plaisirs furent fréquens parmi toute la belle jeunesse. La Reine ayant un jour prié la reine d'Angleterre de venir voir danser le Roi un soir en particulier, elle s'y accorda ; et la Reine ayant mis une cornette et un habit de nuit pour marquer qu'elle gardoit la chambre, reçut la reine d'Angleterre de cette manière, et ne voulut, pour composer ce petit bal, que de ses filles et quelques jeunes dames et duchesses, femmes des officiers de la couronne. Il n'étoit fait que pour admirer le Roi, et pour divertir la princesse d'Angleterre, qui commençoit à sortir de l'enfance et à faire voir qu'elle alloit devenir aimable. La Reine mit tous ses soins à faire que la compagnie, quoique petite, fût belle, et qu'elle fût digne des personnes royales qui la composoient. Le Roi, trop accoutumé à rendre tous les honneurs aux nièces du cardinal, quand il voulut commencer le branle alla prendre madame de Mercœur. La Reine, surprise de cette faute, se leva brusquement de sa chaise, lui alla arracher madame de Mercœur, et lui dit tout bas d'aller prendre la princesse d'Angleterre. La reine d'Angleterre, qui s'aperçut de la colère de la Reine, courut après elle, et lui dit tout bas qu'elle la prioit de ne point contraindre le Roi : que sa fille avoit mal au pied, et qu'elle ne pouvoit danser. La Reine lui dit que si la princesse ne dansoit, le Roi ne danseroit point du tout. Ainsi la reine d'Angleterre, pour ne point faire de désordre, laissa danser la princesse sa fille, et dans son ame fut mal satisfaite du Roi. Il fut encore grondé le soir en particulier par la Reine sa mère; mais il lui répondit qu'il n'aimoit point les petites filles. Cependant la princesse d'Angleterre avoit alors onze ans, et lui seize venant à dix-sept : de sorte qu'il n'y avoit pas entre eux une grande disproportion ; mais il est vrai que le Roi paroissoit en avoir vingt. La Reine, devant le monde, vivoit avec lui d'une manière tendre et respectueuse ; mais quand il faisoit quelque petite faute, elle en usoit en mère : et pour cette fois sa colère avoit été juste. Mais elle ne laissa pas de dire le soir devant plusieurs personnes qu'elle avoit été un peu trop prompte pour un aussi bon fils que le Roi, et qu'elle en seroit honteuse si l'occasion eût été moindre : avouant qu'elle avoit été si étonnée de le voir manquer à la civilité qu'il devoit à la princesse d'Angleterre, qu'elle n'avoit pu se retenir.

[1656] L'année d'après, le Roi continuant d'aimer mademoiselle de Mancini, quelquefois plus et d'autres fois moins, voulut, pour se divertir, faire une célèbre course de bague qui eût quelque rapport à l'ancienne chevalerie. Il sépara toute la belle cour en trois bandes de huit chevaliers chacune. Il étoit le chef de la première, le duc de Guise de la seconde, et le duc de Candale de la troisième. La livrée de celle du Roi étoit incarnat et blanc, la seconde bleu et blanc, et la troisième vert et blanc. Ils avoient tous des habits en broderie d'or et d'argent, faits à la romaine, avec de petits casques en tête couverts de quantité de plumes, et chacun une aigrette à la tête. Leurs chevaux étoient ornés de même sorte, et tous étoient chargés de quantité de rubans. Ils firent cette course entre le jardin du Palais-Royal et le logis où logeoit alors la reine d'Angleterre. Le Roi vint s'habiller dans le palais Brion, qui est un petit bâtiment que le duc de Damville, autrefois appelé Brion, avoit fait bâtir dans le jardin du Palais-Royal quand il y avoit logé, et qui avoit servi au Roi, quand il logeoit dans cette maison, à faire des repas et des collations familières. Tous montèrent à cheval dans le jardin, d'où ils sortirent après pour se venir montrer aux dames qui occupoient les balcons et les fenêtres du Palais-Royal. Chacune des troupes avoit son maréchal de camp : si bien qu'ils s'étoient assemblés en ordre sous chacune des allées du jardin, et leur sortie en cet équipage étoit fort agréable à voir. L'éclat de leurs couleurs, le brillant de leurs habits, leur bonne mine et la beauté de leurs chevaux fit ressouvenir avec plaisir d'avoir lu dans les romans, et particulièrement dans les Amadis, quelque chose de pareil.

À la tête de la troupe du Roi parurent quatorze

pages vêtus de toile d'argent, avec des rubans incarnat et argent. Ils portoient les lances et les devises des chevaliers. Après eux alloient six trompettes ; ensuite de ces trompettes alloit le premier écuyer du Roi, habillé de même manière. Il étoit suivi de douze pages du Roi, bien montés, richement habillés, et chargés de plumes et de rubans, dont les deux derniers portoient, l'un la lance du Roi et l'autre l'écu, où il y avoit un soleil avec ces mots :

Ne piu (1), *ne pari*.

Le maréchal de camp alloit après, qui étoit habillé richement, mais selon l'usage ordinaire, et n'avoit point de masque. Le Roi paroissoit après lui, suivi des autres chevaliers, tous masqués et tous richement et galamment ornés ; mais le Roi les surpassoit autant par sa bonne mine, sa grâce et son adresse, que par sa qualité de souverain et de maître.

La troupe bleue et blanche suivoit celle du Roi dans le même ordre, qui parut agréable aux yeux par la douceur de ses couleurs et la bonne mine du duc de Guise, dont le génie romanesque s'accommodoit aux tournois. Il étoit suivi d'un cheval qui paroissoit devoir servir à quelque Abencerrage ou quelque Zégri ; car il étoit mené par deux Maures, qui le faisoient suivre la troupe à pas lents et pompeux. Son écu avoit pour devise un bûcher sur lequel étoit un phénix, et un soleil au-dessus qui lui redonnoit la vie, avec ces mots :

Qu'importa (2) *que maton, si resucitan ?*

(1) *Ne piu*, etc. : Ni un plus grand, ni un pareil. — (2) *Qu'importa*, etc. : Qu'importe qu'il tue, s'il ressuscite ?

Le duc de Candale parut ensuite, qui ne fut pas moins admiré; et le vert, l'or et l'argent parurent avec éclat en sa troupe, et surtout sa belle taille et sa belle tête blonde reçurent les louanges qu'il méritoit. Son écu avoit pour devise une massue et ces mots :

Elle peut même me placer parmi les astres.

L'été venu, le Roi et la Reine allèrent à Compiègne, selon leur coutume, penser aux affaires de la guerre. Je demeurai cette année quelque temps à Fresnes, avec madame Du Plessis, mon amie. Elle avoit un grand mérite, beaucoup d'esprit et de bonté pour ses amis, et on goûtoit avec elle le véritable plaisir de la société agréable et vertueuse. J'en partis le 26 août pour aller trouver la Reine. En arrivant à Compiègne, il me parut que cette princesse vouloit paroître fort consolée de la perte de Valenciennes et de Condé, que les Espagnols avoient pris. Les ennemis avoient eu ces avantages sur nous, et il sembloit que les partisans de M. le prince s'imaginoient déjà qu'on le rechercheroit, et que, pour le tirer des pays étrangers, on lui offriroit de grandes choses; mais la Reine n'étoit pas aisée à étonner, et le cardinal Mazarin étoit trop habile pour laisser long-temps à ce prince quelque sujet d'espérer ce qu'il n'auroit pas été raisonnable de faire. La Reine me fit l'honneur de me dire en riant, sur le chapitre de Valenciennes, qu'il y avoit de la présomption à croire qu'il n'y eût des victoires que pour nous; que les prières des Espagnols devoient quelquefois obtenir des grâces du ciel, telles qu'il lui plaisoit de les distribuer tantôt aux uns et tantôt aux autres; et qu'il ne falloit pas s'étonner de ces événemens. Ils furent cause néanmoins que le parlement, qui ne manquoit guère de se prévaloir de toutes les occasions, donna un arrêt qui attaquoit le conseil. Il ordonnoit que les maîtres des requêtes seroient à l'avenir obligés de leur rendre compte des arrêts du conseil, et qu'ils seroient mandés par eux pour leur en aller rendre raison. Les maîtres des requêtes députèrent aussitôt quelques-uns de leur compagnie pour en aller faire des plaintes au Roi. Le 29 d'août, Gaumin lui fit sur ce sujet une harangue qui fut trouvée belle, parce qu'elle fut hardie. Il attaqua le parlement avec vigueur et grande liberté : il cita un de nos voisins, ministre d'Espagne, qui avoit dit autrefois que jamais la France ne seroit dans une entière puissance que les princes ne fussent sans pouvoir, les huguenots sans places, et les parlemens sans droit de faire des remontrances. Il exagéra ses entreprises, et dit qu'il anéantissoit tant qu'il pouvoit l'autorité du Roi. La Reine écouta ce discours avec plaisir, par la mauvaise impression que les révoltes du parlement avoient laissée dans son esprit. On fit de grands raisonnemens dans le cabinet sur ces matières, et plusieurs personnes disoient aussi qu'il étoit vrai qu'alors il y avoit des désordres au conseil. Je ne sais s'ils avoient tort ou raison; mais tous concluoient que le ministre auroit bien fait s'il se fût appliqué au remède de ces maladies intestines qui perdoient l'Etat, et qui pouvoient continuellement donner un juste prétexte aux brouillons de crier contre lui.

Nous vîmes alors arriver à Compiègne la reine de Suède, dont on avoit ouï conter des choses extraordinaires. Cette princesse, qui avoit quitté son royaume, sembloit l'avoir fait par un généreux dédain de la couronne, et pour ne pas forcer son inclination en faveur de son plus proche parent, que ses sujets avoient souhaité qu'elle épousât. Elle avoit embrassé notre religion, et avoit renoncé à l'hérésie entre les mains du Pape. Quelques-uns estimoient infiniment cette action, et croyoient que cette princesse, en quittant la couronne de Suède, méritoit celle du monde entier. D'autres l'avoient accusée d'avoir quitté son royaume par force ou par légèreté, et d'avoir aimé tendrement en Suède et en Flandre un Espagnol nommé Pimentel, qui avoit été dans sa cour de la part du Roi son maître. On l'avoit beaucoup louée et infiniment blâmée. Elle passoit pour une personne illustre : les plumes des plus fameux auteurs, tant sur la louange que sur la satire, n'étoient employées qu'à parler de ses vertus héroïques ou bien de ses défauts. En quittant la Suède, elle avoit été en Flandre, puis à Rome. Ensuite de ses voyages, elle voulut voir la France aussi bien que l'Italie; et cette grande réputation qu'elle avoit acquise fit que la Reine fût assez aise de la voir. Le roi de Suède, à qui cette reine du Nord avoit laissé son royaume, étoit un prince belliqueux : il se faisoit craindre et considérer. Il avoit demandé au cardinal que cette princesse fût bien traitée en France : et le ministre, par ses propres sentimens, l'estimoit. Elle y fut reçue de la même manière que le fut autrefois Charles-Quint, quand il passa par la France pour aller en Flandre. Le Roi lui envoya le duc de Guise pour la recevoir à son entrée sur ses États, et pour la complimenter de sa part. La Reine lui envoya Comminges, son capitaine des gardes, pour la même chose. Le premier écrivit à quelqu'un de ses amis une lettre qui fut lue du Roi et de la Reine avec plaisir. Je l'ai gardée, parce qu'elle représentoit au naturel cette princesse dont il parle.

Lettre du duc de Guise.

« Je veux, dans le temps que je m'ennuie cruellement, penser à vous divertir, en vous envoyant le portrait de la reine que j'accompagne. Elle n'est pas grande, mais elle a la taille fournie et la croupe large, le bras beau, la main blanche et bien faite, mais plus d'homme que de femme; une épaule haute, dont elle cache si bien le défaut par la bizarrerie de son habit, sa démarche et ses actions, que l'on en pourroit faire des gageures. Le visage est grand sans être défectueux, tous les traits sont de même et fort marqués; le nez aquilin, la bouche assez grande, mais pas désagréable; ses dents passables, ses yeux fort beaux et pleins de feu, son teint, nonobstant quelques marques de petite vérole, assez vif et assez beau; le tour du visage assez raisonnable, accompagné d'une coiffure fort bizarre. C'est une perruque d'homme fort grosse et fort relevée sur le front, fort épaisse sur les côtés, qui en bas a des pointes fort claires; le dessus de la tête est d'un tissu de cheveux, et le derrière a quelque chose de la coiffure d'une femme. Quelquefois elle porte un chapeau. Son corps lacé par derrière, de biais, est quasi fait comme nos pourpoints; sa chemise sortant tout autour au-dessus de sa jupe, qu'elle porte assez mal attachée et pas trop droite. Elle est toujours fort poudrée, avec force pommade, et ne met quasi jamais de gants. Elle est chaussée comme un homme, dont elle a le ton de voix et quasi toutes les actions. Elle affecte fort de faire l'amazone. Elle a pour le moins autant de gloire et de fierté qu'en pouvoit avoir le grand Gustave son père. Elle est fort civile et fort caressante, parle huit langues, et principalement la française, comme si elle étoit née à Paris. Elle sait plus que toute notre Académie jointe à la Sorbonne, se connoît admirablement en peinture comme en toutes les autres choses, sait mieux toutes les intrigues de notre cour que moi. Enfin c'est une personne tout-à-fait extraordinaire. Je l'accompagnerai à la cour par le chemin de Paris ; ainsi vous pourrez en juger vous-même. Je crois n'avoir rien oublié à sa peinture, hormis qu'elle porte quelquefois une épée avec un collet de buffle, et que sa perruque est noire, et qu'elle n'a sur sa gorge qu'une écharpe de même. »

Cette reine connoissoit si parfaitement toute la cour, qu'en voyant Comminges elle lui demanda des nouvelles du bonhomme Guitaut son oncle, et si elle ne le verroit point en colère ; car il étoit sujet à cette passion, et s'en servoit habilement : elle lui avoit aidé à faire sa fortune, et la Reine de tout temps avoit pris plaisir à le voir en cet état. La reine de Suède n'ignoroit donc rien de toutes les grandes choses et de toutes les petites. Elle dit, en quelque occasion, qu'elle savoit qu'on avoit dit d'elle beaucoup de bien et de mal, et qu'on connoîtroit, en la voyant, qu'il n'y avoit ni l'un ni l'autre. Elle ne disoit pas la vérité ;

car en effet on y trouva un mélange de beaucoup de grandes vertus et de grands défauts. Elle fit son entrée à Paris le 8 septembre, après avoir été régalée à Essone, par Hesselin, d'un ballet, d'un feu d'artifice, d'une comédie, et de quantité de dames qui la furent voir en ce lieu. Les bourgeois de Paris en armes, et avec de beaux habits, la furent recevoir en bon ordre hors les portes de la ville, et bordèrent son chemin dans toutes les rues, depuis Conflans où elle avoit couché, jusqu'au Louvre où elle devoit loger. Leur nombre fut infini, aussi bien que des dames et des personnes de qualité qui, aux fenêtres et aux balcons, la voulurent voir passer, et la foule fut grande dans les rues. Elle tarda à traverser la ville, depuis deux heures jusqu'à neuf heures du soir qu'elle arriva au Louvre. Elle fut logée à l'appartement du Roi, où étoit la belle tapisserie de Scipion, et un lit de satin blanc en broderie d'or que le feu cardinal de Richelieu en mourant laissa au feu Roi. En arrivant, elle demanda à boire. Le prince de Conti, qui l'étoit allée visiter et recevoir, lui donna la serviette, qu'elle prit après quelques complimens répétés. Comminges nous dit que le duc d'Epernon, alors gouverneur de Bourgogne, l'avoit magnifiquement reçue; et quoiqu'elle affectât de ne rien admirer, elle trouva néanmoins que la France étoit belle, riche et bien remplie de peuples. Elle voulut qu'on crût que Rome l'emportoit dans son inclination et son estime sur Paris, et disoit que l'Italie avoit de grands charmes : mais, à ce qu'il parut depuis, les plaisirs de Paris ne lui déplurent pas, et je pense qu'elle auroit volontiers quitté tout autre pays pour le nôtre, si elle avoit pu y demeurer.

A ce premier abord, elle parut aimable à tous les honnêtes gens. Son habit, si extravagant à l'entendre décrire, ne l'étoit point trop à la voir, ou du moins on s'y accoutumoit facilement. Son visage parut assez beau, et chacun admira la vivacité de son esprit, et les choses particulières qu'elle savoit de la France. Elle connoissoit non-seulement les maisons et les armes, mais elle savoit les intrigues et les galanteries, et n'ignoroit pas même les noms de ceux qui aimoient la peinture ou la musique. Elle dit au marquis de Sourdis les tableaux de prix qu'il avoit dans son cabinet, et savoit que le duc de Liancourt en avoit de fort beaux; jusque-là même qu'elle apprenoit aux Français ce qu'ils ne savoient pas de leur patrie. Elle disputa contre quelques-uns qu'il y avoit dans la Sainte-Chapelle une agate de grand prix, qu'elle voulut voir, et qui enfin se trouva à Saint-Denis. Elle parut civile, particulièrement aux hommes, mais brusque et emportée, sans donner aucun sujet effectif de croire les mauvais contes qu'on avoit faits d'elle. Ils s'étoient répandus dans toute l'Europe à son désavantage, et l'avoient fait passer dans l'opinion de tous les sages pour une personne qui ne l'étoit guère.

Notre amazone suédoise gagna tous les cœurs à Paris, qu'elle auroit peut-être perdus bientôt après si elle y fût demeurée plus long-temps. Après y avoir vu tout ce qu'elle crut digne de sa curiosité, elle quitta cette grande ville, où elle avoit été toujours environnée d'une furieuse presse, pour venir voir Leurs Majestés à Compiègne, où elle fut reçue non-seulement en reine, mais en reine bien aimée du ministre. Le cardinal Mazarin partit le même jour de Compiègne, pour être à Chantilly quand elle y arriveroit pour y dîner. Deux heures après ce repas, le Roi et Monsieur y arrivèrent comme des particuliers. Le Roi entra par une porte qui étoit au coin du balustre du lit, et se montra avec toute la foule qui étoit autour d'elle et du cardinal. Aussitôt qu'ils furent aperçus par lui, il les présenta à la reine de Suède, et lui dit que c'étoit deux gentilshommes des plus qualifiés de la France. Elle les connut en les regardant, pour avoir vu leurs portraits au Louvre, et lui répondit qu'elle le croyoit ainsi, et qu'ils paroissoient être nés à porter des couronnes. Le cardinal Mazarin lui repartit qu'il voyoit bien qu'il étoit difficile de la tromper, et qu'il étoit vrai que c'étoit le Roi et Monsieur. Le Roi lui dit de bonne grâce qu'il étoit fâché de ce qu'elle avoit été si mal reçue dans ses Etats; qu'il n'avoit pas manqué de donner ses ordres pour la traiter selon ce qui lui étoit dû; mais que sa venue si précipitée avoit empêché ceux à qui il les avoit donnés de lui rendre le respect qu'il auroit désiré de lui faire rendre. Elle repartit à ses civilités avec reconnoissance de ce qu'on avoit fait pour elle, et ne manqua pas d'exagérer en de beaux termes la satisfaction qu'elle avoit reçue en France. Le Roi, quoique timide en ce temps-là, et nullement savant, s'accommoda si bien de cette princesse hardie, savante et fière, que, dès ce premier instant, ils demeurèrent ensemble avec liberté et agrément de part et d'autre. Il fut aisé d'en trouver la raison : ceux qui voulurent la chercher jugèrent que c'étoit une marque indubitable que le Roi avoit en lui, par inclination et par nature, les semences de ce qu'il y avoit d'acquis et de louable en la personne de cette reine, et que la timidité qui paroissoit en lui procédoit alors de sa gloire et de son jugement, qui lui faisoient désirer d'être parfait en toutes choses, et craindre en même temps de manquer en quelqu'une. Après cette conversation il la quitta, et revint trouver la Reine, qui le lendemain alla la recevoir, accompagnée du Roi et de toute sa suite royale. Ce fut à trois lieues de Compiègne, au Fayet, maison appartenante au maréchal de La Motte-Houdancourt, où se fit cette célèbre entrevue. Les chevau-légers, les gendarmes et les gardes alloient au devant du carrosse de Leurs Majestés par gros escadrons; et comme ils étoient parés, cet accompagnement étoit véritablement royal. Il y avoit, avec le Roi et la Reine, Monsieur, frère unique du Roi, madame la duchesse de Lorraine, madame de Mercœur, et madame la comtesse de Flex, dame d'honneur de la Reine. Quand la Reine fut arrivée, elle ne voulut point entrer dans cette maison, parce qu'elle savoit que la reine de Suède devoit arriver bientôt. Elle demeura avec toute sa cour sur une terrasse qui est devant le logis, d'où l'on descend par quelques degrés dans une grande cour où étoient rangés en haie les gardes et toute la cavalerie. Beaucoup de personnes de qualité y étoient avec des habits en broderie d'or et d'argent, et quantité d'autres qui tous composoient un grand cortége. Comme on n'avoit laissé entrer dans cette cour que les carrosses de la Reine, et qu'on en avoit banni la canaille, la Reine et toute sa belle compagnie paroissoit sur cette terrasse comme sur un amphithéâtre. Ce fut à mes yeux une des plus belles et des plus agréables choses du monde. Cette maison avoit la grâce de la nouveauté : elle étoit neuve et régulière, et la cour étoit grande et carrée. Le gazon en étoit coupé par bandes, et il étoit impossible de voir un objet plus agréable. La Reine, à qui je le fis remarquer dans ce moment, en demeura d'accord : et pour dire la vérité, quoiqu'elle ne fût pas la plus jeune de la troupe, elle étoit pour le moins celle qui avoit la meilleure mine, et qui paroissoit la plus aimable.

Le duc de La Rochefoucauld et quelques autres, qui, depuis que cette reine étrangère étoit à Paris, avoient été les plus assidus auprès d'elle, arrivèrent les premiers; et bientôt après son carrosse entra au bruit des trompettes. Le cardinal Mazarin et le duc de Guise étoient seuls avec elle : car elle n'avoit que quelques femmes fort chétives pour la servir, qui ne se montrèrent point. Aussitôt qu'elle vit la Reine, elle descendit de carrosse, et la Reine s'avança aussi deux ou trois pas au dehors de la terrasse pour l'aller recevoir. Elles se saluèrent toutes deux civilement. La reine de Suède voulut faire quelques complimens, et remercier la Reine du bon traitement qu'elle avoit reçu en France; mais ces paroles furent interrompues par celles de la Reine, qui lui témoigna la joie qu'elle avoit de la voir. L'impatience qu'eurent tous ceux qui les environnoient de voir cette reine fut si grande, qu'elle obligea les deux reines à finir leurs complimens, pour fuir la foule qui les accabloit. Le Roi, qui avoit déjà fait connoissance avec l'étrangère, lui donna la main pour la faire entrer dans la maison. Elle passa devant la Reine, et se laissa conduire où l'on voulut la mener. Plusieurs ont trouvé que la Reine fut trop civile de lui laisser prendre cet avantage; et le Roi même, devenu plus grand, en a eu depuis de la douleur et du chagrin, et en plusieurs occasions a reproché à la Reine sa mère qu'elle avoit eu tort d'avoir cédé chez elle à cette reine et à celle de Pologne, vu la grandeur de sa naissance, et le haut rang que lui donnoit la couronne de France. J'étois une de celles qui me trouvai le plus près de ces deux royales personnes; et quoique les descriptions si particulières que l'on avoit faites de la reine de Suède me l'eussent figurée dans mon imagination, j'avoue néanmoins que d'abord sa vue me surprit. Les cheveux de sa perruque étoient ce jour-là défrisés : le vent, en descendant de carrosse, les enleva; et comme le peu de soin qu'elle avoit de son teint lui en faisoit perdre la blancheur, elle me parut d'abord comme une Egyptienne dévergondée qui, par hasard, ne seroit pas trop brune. En regardant cette princesse, tout ce qui dans cet instant remplit mes yeux me parut extraordinairement étrange, et plus capable d'effrayer que de plaire. Son habit étoit composé d'un petit corps qui avoit à moitié la figure d'un pourpoint d'homme, et l'autre moitié celle d'une hongreline de femme, mais qui étoit si mal ajusté sur son corps qu'une de ses épaules sortoit tout d'un côté, qui étoit celle qu'elle avoit plus grosse que l'autre. Sa chemise étoit faite à la mode des hommes : elle avoit un collet qui étoit attaché sous sa gorge d'une épingle seulement, et lui laissoit tout le dos découvert; et ce corps, qui étoit échancré sur la gorge beaucoup plus qu'un pourpoint, n'étoit point couvert de ce collet. Cette même chemise sortoit par en bas de son demi pourpoint comme celles des hommes, et elle faisoit sortir, au bout de ses bras et sur ses mains, la même quantité de toile que les hommes en laissoient voir alors au défaut de leur pourpoint et de leurs manches. Sa jupe, qui étoit grise, chamarrée de petits passemens d'or et d'argent, de même que sa hongreline, étoit courte; et au lieu que nos robes sont traînantes, la sienne lui faisoit voir les pieds découverts. Elle avoit des rubans noirs, renoués en manière de petite oie sur la ceinture de sa jupe. Sa chaussure étoit tout-à-fait semblable à celle des hommes, et n'étoit pas sans grâce. Le Roi la mena dans une grande salle, où madame la maréchale de La Motte avoit fait préparer une grande collation. Le Roi, les deux Reines et Monsieur, en entrant s'assirent à table; et nous l'environnâmes pour voir cette personne en tout si différente des autres femmes, et dont la renommée avoit fait tant de bruit. Après l'avoir regardée avec cette application que la curiosité inspire en de telles occasions, je commençai à m'accoutumer à son habit et à sa coiffure, et à son visage. Je trouvai qu'elle avoit les yeux beaux et vifs, qu'elle avoit de la douceur dans le visage, et que cette douceur étoit mêlée de fierté. Enfin je m'aperçus avec étonnement qu'elle me plaisoit, et d'un instant à un autre je me trouvai entièrement changée pour elle. Elle me parut plus grande qu'on nous l'avoit dite, et moins bossue; mais ses mains, qui avoient été louées comme belles, ne l'étoient guère: elles étoient seulement assez bien faites, et pas noires; mais ce jour-là elles étoient si crasseuses qu'il étoit impossible d'y apercevoir quelque beauté. Pendant cette collation, elle mangea beaucoup, et ne parla que de discours fort communs. Le duc de Guise lui montra mademoiselle de Mancini, qui étoit auprès d'elle à la regarder comme les autres. Elle lui fit un grand salut, et se pencha tout en bas de sa chaise pour lui faire plus de civilité. Au sortir de là, le Roi, les Reines, Monsieur et le cardinal Mazarin se mirent dans le carrosse de la Reine avec le reste de la compagnie que j'ai nommée, et la conversation y fut agréable. Quand la Reine fut arrivée à Compiègne, après avoir conduit son hôtesse dans son appartement, elle nous fit l'honneur de nous dire qu'elle étoit charmée de cette reine, et nous avoua que le premier quart-d'heure elle en avoit été effrayée comme les autres; mais qu'après l'avoir vue et l'avoir entendue parler, cette surprise s'étoit changée en inclination. Elle nous dit que cette princesse faisant semblant de vouloir voir le portrait du Roi et de Monsieur que la Reine portoit au bras, elle lui avoit fait ôter son gant, et qu'elle lui avoit dit les choses du monde les plus jolies sur la beauté de ses mains, la louant de les avoir su louer sans s'embarrasser. Aussitôt que la reine de Suède se fut un peu reposée dans sa chambre, elle vint faire visite à la Reine, d'où on la mena à la Comédie italienne. Elle la trouva fort mauvaise, et le dit librement. On l'assura que les comédiens avoient accoutumé de mieux faire. Elle répondit froidement qu'elle n'en doutoit pas, puisqu'on les gardoit. Après cela on la mena dans sa chambre, où elle fut servie par les officiers du Roi. Il fallut qu'on lui donnât jusqu'à des valets de chambre pour la servir et pour la déshabiller, car elle étoit seule, et n'avoit ni dames ni officiers, ni équipages, ni argent : elle composoit elle seule toute sa cour. Chanut, qui avoit été résident pendant son règne, étoit auprès d'elle, et deux ou trois hommes mal bâtis, à qui par honneur elle donnoit le nom de comtes. On pouvoit dire avec vérité qu'elle n'avoit personne; car, outre ces médiocres seigneurs, nous ne lui vîmes que deux femmes, qui ressembloient plutôt à des revendeuses qu'à des dames de quelque condition. Enfin je serois tentée, en faisant la description de cette princesse, de la comparer aux héroïnes des Amadis, dont les aventures étoient belles, dont le train étoit presque pareil au sien, et de qui la fierté avoit du rapport à celle qui paroissoit en elle. Je pense même, vu son équipage et sa pauvreté, qu'elle ne faisoit pas plus de repas et ne dormoit pas mieux que Marfise ou Bradamante, et qu'à moins d'arriver par hasard chez quelque grand roi comme le nôtre, elle ne faisoit pas souvent bonne chère. Le premier jour, elle observa de parler peu : ce qui paroissoit marquer en elle de la discrétion. Le comte de Nogent, selon sa coutume, s'empressant devant elle de dire de vieux contes, elle lui dit gravement qu'il étoit fort heureux d'avoir beaucoup de mémoire. Le cardinal Mazarin, le lendemain, l'alla visiter en camail, et tous les évêques la saluèrent en cérémonie. Ce jour elle parut avec un justaucorps de camelot de couleur de feu, et une jupe grise, l'un et l'autre chamarrés de passemens d'or et d'argent : sa perruque étoit frisée et poudrée; son teint, par le repos de la nuit, avoit quelque beauté ; ses mains étoient décrassées; et si elle eût été capable de se soucier des louanges, je crois qu'on lui en auroit pu donner en ce moment avec justice, car elle parut à tous plus aimable qu'elle ne le vouloit être. Elle vint voir la Reine le matin, et la Reine lui rendit sa visite aussitôt après dîné. La conversation y fut gaie, et dans plusieurs rencontres cette reine étrangère fit voir qu'elle étoit spirituelle et de bonne compagnie. Elle railla le chevalier de Gramont (1) sur la passion qu'il avoit alors pour madame de Mercœur, et ne l'épargna nullement sur le peu de reconnoissance qu'il en pouvoit espérer. De là elle fut à la chasse du sanglier, où le Roi la convia d'aller. Elle lui avoit dit néanmoins, quand il lui proposa d'y aller, qu'elle ne l'aimoit point, parce qu'elle étoit périlleuse, et qu'elle ne pouvoit souffrir qu'on s'exposât à quelque péril que pour acquérir de la gloire. Le soir, à la Comédie française, elle montra d'avoir l'ame passionnée : elle s'écria souvent sur les beaux endroits, paroissant sentir de la joie ou de la douleur, selon les différens sentimens qui étoient exprimés par les vers qui se récitoient devant elle ; puis comme si elle eût été toute seule dans son cabinet, se laissant aller sur le dos de sa chaise après ses exclamations, elle demeuroit dans une rêverie profonde. La Reine même ne l'en pouvoit tirer, quoique souvent elle voulût lui parler. Le soir, étant retirée avec quelques hommes de la cour, entre autres Comminges, qui n'étoit pas ignorant, ils parlèrent de beaucoup de choses, et ensuite de la fidélité qu'on devoit aux rois ; et quelqu'un lui disant que tous les honnêtes gens en avoient, elle répondit qu'en tous les pays cela étoit vrai, mais qu'elle avoit remarqué qu'en France ce n'étoit pas un défaut que d'y manquer, et qu'il étoit commun parmi les personnes de mérite et de qualité. Enfin cette journée lui attira

---

(1) *Le chevalier de Gramont :* Philibert, chevalier, puis comte de Gramont.

beaucoup d'approbation : et chez la Reine, ce même soir, on ne parla que d'elle. Plusieurs de nos rudes railleurs avoient eu le dessein de la tourner en ridicule, et d'accabler par là ceux qui si légèrement l'avoient encensée; mais ils ne purent alors en trouver les moyens, soit par son mérite ou par la hauteur qu'elle eut pour eux, ou soit enfin parce qu'elle fut soutenue par l'estime que le ministre témoigna d'en faire, et par la bonne réception du Roi et de la Reine. Le peu de temps qu'elle demeura à la cour lui fut favorable : car ses défauts, qui étoient grands, furent offusqués par les belles et brillantes qualités qui étoient en elle, et par le plaisir de la nouveauté, qui est d'un grand prix dans le cœur des hommes. Nous lui verrons bientôt perdre honteusement tous ces avantages : car comme les rois sont exposés au public, et que ce qu'ils ont de bon les rend célèbres, de même leurs défauts savent en peu de temps détruire ou diminuer leur réputation.

Le 18 septembre, les Reines furent à une tragédie des jésuites, dont celle de Suède se moqua hardiment. Le lendemain, le Roi lui donna un festin royal, qui fut comme de tels repas ont accoutumé d'être, où la profusion fatigue plus l'esprit qu'elle ne nourrit le corps. Peu après cette incommode cérémonie, il arriva un courrier qui apprit au Roi et à la Reine la prise de Valence par le duc de Mercœur : la reine étrangère vint aussitôt s'en réjouir avec la nôtre d'une manière si libre, qu'il sembloit qu'elle y prît une grande part. Elle trouva la Reine jouant aux cartes : elle s'assit auprès d'elle; et s'appuyant nonchalamment sur la table, il parut qu'elle s'occupa agréablement à regarder les belles mains de la Reine. Elle les loua, et lui dit d'un air galant qu'elle estimeroit son voyage de Rome en France bien employé, quand elle n'auroit point eu d'autre avantage que celui de voir en cela seulement la plus belle chose du monde.

Nogent, qui parloit toujours, voulut lui dire qu'on avoit remarqué dans l'histoire qu'il y avoit cent ans que Valenciennes et Valence (1) avoient été assiégées par les Français; que l'une n'avoit pu être prise, et l'autre l'avoit été. Après l'avoir écouté, elle souhaita que, dans ce même terme, les mêmes personnes en pussent faire autant; et, se tournant vers Nogent, lui dit : « Et que vous, M. de Nogent, eussiez encore
« votre casaque feuille-morte, et fissiez les mêmes
« contes que vous faites à présent; car, à vous dire le
« vrai, j'aimerois mieux les entendre dans cent ans
« qu'à cette heure. » Ce qui fit qu'elle le poussa toujours de même force fut qu'on lui avoit dit qu'il avoit voulu la mêler dans ses railleries.

Le lendemain le père Annat, confesseur du Roi, fut parler à la reine de Suède, sur quelques plaintes qu'elle avoit faites contre leur ordre : l'une étoit que le père général des jésuites ne l'avoit point été saluer à Rome; je ne me souviens pas des autres. Après les excuses que lui fit le révérend père, elle lui dit d'un ton moqueur, et avec cette brusque manière qui lui étoit naturelle, qu'elle seroit fâchée de les avoir pour ennemis, sachant leurs forces; et qu'elle

---

(1) *Valenciennes et Valence* : Turenne et le maréchal de La Ferté ayant entrepris le siége de Valenciennes, furent obligés de le lever le 16 juillet. Le duc de Modène et le duc de Mercœur prirent Valence sur le Pô le 16 septembre.

choisiroit plutôt d'avoir querelle avec un prince souverain qu'avec eux; que par cette raison elle vouloit bien être satisfaite, mais qu'elle l'assuroit qu'en cas de confession et de tragédie elle ne les choisiroit jamais : voulant leur reprocher par là qu'ils étoient accusés d'avoir une morale trop indulgente, et se moquer de la mauvaise tragédie où elle avoit été le jour précédent; mêlant ainsi le burlesque avec le sérieux, afin de se venger de l'offense qu'elle croyoit avoir reçue de leur compagnie.

Cette princesse gothique témoignoit estimer l'esprit et la capacité du cardinal, et lui de même paroissoit avoir beaucoup de vénération pour elle. Son extérieur, à qui en eût voulu juger à son désavantage, étoit digne de risée et de moquerie ; quasi toutes ses actions avoient quelque chose d'extravagant, et on pouvoit avec justice la blâmer, comme on pouvoit avec sujet la louer extrêmement. Elle ne ressembloit en rien à une femme, elle n'en avoit pas même la modestie nécessaire : elle se faisoit servir par des hommes dans les heures les plus particulières; elle affectoit de paroître homme en toutes ses actions; elle rioit démesurément quand quelque chose la touchoit, et particulièrement à la Comédie italienne, lorsque par hasard les bouffonneries en étoient bonnes : elle éclatoit de même en louanges et en soupirs, comme je l'ai déjà dit, quand les sérieuses lui plaisoient. Elle chantoit souvent en compagnie; elle rêvoit, et sa rêverie alloit jusqu'à l'assoupissement : elle paroissoit inégale, brusque et libertine en toutes ses paroles, tant sur la religion que sur les choses à quoi la bienséance de son sexe l'obligeoit d'être retenue : elle juroit le nom de Dieu, et son libertinage s'étoit répandu de son esprit dans ses actions. Elle ne pouvoit demeurer long-temps en même place. En présence du Roi, de la Reine et de toute la cour, elle appuyoit ses jambes sur des siéges aussi hauts que celui où elle étoit assise, et les laissoit voir trop librement : elle faisoit profession de mépriser toutes les femmes, à cause de leur ignorance, et prenoit plaisir de converser avec les hommes sur les mauvaises matières, de même que sur les bonnes : elle n'observoit nulle règle de toutes celles que les rois ont accoutumé de garder, à l'égard du respect qu'on leur porte. Ses deux femmes, toutes hideuses et misérables qu'elles étoient, se couchoient sur son lit familièrement, et faisoient avec elle à moitié de tout. Cependant la Reine, qui étoit au contraire la plus régulière personne du monde, trouvoit des charmes dans l'agrément de son visage, et dans la manière libre de toutes ses actions. En effet il étoit difficile, quand on l'avoit bien vue et surtout écoutée, de ne lui pas pardonner toutes ses irrégularités, particulièrement celles qui ne paroissoient point essentiellement blâmables. Cette douceur et cet agrément étoient mêlés d'une rude fierté, et la politesse si naturelle à notre nation ne se rencontroit point en elle. Quelques-uns dirent qu'elle ressembloit à Fontainebleau, dont les bâtimens sont beaux et grands, mais qui n'ont point de symétrie. Elle partit de Compiègne le 23 de septembre ; la Reine la fut conduire à deux lieues de là, et ces deux princesses se séparèrent avec quelques marques d'attendrissement. Le marquis de Saint-Simon la traita à Senlis, et M. et madame Du Plessis la reçurent à leur belle maison du Fresnes, avec une magnificence extraordinaire. Passant à un certain bourg proche de ce lieu, elle voulut voir une demoiselle qu'on appeloit Ninon (1), célèbre par son vice, par son libertinage et la beauté de son esprit. Ce fut à elle seule, de toutes les femmes qu'elle vit en France, à qui elle donna quelques marques d'estime. Le maréchal d'Albret (2) et quelques autres en furent cause, par les louanges qu'ils donnèrent à cette courtisane de notre siècle. De là cette amazone suédoise prit des carrosses de louage que le Roi lui fit donner, et de l'argent pour les pouvoir payer : elle s'en alla, suivie seulement de sa chétive troupe, sans train, sans grandeur, sans lit, sans vaisselle d'argent, ni aucune marque royale. Son dessein fut de retourner à Rome et de passer par la Savoie, où elle reprit son personnage de reine : elle y reçut aussi beaucoup d'honneurs.

L'armée du Roi ayant alors assiégé La Capelle, le Roi et le cardinal Mazarin partirent le lendemain pour aller à La Fère donner ordre aux affaires de la guerre. La Reine demeura à Compiègne, pour attendre en ce lieu le retour du Roi. M. de Turenne commandoit

---

(1) *Ninon* : Anne de Lenclos, connue sous le nom de Ninon. Ce fut dans une conversation avec la reine de Suède que Ninon qualifia les précieuses de *jansénistes d'amour*. Christine chercha, mais en vain, à s'attacher cette femme, qu'elle appeloit l'*illustre Ninon*. Elle auroit voulu en faire son amie. — (2) *Le maréchal d'Albret* : César-Phébus, connu d'abord sous le nom de Miossens. Il fut l'un des amans de Ninon. Saint-Evremond parle ainsi de lui dans une pièce de vers :

Un maréchal, l'ornement de la France,
Rare en esprit, magnifique en dépense.

Madame de Cornuel le jugeoit plus sévèrement, et disoit que c'étoit *un grand faiseur de galimatias*.

l'armée du Roi devant La Capelle; et les ennemis, la voyant assiégée, avoient quitté Saint-Guilain pour venir la secourir, ou pour donner bataille. Ils étoient venus se camper, avec toutes leurs forces, à deux lieues de l'armée; et M. de Turenne, bien loin de paroître les craindre, fit aplanir les tranchées de leur côté, afin que s'ils venoient l'attaquer, il pût avoir une plus belle place pour combattre; mais ne voulant pas que la ville assiégée l'amusât davantage, il fit savoir aux assiégés que s'ils ne se rendoient le lendemain, ils n'auroient plus de quartier. Celui qui y commandoit, nommé Chamilly, qui étoit à M. le prince, trouva plus à propos de lui obéir que de se mettre à ce hasard. Le 27, la place se rendit au Roi à la vue de l'armée ennemie, qui eut la honte de lever le siége de Saint-Guilain, et de ne pas faire lever celui de La Capelle, dont la prise étoit capable de réparer le malheur de Valenciennes; mais ce qui restoit d'ennemis au ministre, quoique cachés et honteux, ne célébroient pas nos victoires avec la même joie qu'ils sentoient nos pertes, et ne faisoient pas tant de bruit des biens que des maux. Cette iniquité s'est pratiquée dans tous les temps : car naturellement les hommes ont plus de pente à blâmer ceux qui gouvernent qu'à leur donner des louanges; et même j'ose dire que chaque particulier, à l'égard de ceux avec qui la société civile l'engage, se laisse aller à cette malice. Il n'y a point de bonté dans l'homme; du moins elle est rare.

On disoit alors que M. le prince avoit fait ce qu'il avoit pu pour faire résoudre les Espagnols à donner bataille, mais que don Juan d'Autriche ne l'avoit pas voulu. Ainsi notre victoire fut grande, et nullement périlleuse. Le vicomte de Turenne, en cette occasion comme en toutes les autres, continua de montrer que ce n'étoit pas sans raison qu'il étoit estimé un des premiers et des plus grands capitaines de notre siècle.

Le Roi, après avoir tardé quelques jours à Guise, et vu de ce poste la prise de La Capelle, joignit son armée, et alla en personne conduire un convoi à Saint-Guilain, où l'on mit des vivres en grande quantité, avec tout ce qui est nécessaire à une place de guerre pour bien soutenir un siége. Cette action se fit à la vue des ennemis, dont l'armée ne parut point, quoiqu'elle fût proche de celle du Roi. Ce fut une chose honorable au ministre d'avoir en si peu de temps rétabli la réputation des armées du Roi, et remis ses troupes en état d'emporter des victoires sur ceux qui paroissoient les maîtres de la campagne. Ensuite de cette expédition, il ramena le Roi à la Reine sa mère, qui l'attendoit avec impatience. Il arriva le 6 octobre; et toute la cour étant rejointe ensemble à Compiègne, elle en partit deux jours après pour aller à Paris, où l'autorité du Roi se rétablissoit toujours de plus en plus, et où les personnes les plus gâtées étoient contraintes d'avouer du moins que le ministre étoit heureux.

Le cardinal, à son retour à Paris, fit donner un arrêt du conseil d'Etat qui cassoit ceux du parlement contre ledit conseil; et par là il fit voir à cette compagnie qu'il étoit temps qu'elle s'humiliât sous le joug de la puissance légitime de son Roi. Il débrouilla mille embarras que l'absence du cardinal de Retz lui donnoit touchant le gouvernement de l'Eglise de Paris, qui, pour la sûreté des consciences, devoit être légitime, et ne le pouvoit être que sous l'autorité de son archevêque ; mais il sut, malgré les intrigues qui se faisoient sous ce prétexte, en trouver les moyens tels qu'il les falloit pour satisfaire le public et contenter les bonnes ames qui ne cherchoient que la paix et leur salut, et empêcher que le cardinal de Retz ne pût troubler, par l'autorité canonique, le repos de l'Etat.

Le cardinal Mazarin, bientôt après son dernier retour, avoit fait venir en France deux de ses sœurs, madame de Martinozzi et madame de Mancini, toutes deux vertueuses femmes. La première se vit mère de deux princesses, de madame la princesse de Conti et de madame de Modène. L'autre, madame de Mancini, étoit mère de madame de Mercœur, de mademoiselle de Mancini que le Roi aimoit alors, et de trois de ses sœurs qui étoient arrivées en France avec elle en 1653, avec un fils qui lui étoit resté. Madame de Martinozzi, après le mariage de la princesse de Conti et de madame de Modène, étoit retournée en Italie, et madame de Mancini étoit restée en France auprès de la Reine, estimée de toute la cour par sa douceur et sa vertu, vivant d'une vie retirée, et qui ne se mêloit d'aucunes affaires que de gouverner sagement sa famille. Cette dame mourut encore jeune, sur la fin de l'année [le 19 décembre], au grand regret du cardinal Mazarin son frère. Il l'assista à la mort, et il parut en cette occasion qu'il étoit touché de piété à l'égard de Dieu, et d'une grande tendresse pour sa sœur. En mourant, elle lui recommanda son fils et ses filles, et lui dit surtout qu'elle le prioit de mettre en religion sa troisième fille, qui s'appeloit Marie (1), parce que

(1) *Marie* : Après qu'Olympe sa sœur eut épousé le comte de Soissons, elle fut aimée du Roi. Elle épousa depuis le connétable Colonne.

celle-là lui avoit toujours paru d'un mauvais naturel, et que feu son mari, qui avoit été un grand astrologue, lui avoit dit qu'elle seroit cause de beaucoup de maux.

Son mari lui avoit aussi prédit qu'elle mourroit sur la fin de sa quarante-deuxième année; il avoit prédit la mort de son fils tué à la journée de Saint-Denis, et il avoit prédit sa propre mort au temps même qu'elle étoit arrivée : si bien que madame de Mancini, voyant qu'il avoit été véritable en tout ce qu'il avoit dit des autres, avoit appréhendé l'effet de la prédiction qui la regardoit; et, pendant toute cette année, elle avoit souvent dit qu'elle ne vivroit plus guère. Trois jours devant que de tomber malade, elle dit à ses femmes qu'elle commençoit à se réjouir et à espérer qu'elle ne mourroit pas, puisqu'elle n'avoit plus guère de jours à passer avant la fin du temps qui la menaçoit, et qu'elle se portoit bien; mais enfin elle tomba malade, et ne le fut qu'onze jours. Aussitôt qu'elle fut morte, le cardinal son frère dit qu'il falloit faire comme David, qui pria et pleura pendant la maladie de son fils, et qui joua de la harpe après sa mort, louant Dieu des arrêts de sa providence. Il parut ensuite aussi tranquille que s'il n'eût point eu d'affliction, et travailla tout le jour à faire ses dépêches.

Au commencement de l'année 1657, l'évêque de Montauban fit l'oraison funèbre de madame de Mancini dans l'église des Augustins, où le clergé de France, qui étoit alors assemblé, fit faire à sa mémoire un service solennel; et les louanges qui se donnèrent au nom Mazarin et Mancini y furent excessives. Madame de Mercœur, fille aînée de madame de Mancini, fut sensiblement touchée de sa mort.

Cette princesse étoit grosse quand elle la perdit; peu après, étant accouchée fort heureusement, elle mourut elle-même, sans avoir donné le loisir à ceux qui prenoient intérêt à sa vie d'appréhender sa mort. Elle étoit en couche de quelques jours seulement, lorsque tout d'un coup elle tomba paralytique de la moitié du corps, et perdit la parole. Le cardinal son oncle dans ce moment n'en fut point inquiet, parce que les médecins le vinrent trouver qui l'assurèrent que ce ne seroit rien. Cela fut cause qu'il ne laissa pas d'aller à un ballet que le Roi dansoit ce même jour; mais comme il en sortoit, on lui vint dire que madame de Mercœur se trouvoit beaucoup plus mal. Il y courut aussitôt, en se jetant dans le premier carrosse qu'il rencontra. En arrivant à l'hôtel de Vendôme, il trouva qu'elle se mouroit, et que, ne pouvant parler, elle ne put lui faire qu'un souris. Comme elle ne souffroit pas et qu'elle avoit encore de la connoissance, la mort ne fit point en elle les changemens effroyables qu'elle cause en tous les autres. Un beau vermillon que la fièvre lui donnoit avoit augmenté sa beauté naturelle. Elle étoit jeune, et avoit de l'embonpoint : le seul défaut qui étoit en elle étoit que, sans avoir la taille gâtée, elle ne l'avoit pas assez belle, en ce qu'elle étoit un peu entassée; mais ce défaut ne se voyant point dans le lit, j'ai ouï dire à ceux qui la virent en cet état qu'elle leur avoit paru la plus belle personne du monde; et sa beauté augmenta leur regret. Le cardinal en fut si touché, qu'il ne put se retenir d'en donner des marques très-fortes. Il fit des cris qui parurent procéder d'une douleur sensible. La perte de sa sœur lui étoit toute récente, et cette dernière vénant attaquer son cœur par une double affliction, il en fut accablé et entièrement abattu. Le monde injuste, qui refuse toujours sous de faux prétextes de donner son approbation aux meilleures choses, voulut que son chagrin procédât de quelques prophéties qu'on avoit faites contre lui. Beaucoup s'imaginèrent que madame de Mancini en mourant lui avoit annoncé des arrêts funestes contre sa propre vie, comme prononcés par la bouche de son mari, à qui on fit dire tout ce que l'on voulut.

Cette belle mourante madame de Mercœur, n'ayant été malade qu'un jour et une nuit, mourut le 8 de février, sensiblement regrettée de ses proches et de toute la cour; car la vertu et la beauté attirent la bonne volonté des hommes. Cette mort si prompte et si surprenante, qui paroissoit triompher d'une jeune princesse saine, belle, et nièce d'un favori si puissant, à qui toute la France étoit soumise, étonna les plus endurcis, fit faire des réflexions aux plus enjoués, et fut à tous un grand exemple de la vanité qui se trouve dans les grandeurs et dans les fausses joies de la terre.

Sur la fin du même mois, mademoiselle de Mancini, sœur de madame de Mercœur, et qui jusqu'alors avoit eu l'honneur d'occuper le cœur du Roi, quittant enfin ces flatteuses apparences qui ne la contentoient pas tout-à-fait, épousa le prince Eugène (1), fils du prince Thomas. Elle avoit aperçu que l'amitié du Roi n'étoit qu'un amusement, et même elle n'étoit

---

(1) *Le prince Eugène*: Eugène-Maurice de Savoie, comte de Soissons. Son père avoit épousé Marie de Bourbon, sœur du dernier comte de Soissons.

pas satisfaite de voir que le cardinal Mazarin son oncle, n'ayant point d'égard à sa fortune, négligeoit de la marier, et se servoit d'elle seulement pour conserver son crédit auprès du Roi, et le renfermer dans sa famille. Elle n'avoit pas beaucoup de complaisance pour le prince, dont elle sentoit que l'amitié diminuoit tous les jours envers elle, et craignoit que les petits chagrins et les dégoûts qui naissent des réflexions ne la fissent bientôt entièrement finir. Ce fut donc avec beaucoup de raison qu'elle souhaita de pouvoir profiter plus solidement de sa faveur, par le grand et glorieux établissement qu'elle trouva en la personne du prince Eugène, qui étant de la maison de Savoie par son père, petit-fils de Charles-Quint par sa grand'mère, et du sang de France par la princesse de Carignan sa mère, il étoit difficile qu'elle pût trouver un mari plus considérable, ni d'une plus grande naissance. Son bonheur fut grand en toutes façons; elle rencontra en ce prince un assez honnête homme, et surtout un bon mari: si bien qu'elle eut sujet de s'estimer heureuse. Madame la princesse de Carignan étoit fille du comte de Soissons, et son frère, le dernier comte de Soissons, l'avoit laissée héritière en partie de cette illustre maison, qui étoit une branche de celle de Bourbon. Le prince Eugène son fils prit le nom de comte de Soissons, et nous l'avons vu sous ce nom participer en quelque façon à la faveur du ministre, dont il avoit épousé la nièce, et assez aimé dans la cour. Le Roi la vit marier, sans douleur ni chagrin. Par cette indifférence, on connut visiblement que sa passion avoit été médiocre, et que les Français, du moins quelques-uns, avoient eu des inquiétudes bien mal fondées. La Reine aussi avoit toujours dit, à ceux qui lui en vouloient faire craindre l'événement, qu'il étoit ridicule d'imaginer seulement que le Roi fût capable de cette foiblesse, et avoit répondu fortement de la netteté des intentions de son ministre. Elle disoit qu'il n'y avoit rien à craindre de son ambition, et que l'amitié que le Roi avoit pour mademoiselle de Mancini étoit honnête, et sans soupçons qu'elle pût dégénérer en rien de mauvais. Un jour que ce mariage étoit résolu, la Reine, voyant le cardinal Mazarin et la princesse de Carignan parler ensemble de cette alliance, me dit en se tournant vers moi et me les montrant : « Ne vous l'avois-je pas « bien dit qu'il n'y avoit rien à craindre de cet atta- « chement ? »

Le cardinal, après le mariage de madame la comtesse de Soissons, malgré les prières de sa sœur mourante, mit sur le théâtre de la cour la troisième des sœurs Mancini, qu'il retira des filles de Sainte-Marie, où elle avoit été quelque temps. Il voulut donner en elle et en sa sœur Hortense, qui étoit parfaitement belle, une compagnie au Roi qui pût lui être agréable. La plus âgée, nommée Marie, cadette de la comtesse de Soissons, étoit laide. Elle pouvoit espérer d'être de belle taille, parce qu'elle étoit grande pour son âge, et bien droite ; mais elle étoit si maigre, et ses bras et son col paroissoient si longs et si décharnés, qu'il étoit impossible de la pouvoir louer sur cet article. Elle étoit brune et jaune : ses yeux qui étoient grands et noirs, n'ayant point encore de feu, paroissoient rudes ; sa bouche étoit grande et plate ; et hormis les dents, qu'elle avoit très-belles, on la pouvoit dire alors toute laide. Sa qualité d'aînée fit néanmoins que le Roi préféra de s'amuser à elle plutôt qu'à sa sœur Hortense, parce que celle-là étoit encore enfant, et que les personnes de l'âge où étoit le Roi alors haïssent naturellement les petites filles, à cause qu'elles ont quelque rapport à cet état dont ils ne font que de sortir, et qui leur paroît méprisable. Cette préférence fut pour quelque temps si médiocre, qu'elle ne pouvoit pas être comptée pour quelque chose. Il ne voyoit plus si souvent madame la comtesse de Soissons, et il ne paroissoit pas que cela lui fît aucune peine : au contraire, ce nouvel amusement le délivroit des picoteries continuelles d'une personne qu'il avoit aimée. Le Roi étoit dans cet état d'indifférence, lorsque tout d'un coup il parut amoureux d'une jeune fille que la Reine avoit prise depuis peu, nommée de La Motte d'Argencourt. Elle n'avoit ni une éclatante beauté, ni un esprit fort extraordinaire ; mais toute sa personne étoit aimable. Sa peau n'étoit ni fort délicate, ni fort blanche ; mais ses yeux bleus et ses cheveux blonds, avec la noirceur de ses sourcils et le brun de son teint, faisoient un mélange de douceur et de vivacité si agréable, qu'il étoit difficile de se défendre de ses charmes. Comme, à considérer les traits de son visage, on pouvoit dire qu'ils étoient parfaits, qu'elle avoit un très-bon air et une fort belle taille, qu'elle avoit une manière de parler qui plaisoit, et qu'elle dansoit admirablement bien, sitôt qu'elle fut admise à un petit jeu où le Roi se divertissoit quelquefois les soirs, il sentit une si violente passion pour elle, que le ministre en fut inquiet. Il ne voulut pas montrer ses sentimens au Roi, mais il entra dans ceux de la Reine, à qui cette inclination donna une extrême peur qu'elle ne le portât à offenser Dieu. Elle s'y opposa fortement, et le gronda fort, un soir qu'il demeura trop long-temps à causer avec cette fille. Le Roi reçut avec bonté et respect la réprimande de la Reine ; mais il lui dit tout bas qu'il la supplioit de ne lui pas montrer ce chagrin devant tout le monde, parce qu'elle faisoit voir par là au public qu'elle désapprouvoit ses actions. Le cardinal au contraire disoit au Roi, pour s'insinuer dans ses bonnes grâces, que la Reine sa mère avoit trop de rigueur, qu'elle étoit scrupuleuse, et qu'il faisoit bien de se divertir et de s'amuser. A la fin il fallut qu'il montrât, aussi bien que la Reine, ses sentimens ; car cette passion, prenant chaque jour de grandes forces, devint en peu de temps extrême. Le Roi un jour parla à mademoiselle de La Motte comme un homme amoureux qui n'étoit plus sage ; il lui offrit même, si elle vouloit l'aimer, qu'il résisteroit à la Reine sa mère et au cardinal ; mais elle n'ayant point voulu, ou n'ayant osé entrer dans ces propositions qu'elle voyoit choquer directement la vertu, dont les maximes ne s'effacent pas d'un cœur qui a de l'honnêteté, refusa tout ce qui pouvoit être contre son devoir. La Reine, qui étoit très-chèrement aimée du Roi son fils, sut par lui-même l'état de son ame ; car la douceur et l'amour d'une si bonne mère l'obligea à une telle confiance envers elle, qu'il ne put pas d'abord lui cacher ses sentimens ; et quoiqu'elle fût sa partie, elle ne laissa pas d'être sa confidente. Cette princesse ne manqua pas de lui faire voir le danger où il étoit d'offenser Dieu : elle lui fit remarquer, à ce qu'elle me fit l'honneur de me dire, combien en peu de temps il s'étoit écarté des sentiers de l'innocence et de la vertu; et le Roi, touché d'un véritable sentiment de chrétien sans que la timidité y eût part, dit lui-même à la Reine, qu'il se sentoit fort différent de ce qu'il avoit accoutumé d'être, et qu'il croyoit être obligé en conscience de s'éloigner des occasions du crime. Cette résolution ne se forma pas en lui sans peine: il gémit, il soupira, mais enfin il vainquit. Il se confessa, et pria lui-même la Reine que ce pût être dans son oratoire, afin que personne ne le sût; puis il alla faire un petit voyage à Vincennes, où il remporta sur ses propres désirs une victoire plus grande et plus louable que celle dont les plus vaillans se glorifient. Je ne doute point que ce sacrifice n'attire sur le reste de sa vie la bénédiction divine, et que, dans les mêmes occasions où sa vertu peut être affoiblie par la perte de l'innocence, il ne reçoive une force intérieure dont la source se trouvera dans cette première grâce.

Le Roi, après avoir triomphé de lui-même, revint à Paris, en résolution de ne plus parler à cette fille. Il le fit; mais il arriva deux jours après qu'étant au bal, mademoiselle de La Motte alla prendre le Roi pour danser. En ce même moment, n'étant pas encore tout-à-fait fortifié, on remarqua qu'il devint pâle, et ensuite fort rouge; et la fille conta depuis à ses amies que la main du Roi lui trembla tout le temps qu'il tint la sienne. Le cardinal, pour le secourir, lui dit que mademoiselle de La Motte avoit abusé de ses secrets, qu'elle avoit conté tout ce qu'il lui avoit dit à ses amies, et peut-être à quelqu'un de ses amans, et que par là il lui sembloit qu'elle étoit indigne de ses bonnes grâces. Il est vrai que la mère de mademoiselle de La Motte, pour faire sa cour, avoit fait dire au cardinal ce que le Roi avoit dit à sa fille, croyant par cette soumission pouvoir obtenir du ministre qu'il consentiroit que le Roi demeurât son amant, et fît sa fortune. Mademoiselle de La Motte, à ce qu'elle m'a depuis dit elle-même, n'eut nulle part à cette harangue; mais le ministre, qui ne vouloit point de compagnon ni de compagne, fit servir cette fausse confidence à ses desseins, qui lui réussirent, parce que la vertu de la Reine et la véritable piété du Roi furent ses seconds pour le faire vaincre en ce combat. Dans le même temps, la femme de l'amant qui avoit prévenu son cœur, ayant conçu une jalousie furieuse de son mari, fit entrer sa mère dans ses sentimens, pria la Reine d'éloigner mademoiselle de La Motte de la cour, et de l'envoyer dans le couvent des filles de Sainte-Marie de Chaillot, où, quoiqu'elle ne se fût pas retirée par son choix, détrompée de la vanité de la cour et de la passion qu'elle avoit eue pour cet amant, qu'elle trouva n'avoir pas fait ce qu'il devoit en cette occasion, elle est demeurée volontairement, et s'est fait une vie fort tranquille et fort heureuse.

Alors mourut Pomponne de Bellièvre, premier président au parlement de Paris, illustre par le poste qu'il tenoit, par sa réputation, par ses amis, et par une habile modération accompagnée de fermeté, dont il usoit avec beaucoup d'art et de finesse. Il étoit, comme je l'ai déjà dit, craint à la cour et considéré dans sa compagnie. Il agissoit si sagement dans la conduite des affaires générales, qu'il donnoit des chagrins au ministre, sans lui donner aucun juste sujet de se plaindre de lui. A l'égard de ceux dont il étoit le chef, il donnoit de la force au foible, et savoit corriger l'emportement des esprits violens. Il étoit éloquent, il aimoit les plaisirs : sa maison étoit un lieu rempli de toutes sortes de délices pour les voluptueux ; la magnificence, la bonne chère et la musique y pouvoient accompagner gaiement les sérieux raisonnemens de la politique : et toutes ces choses plaisoient à ceux qui, avec les divertissemens, y cherchoient de l'appui et du secours. Ces mêmes qualités, selon les règles de la vertu, lui pouvoient avec justice attirer beaucoup de blâme ; car la véritable occupation d'un bon juge est de rendre la justice à ceux qui la demandent. Celui-là, étant rempli de la gloire et du faste du monde, n'étoit point laborieux : il n'étoit pas même estimé savant, et sa vie avoit quelque chose de scandaleux. On voyoit d'ordinaire chez lui une mère et une fille qui paroissoient les maîtresses de la maison, ou plutôt de celui qui en étoit le maître : si bien qu'on peut dire de lui qu'il a été peut-être plus loué qu'il ne le méritoit en effet, mais qu'enfin il étoit, selon les fausses maximes des mondains, un honnête homme. Par ces mêmes raisons, sa mort fut agréable à celui qui le craignoit trop pour le pouvoir regretter.

Tous les événemens de la cour étoient alors à la gloire du ministre. Le duc d'Orléans, pour l'augmenter, fut par son moyen remis aux bonnes grâces du Roi et de la Reine. Il vint à Paris, où il fut reçu du Roi avec bonté : il fut visité des courtisans sans empressement, et des compagnies souveraines par devoir ; mais comme il avoit eu sur elles un crédit fort grand, mais fort inutile, sa présence ne fut nullement célébrée. Il montra, par la manière dont il traita le ministre, qui lui fut rendre ses respects au Luxembourg, qu'il reconnoissoit sa puissance et la force de sa destinée, ou, pour mieux dire, celle du souverain auteur dont les justes arrêts élèvent et abaissent ceux qu'il lui plaît. Ce prince, dans sa retraite à Blois, s'étoit pieusement soumis aux volontés divines : il étoit devenu dévot, sa vie étoit exemplaire, il avoit ses heures de retraite et de prières, il ne jouoit plus, et jamais prince n'a plus goûté le repos que lui. Sa piété seroit entièrement estimable, si sa paresse n'avoit point eu quelque petite part à sa vertu, et si son tempérament, ennemi de l'embarras et des grands desseins, n'avoit pas été comme le sauvageon sur lequel Dieu avoit enté son amour et sa grâce. L'intrigue et l'ambition de ceux qui avoient été ses favoris l'avoient souvent embarqué dans la révolte et dans les conspirations qui s'étoient faites, du temps du feu Roi son frère, contre le ministre de ce temps-là. Les malheurs de la reine Marie de Médicis sa mère, et les mauvais conseils qu'on lui avoit donnés, y avoient eu plus de part que son inclination naturelle ; car on peut dire que personne n'a plus aimé le repos que lui, et que personne n'en a eu si peu, n'ayant proprement joui de cette paix intérieure qui le donne que dans ses dernières années, qui sont celles de sa retraite, où il a rencontré son salut et son bonheur. Il sembla qu'il n'étoit venu à Paris que pour voir cet homme qu'il avoit voulu chasser du royaume, et pour lui avoir l'obligation de son raccommodement avec le Roi et la Reine ; car il s'en retourna peu après dans sa solitude, qui lui étoit devenue plus chère que la grosse sour qu'il avoit eue au Luxembourg.

Ce grand prince, oncle du Roi, qu'on avoit vu dans ses premières années héritier présomptif de la couronne, et qui en avoit été déclaré lieutenant général dans les dernières, ayant reconnu l'autorité souveraine du ministre, les autres princes, le parlement, et enfin toute la France n'eut plus de honte de s'y soumettre. Ce fut alors qu'on peut dire qu'il triompha de tous ses ennemis; et il eût été le plus glorieux homme du monde s'il se fût contenté d'abattre ceux qui lui avoient résisté, et de jouir paisiblement de l'excès de grandeur où la fortune l'avoit porté, sans vouloir détruire la puissance légitime de celle qui l'avoit soutenu si hautement, comme il fit aussitôt qu'il se vit rétabli dans sa première place : car il réunit tout d'un coup en sa personne l'autorité de la mère et du fils, et se rendit le tyran de leurs volontés plutôt que le maître. Il devint la seule idole des courtisans, il ne voulut plus que personne s'adressât à d'autres qu'à lui pour demander des grâces, et s'appliqua avec soin à éloigner d'auprès du Roi tous ceux qui avoient été mis par la Reine sa mère. La Porte, à qui elle avoit fait donner une charge de premier valet de chambre du Roi, pour le récompenser de sa fidélité à son service et des persécutions qu'il avoit souffertes pour elle du temps du cardinal de Richelieu, fut obligé de s'en défaire. Il me dit qu'il croyoit que mon frère ne seroit pas long-temps sans se sentir du malheur de la destinée de toutes les créatures de la Reine ; car il me conta que le cardinal, entrant un jour dans la chambre du Roi, qui étoit couché pour une légère indisposition, et voyant que mon frère lui lisoit quelque chose auprès de son lit (peut-être étoit-ce le roman de Scarron) pour le divertir, il avoit remarqué qu'il en avoit eu du chagrin, blâmant cela comme si c'eût été un grand crime. La Reine lui avoit donné la charge de lecteur de la chambre, et le Roi la lui faisoit exercer fort souvent, particulièrement dans les voyages et lorsqu'il gardoit le lit. Il lui faisoit quelquefois les soirs chanter des dialogues avec La Chenaie, gentilhomme de la manche; et, dans les concerts de guitare qu'il faisoit quasi tous les jours, il lui donnoit une partie à jouer avec Comminges, capitaine des gardes de la Reine, et il lui faisoit des questions, même dans son étude : ce qui aida à porter M. de Rhodes son précepteur, quand le Roi fut plus avancé en âge, d'empêcher que personne n'entrât plus dans l'étude, pas même le maréchal de Villeroy ni le lieutenant général des gardes, comme n'étant plus une étude, mais une conversation particulière, après laquelle il montoit aussitôt chez le cardinal pour lui en rendre compte, à cause de sa qualité de surintendant de l'éducation royale. Mais ce qui lui déplut davantage fut que les premiers jours que le Roi entra au conseil, comme il s'y ennuyoit assez souvent, une fois il vint entr'ouvrir la porte de la chambre, où il n'y avoit que la Reine et lui avec le ministre, pour voir qui étoit dans le vestibule, où ayant vu mon frère, il lui fit signe, et lui dit d'entrer et de le suivre dans le cabinet des bains, où on ne pouvoit entrer alors que par là, soit pour lui parler d'un dessein de ballet, pour accorder sa guitare, ou lui lire quelque bagatelle : de sorte qu'il demeura seul avec lui tout le temps que le conseil dura. Ce qui lui arriva encore une fois ou deux, et quelques autres fois avec son maître à dessiner et d'autres de sa petite cour, avant le conseil, où il alloit et venoit de temps en temps. La Reine me témoigna alors qu'elle étoit bien aise que le Roi s'accommodât si bien de mon frère, ayant bonne opinion de sa sagesse; mais comme il avoit eû cette charge sans la participation du cardinal qui ne m'aimoit pas, il ne manqua pas de représenter au Roi qu'il ne falloit pas qu'il se familiarisât avec personne jusqu'à ce point, et qu'il parût qu'il quittoit le conseil pour s'amuser à des bagatelles; et fit si bien que tous mes amis furent d'avis que mon frère s'absentât pour quelque temps, et la Reine me le conseilla elle-même. C'est ce qui me fit résoudre d'écouter les propositions qu'on m'avoit faites de vendre cette charge qui ne lui avoit rien coûté, mais qui lui donneroit plus de chagrin que de plaisir, et dont il ne tireroit aucun avantage tant que le cardinal, qui étoit pour vivre long-temps, gouverneroit.

Environ dans ce même temps, madame de Senecçay ayant envie d'avoir la survivance de sa charge de dame d'honneur pour la comtesse de Flex sa fille, en parla à la Reine. Cette princesse, qui n'étoit pas trop satisfaite du désir trop âpre que son ministre faisoit paroître depuis son retour d'être le seul qui pouvoit tout édifier et tout détruire, et qui étoit bien aise que cette affaire réussît, trouva qu'il étoit à propos qu'elles allassent le prier de lui en parler. La mère et la fille le firent. Il fut fort content de leur soumission : il en vint faire la demande à la Reine, et la chose fut bientôt conclue; mais ce ne fut pas sans nous moquer ensemble de la folie et de la malice des hommes, qui par des voies obliques et corrompues s'écartent souvent du droit chemin, comme faisoit le cardinal, qui ne devoit pas agir de cette manière avec celle qui l'avoit choisi pour le mettre sur le pinacle, et qui l'y avoit maintenu par le passé, et étoit fort résolue de l'y maintenir encore à l'avenir: n'y ayant aucune apparence ni aucune raison de changer un ministre, quoique défectueux, qui lui étoit redevable de toute sa grandeur, pour un autre qui le seroit peut-être davantage, et qui croiroit ne devoir son bonheur qu'à son savoir faire, et au dégoût qu'elle auroit eu de celui qu'elle abandonneroit. La comtesse de Flex fut vue dans cette place, non-seulement avec l'agrément de la Reine qui l'aimoit et estimoit, mais aussi avec l'approbation générale, à cause de son mérite et de sa vertu. Mais ces particularités, dont elle m'avoit fait part, font assez connoître que ce ministre étoit revenu à la cour moins reconnoissant qu'il ne le devoit être envers une bienfaitrice qu'il savoit bien n'être pas de l'humeur de Marie de Médicis.

Jusque là il n'avoit jamais vu d'intrigues dans notre cour qui lui pussent donner aucune inquiétude : c'est pourquoi, s'il avoit envie de prendre des mesures pour se maintenir auprès du Roi son fils, c'étoit plutôt avec la Reine sa mère que contre elle. Cependant il n'étoit pas toujours de son sentiment sur beaucoup de choses. Il savoit que le Roi avoit paru capable d'avoir inclination pour quelques gens : par exemple, il en avoit eu quelque temps pour Fouilloux ; ensuite il en avoit eu une plus forte pour Mancini son neveu ; et pour lors il sembloit avoir quelque penchant pour le prince de Marsillac, fils du duc de La Rochefoucauld, qui avoit des amis, et auquel Vardes, qui avoit beaucoup d'esprit et étoit capable d'intrigue, s'étoit lié. Le comte de Soissons, le comte de Guiche, Villequier et l'abbé Fouquet, qui composoient une autre cabale, voulant s'opposer à la faveur naissante du prince de Marsillac, tâchoient de le pousser en toutes occasions. Le cardinal Mazarin, soutenant ceux qui étoient attachés au comte de Soissons son neveu, et ne pouvant consentir que le Roi eût la liberté de bien traiter personne sans sa permission, le voulut obliger à témoigner plus d'indifférence au prince de Marsillac. La Reine prit son parti, non-seulement par la bonne opinion qu'elle avoit de lui, mais par la crainte qu'elle avoit du comte de Guiche (1), agréable de sa personne, savant, plein d'esprit, mais qui, étant fort persuadé de sa capacité, affectoit de paroître avoir moins de religion qu'il n'en avoit peut-être en effet : ce qui diminuoit l'estime que toutes ses bonnes qualités lui faisoient mériter. Son plus grand attachement sembloit néanmoins être pour Monsieur, qui témoignoit l'aimer ; mais la Reine me fit l'honneur de me dire qu'elle lui avoit conseillé comme son amie, et commandé comme sa mère, de le voir rarement, et de ne lui pas donner trop de marques de bonne volonté et de préférence. Langlade eut ordre en ce temps-là de se défaire de sa charge de secrétaire du cabinet ; et Carnavalet qui avoit été page de la Reine, et auquel elle avoit fait avoir une charge de lieutenant des gardes du corps, après avoir été quelque temps à la Bastille fut obligé de s'en aller dans son pays, d'où

(1) *Le comte de Guiche:* Armand de Gramont.

il revint quelque temps après la mort du cardinal Mazarin.

Madame de Montbazon étoit aussi revenue à Paris depuis quelque temps, mais avec des sentimens fort différens de ceux qui obligeoient M. le duc d'Orléans d'en partir. Elle étoit encore belle, et aussi enchantée de la vanité que si elle n'avoit eu que vingt-cinq ans. Elle n'avoit point encore eu la permission de revoir la Reine; mais, sous quelque prétexte, elle avoit eu celle de son retour à Paris. Elle y trouva les mêmes charmes, car elle y revint avec les mêmes désirs de plaire; et ceux qui la virent m'assurèrent que le deuil qu'elle portoit alors comme veuve, et qu'elle accompagnoit de tous les agrémens que l'amour propre lui pouvoit suggérer, la rendoit si belle qu'en elle on pouvoit dire que l'ordre de la nature se trouvoit changé, puisque beaucoup d'années et de beauté se pouvoient rencontrer ensemble. Dans cet état, la mort, qui ne respecte personne, la vint surprendre; et une maladie, qui ne parut qu'un rhume, l'ôta du monde en peu de temps. Elle fut peu regrettée de la Reine, car souvent elle avoit abandonné ses intérêts pour suivre ses caprices. Le ministre vit sa mort avec les sentimens qu'on a pour ses ennemis. Ses anciens amans la regardèrent avec mépris; et ceux qui l'aimoient encore n'en furent pas touchés, parce que chacun, jaloux de son rival, laissa les larmes et la douleur en partage au duc de Beaufort, qui en étoit alors le mieux aimé. Les femmes sérieuses, et qui avoient fait profession de vertu et de piété, y trouvèrent qu'elles avoient de grandes grâces à rendre à Dieu de leur avoir fait haïr la vanité; et les coquettes eurent sujet de craindre la même destinée, c'est-à-dire une fin de la vie sans fruit, et sans avoir rien profité à l'égard de l'éternité. Cette illustre mondaine n'eut que trois heures à se préparer à ce grand voyage : il parut néanmoins qu'elle les employa bien. Elle se confessa, et reçut tous les sacremens avec beaucoup de marques de piété, et de repentir de n'avoir pas suivi des maximes plus solides et plus chrétiennes : disant à sa fille l'abbesse de Caen, qui alors se trouva là auprès d'elle, qu'elle étoit fâchée de n'avoir pas été toujours comme elle dans un cloître, et que, sentant approcher l'heure de son jugement, elle avoit de l'horreur de sa vie passée. Ce regret peut faire espérer que la grâce aura réparé toutes les foiblesses de sa vie ; mais enfin que reste-t-il de cette beauté qui avoit reçu tant de louanges, et que les hommes avoient idolâtrée, qu'un juste mépris de son néant ? Ne peut-on pas dire de cette dame ce que le prophète remarque dans ses psaumes, parlant des hommes qui ont suivi la volupté : *J'ai vu le pécheur élevé comme le cèdre du Liban ; mais je suis repassé, et il n'y étoit plus : je l'ai cherché, et ne l'ai point trouvé ?*

Je ne puis m'empêcher de parler ici de Cromwel, qui gouvernoit alors en Angleterre avec une puissance tout-à-fait absolue et tout-à-fait injuste. Le Roi avoit été obligé de faire un traité solennel avec lui pour empêcher que le roi d'Espagne ne le prévînt, et n'en fît un qui fût dommageable à l'Etat. Le Roi et la Reine, à leur extrême regret, avoient reçu un ambassadeur de sa part, et il avoit été traité comme ceux des têtes couronnées. Le roi d'Angleterre et le duc d'Yorck son frère furent obligés de sortir de France pour aller chercher un asyle en Flandre. La Reine leur mère, qui étoit demeurée à la cour, en fut sensiblement affligée, et plus encore quand au bout de quelque temps elle vit cet usurpateur, par sa capacité et ses intrigues, forcer le parlement et le royaume d'Angleterre à lui offrir la couronne. Il parut qu'il avoit refusé le titre de roi pour se contenter de celui de protecteur de la république, quoique dans le vrai, à ce que m'a dit cette reine malheureuse, ce fût parce que l'armée ne lui fut pas favorable. Il fit dresser par le parlement dix-neuf articles contenant le pouvoir que les rois d'Angleterre avoient accoutumé d'avoir sur leurs peuples, et qui renfermoient toutes les prérogatives dont ils jouissoient. Il alla au parlement sur la fin de juin, selon le compte d'Angleterre; il se vêtit du manteau royal, prit le sceptre et l'épée, pour marquer la puissance qu'il prenoit sur la justice et sur la guerre. Les trois plus grands seigneurs d'Angleterre, en cette cérémonie, servirent à tenir devant lui les trois épées qui signifient les trois royaumes dont il prenoit possession; mais il ne mit point de couronne sur sa tête, pour marquer qu'il ne prenoit point le nom de roi dont elle est la plus visible marque. Après ce grand et terrible coup, qui étoit si funeste à toute la famille royale de Stuart, la reine d'Angleterre, pour tirer avantage de ses propres malheurs, pria le cardinal Mazarin d'écrire de la part du Roi à Cromwel, qu'on appeloit Milord Protecteur, pour lui demander la jouissance de son bien et de son douaire; car quoiqu'elle fût assez bien payée de ce que le Roi lui donnoit, elle regardoit toujours cet état comme une dépendance fâcheuse dont elle auroit bien voulu se pouvoir tirer. Le cardinal le fit, non-seulement pour lui complaire, mais beaucoup plus pour soulager les coffres du Roi de cette dépense ; car sa grande économie faisoit qu'il étoit toujours fâché d'en voir sortir de l'argent pour d'autres que pour lui. Au bout de quelque temps, le cardinal, venant voir la reine d'Angleterre, lui apporta la réponse de Cromwel, et lui dit que ce lord protecteur lui avoit mandé insolemment qu'il ne lui donneroit point ce qu'elle demandoit, parce qu'elle n'avoit jamais été reconnue pour reine en Angleterre. Cette inique et monstrueuse hardiesse donna d'abord une extrême douleur à cette reine ; mais aussitôt après elle se remit, et dit au ministre que ce n'étoit point à elle à se scandaliser de cet outrage, mais bien au Roi, qui ne devoit point souffrir qu'une fille de France fût traitée de concubine ; qu'elle étoit satisfaite du feu roi son seigneur et de toute l'Angleterre, et que les affronts qu'elle recevoit alors étoient plus honteux à la France qu'à elle. Après ce discours, elle et le cardinal Mazarin parlèrent de la paix générale ; et comme elle en espéroit de grands avantages pour le roi son fils, en quoi véritablement elle ne se trompa pas, elle l'exhorta fortement à la faire. Déjà il avoit envoyé en Espagne de Lyonne sa créature, afin d'en faire le premier plan avec don Louis de Haro, ministre d'Espagne ; mais il lui dit que cette négociation n'avoit point encore eu le favorable succès qu'elle témoignoit désirer. Il l'assura qu'il y travailloit tout de bon, puis il demanda ce qu'elle croyoit ; et comme, à ce qu'elle me fit l'honneur de me conter le même jour, elle fut quelque temps sans lui répondre, le cardinal, devinant sa

pensée, lui dit : « Je vois bien, madame, que vous
« n'ajoutez pas de foi à mes paroles; mais je vous sup-
« plie de croire que je vous dis vrai, et que je la sou-
« haite passionnément. » La reine d'Angleterre, qui
avoit de l'agrément dans l'esprit, lui avoua de bonne
foi qu'elle en doutoit, et le pressa fort instamment de
faire qu'elle en pût être persuadée. Il le lui promit;
et ce ministre, peu de temps après, lui tint sa parole.

Dans cette campagne, le maréchal de Turenne, qui
commandoit l'armée du Roi, voulut assiéger Cambray.
Le prince de Condé qui étoit à Valenciennes, averti
de cette entreprise, la nuit suivante se jeta dedans en
personne, par le quartier où étoit le maréchal de
Clérambault, qui fit toute la résistance possible.

Le maréchal de La Ferté, avec d'autres troupes,
assiégea Montmédy, et y servit utilement le Roi. Le
duc de Navailles, qui commandoit sous lui, y témoigna autant de conduite que de valeur. Le Roi y alla;
et les ennemis, le sachant, furent deux heures sans
tirer. L'inclination qu'il avoit à la guerre lui faisoit
faire ces courses avec plaisir; et s'il n'eût point été
retenu par le cardinal, qui se servoit de la raison et
de la nécessité de sa conservation pour l'en empêcher, il y auroit demeuré plus long-temps.

Mademoiselle revint alors à la cour. Ce fut le comte
de Béthune qui négocia son raccommodement avec le
ministre. Ce n'étoit pas un petit ouvrage : car malgré
la facilité qu'il avoit à oublier les injures, celles qu'il
avoit reçues de Mademoiselle étoient gravées bien
avant dans son cœur; mais, agissant à son ordinaire,
il ne laissa pas de lui pardonner, étant alors en état
de n'en plus rien craindre. D'un autre côté, le long

exil que cette princesse avoit souffert avoit un peu diminué sa fierté, et, la désabusant enfin de la vaine espérance qu'elle avoit eue d'obliger le Roi à l'épouser, lui faisoit voir qu'elle ne pouvoit penser à aucun établissement, soit dedans, soit dehors le royaume, que par le conseil ou l'entremise du cardinal; et qu'ainsi il falloit, malgré qu'elle en eût, se résoudre à se soumettre à ses volontés. Le comte de Béthune étoit un homme d'honneur dont la capacité étoit médiocre, qui étoit curieux de pièces antiques, de livres et de tableaux. Il avoit assez l'estime générale, et le ministre le considéroit comme un ennemi qu'il avoit forcé à l'aimer par ses bienfaits. Il reçut plus volontiers par lui qu'il n'auroit fait par d'autres, les assurances que Mademoiselle voulut lui donner de ses bonnes intentions, et du désir qu'elle avoit de ne jamais déplaire au Roi ni à la Reine par aucune de ses actions. Elle vint donc à Saint-Cloud attendre le retour de la cour; et toutes les personnes de quelque qualité qui étoient à Paris allèrent lui témoigner la joie qu'ils avoient de son retour. Elle étoit fort aimée, et méritoit de l'être, non-seulement parce qu'elle avoit de belles qualités, mais de plus par une manière obligeante et pleine d'honnêteté, qui jusqu'alors lui avoit acquis l'estime des honnêtes gens.

Montmédy résista long-temps aux armes du Roi, parce que celui qui commandoit dans cette place étoit un Espagnol naturel, jeune et brave, qui sortoit de page de la cour du roi d'Espagne. Il se défendit si bien, que le siége dura jusqu'au 6 d'août. Il avoit été commencé le 12 de juin; mais ce gouverneur ayant été tué, la ville se rendit deux jours après, et la fermeté du gouverneur fut louée tant des Français que de ceux de sa nation.

La cour revint à Paris, après avoir été à Metz assez long-temps. Le Roi, pendant le séjour de la Reine en ce lieu, avoit été faire une petite course à Nancy. Le cardinal, qui l'accompagna sur les fins de cette campagne, se sentit de la gravelle; et quand il arriva à Paris il n'étoit pas en bon état. La diminution de sa santé fit réveiller les cabales, et ceux qui pouvoient prétendre au ministère furent soupçonnés d'en voir l'affoiblissement avec beaucoup de joie. Mademoiselle, à ce retour, fut bien reçue de la Reine, et toutes les choses passées parurent effacées à son égard.

Environ ce temps-là, la reine de Suède, sans être souhaitée, et quasi malgré le Roi, vint faire un second voyage en France, qui ne lui réussit pas si bien que le premier. Elle fut contrainte, par l'ordre qu'elle en reçut, de s'arrêter à Fontainebleau où elle s'ennuya beaucoup, car peu de personnes la furent visiter; et son voyage sans précaution, et sans sûreté d'être bien reçue, eut la destinée des actions imprudentes, qui d'ordinaire apportent du chagrin. Cette princesse ne se contenta pas de montrer qu'elle se laissoit aller à toutes ses fantaisies sans trop de réflexions : elle fit voir encore qu'elle avoit beaucoup de cruauté, et qu'ainsi ses vices et ses défauts égaloient du moins ses vertus. Elle fit massacrer à ses yeux [1], et dans Fontainebleau, un homme qui lui avoit déplu; et

---

(1) *Elle fit massacrer à ses yeux* : Voyez une relation de la mort de Monaldeschi, grand écuyer de la reine Christine de Suède, exécuté dans la galerie des Cerfs du château de Fontainebleau par l'ordre de cette reine, le 10 novembre 1657, écrite par le père Lebel, supérieur des ma-

voici quelle fut sa conduite pour cette belle action.
Elle envoya querir le père mathurin de La Chapelle :
elle lui donna à serrer un paquet de lettres ; puis,
ayant donné ses ordres, elle fit appeler un nommé
Monaldeschi, gentilhomme qui étoit à elle ; et l'ayant
mené dans la galerie des Cerfs proche de sa chambre,
elle lui dit qu'il l'avoit trahie, et qu'il falloit qu'il en
fût puni. Sur ce qu'il nia la chose, le père mathurin
qu'elle avoit envoyé querir entra ; et lui ayant demandé
ses lettres, elle les montra à cet homme : dont il demeura surpris. Alors il se jeta à ses pieds et lui demanda pardon. Elle lui dit qu'il étoit un traître, et
qu'il ne méritoit pas de grâce ; et ayant dit au père de
le confesser, elle les quitta tous deux pour rentrer
dans son appartement, d'où elle envoya dans la galerie
Sentinelli, son capitaine des gardes, qui avoit ordre
de faire l'exécution. Il étoit frère d'un Sentinelli, favori de cette princesse ; et Monaldeschi, à ce qu'on
disoit, par jalousie l'avoit accusé faussement de beaucoup de crimes ; mais nul n'a été bien instruit de la
vérité de cette histoire : c'est pourquoi je ne puis parler
que de l'action, et point de sa cause. Monaldeschi refusa long-temps de se confesser, demanda pardon à
son bourreau Sentinelli, et le pria d'aller de sa part
implorer la miséricorde de la Reine leur maîtresse :
ce qu'il fit ; mais il ne put rien obtenir qu'une confirmation de son premier arrêt. Elle se moqua du criminel de ce qu'il avoit peur de la mort, l'appela
poltron, et dit à son capitaine des gardes : « Allez,

thurins de Fontainebleau, qui fut seul témoin de l'exécution. Cette
relation se trouve à la suite des Lettres de Christine, publiées en 1807
par Léopold Collin.

« il faut qu'il meure; et [afin de l'obliger à se con-
« fesser, blessez-le. » Sentinelli revint annoncer à ce
misérable l'arrêt définitif de sa mort, et en même
temps lui voulut donner quelque coup d'épée; mais
il trouva qu'il étoit armé sous son pourpoint: si bien
que l'épée ne le put blesser qu'au bras, dont il para le
coup. Il en reçut encore un à la tête; et comme il se
vit baigné dans son sang, alors il se confessa à ce
père mathurin, qui étoit aussi effrayé que son péni-
tent. Le père, après l'avoir confessé, alla se jeter aux
pieds de cette reine impitoyable, qui le refusa de
nouveau. Enfin Sentinelli lui passa son épée au travers
de la gorge, et la lui coupa à force de le chicoter.
Quand il fut expiré, on prit son corps, et on l'emporta
enterrer sans bruit. Cette barbare princesse, après
une action aussi cruelle que celle-là, demeura dans
sa chambre à rire et à causer, aussi tranquillement que
si elle eût fait une chose indifférente ou fort louable.
La Reine mère, toute chrétienne, qui avoit eu tant
d'ennemis qu'elle auroit pu faire punir, et qui n'a-
voient reçu d'elle que des marques de sa bonté, en
fut scandalisée. Le Roi et Monsieur la blâmèrent; et le
ministre, qui n'étoit point cruel, en fut étonné. Enfin
toute la cour eut horreur d'une si laide vengeance, et
ceux qui avoient tant estimé cette reine furent honteux
de lui avoir donné des louanges; mais ce ne fut pas sans
se moquer du pauvre mort, qui n'avoit pas eu le courage ni de se sauver ni de se défendre, et d'avoir eu
contre cet accident une précaution si inutile: car du
moins il devoit avoir un poignard, et s'en servir avec
valeur. On laissa cette reine languir long-temps à Fontainebleau, pour lui montrer le mépris qu'on avoit pour

elle; mais enfin elle supplia tant de fois le ministre de la laisser venir à Paris, qu'il lui fut impossible de la refuser. Elle vint donc voir le ballet que le Roi dansa cette année pour le carnaval, et elle arriva le 24 février 1658. Il est à croire qu'elle auroit souhaité de pouvoir s'établir tout-à-fait en France; mais on ne lui fit espérer de l'y souffrir que quelques jours seulement. On la logea dans le Louvre à l'appartement du cardinal Mazarin : ce qui fut concerté exprès pour lui montrer qu'il falloit qu'elle le quittât promptement. Malgré toutes les précautions de la Reine, elle y passa les jours gras, qu'elle employa le mieux qu'elle put. Rien ne parut en elle de contraire à l'honneur, je veux dire à cet honneur qui dépend de la chasteté; et si elle s'étoit laissée entamer sur ce chapitre, les charitables gens de la cour n'auroient pas oublié de le publier; mais en tout le reste elle montra peu de sagesse, peu de conduite, et beaucoup d'emportement pour le plaisir. Elle couroit les bals en masque, elle alloit sans cesse à la comédie avec des hommes toute seule, dans les premiers carrosses qu'elle rencontroit, et jamais personne n'a paru plus éloigné de la philosophie que celle-là. Elle partit enfin les premiers jours du carême, ayant reçu quelque argent du Roi, et s'en retourna à Rome, où l'action qu'elle avoit faite en France ne la fit pas estimer.

Le prince de Condé, qui étoit en Flandre, tomba malade environ dans ce temps-là. Il dépêcha aussitôt un courrier à la Reine pour la supplier de lui envoyer Guenaud, médecin, en qui il avoit beaucoup de créance. Elle le fit partir avec soin, et le ministre y contribua de tout son pouvoir, pour montrer à ce grand prince que leur malheur, et non sa haine, les tenoit séparés. Il fut fort malade, et montra dans cette maladie, à ce qui en fut dit alors, des sentimens fort chrétiens, dont il avoit jusque là paru fort peu touché : mais j'ai lieu de croire qu'il avoit dans l'ame un fondement de vertu qui produisoit en lui dans les grandes occasions des retours vers Dieu, dont il adoroit la puissance, sans se soumettre comme il devoit à ses commandemens; car j'ai ouï dire à quelqu'un de ses serviteurs que sur ce chapitre il avoit quelquefois donné des marques particulières d'être susceptible de piété, quoique d'ailleurs on ne le crût pas dévot. Les jugemens des hommes sont incertains : il n'y a que Dieu qui connoisse les plis et les replis du cœur humain.

Le duc de Candale, le premier de la cour en bonne mine, en magnificence et en richesses, celui que tous les hommes envioient, et dont toutes les dames galantes souhaitoient de mériter l'estime, si elles n'en pouvoient faire le trophée de leur gloire; ce jeune seigneur qui en effet étoit aimable, revenant de Catalogne, où il avoit commandé cette année les armées du Roi, mourut à Lyon comme il revenoit à Paris. Il fit paroître beaucoup de repentir de ses fautes, et reçut fort chrétiennement tous les sacremens. Les prières de mademoiselle d'Epernon sa sœur, qui avoit préféré le couvent des Carmélites aux duchés que le duc d'Epernon son père lui pouvoit donner, attirèrent sans doute une si bonne mort de la miséricorde de Dieu. Elle voulut que l'abbé de Roquette fît son oraison funèbre. S'étant heureusement trouvé à Lyon, il l'avoit assisté à la mort. Il prit pour son texte ce verset du psaume 62 : *Tes miséricordes, Seigneur, valent bien mieux que la vie.*

La vertu de mademoiselle d'Epernon ne l'empêcha pas de pleurer amèrement cet illustre frère. Il fut aussi infiniment regretté de toute la cour, et sa fin parut étonnante à toute la France. Il sembloit que la mort en sa personne avoit fait un coup trop hardi, dont, si on eût osé, on lui eût fait des reproches ; mais cette rigoureuse ennemie du genre humain ne fait pas grand cas de nos plaintes : elle ne respecte ni les jeunes ni les grands ; il semble, au contraire, qu'elle se divertit à cueillir les plus belles fleurs du parterre du monde. Quelques-uns s'imaginèrent qu'il avoit été empoisonné ; mais le soupçon ne parut pas avoir aucun fondement.

Dans ce même temps le Roi alla au parlement, pour faire recevoir une bulle que le Pape avoit envoyée contre les jansénistes. La Reine, animée d'un zèle véritablement louable, croyoit avec raison devoir sa royale protection à la véritable doctrine de l'Eglise, qui sembloit être attaquée par les opinions du jansénisme touchant la grâce et le libre arbitre de l'homme, qu'ils ont paru vouloir combattre ; mais les gens de bien étoient persuadés que ceux qui la conseilloient sous l'apparence de la gloire de Dieu et de la religion l'engageoient souvent à des choses qui, en toutes leurs circonstances, ne paroissoient pas conduites par l'esprit de charité : et comme ils étoient sans passion, ils souhaitoient que la paix se pût rétablir entièrement parmi les fidèles, et que l'on travaillât sincèrement à ramener à l'obéissance ceux qu'ils croyoient s'éloigner des sentimens orthodoxes. On les accusoit, et peut-être injustement, de vouloir regarder cette affaire comme une source de laquelle ils pourroient toujours tirer des matières agréables à la piété de la Reine, et par elles demeurer les maîtres de la destinée de beaucoup de gens. On peut tourner toutes choses en bien et en mal; mais ce qui paroissoit véritable, et que les ignorans et les femmes pouvoient connoître, étoit que les jansénistes paroissoient estimer et soutenir la doctrine de Jansénius condamnée par les décisions de Rome, et que par conséquent les jésuites ne les accusoient pas sans sujet; que les jansénistes, qui paroissoient se soumettre de parole seulement à la condamnation des cinq propositions, défendoient méthodiquement et avec une passion extrême le livre qui les contenoit; mais qu'en effet aussi ils donnoient au public, par leurs ouvrages, une morale où la pratique de la parfaite vertu chrétienne étoit éloquemment enseignée. Leur vie étoit conforme à leurs écrits: ils faisoient profession d'estimer et de suivre les plus étroites maximes de l'Evangile. Madame de Longueville, qui après sa conversion s'étoit déclarée de leur parti, et vouloit régler sa conduite par leurs conseils, faisoit voir par l'austérité de sa vie combien ils étoient bons et louables.

Les pères jésuites portent à juste titre le nom d'apôtres des Indes et de la Chine, puisqu'au prix de leur vie et de leur sang ils ont eu l'honneur, par tant de souffrances, de faire adorer le nom de Jésus-Christ presque dans toute l'étendue de la terre, et particulièrement dans les contrées barbares où il n'étoit point connu auparavant. C'est une compagnie qui a toujours été remplie de grands hommes, tant par leur science que par leur piété, qui les a fait considérer comme des colonnes de l'Eglise ; mais plusieurs des plus grands évêques de France et des plus estimés étoient les chefs de ceux qu'ils accusoient d'hérésie. Un de leurs pères, plein de vertu et des plus renommés de notre siècle, parlant un jour à une dame de mes amies des contestations de ce temps-là, qui étoient nées et fomentées entre les jansénistes et eux, il dit, sans blâmer les adversaires de sa compagnie, et avec un sentiment extrême de douleur qui lui faisoit souhaiter ardemment l'union de tous les chrétiens, que l'orgueil de l'esprit humain étoit la source de ces désordres, et qu'il prioit sans cesse Notre Seigneur de tuer en lui et dans les autres cet ennemi mortel de ceux qui aspirent à la vie éternelle. Ce saint homme avoit raison d'en parler de cette manière; car j'ai toujours ouï dire que ces contestations de doctrine avoient été causées par des animosités particulières (1).

Le gouverneur de Hesdin, Belbrune, mourut alors; et cette place fut aussitôt donnée à Moret, frère de Vardes, qui depuis quelque temps s'étoit attaché au cardinal. Quand il fut en prendre possession, La Fargue, lieutenant du Roi, et La Rivière, tous deux officiers dans Hesdin, lui fermèrent les portes. Le maréchal d'Hocquincourt, gouverneur de Peronne, gagné par les charmes et les conseils de madame de Châtillon, avoit traité avec M. le prince : il avoit corrompu

---

(1) *Des animosités particulières :* On voit par ce qui précède avec quels ménagemens madame de Motteville croyoit devoir parler des jansénistes. Les *Provinciales*, qui avoient paru deux ans auparavant, étoient encore dévorées par toutes les classes de lecteurs. Les troubles causés depuis par cette secte en ont fait concevoir une plus juste idée.

en sa faveur ceux qui commandoient dans Hesdin, et le dessein de ce maréchal avoit été de lui donner passage par Peronne. Mais cette conspiration, qui auroit pu rendre les ennemis maîtres de cette frontière, ayant été découverte par le ministre, ce maréchal en perdit son gouvernement; et tout ce que put gagner la maréchale d'Hocquincourt sa femme, par négociation, fut de le faire redonner au marquis d'Hocquincourt son fils, que le cardinal Mazarin estimoit fidèle au Roi et digne de sa clémence. Le père, depuis cette mauvaise aventure, se trouvoit dans une situation fort malheureuse. Les disgrâces et la galanterie ne subsistent guère ensemble : la passion qu'il avoit eue pour madame de Châtillon étoit passée ; ses rivaux et ses pertes l'avoient détrompé. Il voyoit bien qu'il avoit fait un mauvais pas, mais il n'y avoit plus moyen de reculer. Il se jeta dans Hesdin pour entretenir la révolte de La Fargue et de La Rivière; et comme il vit qu'il n'y étoit pas le maître, il fut contraint de passer en Flandre, où il fut bien reçu du prince de Condé et des Espagnols, qui lui donnèrent de grands appointemens, avec la dignité de grand bailli de Gand. Sa femme et son fils sauvèrent son bien ; et comme la cour voulut aller au printemps vers la frontière commencer la campagne, le Roi commanda à la maréchale d'Hocquincourt de suivre, et on lui donna de l'argent pour obéir.

Le Roi et la Reine partirent le lendemain des fêtes de Pâques. Ils quittèrent le repos plus tôt qu'à l'ordinaire, afin d'aller, par leur présence, réparer les mauvais succès qui pouvoient arriver de l'équipée du maréchal d'Hocquincourt. Avant que de partir, ils virent le duc de Beaufort, qui depuis la paix avoit toujours été exilé : il avoit montré beaucoup de fermeté et de hauteur, en ne recherchant par aucune bassesse l'amitié du ministre. Il voulut même laisser du temps entre ce qu'il avoit fait contre lui et son raccommodement ; puis enfin il le fit avantageusement pour lui. Le duc de Vendôme son père, ayant désiré de le revoir à la cour, proposa son retour au cardinal ; et le ministre, oubliant toutes les haines passées, le regarda comme frère du duc de Mercœur, qui avoit épousé sa nièce. Le recevant ensuite au nombre de ses amis, il lui donna la survivance de l'amirauté, que le duc de Vendôme avoit eue pendant la guerre.

Le Roi alla d'abord à Amiens, où il séjourna quelque temps pour aviser aux moyens de sauver Hesdin. Le Roi même se présenta en personne devant cette place ; mais la révolte de ceux qui y commandoient étoit trop bien affermie : ils ne lui rendirent pas le respect qui lui étoit dû. Le ministre, voyant cette affaire sans remède, fit résoudre le Roi d'aller à Calais pour travailler au grand dessein de cette année, qui étoit la prise de Dunkerque que nous devions attaquer conjointement avec les Anglais ; et le projet étoit de la laisser à Cromwel quand elle seroit prise. Ce dessein parut odieux à tous les gens de bien, et on ne manqua pas de blâmer le ministre de cet avantage qu'il donnoit aux anciens ennemis de la France, à un hérétique, à un usurpateur ; mais il avoit ses raisons : il crut qu'il étoit impossible sans cela de sauver l'Etat de beaucoup de maux, et fut persuadé au contraire que par cette voie il forceroit le roi d'Espagne à faire la paix. Ceux qui murmuroient contre cette liaison des

Anglais avec nous disoient que, sans compter l'intérêt de la religion, il y avoit encore à craindre que ce ne fût donner des forces à des voisins qui ne pouvoient nous aimer, et que cette place mettoit en état de nous faire un jour la guerre. Malgré ces raisons, que le cardinal Mazarin sans doute avoit bien examinées, les Anglais passèrent la mer: nous assiégeâmes la place. Cette entreprise, dont le succès fut aussi heureux qu'on le pouvoit souhaiter, pensa être funeste à la France.

Le Roi voulut aller visiter l'armée. Il fut à Mardick, où il demeura quelque temps. Ce lieu étoit infecté par les corps morts qui étoient restés des années précédentes à demi enterrés dans le sable sans pourrir : la sécheresse du terroir les en empêchoit. Il n'y avoit à Mardick nulle commodité : on manquoit d'eau et de toutes choses, et la chaleur étoit excessive. Le cardinal, qui en toutes occasions avoit toujours pour principale occupation de gagner de l'argent, s'avisa de devenir le vivandier et le munitionnaire de l'armée : il faisoit vendre, à ce qu'on a dit, le vin, la viande, le pain et l'eau, et regagnoit sur tout ce qui se vendoit. Il faisoit la charge de grand-maître de l'artillerie, et depuis les premières jusqu'aux dernières, il profitoit sur toutes. Les souffrances, par cette raison, furent grandes en ce siége, et même à Calais, où toutes les denrées nécessaires à la vie étoient fort chères. Le Roi, quand il alloit à Mardick visiter son armée, vivoit comme un particulier : il dînoit chez le cardinal Mazarin ou chez le vicomte de Turenne; il n'avoit point d'officiers, et manquoit de service et d'argent. Quand il alloit à l'armée, il rencontroit de pauvres soldats : il ne leur donnoit rien, parce qu'il n'avoit point de quoi le faire ; et le pis étoit que le ministre, corrompant les sentimens du Roi, travailloit à lui en ôter l'inclination, afin de lui en pouvoir ôter le moyen : ce qui faisoit, à ce que me dirent ceux qui étoient à ce siége, le plus méchant effet du monde, car les soldats deviennent plus avares de leur vie quand on leur est avare de quelques pistoles.

M. le prince et don Juan, avec toutes les forces d'Espagne, s'approchèrent de Dunkerque pour en empêcher la prise. Le vicomte de Turenne en avertit le ministre, et lui manda que son sentiment étoit de les aller combattre. Le cardinal, vigilant et habile autant qu'il étoit ménager, sachant, par cette voie et par ses propres intelligences, que les ennemis les venoient trouver, fut de ce même avis, et envoya ordre à ce général de donner bataille. Ce grand capitaine, qui en de pareilles occasions ne manqua jamais d'acquérir une grande réputation, sortit de ses retranchemens pour aller attaquer l'armée espagnole ; et la surprenant, il la défit. Le maréchal d'Hocquincourt, qui s'étoit avancé plus que les autres pour reconnoître nos lignes, fut le premier qui se sentit de la mauvaise destinée du parti où il étoit. Il y perdit la vie, qu'il quitta avec un sensible regret de mourir hors du service du Roi. Il vécut quelques jours, dans lesquels il fit paroître ces sentimens, et fit supplier le Roi qu'en lui pardonnant son crime, son corps pût être enterré à Notre-Dame de Liesse : ce qui lui fut accordé facilement. Toute la vaillance et la fermeté de M. le prince ne fut pas capable d'arrêter la fuite de ses soldats, et la déroute en fut grande. Les ducs d'Yorck et de Glocester, qui étoient dans cette armée, y firent des actions dignes de mémoire ; et leur valeur à combattre les nôtres étoit d'autant plus grande qu'elle étoit animée par la haine qu'ils avoient contre les Anglais, qui étoient joints avec nous. Cette victoire, qui fut glorieuse à M. de Turenne, redonna beaucoup de force au Roi, abattit celle des Espagnols, nous assura la prise de Dunkerque, et nous mit dans le chemin de la paix. Ce fut le 14 juin que ce bonheur arriva à la France. Il fut bientôt suivi de la capitulation de la place, qui se rendit peu de temps après.

La Reine n'eut pas le temps de sentir cette joie. Environ le 22 du même mois, le Roi tomba malade à Calais d'une fièvre continue, avec le pourpre, qui fit craindre pour sa vie. Les fatigues qu'il avoit eues à Mardick et à l'armée, allant lui-même, malgré le cardinal, visiter les gardes, avec les incommodités que j'ai dites et la chaleur qu'il y souffroit, l'avoient mis en cet état. Il fut quinze jours dans un péril extrême, et la Reine en sentit toute la douleur que l'amour qu'elle avoit pour lui devoit causer. Elle forma le dessein, à ce qu'elle m'a fait l'honneur de me dire depuis, si elle le perdoit, de se retirer au Val-de-Grâce ; et néanmoins elle m'avoua en même temps qu'en cette occasion elle avoit été infiniment satisfaite du bon naturel de Monsieur. Il lui témoigna toute la tendresse possible, et parut craindre sensiblement de perdre le Roi. Quand la Reine lui dit qu'il ne falloit plus qu'il approchât de lui, de peur de gagner son mal, il se mit à pleurer ; mais ce fut avec un tel serrement de cœur, qu'il fut long-temps sans pouvoir prononcer seulement une parole. La Reine, de qui je sus ces particularités, lui en sut bon gré : son cœur en fut touché, par l'estime qu'elle conçut de sa bonté ; et dès ce moment elle l'aima beaucoup plus tendrement qu'elle n'avoit fait par le passé. Le Roi prit du vin émétique par deux fois ; et Dieu, qui ne voulut pas priver la France de ce prince enrichi de tant d'éminentes qualités qui devoient le rendre un roi digne de l'être, par sa miséricorde reçut une nouvelle vie : et ce bonheur causa beaucoup de joie à la Reine mère, à Monsieur et à tous les bons Français. Le ministre en fut aussi fort content ; mais il parut qu'il y regarda son intérêt préférablement à toutes choses : il fit en cette occasion des actions qui devoient déshonorer sa mémoire. Comme il n'osa rien espérer de Monsieur, il envoya enlever ses trésors et les meubles de sa maison de Paris, pour les faire porter au bois de Vincennes. Il prit néanmoins ses mesures le mieux qu'il put avec le maréchal Du Plessis, gouverneur de Monsieur : il lui fit de grandes promesses, et alla visiter tous ceux qui étoient peu ou beaucoup dans les bonnes grâces de ce jeune prince, particulièrement le comte de Guiche, à qui il fit des avances qui parurent sortir d'une ame basse et foible.

Après l'heureuse guérison du Roi, la cour revint à Compiègne, où Leurs Majestés reçurent les premières marques de la joie publique : ils n'y tardèrent guère, parce que le Roi avoit dessein de se montrer à son peuple, et de là s'en aller à Fontainebleau. Il ne parut point changé de sa maladie : aussitôt qu'il eut pris l'air, les forces lui revinrent ; et quand il arriva à Paris, moi-même qui ne l'avois point vu malade, et qui n'avois point été du voyage, je le trouvai aussi gras et d'aussi bonne mine qu'à l'ordinaire. Il reçut avec plaisir et quelques marques de bonne volonté ceux qui avoient jeté des larmes pour lui. Comme j'avois été de ce nombre et qu'il l'avoit su, il me fit l'honneur de m'en remercier de la meilleure grâce du monde. Le Roi étoit sérieux, grave et fort aimable. Sa grandeur, jointe à ses grandes qualités, imprimoit le respect dans l'ame de ceux qui l'approchoient. Il parloit peu et bien; ses paroles avoient une grande force pour inspirer dans les cœurs et l'amour et la crainte, selon qu'elles étoient ou douces ou sévères.

Le cardinal Mazarin demeura sur la frontière pour finir le siége de Gravelines, qu'il avoit fait attaquer par le maréchal de La Ferté. Cette place fut en effet si bien attaquée, qu'elle se rendit au Roi le 30 août. Après cette expédition, le ministre revint trouver le Roi et la Reine à Fontainebleau, environ quinze jours après leur arrivée.

Le duc de Modène, qui commandoit l'armée du Roi en Italie et qui avoit le duc de Navailles pour lieutenant général, prit en même temps Mortare, qui se rendit le 25 août. Les nouvelles en arrivèrent au ministre, lorsqu'il passa par Paris victorieux de Gravelines.

Ceux qui aimoient la justice et les serviteurs particuliers de la reine d'Angleterre reçurent alors une agréable nouvelle pendant le séjour du Roi à Fontainebleau, qui fut celle de la mort de Cromwel. Le ministre néanmoins en parut fâché, et même il sembla qu'il n'approuvoit pas la joie publique; mais je suis bien aise de remarquer en cet endroit, par la réponse que cette princesse fit alors à la lettre que je me donnai l'honneur de lui écrire sur ce sujet, avec quelle modération elle apprit que Dieu l'avoit vengée de ce cruel ennemi.

Copie de la lettre de Henriette-Marie, reine d'Angleterre, écrite de sa propre main à madame de Motteville, le mercredi 18 septembre 1658.

« Vous pourriez m'accuser avec raison de peu de sentiment des témoignages que me rendent mes amis de leur amitié, si je ne vous disois que je n'ai reçu votre lettre que ce matin, quoiqu'elle soit datée de dimanche. En vérité, j'ai songé que vous recevriez de la joie de la mort de ce scélérat; et je vous dirai que je ne sais si c'est que mon cœur est si enveloppé de mélancolie qu'il est incapable d'en recevoir, ou que je ne vois pas encore de grands avantages qui nous en peuvent arriver : mais je n'en ai pas ressenti une fort grande, et la plus grande que j'aie est de voir celle de tous mes amis. Je vous prie de bien remercier madame Du Plessis et mademoiselle de Bellenave. Je voudrois bien avoir fait la quatrième de votre compagnie, pour me réjouir avec vous. Je voudrois vous dire bien des amitiés; mais en vérité elles sont dans mon cœur plus que je ne le puis exprimer, et mes actions vous le feront voir en toutes occasions. Je vous conjure de le croire, ou vous me faites grand tort; car je suis au fond de mon ame de vos amies. »

Le ministre eut aussi alors la joie de voir madame la princesse de Conti sa nièce, qui venoit d'accoucher d'un prince du sang, qui mettoit un de ses neveux dans le nombre des héritiers de la couronne. La mort de cet enfant, qui ne vécut que peu de jours, obligea M. le cardinal d'aller à Paris visiter cette princesse : et comme il étoit persuadé que l'air de Fontainebleau ne lui étoit pas bon, il envoya supplier le Roi de faire une petite course à Paris, afin de lui pouvoir communiquer quelques affaires. Le Roi y alla, et ne coucha qu'une nuit au bois de Vincennes; puis, étant revenu trouver la Reine, il la persuada de s'en revenir à Paris, et par conséquent toute la cour y arriva le 23 de septembre.

Comme le parlement étoit depuis deux ans sans premier président, le cardinal, pour faire une action d'éclat qui pût établir sa réputation dans l'opinion des hommes, et faire voir qu'il savoit connoître et récompenser la vertu et le mérite, voulut mettre à la tête de ce grand corps un chef qui eût l'approbation des gens de bien. Pour cet effet, il jeta les yeux sur Lamoignon (1), maître des requêtes, qu'il ne connoissoit que par l'estime universelle que jusqu'alors il avoit acquise dans le public par son habileté et son intégrité. Le procureur général Fouquet, surintendant des finances, qui fut un des premiers qui le proposèrent, ne se servit en effet que des grandes qualités de Lamoignon pour persuader le cardinal Mazarin de le nommer, en le flattant de l'honneur qu'il auroit

---

(1) *Lamoignon :* Guillaume de Lamoignon. Il fut d'abord conseiller au parlement de Paris, puis maître des requêtes en 1644. Le jeune Louis XIV disoit : « Je n'entends bien que les affaires qu'il rapporte. » Lorsqu'il fut nommé premier président, ce prince lui dit : « Si j'avois « connu un plus homme de bien et un plus digne sujet, je l'aurois « choisi. »

d'avoir fait ce choix par le seul motif du bien public. Il en reçut aussi des louanges de tout le monde ; et la Reine surtout, qui savoit que l'intérêt n'y avoit eu aucune part, en faisant goûter à ce ministre par son approbation les prémices de la récompense dont une bonne action doit être suivie, lui devoit en même temps faire regretter d'avoir tant négligé par le passé les occasions de se procurer à lui-même la jouissance d'un si grand bien.

Le Roi, depuis l'inclination qu'il avoit eue pour mademoiselle La Motte, étoit demeuré demi enchanté dans un reste d'inclination qu'il avoit toujours conservé pour la comtesse de Soissons, se divertissant néanmoins par occasion avec les autres nièces qui étoient demeurées au Louvre ; mais il se fatigua d'aller à l'hôtel de Soissons si souvent, ou plutôt son cœur se lassa de n'être pas assez occupé. Pendant le séjour que l'on fit à Fontainebleau, il parut s'attacher davantage à mademoiselle de Mancini : il parloit à elle avec application ; et malgré sa laideur, qui dans ce temps-là étoit excessive, il ne laissa pas de se plaire dans sa conversation. Cette fille étoit hardie et avoit de l'esprit, mais un esprit rude et emporté. Sa passion en corrigea la rudesse, et son emportement servit à lui montrer qu'elle n'y étoit pas insensible. Le Roi s'en aperçut : et cette reconnoissance, dans le commerce particulier que la puissance de l'oncle l'obligeoit d'avoir avec ses nièces, l'exposoit à une aventure qui fut d'autant plus belle pour mademoiselle de Mancini que, se trouvant fort touchée du désir de plaire au plus grand et au plus aimable roi du monde, elle eut la satisfaction d'avoir réussi dans son dessein, et de rencontrer dans la tendresse de ce prince de quoi payer ses empressemens et la facilité qu'elle eut à l'aimer trop, quoique ce trop ne fût pas tout-à-fait sans bornes ; car on a toujours cru que cette passion, quoique violente, avoit été accompagnée de tant de sagesse ou plutôt de tant d'ambition, qu'elle s'y étoit engagée sans crainte d'elle-même, étant assurée de la vertu du Roi; et si elle en doutoit, ce doute ne lui faisoit pas de peur. Elle voyoit que l'amitié qu'il avoit eue pour la comtesse de Soissons, bien loin de lui avoir fait tort, lui avoit procuré un grand établissement. Une pareille aventure lui sembloit être le moyen qu'elle en pût espérer. C'est pourquoi rien ne lui en pouvoit déplaire. Ses sentimens passionnés et ce qu'elle avoit d'esprit, quoique mal tourné, suppléèrent à ce qui lui manquoit du côté de la beauté. Il n'y a point de plus forte chaîne pour lier une belle ame que celle de se sentir aimé. Elle sut si bien persuader au Roi qu'elle l'aimoit, qu'il ne put s'empêcher de l'aimer; et il est aisé de concevoir que, des deux côtés, leur amitié devint aussi forte qu'elle étoit sensible. Les effets en furent grands ; mais ils auroient peut-être été plus extraordinaires sans la sage conduite de la Reine, à qui Dieu donna des forces pour résister à ce qu'on dit être le plus fort dans le monde, et sans la modération du cardinal, qui ne put jamais être assez loué sur ce sujet.

Pendant que le Roi s'engageoit insensiblement à une violente passion, toute l'Europe regardoit de quel côté il se tourneroit pour choisir une femme; et toutes les princesses qui pouvoient aspirer à cet honneur étoient attentives à l'événement de cette élection.

Il y avoit long-temps que la duchesse de Savoie pressoit le ministre de se déclarer sur le mariage du Roi et de la princesse Marguerite sa fille. Cette princesse étoit aînée de la duchesse de Bavière, que ce duc avoit choisie par préférence à sa sœur, à cause de sa beauté, et parce que la princesse Marguerite n'en avoit guère. Le Roi, qui avoit toujours dit qu'il vouloit une femme qui fût belle, sembloit néanmoins être réduit à celle-là; car le ministre, qui ne le vouloit point marier que quand il y seroit forcé, se trouvoit porté, en cas de nécessité, de préférer cette princesse à toutes celles de ce rang. Sa nièce la comtesse de Soissons avoit épousé le fils aîné du prince Thomas, oncle du jeune duc de Savoie, et ses enfans étoient les héritiers de ce prince. Les nièces du cardinal Mazarin étant nées pour faire la destinée de tous les princes de l'Europe, il sembloit qu'étant trop sage pour entreprendre d'en mettre une sur le trône, il ne pouvoit s'en approcher davantage qu'en y plaçant la princesse Marguerite son alliée; et ce pouvoit être la raison pour laquelle il paroissoit se laisser plutôt arracher un consentement en sa faveur qu'en faveur de toutes les autres qui pouvoient y prétendre. Il accorda donc à madame de Savoie non pas entièrement ce qu'elle demandoit, mais seulement de lui mener le Roi. La Reine, agissant comme mère, alloit droit à l'avantage du Roi son fils. Elle avoit toujours passionnément souhaité la paix, et l'infante d'Espagne comme seule digne d'épouser le Roi; mais de la façon qu'elle en parloit, on jugeoit aisément qu'elle le souhaitoit sans en oser espérer l'effet. Jusque là ce mariage lui avoit paru impossible, à cause que le roi d'Espagne n'avoit point de fils, et que l'Infante sa nièce étoit héritière de tous ses Etats; mais depuis quelque temps il en avoit un, et la reine d'Espagne étoit prête d'accoucher : si bien que ce mariage ne paroissoit plus hors d'état de se pouvoir espérer, quoiqu'il y eût toujours peu d'apparence qu'il se pût faire, à cause des maximes quasi inébranlables des Espagnols, qui ne veulent rien hasarder. La Reine, au défaut de l'Infante, auroit mieux aimé la princesse d'Angleterre que nulle autre, parce qu'elle l'aimoit déjà, et que cette jeune princesse paroissoit alors avoir un tel respect pour la Reine, qu'il sembloit qu'elle ne la considéroit pas moins que la Reine sa mère : mais le Roi seul en France ne la trouvoit pas à son gré, ou pour mieux dire le ministre n'avoit point d'intérêt qui l'obligeât de pencher de son côté. La Reine au contraire avoit accoutumé de dire que si elle ne pouvoit avoir sa nièce pour reine, elle souhaitoit celle-là, et que son déplaisir étoit de ce qu'elle n'avoit pas trois ans davantage, afin qu'elle pût plaire au Roi, qui paroissoit la négliger parce qu'elle étoit plus jeune que lui, et qu'il paroissoit vouloir une fille plus faite.

Par l'événement, on a vu que dans le fond du cœur du ministre il y avoit un grand désir de faire épouser au Roi la princesse de Savoie, et que d'ailleurs, n'ayant pas d'aversion à la paix, il avoit en général une assez sincère intention d'aller au bien de l'Etat. Il ne doutoit pas que si on pouvoit avoir l'Infante pour reine, ce ne fût par sa naissance la plus digne femme que le Roi pût avoir. Il connoissoit aussi que la Reine ne pouvoit être contente sans elle ; mais en lui montrant, pour la satisfaire, qu'il souhaitoit la même chose, il espéroit sans doute que les difficultés en seroient si grandes que, sans lui déplaire, il pourroit parvenir à ses fins. Pour faire parler le roi d'Espagne, il falloit lui montrer publiquement que le Roi se vouloit marier ailleurs. Ainsi le dessein du cardinal fut de faire le voyage de Lyon pour tâcher d'embarquer le Roi avec la princesse Marguerite, montrant toujours par là que son intention étoit de presser le roi d'Espagne de se déclarer. Agissant de cette manière, il faisoit ce qu'il pouvoit pour travailler au contentement de la Reine. Le Roi, par là, devoit voir la princesse de Savoie, et de cette vue le cardinal en espéroit un bon effet; car il mettoit les choses en état qu'en cas que le roi d'Espagne demeurât muet (ce qu'il croyoit devoir arriver), il pût par le propre goût du Roi lui laisser choisir une femme : et il ne doutoit pas que, dans le désir qu'il avoit de se marier, ne lui laissant voir que celle-là, il ne la prît. Outre l'engagement où il l'exposoit, il étoit persuadé avec raison que, malgré le peu de beauté de cette princesse, le Roi en seroit content et satisfait, parce qu'elle étoit aimable, spirituelle et sage : ce qui selon son humeur lui devoit plaire. Le cardinal, trouvant dans ce voyage l'une de ces deux choses, ou la satisfaction de la Reine à qui il devoit toute sa grandeur, ou une reine qui étoit cousine germaine de sa nièce, y fit résoudre le Roi ; mais il est indubitable qu'il préféroit dans ses désirs ses propres intérêts à ceux de la Reine. Il le fit aussi pour éviter de marier le Roi à la princesse d'Angleterre, qui, devenant grande et agréable, pouvoit enfin lui plaire. Mademoiselle d'Orléans, seconde fille du duc d'Orléans, dont on lui parloit souvent, étoit encore une digne alliance pour le Roi : elle étoit fort belle, et d'âge propre à lui plaire ; mais le cardinal ne lui vouloit pas donner une couronne fermée, parce que le duc d'Orléans ne l'avoit pas obligé à le servir. Il voyoit beaucoup de personnes de la cour souhaiter ce mariage, comme sortable au Roi par la naissance et la beauté de cette princesse ; mais il ne trouvoit pas à propos de donner cet avantage aux souhaits du public, de peur de perdre le mérite qu'il vouloit avoir auprès de la Reine future ; d'être celui seul à qui elle dût son bonheur. Mademoiselle, fille aînée du duc d'Orléans, qui en partie avoit fait la guerre pour être reine de France, se voyoit par cette même raison hors d'état d'y prétendre, même à cause des années qu'elle avoit plus que le Roi. Elle étoit de toute façon mal satisfaite de sa destinée, et ne pouvoit souffrir non plus sans un extrême chagrin que sa sœur fût proposée pour occuper cette éminente place. Elle auroit sans doute mieux aimé voir sur le trône toute autre princesse qu'elle ; car la jalousie que l'amour-propre produit effaçoit en elle la force du sang et de la nature, et la rendoit incapable de souffrir patiemment cette préférence.

Le cardinal, par le parti qu'il avoit pris, avoit mis ces deux sœurs en repos ; mais la reine d'Angleterre, qui consentoit par justice que la Reine préférât l'infante d'Espagne à la princesse sa fille, ne pouvoit d'ailleurs supporter sans une douleur extrême que la princesse Marguerite de Savoie sa nièce, quoique inférieure à sa fille tant par la naissance que par la beauté, l'emportât sur elle ; et, sans en rien témoigner, elle en ressentoit autant de peine que la chose le méritoit.

Il y avoit en Portugal une princesse qui sans doute ne manquoit pas de prendre part à ce noble chagrin. Comminges, qui étoit alors ambassadeur en Portugal, qui avoit envoyé à la Reine un portrait de cette princesse, qui la faisoit belle quoiqu'elle ne le fût pas, m'a depuis conté que la reine de Portugal sa mère offroit au ministre de grands trésors pour obtenir que la princesse sa fille fût reine de France; et que, ne pouvant se retenir sur le dépit qu'elle eut du voyage de Lyon, elle lui dit un jour qu'elle étoit étonnée de ce que le roi de France choisissoit si mal.

Mademoiselle de Mancini, quoiqu'elle ne fût pas princesse, prenoit aussi sa part de l'inquiétude commune à tant d'illustres personnes; et quoiqu'en toutes choses elle fût indigne de leur être comparée, elle ne laissoit pas d'avoir des désirs bien relevés. Elle ne quittoit point le Roi, elle le suivoit partout, et le Roi paroissoit se plaire avec elle; l'assiduité qu'ils avoient l'un pour l'autre commençoit même à déplaire à la Reine, et dans ce temps-là je remarquai qu'elle avoit beaucoup de chagrin. La femme qu'il sembloit que le Roi alloit prendre en Savoie ne lui plaisoit pas, et mademoiselle de Mancini, qui paroissoit être la mieux placée dans le cœur du Roi, ne lui étoit pas agréable. Cette manière de l'obséder continuellement lui donnoit de la tristesse; et malgré sa discrétion, et la qualité de nièce du ministre si considérable en France, la Reine montroit assez librement à ses confidens combien cette fille lui déplaisoit. Elle n'en usa pas de même à l'égard des sentimens qu'elle avoit pour la princesse Marguerite; car elle en parloit raisonnablement, disant que ce n'étoit pas une affaire faite, mais que le principal étoit que le Roi fût content et heureux, et que cela étant, elle seroit satisfaite.

La Reine, d'abord par le dégoût qu'elle avoit de ce mariage, n'eut point d'envie d'aller à Lyon; puis elle se ravisa, et voulut y aller pour travailler à le rompre. Sa tranquillité paroissoit égale à celle qu'elle avoit accoutumé d'avoir; mais elle auroit sans doute pris volontiers beaucoup de peine pour y mettre de l'obstacle. Elle se résolut donc d'aller au voyage, même par le conseil du ministre, qui, ne voulant pas lui déplaire, en fut aussi d'avis. La Providence divine parut y avoir une grande part; car les quinze jours qu'il fallut retarder de partir de Paris, pour mettre en ordre l'équipage de la Reine, furent cause que nous avons l'infante d'Espagne pour reine, parce que ce peu de jours donna le moyen à celui qui vint d'Espagne proposer le mariage, d'arriver à Lyon dans le temps qu'il falloit qu'il arrivât pour rompre celui de Savoie. Un de ces jours-là que la Reine étoit prête de partir, je pris la liberté de lui dire que j'avois de la peine de voir qu'elle alloit faire un si grand voyage dans une saison si froide, comme le devoit être celle où nous allions entrer. Elle me fit l'honneur de me dire alors en me pressant le bras : « Et pourquoi vous, « qui vous intéressez à ce qui me touche, me dites-« vous cela ? Ne voyez-vous pas qu'il faut que j'y « aille ? » Un autre jour madame de Seneçay et madame la comtesse de Flex, qui ne la suivirent point dans cette importante occasion, lui disant que si le Roi se marioit, elles la supplioient de les en avertir afin qu'elles y pussent aller, et qu'elles me meneroient avec elles : cette grande princesse, ayant l'esprit rempli d'un dessein contraire, nous dit, en nous faisant un signe de la tête qui marquoit sa pensée : « Tenez-vous en repos, j'espère que je ne vous man- « derai point. » Mais quand elle en parloit publiquement, elle montroit une grande indifférence sur cette affaire: ce qui s'accordoit à sa sagesse et à sa raison. La Reine en effet me fit l'honneur de me dire en ces mêmes temps, me parlant du Roi confidemment, que si cette princesse, qui, à ce qu'on lui disoit, étoit vertueuse, lui plaisoit, elle consentiroit volontiers qu'il l'épousât, parce qu'elle étoit persuadée que si Dieu le permettoit ainsi, ce seroit pour son avantage : et cela me fit croire que si le Roi trouvoit cette princesse à son gré, la Reine par raison s'accommoderoit à son choix. Il est certain néanmoins que les sentimens de son ame alloient à l'aversion de ce mariage, et qu'elle ne nous paroissoit s'y pouvoir accorder que parce que dans toutes choses la volonté a toujours été entièrement soumise à celle du souverain maître des rois. Par toutes les actions de sa vie, on a pu remarquer aussi qu'elle n'a jamais évité ce qui auroit pu lui déplaire en son particulier, quand elle a cru que ces mêmes choses seroient de quelque utilité au Roi son fils et au bien de l'Etat. Ce voyage étant donc résolu, toute la cour partit le 25 octobre.

Madame de Savoie, de son côté, n'étoit pas sans inquiétude ; mais elle étoit celle qui en avoit le moins. Elle voyoit que l'intérêt du ministre étoit de faire le mariage du Roi et de sa fille ; elle ne voyoit nulle apparence à celui d'Espagne : si bien qu'elle se persuadoit que la princesse Marguerite, ayant du mérite et de l'esprit, engageroit le Roi à l'estimer. Ceux qui l'avoient vue en parloient avantageusement. Ils disoient qu'elle étoit fort sage, qu'elle avoit beaucoup de raison, et que si on ne la pouvoit dire belle, on pouvoit du moins la trouver aimable. Enfin madame de Savoie espéroit que ce voyage ne lui pouvoit être que glorieux et utile, et ne s'imaginoit pas que le Roi, la Reine et le ministre, faisant ce pas vers elle, pussent lui manquer et ne la pas satisfaire. La princesse Marguerite, à ce qu'on a su depuis, avoit des sentimens contraires à ceux de madame Royale : elle trouvoit que ce voyage lui devoit être d'une dangereuse conséquence; il lui sembloit qu'on l'alloit offrir à qui peut-être ne la prendroit pas : et comme elle étoit prudente, et qu'elle se voyoit exposée au péril de déplaire, cette aventure lui paroissoit fâcheuse. On a su qu'elle avoit résisté à ce voyage, et qu'elle avoit même feint d'être malade pour ne le pas faire. Mais toutes ses précautions ne la purent exempter de cette humiliation : elle servit à lui donner l'estime de tous ceux qui la virent à Lyon ; et si elle manqua d'être reine d'un grand royaume, elle acquit du moins la réputation d'en être digne : ce n'est pas peu de chose.

La cour arriva à Lyon le 23 de novembre, et celle de Savoie le 28 du même mois. Quand on sut que madame Royale étoit à trois lieues de la ville, le cardinal Mazarin alla au devant d'elle environ deux lieues. Monsieur y fut après, qui la rencontra elle et les princesses ses filles à une lieue, et le Roi et la Reine allèrent ensemble jusqu'à demi-lieue. Quand le Roi les sut fort proches, alors il monta à cheval, et poussa jusqu'à dix pas du carrosse de madame Royale. Quand cette princesse le vit, elle en descendit pour le recevoir, et les princesses de Savoie ses filles en firent autant ; car il y avoit une aînée de la princesse Marguerite qui étoit veuve de son oncle le prince Maurice, qu'on avoit appelé le cardinal de Savoie, et que la raison d'Etat avoit fait son mari. Le Roi avoit témoigné désirer avec impatience de voir la princesse Marguerite, qui sembloit lui être destinée; et sans doute qu'il ne les aborda point sans quelque émotion. Après le salut ordinaire, et après avoir, à ce qu'il est à croire, fixement regardé la princesse Marguerite, il revint brusquement au carrosse de la Reine, et lui parut très-satisfait de cette vue, lui disant avec une grande gaieté ces propres mots : « Elle est fort agréable, « elle ressemble fort à ses portraits. Elle est un peu « basanée, mais cela n'empêche pas qu'elle ne soit « bien faite. » Aussitôt après les carrosses se joignirent, madame de Savoie descendit du sien, et la Reine en fit autant. Madame Royale en la saluant se mit quasi à genoux devant elle, lui prit la main, et la lui baisa par force avec de très-grandes soumissions. La Reine l'embrassa et les princesses ses filles, qui toutes deux en la saluant mirent les genoux en terre. Mademoiselle salua madame de Savoie comme sa tante, et toutes ces princesses s'embrassèrent comme étant proches parentes. La Reine remonta en carrosse, et fit mettre madame de Savoie auprès d'elle, au devant, qui étoit sa place ordinaire. Mademoiselle se mit au derrière, et fit mettre auprès d'elle madame de Carignan, qui avoit été au devant de madame de Savoie, comme étant de sa maison par son mari. Monsieur se mit en une portière avec la princesse Louise, veuve;

et le Roi eut auprès de lui, à l'autre portière, la princesse Marguerite. Pendant le chemin il parut toujours l'entretenir avec gaieté, et contre sa coutume il lui parla beaucoup, et elle à lui. La Reine, qui étoit attentive à tout ce que faisoit le Roi, me fit l'honneur de me dire à son retour à Paris qu'elle en avoit été étonnée, et qu'elle avoit senti de la peine de les voir d'abord si bien ensemble. Selon le récit des témoins de cette entrevue, et de la Reine même, la princesse Marguerite parut à tous dans ces premiers momens de jolie taille, et bien faite : on lui trouva les yeux beaux, les sourcils bien faits, les joues un peu pendantes, tenant en cela, par madame sa mère, du côté des Bourbons quand ils sont jeunes. Elle avoit la bouche grande et un peu grosse, le teint brun, mais assez uni et pas laid au flambeau, et le nez pas beau. Une personne qui étoit dans le carrosse de la Reine me manda qu'elle leur avoit paru fière, et point embarrassée de se trouver dans cette occasion l'objet de tous les yeux des Français. Toute cette royale compagnie arriva dans le plus bel ordre du monde à Lyon; et ceux qui étoient de cette suite ont dit que la grandeur de notre cour, et l'éclat de celle de Savoie, qui s'étoit parée avec soin de tous ses ornemens, étoit une belle chose à voir. Ces deux cours ensemble vinrent descendre au logement de la Reine, où madame Royale remercia publiquement le Roi et M. le cardinal Mazarin de ce qu'on lui avoit rendu la citadelle de Turin, exagérant l'obligation qu'elle avoit à la France avec toutes les flatteries les plus excessives dont elle se put imaginer; ce qui ne plut pas à la Reine : car elle n'aimoit pas les louanges, les paroles superflues, ni les façons. Cette souveraine n'oublia pas de dire au ministre tout ce qu'elle put pour lui plaire, le remerciant de ce qu'il avoit employé le crédit qu'il avoit auprès de Leurs Majestés pour cette restitution. Après quelques momens de conversation, le Roi et Monsieur allèrent la mener chez elle, et toutes choses ce soir-là se passèrent à l'avantage de madame Royale et de la princesse Marguerite.

Dieu qui avoit destiné le Roi à une autre princesse, la première de l'Europe et la plus grande du monde, avoit ordonné par sa providence que le roi d'Espagne, au bruit du voyage de Lyon, s'étoit alarmé; et j'ai su, par celle qui depuis a été notre reine, que le Roi son père, entendant dire que le Roi alloit se marier, avoit répondu : *Esto no puede ser, y no sera.* (Cela ne peut pas être, et ne sera pas.) Cette princesse, depuis qu'elle est en France, m'a fait l'honneur de me dire que ces paroles du Roi son père lui plurent, et que le voyage de Lyon ne lui étoit pas agréable. Elle avoit dans le cœur un pressentiment qui l'avertissoit que le Roi devoit être son mari, et elle savoit qu'elle seule étoit entièrement digne de lui : si bien que, pour guérir l'inquiétude que le nom de la princesse Marguerite lui donnoit, elle eut besoin de se dire souvent à elle-même ce qu'elle avoit ouï dire au Roi son père. Le roi d'Espagne, pour rendre ses paroles véritables, crut qu'il falloit alors quitter toute finesse, et montrer visiblement le désir et le besoin qu'il avoit de la paix : il ordonna à don Antonio Pimentel de venir en France conférer avec le ministre, et lui offrir et la paix et l'Infante. Pimentel, que j'ai vu depuis à Saint-Jean-de-Luz, m'a dit que comme il connoissoit le cardinal

Mazarin depuis long-temps, il avoit souvent assuré le roi d'Espagne son maître de ses bonnes intentions, et qu'il désiroit sincèrement finir la guerre; que les ministres de cette cour n'avoient pas approuvé sa confiance, et que pour avoir parlé de cette sorte, il en avoit pensé perdre sa fortune. Le Roi son maître l'envoya donc promptement en France sans passe-ports, et au hasard d'être pris prisonnier; car le temps étoit arrivé que toutes les animosités devoient finir. Il venoit, dans cette pensée qu'en cas qu'il fût arrêté il demanderoit à parler au ministre; et qu'ainsi, soit comme libre ou comme prisonnier, il trouveroit le moyen de traiter avec le cardinal du mariage qu'il venoit proposer. Il sut enfin si bien se déguiser et si bien conduire son voyage, qu'il arriva dans Lyon le même jour que madame de Savoie y arriva; et à la même heure qu'elle y entroit venant du côté de Savoie, don Antonio Pimentel y entroit aussi, venant du côté de l'Espagne : ces deux puissances étoient destinées à combattre l'une contre l'autre, et le Roi devoit être le prix du parti victorieux. Comme elles sont inégales, il ne faut pas s'étonner si l'Espagne l'emporta sur la Savoie, et si l'excessive grandeur de l'Infante et la paix furent préférées à la princesse Marguerite, qui en toutes choses devant céder à cette fille et petite-fille de tant de rois et d'empereurs, lui devoit céder encore en beauté : car elle en avoit beaucoup. Pimentel ne parut avoir vu le cardinal Mazarin que le lendemain de l'arrivée de madame de Savoie. Quelques-uns ont dit qu'il l'avoit vu plus tôt, et qu'il l'avoit celé à la Reine. Je l'ignore, et m'en rapporte à ce qui est; mais je ne le crois pas. Ce ministre d'Espagne connoissoit un des domestiques du cardinal Mazarin, nommé Colbert. Il se découvrit à lui; et celui-là, à ce que Pimentel lui-même me conta depuis, fut avertir son maître de sa venue. Le cardinal, qui étoit intéressé à son voyage, le voulut entretenir, et eut sans doute beaucoup d'impatience de savoir quelles seroient ses propositions.

La Reine, de son côté, étoit demeurée extrêmement triste de l'entrevue de madame de Savoie. Elle n'avoit point trouvé la princesse Marguerite à son gré; elle ne l'avoit pas trouvée belle; et quand elle l'auroit été, elle voyoit par ce mariage la guerre s'établir entre la France et l'Espagne plus fortement que par le passé. Elle regardoit le Roi son fils, par sa couronne et par sa personne, comme le plus digne mari qui fût alors sur la terre; et elle ne voyoit rien de grand dans la princesse Marguerite que la vertu, et une naissance qui, toute grande qu'elle étoit, le devoit céder à l'Infante. Elle avoit été le rebut du duc de Bavière, qui lui avoit préféré sa cadette à cause de sa beauté. Elle ne connoissoit pas encore ses bonnes qualités, qui dans le séjour qu'elle fit à Lyon parurent à la Reine même fort estimables; mais quand elle les auroit pu remarquer telles qu'elles étoient, elle perdoit enfin l'espérance de voir sa nièce l'infante d'Espagne lui donner de petits enfans, qui devoient être de son sang de tous côtés. Comme elle avoit négligé les intérêts de sa famille quand ceux du Roi son fils demandoient qu'elle y fût insensible, en cette occasion qu'elle pouvoit faire des vœux pour la paix qui étoit souhaitée de tous les Français, et donner au Roi son fils la plus élevée et la plus illustre princesse du monde, elle en faisoit qui étoient aussi légitimes qu'ils étoient remplis d'ardeur. Ces premiers momens lui furent d'autant plus douloureux, qu'il fallut qu'elle les souffrît seule, et sans en espérer le remède de la part du Roi son fils; car elle avoit vu, par la manière dont il avoit vécu avec la princesse Marguerite, que ce parti ne lui déplaisoit pas. Elle voulut néanmoins lui en parler le soir de l'arrivée de madame de Savoie, et au cardinal Mazarin, et leur faire voir ses sentimens; mais le Roi qui avoit envie de se marier, et qui n'avoit point été choqué du visage et de la personne de la princesse Marguerite, y résista fortement. Il dit à la Reine qu'il la vouloit, et poussa sa résistance jusqu'à lui dire qu'enfin il étoit le maître. La Reine, qui ne pleuroit pas souvent, jeta des larmes, et sentit une vive douleur de l'état de cette affaire. Elle ordonna à son confesseur, à ce qu'il m'a dit depuis, de faire faire des prières dans tous les couvens de Lyon, et fit tout ce qu'elle put pour obtenir de Dieu ce qu'elle lui demandoit.

Beringhen m'a conté que voyant ce soir même le Roi se déclarer si ouvertement en faveur de la princesse Marguerite, et sachant assez l'aversion que la Reine avoit à ce mariage, il s'approcha d'elle et lui dit : « Que dites-vous, madame, sur tout ceci? et que « dit M. le cardinal? » Elle lui répondit qu'elle voyoit trop tout ce qu'il y avoit à voir; mais qu'elle ne savoit quel remède y apporter, puisque le Roi paroissoit aller à cela avec impétuosité, et que le cardinal ne montroit point de la vouloir seconder. Beringhen, autrement M. le premier, comme homme d'honneur, allant droit à la satisfaction de la Reine, à qui il devoit toute sa fortune, lui dit qu'il s'étonnoit du procédé du ministre, et qu'il vouloit lui en parler. De ce moment il alla le trouver ; et lui voulant représenter l'obligation où il étoit de s'opposer à la volonté du Roi comme à un torrent qui alloit trop vite, et prendre part aux sentimens de la Reine, qui étoient contraires à ce mariage, ce ministre lui répondit qu'il ne se mêloit point de cela ; que pour lui, il n'étoit pas cause de l'inclination que le Roi paroissoit avoir pour cette princesse, et que ce n'étoit pas là ses affaires. Il avoit accoutumé de faire cette même réponse aux importuns dont il se vouloit défaire. Quand il la donnoit, on se pouvoit tenir pour refusé ; et les sages voyoient clairement qu'il les traitoit de ridicules, et qu'il se moquoit d'eux. Un homme qui faisoit tout, qui commandoit absolument dans le royaume, et qui ne vouloit pas que la moindre affaire se fît sans être ordonnée par lui, ne paroissoit-il pas se moquer de la Reine, quand il disoit qu'il ne se mêloit pas de marier le Roi? Si par de telles réponses les particuliers se croyoient rebutés et moqués, il est aisé de juger ce que cette princesse en devoit croire ; si elle pouvoit s'imaginer qu'il pût être insensible à la plus importante affaire du monde, et à celle qui le regardoit plus que personne ; et s'il n'étoit pas ingrat en cet endroit à sa bienfaitrice, de la traiter de cette manière.

Mais enfin le miracle qui devoit arriver, et qui arriva le lendemain par l'entretien que Pimentel eut avec ce ministre, le fit changer de conduite, et donna lieu à la Reine d'espérer l'assistance du ciel, qu'elle trouvoit toujours propice dans tous ses desseins et ses justes désirs. Le soir de ce grand jour où toutes choses changèrent de face, le cardinal, entrant dans la chambre de la Reine qu'il trouva rêveuse et mélancolique, lui dit en riant : « Bonnes nouvelles, « madame. — Eh quoi! lui dit la Reine, seroit-ce la « paix? — Il y a plus, madame; j'apporte à Votre « Majesté et la paix et l'Infante. » Il est inutile de représenter ce que le cœur de cette princesse sentit dans cette surprenante nouvelle : il est sans doute qu'elle eut une grande joie; mais comme elle avoit une sagesse profonde et qu'elle étoit d'humeur fort égale, ni la joie ni la douleur ne paroissoient pas extérieurement en elle. Dans ce même instant, la Reine et le cardinal ayant conféré ensemble, en parlèrent au Roi, qui goûta infiniment cette proposition. Il ne vouloit la princesse Marguerite que parce qu'il vouloit se marier, et qu'elle ne lui avoit pas déplu; mais connoissant par la bonté de son jugement la distance infinie qu'il y avoit entre l'Infante et elle, pouvant espérer cet avantage, il ne balança pas un moment à donner son consentement à cette préférence.

Mademoiselle de Mancini, qui avoit alors moins de maigreur et beaucoup de feu dans les yeux, n'étoit plus si laide qu'elle l'avoit été. Sa passion l'embellissoit; elle étoit même assez hardie pour être jalouse, et déjà elle avoit fait de grands reproches au Roi de sa légèreté, et de l'agrément qu'il avoit eu d'abord pour la princesse Marguerite. Comme le Roi ne craignoit pas que cette princesse le refusât, la galanterie et l'amour présent l'avoient emporté ce jour-là sur le légitime; et, pour satisfaire cette fille passionnée, il avoit paru plus froid pour la princesse Marguerite. Cette modération avoit été visible aux spectateurs;

car ceux qui nous écrivirent de Lyon nous mandèrent l'agrément de l'arrivée du premier jour, et le changement du lendemain. Mais quand le Roi apprit qu'il étoit destiné à une plus illustre alliance et qu'il en comprit les avantages, ce qu'il avoit fait pour mademoiselle de Mancini fut alors confirmé dans son ame par des raisons plus solides : si bien que depuis ce second jour, si funeste à la grandeur de la princesse de Savoie, il fut toujours plus indifférent pour elle. Mademoiselle de Mancini de son côté, admirant la fidélité du Roi et la puissance qu'elle avoit eue sur lui, reprit son poste ordinaire, qui étoit d'être toujours auprès de lui, à l'entretenir et à le suivre autant qu'il lui étoit possible ; et la satisfaction qu'elle reçut de se croire aimée fit qu'elle aima encore davantage celui qu'elle n'aimoit déjà que trop.

Voilà un endroit où la princesse Marguerite acquit beaucoup d'estime et de gloire, et beaucoup de louanges de la Reine même ; car, soit que le Roi ne la regardât pas, soit qu'il lui parlât, elle demeura toujours égale en toutes ses actions, vivant civilement avec tous, mais ne montrant point se soucier de plaire. Comme les liaisons que le cardinal avoit prises avec madame de Savoie étoient grandes ; que ce voyage, fait à la face de toute l'Europe, étoit de lui-même un grand engagement, et qu'elle pressoit la Reine et le ministre de la satisfaire, il y avoit des jours qu'il sembloit que ce mariage alloit bien, et d'autres où, par les ressorts de la Reine et de Pimentel, il paroissoit rompu ; mais ni le bien ni le mal ne se voyoit point sur le visage de la princesse Marguerite, et sa noble fierté ne l'abandonna jamais. C'est la

Reine qui m'a fait l'honneur de m'en parler ainsi, et c'est d'elle-même que je sais toutes ces particularités. Enfin le cardinal fit connoître à madame de Savoie l'obligation où la Reine étoit de travailler aux moyens de donner la paix à l'Europe, et lui dit qu'elle devoit trouver bon que la Reine préférât à sa fille l'infante d'Espagne, si elle la pouvoit avoir : il lui fit espérer aussi qu'en cas que cela ne pût être, le Roi s'engageoit positivement d'épouser la princesse Marguerite. La Reine lui en parla en ces mêmes termes ; et comme la chose étoit plausible et raisonnable, madame de Savoie ne put pas s'en fâcher. Pendant qu'on l'entretenoit de belles paroles, la négociation espagnole s'avançoit secrètement ; et les désirs de cette princesse souveraine, fille du roi Henri IV, servoient seulement à l'éloigner du bonheur où elle aspiroit.

Le duc de Savoie vint, quelques jours après madame Royale sa mère, visiter le Roi : il en fut bien reçu, et acquit par sa présence la réputation d'être aimable et d'avoir de l'esprit. Il vécut avec le Roi avec un grand respect ; mais quoique nos princes du sang l'eussent disputé au duc de Savoie son père lorsqu'il vint épouser Madame, comme depuis la régence, pour le gratifier, on lui avoit fait la grâce de traiter ses ambassadeurs comme ceux des têtes couronnées, cet avantage, qu'il ne tenoit que de la bonté du Roi et de la facilité du ministre, fut cause qu'il eut l'audace de ne pas visiter Monsieur, parce qu'il prétendoit la main chez lui : ce qui étonna toute la cour, et fit grand dépit à la Reine et à Monsieur. La différence devoit être si grande entre eux, que le feu duc son père, devant madame Royale, ne se couvroit jamais, à cause qu'elle étoit fille de France; et en toutes choses, malgré la qualité de mari, il lui rendoit de grands respects. Mademoiselle prétendoit que les princesses de Savoie n'avoient de rang considérable à son égard que parce qu'elles étoient petites-filles de France : elle croyoit le devoir emporter sur elles à cause qu'elle étoit fille du duc d'Orléans, fils de France, et frère aîné de madame Royale, et qu'il avoit été long-temps présomptif héritier de la couronne; mais il fallut qu'elle obéît aux ordres du Roi, qui voulut qu'elle les traitât également. Elle se consola de ce chagrin par le plaisir de voir le duc de Savoie, et de se laisser voir à lui. On lui avoit souvent proposé ce prince pour mari : et dans les temps qu'elle en désiroit un autre plus grand que lui, elle l'avoit négligé; mais alors ce parti ne lui auroit pas déplu. Le duc de Savoie de même la devoit regarder comme une princesse qu'il lui seroit avantageux d'épouser, tant par la grandeur de sa naissance que par ses grandes richesses : mais ses années lui firent peur, car il désiroit des enfans; et sa beauté, qui commençoit un peu à déchoir, n'eut pas le pouvoir de lui faire oublier ce que tous les hommes souhaitent naturellement à l'égard de leur postérité. Mademoiselle, par ses sentimens impétueux que la prudence ne gouvernoit pas toujours, avoit elle-même contribué au malheur de sa destinée en souhaitant de se marier. Elle n'avoit pu encore y parvenir; elle avoit toujours rebuté brusquement les partis qui lui convenoient, parce que, dans le temps qu'ils lui avoient été offerts, ses fantaisies lui en avoient fait désirer d'autres qu'elle n'avoit pu avoir. Ainsi, par un retour continuel et à contre-temps sur tous les grands princes de l'Europe, on peut dire qu'elle les avoit presque tous refusés, et que de même ils avoient eu leur tour à la négliger. Les qualités de son esprit, tant les bonnes que les mauvaises, en toutes occasions lui avoient été nuisibles. Madame de Savoie sa tante, qui vouloit gouverner, avoit toujours été fortement opposée aux désirs du duc son fils, quand Mademoiselle étant plus jeune, il avoit voulu l'épouser, parce qu'elle craignoit d'avoir une belle-fille trop éclairée; et, cachant cette foiblesse, elle avoit renfermé toute la force de ses raisons pour empêcher ce mariage, dans le tempérament de cette princesse, qu'elle savoit être capable d'emportement et de hauteur, et par conséquent sujette aux extrêmes passions qui peuvent troubler le repos d'un Etat et d'une famille. Mais ce fut alors le duc de Savoie même qui ne témoigna nul empressement à la désirer : il vécut même si froidement avec elle tout le temps qu'il fut à Lyon, que Mademoiselle crut avoir sujet de se plaindre de lui pour quelques railleries qu'elle s'imagina qu'il avoit faites contre le respect qu'il lui devoit; et lui, sachant ses plaintes, se crut obligé de s'en justifier, et de lui en faire parler par le duc de Navailles qu'il connoissoit. Il y eut un bal pendant que les deux cours furent ensemble, où elles firent paroître à l'envi l'une de l'autre tout ce qu'elles avoient de plus beau. Mademoiselle, à ce qu'on me manda, y fit voir sa bonne mine et sa belle taille, qui la firent remarquer pour ce qu'elle étoit en effet; et quoiqu'elle n'eût plus sur le visage la fraîcheur des roses nouvellement épanouies, elle ne laissa pas, à ce qu'on m'assura, de parer l'assemblée par l'éclat qui lui restoit d'une beauté qui avoit été parfaite.

La princesse Marguerite y fit voir aussi qu'elle pouvoit être belle quelquefois. Un teint brun a de l'avantage aux flambeaux, et on m'a dit depuis qu'elle étoit ce jour-là bien habillée, et qu'elle dansa d'une manière à se faire admirer. Le duc de Savoie, qui s'en acquittoit dignement, et qui, à ce que me contèrent ceux qui l'avoient vu, quoique de médiocre taille, ne laissoit pas de l'avoir belle, ne voulut point danser : on crut que ce fut encore par fierté, et pour ne pas danser après Monsieur. Il se tint toujours auprès de la Reine, qu'il entretint galamment et avec beaucoup d'esprit. Par hasard la Reine ayant ôté ses gants, il se jeta à genoux devant elle; et faisant de bonne grâce une exclamation sur leur beauté, il en prit une qu'il baisa d'une manière si agréable, si enjouée et si respectueuse tout ensemble, qu'il fallut que la Reine le trouvât bon. Je lui ai ouï dire qu'elle n'avoit jamais vu un plus aimable homme que lui. Il étoit en réputation d'être débauché, léger, frivole, et nullement appliqué à ses affaires : son agrément l'emportoit sans doute sur sa capacité.

Au bout de quelques jours, les deux cours, après beaucoup de négociations, se séparèrent. Madame Royale s'en retourna avec un écrit que le Roi lui donna signé de sa main, où il promettoit d'épouser la princesse Marguerite, au cas que la paix ne se fît point, et qu'il ne pût avoir l'Infante : et le Roi et la Reine reprirent le chemin de Paris, où ils arrivèrent sur la fin de janvier 1659. La Reine étoit contente d'avoir rompu le mariage de Savoie; elle étoit pleine de désirs pour celui d'Espagne, et fort satisfaite d'avoir fait ce voyage: car elle me fit l'honneur de me dire à son retour qu'elle étoit persuadée que le Roi, sans elle, auroit épousé la princesse Marguerite, et qu'il s'y seroit d'abord si fortement engagé qu'il auroit été difficile que les offres de l'Espagne eussent été reçues selon qu'elles méritoient de l'être. Le Roi même s'estimoit heureux de s'être bien tiré de cette affaire, et le cardinal espéroit toujours que le mariage de l'Infante ne se feroit pas.

Monsieur étoit le seul qui pouvoit rapporter quelque dégoût de ce voyage, par les injustes prétentions du duc de Savoie, qui vouloit faire figure de roi; mais comme sa grandeur véritable le mettoit au-dessus de cette fausse chimère, il s'en consola aisément; car nul au-dessous de la couronne fermée ne pouvoit être plus grand que lui.

Le Roi, à son retour, trouva ses affaires de la frontière en bon état. Pendant son absence, le maréchal de Turenne, qui commandoit ses armées, s'étoit posté au milieu de la Flandre presque aux portes de Bruxelles, entre la Lys et l'Escaut: il s'y étoit fortifié, et avoit soutenu hautement la gloire de la France. M. le prince et don Juan ne purent rien faire contre lui. Sa cavalerie ravagea tous les pays d'alentour, et les ennemis furent contraints de le souffrir. Le mauvais état où paroissoient être les affaires du roi d'Espagne nous pouvoit faire trouver de grands avantages dans la continuation de la guerre; mais il falloit ou renoncer pour jamais à la paix, ou profiter de sa foiblesse; et c'est ce que le ministre avoit toujours dit: qu'il falloit faire la guerre jusqu'à ce que le roi d'Espagne fût contraint de demander la paix. Il pouvoit arriver tant de choses qui auroient pu redonner des forces à notre ennemi, qu'il étoit de la prudence du ministre de la faire alors, et même de la lui accorder à des conditions raisonnables : autrement il ne l'auroit jamais faite, et auroit attendu les révolutions de la fortune auxquelles tous les Etats sont exposés, et auxquelles notre cour n'est que trop sujette.

FIN DU TOME TRENTE-NEUVIÈME.